基金项目：

1. 本研究为江苏省哲学社会科学基金重点资助项目（16YYA002）最终成果。

2. 本研究为江苏高校人文社科重点研究基地——苏州科技大学城市发展智库阶段性成果。

3. 本研究得到苏州科技大学国外智库涉华舆情分析研究中心的研究基金资助。

4. 本研究为国家社科基金一般项目（17BYY085）阶段性成果。

光明社科文库
GUANGMING DAILY PRESS:
A SOCIAL SCIENCE SERIES

·教育与语言书系·

基于语料库的国外媒体涉华话语
批评性研究

支永碧　王永祥　支　冉｜著

光明日报出版社

图书在版编目（CIP）数据

基于语料库的国外媒体涉华话语批评性研究 ／ 支永碧，王永祥，支冉著．－－北京：光明日报出版社，2024.3

ISBN 978－7－5194－7874－2

Ⅰ．①基… Ⅱ．①支… ②王… ③支… Ⅲ．①新闻语言—话语语言学—研究 Ⅳ．①G210②H0

中国国家版本馆 CIP 数据核字（2024）第 064457 号

基于语料库的国外媒体涉华话语批评性研究

JIYU YULIAOKU DE GUOWAI MEITI SHEHUA HUAYU PIPINGXING YANJIU

著　　者：支永碧　王永祥　支　冉

责任编辑：杨　茹　　　　　　　责任校对：杨　娜　乔宇佳

封面设计：中联华文　　　　　　责任印制：曹　净

出版发行：光明日报出版社

地　　址：北京市西城区永安路 106 号，100050

电　　话：010-63169890（咨询），010-63131930（邮购）

传　　真：010-63131930

网　　址：http：//book. gmw. cn

E － mail：gmrbcbs@ gmw. cn

法律顾问：北京市兰台律师事务所龚柳方律师

印　　刷：三河市华东印刷有限公司

装　　订：三河市华东印刷有限公司

本书如有破损、缺页、装订错误，请与本社联系调换，电话：010-63131930

开　　本：170mm×240mm

字　　数：401 千字　　　　　　印　　张：23

版　　次：2025 年 1 月第 1 版　　印　　次：2025 年 1 月第 1 次印刷

书　　号：ISBN 978－7－5194－7874－2

定　　价：99.00 元

前　言

　　语言反映意识形态，语言在国际关系研究中意义深远。"把一定的语言视角引入国际关系研究和对外政策分析乃是一项有意义、有前景的跨学科努力"，而"忽视和回避语言在国际关系和对外政策中的作用乃是一种严重失误"①。西方涉华政治话语，特别是美国对华政策话语一直蕴含大量的模糊表达、复杂小句、预设陷阱、概念隐喻等语篇语用修辞，极具隐蔽性、欺骗性和误导性，值得我们高度重视和研究。但遗憾的是，"语言和国际关系一直被认为是两个不同门类的研究领域。长期以来，国际关系研究者通常不会把语言作为主要的政治分析单位加以对待。在传统的国际关系理论和对外政策分析里，话语（或者说，语言使用）如同其他社会文化概念一样，只是作为国家之间关系和政策制定过程中的附带现象而被放置在政治分析的次要地位"②。虽然越来越多的学者开始关注和重视国际关系研究的话语转向，但迄今为止，从语料库语言学和批评话语分析视角研究国际关系和对外政策的专题成果仍很匮乏。

　　有鉴于此，本研究采用跨学科的研究方法，对美国对华政策话语开展基于语料库的批评性分析，以进一步丰富国际关系和对外政策研究的现有成果，进一步验证批评性话语分析理论的实践价值。

　　本书共十五章。第一章为绪论，介绍研究背景、研究目标、研究意义、研究对象和内容、研究思路和方法。第二章为文献综述，通过可视化分析方法对美国对华政策研究进行学术史梳理，在深度挖掘批评话语，分析研究国内外前沿与进展的同时，总结相关研究尚存的某些不足，进而提出本课题的研究起点、研究动因与途径。第三章为研究框架，详细阐释本研究批评性话语分析框架的理论建构，并扼要介绍语料库方法在美国对华政策研究中的意义和价值。第四章，从趋近化理论视角出发，审视美国智库"彼得森国际经

---

　　①　刘永涛. 话语政治：符号权力与美国对华政策［M］. 上海：复旦大学出版社，2014.
　　②　刘永涛. 话语政治：符号权力与美国对华政策［M］. 上海：复旦大学出版社，2014.

济研究所"关于"一带一路"倡议的话语建构研究。第五章，从名词化语用预设视角研究美国智库关于中国改革与创新的话语建构。第六章，从模糊限制语视角研究美国国际战略研究中心的涉华政治话语。第七章，将架构理论与概念隐喻理论紧密结合，深入剖析布鲁金斯学会关于中国国防的话语建构研究。第八章，从批评隐喻视角出发，对小布什、奥巴马和特朗普政府的对华经济政策话语进行比较研究，审视其话语流变背后的社会、历史和文化根源。第九章，创建美国对华军事政策话语小型语料库，对其态度系统进行标注，以开展批评性话语分析。第十章，从词频、关键词、搭配词、词丛和语义韵等多个角度出发，对美国不同政府的对华贸易保护政策话语开展批评性对比分析。第十一章，对言据性重新分类，对美国对华贸易政策话语的言据性进行定量统计和定性分析，深刻阐释美国对华贸易政策话语的意识形态本质及其国家利益诉求。第十二章，借鉴徐中意（2018）的情态分类系统，对美国对华人权外交政策话语进行深入研究。第十三章，从名物化视角出发，对美国对华科技政策话语进行批评性研究。第十四章，将情态系统与评价理论相结合，对美国对华贸易政策话语进行批评性分析。

　　本书的主要贡献在于：

　　首先，运用可视化分析方法较为系统地梳理了美国对华政策研究学术史，对批评话语分析领域的国内外研究热点和动向进行了深度剖析和总结，为本研究和相关研究者提供了一定的启迪和参考。

　　其次，创建了多个美国对华经济、政治、外交、军事与安全政策语料库，并从趋近化理论、概念隐喻、模糊限制语、语义韵、言据性、态度系统、情态系统和名词化语用预设等不同视角对美国对华政策话语开展批评性分析，获得了很多有价值的发现。

　　再次，深刻阐释了美国对华政策变迁的社会、历史和文化根源，进一步揭示了美国对华经济、政治、外交、军事与安全政策话语背后蕴藏的偏见、歧视等意识形态及其国家利益诉求。

　　最后，进一步丰富了国际关系和对外政策研究的已有成果和研究方法。本研究的跨学科研究方法具有一定的创新之处和参考价值。

　　当然，本研究也进一步丰富了批评话语分析的研究视野和研究方法，进一步验证了该理论的实践价值。

目　录
CONTENTS

第二部分　美国智库的中国形象操纵及其对华政策的影响

第三部分　国外涉华话语的批评性分析

第一部分
绪论、文献综述和理论基础

第一章

绪　论

第一节　研究背景

一、国内的美国对华政策研究

美国的对外政策是多种机制、多方主体、多项因素共同作用下的产物。美国对外政策的复杂性使其一直是学界的重要研究课题。简单概括，国际上的美国对华政策的研究大致可分为 5 个历史阶段：①1945 年日本投降前；②1945 年到 1949 年中华人民共和国成立；③1949 年到 1972 年中美正式建交；④1972 年至冷战结束；⑤冷战结束至今。本研究主要聚焦冷战以后的美国对华政策和对华战略，并适当考察和比较美国智库的涉华战略研究。本研究对美国对华的文化政策暂时不予探讨。

国外的美国对华政策研究的著述有很多。特别是兰德公司、布鲁金斯学会、美国国际战略研究中心、新美国安全中心等美国传统智库和新智库著书立说。其撰写研究报告，研究美国对华政策、中美关系和中国问题，对美国政府决策施加影响，《外交事务》《外交政策》《国家利益》《华盛顿季刊》《世界政策》等杂志专业性、针对性强；相关著述可读性强，参考价值大。特别是在 20 世纪 80 年代，随着美国政府对外关系文件、国家安全委员会文件、英国外交部文件等若干重要文献的一一解密，学术界纷纷开展美国对华政治、经济、军事与安全政策的多维探索。如托尼·史密斯（1994）的《美国的使命：美国与 20 世纪世界范围内争取民主的斗争》就阐释了 20 世纪，尤其是冷战期间的美国对外政策，探讨了意识形态氛围对外交政策结果的限制。迈克尔·亨特（1987）将理论与史实结合起来，从美国自身利益的需要出发，反思意识形态外交给美国带来的负面作用，分析了其面临的两难处境。当然，遗憾的是，他没能对美国意识形态外交做出彻底的批判，对种族主义、霸权主义缺乏应有的批判意识。罗赛蒂（1996）为美国对外政策的复杂政治提供了一种新的观察和理解方向。她的著述是美国对外政策研究者不能不读的一本重要文献。菲利普·大卫（1998）的《白宫的秘密：从杜鲁门到克林顿的美国外交政策》，艾斯特莱、布莱克（1977）的《美国外交政策内幕》，鲍勃·伍德沃德（2003）的《布什的战争》等著作也分别对美国的外交政策进行了研究，为本研究提供了参考。罗伯特·阿特（2005）的《美国大战略》详细阐述了美国历届政府的战略选择和对华政策，有助于研究者研究美国智库的对华倾向和美国对华政策流变的动机和成因。此外，法国学者戴维等人（2011）全面地阐释了美国对外政策的形成机制。他们不仅剖析了美国对外政策的基础和机制，而且详尽地分析了各类主体及其在美国对外决策中所发挥的重要作用。美国学者恩道尔（2013）从地缘政治的独特视角出发，真实、严谨且生动地勾勒出世界地缘政治斗争的场景，阐释分析了美国统治集团在国际政治和经济上妄图孤立中国、制造危机，重创直至扼杀中国发展的"慢火煮蛙"式"屠龙"谋略。从货币战争、石油战争、药品与疫苗战争、经济战争到军事战争、环境战争和媒体战争……美国统治集团的"套中套"，步步为营的"链中链"，他们蓄谋持久，目标中国，意在"屠龙"，图谋险恶。可见，美国的对华政策值得我们高度警惕和深入研究。

然而，国内关于美国对华政策的研究多始于 20 世纪 90 年代。虽然进入21 世纪，关注和研究美国对华政策的智库和学者越来越多，但有关的语言学专著还很少出现，已有研究大多归属国际政治与经济、历史学或外交学等学科领域。他们主要围绕以下三个领域展开研究。

1. 美国对华政策中的意识形态与人权外交

周琪（2006）从纵向和横向两个角度深入研究意识形态与美国外交这个主题。王立新（2007）从文化视角出发，深入、系统地探讨了美国外交中的意识形态及其对 20 世纪美中关系的影响，揭示了民族主义和自由主义这两大意识形态如何深刻地塑造了美国外交的独特性。该研究有助于纠正和弥补主导当前中国人观察美国外交与对华政策的现实主义范式的偏颇与不足，为研究美国外交政策提供了一个新视角。周琪（2011）回顾了与美国外交决策有关的理论问题，阐述了行政部门之外影响美国政府外交决策的因素。在这些学者看来，意识形态是美国的外交"理念"和 重要"目标"之一，是判定国家根本利益的重要依据；人权外交受意识形态与现实利益的双重驱动，是美国称霸世界的重要工具和手段（刘建飞，2001；张宏毅等，2011）。话语的意识形态分析正是本课题的核心任务和目标之一。

2. 美国对华政策中的军事与安全问题

陶文钊（2006）深入阐述了美国对华政策涉及的人权问题、台湾问题、战略安全问题、经贸问题等，对冷战结束以后中美两国之间的矛盾、纠葛和较量做了十分精彩的描述和阐释。该研究有助于人们进一步洞察美国外交政策的决策过程和重要倾向。李江胜（2013）对美国对华军事战略的渊源、框架建构、战略调整和未来走向等方面进行了研究，对美国对华军事战略的选择依据、主基调和有限性的评价较为深刻。在他们看来，美国政府如何看待中国的崛起与发展，如何看待中国的人权、主权问题是中美关系好坏的晴雨表。这些问题是美国用于制衡中国的"武器"。这些研究为本课题的批评性话语分析提供了重要的理论指导。

3. 美国对华经济遏制战略

于群（1996）探索了中华人民共和国成立初期时，美国政府制定和实施的对华经济遏制战略。崔丕（2000）剖析了美国经济遏制政策与出口技术转让限制的根源和动机。宫旭平（2005）系统梳理了 20 世纪 90 年代以后国内学界关于美国对华经济遏制史的研究，为本研究提供了重要的文献资料。陶明（2010）通过案例分析探讨了美国对华贸易保护的国内体质、动力机制。王孝松（2012）深入研究了美国对华贸易政策的决策机制与形成因素。此外，不少博士专题和期刊论文（张继民，2007；冯耀祥，2009；安江，2012；蒋永宏 2013 等）围绕美国对华经济遏制政策的政治历史背景、现实发展和未来趋势展开研究。虽然这类研究也较少聚焦美国对华政策的语用修辞策略，但其独到的研究视角和理论剖析为本课题研究提供了重要启迪。

二、美国对华政策研究存在的不足

1. 研究视角尚不够丰富

根据现有的文献可知，国内学界对美国对华政策的研究起步相对较晚，多数研究始于冷战结束以后，且主要集中少数专业方向，研究视角需要进一步丰富和拓展。如苏格（1998）的《美国对华政策与台湾问题》、郝雨凡（1998）的《美国对华政策内幕 1949—1998》、韩召颖（2007）的《美国政治与对外政策》、倪峰（2004）的《国会与冷战后的美国安全政策》、陶文钊（2004）的《中美关系史 1971—2000》、中国现代国际关系研究所（2003）的《美国思想库及其对华倾向》、北京太平洋国际战略研究所（2001）的《应对危机：美国国家安全决策机制》，等等。这些研究为本课题研究提供了大量文献史料。但美中不足的是，他们一定程度上忽略了美国对华政策话语的语篇语用策略和传播机制，可能会造成人们对美国对华政策的某种误读与误判。

2. 基于语料库的美国对华政策研究比较匮乏

传统的文本分析方法拘泥有限的样本数量和定性研究的窠臼，无法满足大数据时代对内容挖掘上广度和深度的要求。随着语料库分析方法的介入，结构化文本数据库的构建弥补和丰富了话语研究的方法和手段。在继承和创新语言学、修辞学领域的内容分析方法基础上，美国对华政策的研究范式、研究方法和研究工具将得到进一步创新和发展。

3. 基于批评语言学的专题研究成果较为稀缺

不难发现，美国对华政策主要借助经济遏制战略和人权、主权等敏感问题对中国进行遏制或干预。但鉴于中国的日益强大，美国人又不得不与中国进行接触，于是，他们在对华政策话语中玩文字游戏、预设陷阱，使用复杂小句、隐喻等语篇语用策略，故弄玄虚，愚弄和欺骗世界人民。然而遗憾的是，在国内外，鲜有专门研究美国对华政策的语言学专著，零散的语言学论文在深度、广度、力度方面尚有待加强。

虽然近年来国内有识之士开始关注美国思想库的对华政策研究（钱浩，2006；宋静，2009；韩志立，2009 等）、中美（关于贸易纠纷的）文化话语、中西政治话语、中美官方话语、中美可持续发展话语的语用修辞对比研究（如吴鹏，2011；窦卫霖，2011；钱毓芳，2013；周红红等，2013；钱毓芳，2013；梁晓波等，2015；施旭，2016 等），一些学者正在开展中美关系危机话语的互文性与对话性研究（如辛斌 2016），但总体而言，基于批评性话语分析的美国对华政策研究成果严重不足。

有鉴于此，本课题组分别从《外交事务》《外交政策》《华盛顿季刊》《世界政策》等美国思想库的期刊网页和美国政府主要网站搜集语料，创建美国对华政治、经济、外交、军事与安全政策话语等若干小型语料库，从跨学科视角出发，尝试构建本研究的批评性话语分析框架，以深入揭示西方政治话语的意识形态本质和国家利益诉求，审视西方的话语符号系统所灌输的西方价值观和文化观念，帮助人们提高其语篇鉴赏和批判性阅读能力，并致力于促进中国的话语体系建构，提升中国国际话语权。

第二节 研究意义与价值

首先，本研究有助于增加相关研究的维度和厚度；有助于完善当前的中美关系研究格局，重新定义西方政治话语，深入认识全球化语境下的话语生产与传播；有助于加深人们对美国霸权逻辑的深刻认识和理性批判，对于促进和深化我国的国家安全战略研究具有范式意义，对深受美国意识形态影响和渗透的世界各国人民都具有警醒意义和启发价值。

其次，"话语分析为人们理解和说明安全政治提供了新的视角"①，但传统的外交政策研究一定程度上忽略了美国对华战略话语的语篇语用策略，这可能会造成人们对美国官方话语、政治决策的某种误读和误判。本课题拟从中国研究者立场出发，对上述方面进行拓展和深化，与国外研究展开对话，真正介入国外的美国对华战略研究的语境化和历史化进程之中，对不同历史时期，美国对华政策流变与发展的深层次原因展开多维度的探索和语料库考察，这可以进一步完善外交政策研究的理论框架，拓展政治话语批评性分析的力度、深度和维度。

再次，有助于丰富批评性话语分析研究的内容、方法和视角；有助于提高人们的跨文化语篇鉴赏和批判性阅读能力；有助于丰富和拓展国际关系学、政治学、历史学、文化学、传播学研究的理论、手段与方法。有助于丰富和拓展中国形象研究的内容和方法，并为外交战略研究者给予启迪。

最后，该成果可供高等院校、科研机构、智库专家使用，也可作为高等院校英语语言文学、外交学、传播学、历史学、国际经济与贸易等专业教学的辅助教材。该成果出版后将有助于学界重新审视美国对外、对华政策研究的路径和范式。

---

① 刘永涛. 话语、权力与"中国威胁"建构 [J]. 美国问题研究，2002（00）：342-357，420.

第三节 研究对象与内容

本课题以更具代表性的美国的"亚太再平衡战略"、《美国国家安全战略报告》《年度中国军力报告》《国家利益报告》、美国的"年度国别人权报告"、美国对华科技政策和"美国对华经济遏制战略"（重点聚焦中国入世后，美国对华反倾销反补贴裁定等贸易保护政策）等为总体研究对象。此外，本研究适当考察和比较美国政府和美国著名智库的对华战略话语，以深刻揭示美国智库的"旋转门"机制及其对美国对华决策的影响和干预。

主要研究内容如下：

1. 美国对华政策研究学术史

对国内外的美国对华政策研究成果进行系统的梳理和评述，追踪国内外研究的具体内容、相关视角与主要方法，洞察其研究动态，定位其研究盲点和存在的不足，推演出本课题拟探讨的系列问题和研究焦点。

2. 话语与社会变迁：美国政府对中国形象的认知和建构及对华政策流变的批评性研究

从共时和历时两个角度全面和系统地梳理美国对华政策的历史变迁，考察不同政党在不同时期所采取的对华政策的差异与演化，分析其共性与个性、流变动因和历史文化语境。从话语方式、话语基调和话语语境这三个方面分析美国政府对中国（政治、经济、军事）形象的认知与建构，阐述美国对华政策的形成与实施的成因与特点，剖析其政治、经济等国家利益诉求。

3. 美国政府对华政治、经济、外交、军事与安全政策话语的语料库建设与批评性研究

创建若干小型语料库，并分别从语用预设、隐喻、评价系统、模糊限制语等视角对美国政府的《中国人权报告》《年度中国军力报告》《美国国家安全战略报告》《四年防务报告》"亚太再平衡战略""美国对华经济遏制战略"等开展批评性话语分析，揭示政治话语背后的意识形态意义和国家利益诉求。

4. 美国著名智库涉华政治、经济、外交、军事与安全政策话语的语料库建设与批评性研究

创建若干美国著名智库的涉华战略研究小型语料库并分别从互文性与对话性、语用预设、语义韵、隐喻等视角出发对其开展个案研究和批评性话语分析，并适当与美国政府的对华政策话语进行比较研究，以深入考察和审视美国政府与智库对华政策话语的修辞特征、谋篇机制和传播策略，为相关研究者提供参考。本研究重点聚焦兰德公司、布鲁金斯学会、新美国安全中心、全球发展中心、美国进步中心等传统智库与新智库的对华政策研究，阐述他们对美国政府对华决策的影响和干预，为中国政府和相关智库提供启迪和参考。

5. 美国对华政策的基础、依据和动向及中国的对策

阐释和揭示美国对华政策制定的意识形态本质、国家利益诉求及其最新动向，为中国政府的对外、对美政策制定提供参考和启迪。

第四节 研究目标

本研究旨在深刻揭示冷战结束以后的美国对华政策话语的语用修辞和传播机制、深层次原因和政治、经济等利益诉求，揭示冷战以后美国的外交理念和战略构想，中国形象建构和操纵，其对华政策话语流变的若干特征，霸权背后的自私、疑虑、惶恐与矛盾，最终为我国的全球战略制定、战略性外交话语建构与传播提供良方妙策、理论依据和实践参考，为中国国际话语权的提升贡献微薄之力。

通过本研究，我们试图回答以下几个问题：

①美国历届政府智库如何操纵和建构中国的政治、经济、军事与安全形象？美国思想库如何影响和干预美国政府的对华政策制定？美国政府和思想库如何在全世界传播和实施美国的对华政策和对华战略，其动机、手段、效果如何？中国该如何应对？

②趋近化理论、言据性理论、架构理论、情态系统、评价理论之态度系统、语义韵、概念隐喻、模糊限制语以及名词化预设等语篇语用策略作为本研究批评话语分析工具的理据何在？如何构建本研究的批评话语分析框架？

③如何合理创建美国对华政治、经济、外交、军事与安全政策语料库并确保语料的代表性？

第五节 创新之处

1. 新语料

研究语料涉及美国政府、智库涉华政治、经济、军事与安全政策（文化战略另有安排），语料新颖、对象丰富，但有所侧重。

2. 新视角

基于语料库的批评性话语分析有助于弥补单纯样本分析、定性分析的不足，有助于进一步批判"中国威胁论"，塑造良好的中国形象，符合国家利益和大战略研究需要。

3. 新观点

西方政治话语往往通过其符号系统传播与灌输其传统价值观和所谓的西方文明，帮助美国等西方国家实现其霸权政治，并帮助他们维持所谓的国际政治新秩序和战略平衡，不时影响我们的价值判断。因此，我们不能被美国偶尔的"示好"行为和语言表象所迷惑，必须洞察其谋求国家利益的本质，不能因为麻痹大意而导致我国战略被动。

4. 新范式

跨学科视域的综合研究范式充满特色和创新。本研究充分吸收传统学科的先进研究方法，并运用整体思维、创新思维，进行跨学科整合。但本课题不是简单地套用某一种理论或研究方法来解决具体问题，而是到美国的有关机构或第一线调查、取证或考察，合理创建美国对华政策话语语料库，并真正将美国对华政策话语研究还原至其产生和演变的历史与社会文化语境中去，聚焦其形成、实施的具体动因和历史背景，阐释美国对华政策历史流变的深层次根源和历史文化语境，为解释和分析美国外交话语提供重要的理论基石，设法解决主观臆断、缺乏实证基础的研究方法所产生的弊端，避免为我们的国际问题研究与重大问题的判断带来干扰与破坏。

第六节　研究思路与方法

一、基本思路

1. 从宏观上厘清美国外交战略思想与对华政策的历史流变

冷战后美国国际地位的变化和国家利益的大辩论，致使美国的战略选择有"新孤立主义""选择性参与战略""合作安全战略""优势主导战略"以及"选择性干预战略"，等等。"南海军事化"的炒作是美国干预战略的一种，其将"保持中立"的态度抛之脑后，炫耀武力昭然若揭，"多重标准"溢于言表，政治欺诈不再隐晦。

2. 聚焦基于语料库的具体文本研究，解读美国对华政策话语的语用修辞和传播策略

探究美国政府、智库如何通过隐喻、互文性、语用预设或评价资源等修辞表征来建构对华战略话语；塑造和传播怎样的中国形象；规律、动因、影响、差异何在；中国该如何应对。

3. 参照历史与社会语境变迁，透视美国对华战略与政策的历史流变和文化语境，阐释其经典化历程和深层次动因

本研究遵循"面—点—面""语境—文本—语境"的研究思路，由"表"及"里"、由"外"到"内"。

二、研究方法

（1）文献资料法

根据"外交政策""美国对华政策""话语建构""基于语料库""美国智库""批评性话语分析"等关键词查阅国内外期刊论文和图书资料，完成文献研究和部分前期成果。

（2）基于语料库的话语分析

通过 Antconc、Wordsmith Tools、Chi-square and Log likelihood calculator 等统计工具和分析软件对各个自建（生、熟）语料库和参考语料库进行定量研

究与定性分析（见图 1.1），审视其特殊的语篇语用策略并开展对比研究、动因分析和语境探索。

（3）历时研究与共时研究结合

研究历届美国政府的中国形象建构与对华政策流变，关注当代美国政府的对华战略新动向、新问题、新动机。将共时研究和历时研究结合，可以获得更多的发现和启迪，可以更好地揭露美国对华战略与政策话语的隐含玄机和"十面埋伏"。

本研究的技术路线如下：

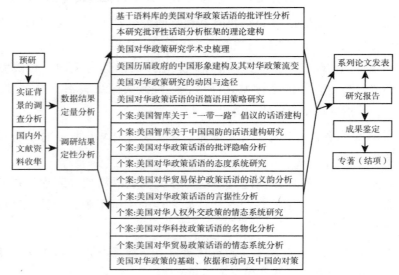

图 1.1 美国对华政策研究技术路线图

第七节 本书的组织结构

本书共十三章。第一章，绪论，简单介绍研究背景，研究目标，研究意义，研究对象和内容，研究思路和方法；第二章，文献综述，通过可视化分析方法开展美国对华政策研究学术史梳理，挖掘批评性话语分析研究的国内外前沿与动向，总结目前研究存在的不足，阐述本课题的研究起点、研究动因与途径；第三章为理论框架，介绍本研究批评性话语分析框架的理论建构，并简单阐释语料库方法在美国对华政策研究中的意义和价值。第四章，彼得森国际经济研究所关于"一带一路"倡议的话语建构。第五章，布鲁金斯学会关于中国国防的话语建构研究。第六章，话语与社会变迁：对华政策话语的批评隐喻分析。第七章，国外涉华军事话语的态度系统研究。第八章，国外涉华贸易保护话语的批评性分析。第九章，国外涉华贸易话语的言据性分析。第十章，国外涉华人权外交政策的情态系统研究。第十一章，国外涉华科技话语的名物化分析。第十二章，国外涉华贸易话语的情态系统分析。第十三章，结语，介绍研究发现、主要贡献、不足之处和未来研究展望。

第二章

文献综述

第一节 国外涉华政策研究综述

一、引论

1979 年年初，中美两国结束 30 多年的不正常状态，正式建交，但两国关系仍长期呈现曲折发展的势头。冷战结束以后，美国一跃成为唯一的超级大国，对国际形势产生了重大而深远的影响，世界形成了"一超多强"的多极化政治格局（陶文钊，2006）。中国在这一时期深化国内改革，迄今已发展成为世界上最大的发展中国家，对外关系也呈现出良好的局面。其中，中美关系是最重要，也是最复杂的。有鉴于此，中美关系的处理不仅与两国的国家命运与人民福祉紧密相关，对整个世界格局的稳定与发展也具有重要意义（夏尔-菲利普·戴维等，2011）。但与中国自冷战后对中美关系始终坚持秉承一贯既定的指导方针相比，美国政府却始终没有形成一致意见。这一事实表明中美关系发展中的不确定性的主要根源为美方。因此，对美国对华政策研究进行定性、定量的研究综述有助于国内外学者对中美关系发展方向及其重点有一个整体把握。

迄今为止，不少学者对美国对华政策进行研究。潘海英、王晓德、陶文钊、孙哲、潘锐、宋达、资中筠等人从影响美国外交政策制定的因素出发，对美国对华政策的内在逻辑进行分析，从而判断其政策的制定方式及走向。王晓德（2000）从历史文化传统和政治制度的角度出发，对美国对华外交政策中的文化因素进行了深入探讨。张宇燕（2016）另辟蹊径，他从意识形态的层面对美国对华政策进行了深入研究。另外，宋达（2013）采用认知心理学的分析方法，基于对美国政府决策层的认知结构的了解，深度剖析了美国对华政策的实质。亚伦（2010）也对美国在冷战后实施的对华政策进行了研究，并发表了 *U. S. Post Cold-War Grand Strategy in the Asia-Pacific Region：A Policy of Containment or a Policy of Hedging toward Mainland China?* 他从中国国际地位变化的角度，分析了美国对实力不断增长的中国是采取遏制政策还是接触政策。除此之外，克里斯托夫（1993）和基辛格（2012）等人也从这一角度出发，分别发表了 *The Rise of China* 和 *The Future of U. S. -Chinese Relations*，对中国崛起后的美国对华政策进行了探究性研究。拉维奇（1999）等人另辟蹊径，从中国台湾的角度出发，深入探讨了美国对中国台湾的外交政策，并发表了 2 篇与之相关的学术论文。虽然国内外有很多关于美国对华政策的研究，但限于时间和研究方法，传统的美国对华政策研究受作者知识结构和主观性的影响，存在对交叉领域特性描述不客观以及无法准确把握这一领域研究热点或研究动向的问题。

二、数据来源

本研究聚焦于国内外美国对华政策的相关报道及研究，为了保证数据的代表性和权威性，分别将中文与外文数据来源定位于中国知识资源库（以下简称 CNKI）和科学引文索引数据库（Web of Science，以下简称 WoS）。本研究以 "美国对华政策/US Foreign Policy Towards China" 为关键词，在上述中文数据库中进行检索，检索时间为 2020 年 7 月 29 日，时间跨度为 1946—2020 年，最终获取中文文献 1461 条，通过 CiteSpace 格式转换后获取有效文献 1456 条；外文数据库检索后获取外文文献 648 条，经 CiteSpace 去重后获取510 条有效文件（所有文献均为纯文本 TXT 格式）。此外，我们从硕博论文库ProQuest 中下载了美国对华政策研究文献 53 条，并对此进行归纳与总结。

三、研究工具

本研究借助 CiteSpace 软件对所搜集数据进行统计和知识图谱分析。该软件在描绘和分析可视化图谱方面具有方便、准确和高效的特点，因此，其主要用于科学文献数据的计量和分析以及识别和展现某一特定学科的最新发展趋势和前沿动向。具体操作大致如下：首先，确定专业术语或主题词；其次，收集数据、提取研究前沿术语；再次，进行时区分割、阈值选择；最后，显示、可视检测和验证关键点（Chen，2006）。

四、研究问题

本研究对国内外美国对华政策研究的热点话题、动向以及研究视角进行综述，旨在回答以下三个问题：

①在国内外，美国对华政策研究的最新动态及特点；

②近期美国对华政策研究的主要领域、主要视角和热点；

③在国内外，美国对华政策研究的未来趋势。

五、讨论与分析

（一）文献发表时间分布

据统计1950—2020年的文献数据得知，国内美国对华政策研究的中文文献发表总数达1456条（本书完成时这一数据应该有不少增加），论文的发表量总体来说呈上升趋势（见图2.1）。从图2.1可以看出，国内的美国对华政策研究可以分为三个历史阶段：第一阶段为1950—1980年，第二阶段为1981—2009年，第三阶段为2009—2020年。第一阶段，中国专注于提升本国综合实力，对美国对华政策的研究相对较少，相关文章的发表较为匮乏。进入20世纪80年代后，随着中国经济的高速发展，中美关系进入"蜜月期"，对美国对华政策的相关研究如雨后春笋般冒了出来，并在中美建立外交关系30周年的前一年（即2008年）达到历年来发文量的最大值，为177篇。这一时期国内的美国对华外交政策研究作品是任何时期都无法比拟的。进入2009年，美国民主党重返执政地位，美国首位非洲裔总统奥巴马登上历史舞台，

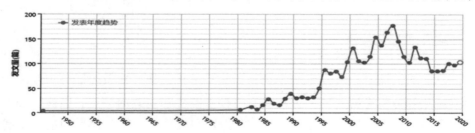

图2.1 CNKI中以"美国对华政策"为检索词的发文趋势（1950—2020年）

中美关系进入新的历史阶段，与此同时，国内的美国对华政策研究呈现增长与回落交替出现的趋势。

1986—2020 年，WoS 中的美国对华政策研究论文总数为 510 篇（如图 2.2，本书完成时这一数据应该有所增加）。进入 21 世纪后，国外学者的美国对华政策研究发文趋势略有起伏，进入到一个新的发展阶段，直到发生中美贸易战的 2018 年，相关研究发文量一直保持波动式增长，并在 2018 年达到发文量的最高峰，为 273 篇。随后呈现下降趋势，但当时 2020 年尚未结束，下结论还言之过早。这一数据表明，随着时代变迁和中国综合国力的不断增强，国外学者的美国对华政策研究将迎来新一波热潮。

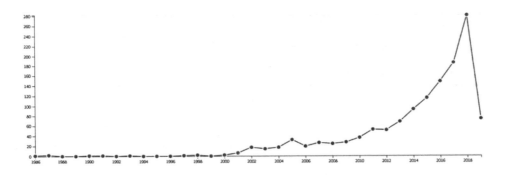

图 2.2　WoS 库中的美国对华政策研究发文趋势（1986—2020 年）①

（二）文献主要刊发载体

可视化分析国际上刊发美国对华政策研究论文的主要机构，有助于我们认识和了解这一研究的主要涉及领域。表 2.1 介绍了国内刊发相关论文最多的前 20 家期刊，排在首位的复旦大学美国研究中心，一共刊发了 24 篇相关文章，紧随其后的 3 个机构分别是中国社会科学院美国研究所、北京大学国际关系学院、复旦大学国际关系与公共事务学院，各刊发了 17 篇、13 篇和 10 篇相关文章。从论文数量来看，国内学者对美国的对华政策仍有很大的兴趣，他们对其政策从不同角度进行剖析，深入了解其政策的内在含义。排名靠前的机构均为国内双一流高校。

---

① 注释：WoS 中检索到的美国对华政策研究文献始于 1986 年。

表 2.1 国内刊发美国对华政策研究论文的主要机构（前 20）

序号	数量	年份	机构
1	24	1997	复旦大学美国研究中心
2	17	1992	中国社会科学院美国研究所
3	13	1998	北京大学国际关系学院
4	10	2001	复旦大学国际关系与公共事务学院
5	9	1989	南京大学历史系
6	7	2001	中共中央党校国际战略研究所
7	6	2008	中国人民大学国际关系学院
8	6	1985	北京大学历史系
9	6	2006	武汉大学政治与公共管理学院
10	6	2009	中国社会科学院世界经济与政治研究所
11	5	2009	北京外国语大学国际关系学院
12	5	2012	中国现代国际关系研究院美国研究所
13	5	2010	外交学院国际关系研究所
14	5	2005	东北师范大学历史文化学院
15	4	2014	中国社会科学院研究生院
16	4	1998	复旦大学历史系
17	4	2005	上海外国语大学国际问题研究所
18	4	1997	中国社会科学院台湾研究所
19	4	1999	外交学院外交学系
20	4	1997	上海国际问题研究所

从表 2.2 可以发现发文量位居前 20 的期刊分布于全球各个国家，这一数据表明国外学者不仅对本国对外关系保持密切关注，也时刻关注着国际公共关系，紧跟国际风向。从各期刊的名称来看，研究者发现国外学者对美国对华政策的研究成果主要集中刊发在各国高等学府或相关研究院内，这说明当代学者对中美关系的走向和美国对华政策的深层含义具有浓厚的研究热情。

表 2.2 WoS 上刊发美国对华政策研究论文的主要机构（前 20）

序号	数量	年份	Institution
1	11	2009	Tsinghua University
2	9	2005	Australian Natl University
3	9	2006	Fudan University
4	9	2011	Chinese Academy of Science
5	9	2007	Renmin University China
6	7	2010	Natl University Singapore
7	7	2011	Nanyang Technol University
8	7	2010	Griffith University
9	6	2008	University Hong Kong
10	6	2010	Georgetown University
11	6	2012	Peking University
12	6	2009	De La Salle University
13	6	2015	Chinese Academic Social Science
14	6	2011	City University Hong Kong
15	5	2009	Utah State University
16	5	2014	MIT
17	5	2013	Murdoch University
18	5	2009	Johns Hopkins University
19	5	1998	Harvard University
20	5	2007	University British Columbia

　　对国内外美国对华政策研究的总体趋势有了初步认识后，我们将利用 CiteSpace 进一步探究和分析国内外的美国对华政策研究具体动向，并以可视化图谱的方式加以呈现。根据节点类型的不同，我们将 CiteSpace 生成的可视化图谱分为五个类型：①包含作者、机构以及国家或地区间的科学合作网络谱，旨在展现不同国家、地区或机构对某一方面研究的进展程度以及研究领域；②描绘引用文献间以及共被引作者间的引用关系图谱；③共现网络图谱，主要包括关键词以及名词性术语的共现网络分析；④文献耦合类分析图谱；⑤分析不同研究基金的图谱。基于国内外数据来源的不同，本研究将分别呈

现相关的数据网络图谱。

（三）国内从事美国对华政策研究的学者及研究机构科学合作网络分析

科学计量学家卡兹和马丁（Katz & Martin，1997）将"科学合作"定义为"研究者们为生产新的科学知识而在一起工作"。CiteSpace 可以呈现三个不同层次的科学合作网络图谱：微观的学者合作网络（Co-Author）、中观的机构合作网络（Co-institution）以及宏观的国家或地区的合作（Co-country/territory）。陈超美指出，借助 CiteSpace 渐进的共引网络分析法，我们可以有效梳理一个学科或整个研究领域的发展脉络，有效捕捉并历时展现一个学科或知识领域在某个特定时期内的发展趋势与动向，并体现若干研究前沿领域的演进历程（Chen，2006）。

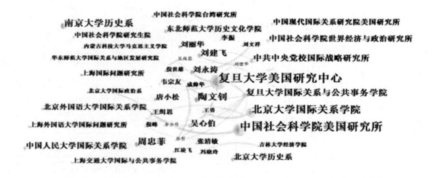

图2.3　国内从事美国对华政策研究的主要学者及相关研究机构

我们设置时间分区为年，选取时间切片（Time Slicing）为"1"，时间片段为 1946—2020 年，在"Node Type"（节点类型）中同时点击"author"（作者）和"institution"（机构），采用最小生成树算法（Minimum Spanning Tree），以简化生成的网络图谱，其他设置保持默认状态（如图 2.3）。图谱中的每个节点代表作者或研究机构。发文量的多少决定这一节点的大小。如果节点间存在连线则代表作者或机构之间存在一定的合作关系。连线的粗细反映合作的次数多少，连线越粗说明合作次数越多。

我们可以看到图中最大的三个节点分别为复旦大学美国研究中心、中国社会科学院美国研究所以及北京大学国际关系学院。其中，复旦大学美国研究中心与学者合作最为频繁，其分别与倪世雄、韦宗友、刘永涛、成帅华、孙哲等人合作发表过美国对华政策的相关研究论文，但连线均较细，表明他们之间合作的次数并不频繁。图中的机构间并没有连线，表明国内机构间对美国对华政策的相关研究缺乏合作。但从机构的名称来看，进行美国对华政策研究的机构多为高等学府，表明国内美国对华政策的研究不仅局限于资深学者，新一波对美国对华政策的研究热潮也逐渐渗入了新一代大学生群体中。

复旦大学的吴心伯和倪世雄、中共中央党校副校长刘建飞以及中国社会科学院的陶文钊等人的发文量位居前列。吴心伯（2019）深入研究了特朗普政府对华政策的调整及其影响，对中美两国是否会脱钩、"新冷战"是否会爆发、中美关系是否正在（或已经）跌入"修昔底德陷阱"等一系列问题进行了解答，对美国对华战略和中美关系的长远走向进行了初步分析。倪世雄（2019）从中美关系互动和中美建交出发，围绕历史、现实和未来等不同角度分析中美两国对外政策和行为的原因，发表了《中美关系 70 年：理论与实践》《中美关系再出发：新的思考与展望》等一系列相关论文。陶文钊（2019）则从两国的社会制度、意识形态、经贸问题和人文交流等要素出发，分析中美关系的复杂性和矛盾性，总结处理两国关系的基本经验，并基于当前对华政策辩论的分析，探索美国社会是否已真正形成了对华政策的共识。

（四）国内外美国对华政策研究的重要热点

研究热点是指在"某一特定时间段内，内在存在联系并且数量相对较多的一系列论文所探讨的科学热点问题"（沈君，2011）。有鉴于此，笔者借助可视化分析软件 CiteSpace 中"词频统计"的功能，来确定美国对华政策研究的最新热点，同时更好地把握该学科领域理论知识发展过程中所关注的焦点问题，并结合时代特点对其进行探讨和剖析。对该研究领域在一定时间段内的关键词进行聚类分析，以揭示该研究领域的发展动态与发展脉络。设置网络节点"node type"（网络节点）为"keyword"（关键词），选取每个时区出现频数大于或等于 40%、数据抽取对象为 Top100 的关键词，其他设置保持默认状态，即可生成如图 2.4 的网络可视化图谱。

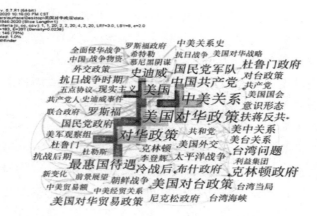

图 2.4　国内期刊中美国对华政策研究的关键词共现网络谱图（1946—2020 年）

图 2.5　国外期刊中美国对华政策研究的关键词共现网络图谱（1992—2020 年）

图 2.4 和图 2.5 网络图谱中的每个节点，正如陈超美（2012）所言，其代表不同的关键词，且节点大小与该关键词的出现频率呈正相关，即节点越大，出现频率越高。此外，年轮的厚度也代表着关键词在该时间分区内的出现频率，频率越高，年轮随之也就越厚（Chen，2012）。图谱中较大的节点内部或周围若出现一些较小的节点则构成一个聚类（cluster），且这些节点间的关系较为密切，往往会同时出现在一篇文章中。

从整体上来看，国内美国对华政策研究主要聚焦在"美国""中美关系"

"美国对华政策""美国对台政策"这四个方面。这说明中国学者主要热衷于对"美国"这一本体的研究，以"中美关系"的发展轨迹为基础，分析和探讨其"对华政策"或"对台政策"形成的内部原因。图谱中"美国""中美关系""对华政策"这三个节点明显大于其他节点，且其节点内部的年轮也更多。这表明国内对美国对华政策的研究时间跨度大，且由大到小，先从美国本身出发，再聚焦"中美关系"，随后进一步研究其对华政策。国内学者不再单一地从美国对华政策出发，而是另辟蹊径，通过美国对台政策这一角度出发，以小见大，揭示美国对华政策的真实意图。而国外的美国对华政策则主要聚焦于"trade policy"（贸易政策）、"US-China relation"（美中关系）以及"international relation"（国际关系）这三个方面。对比图2.4和图2.5，我们可以发现国内外美国对华政策研究的关键词之间有一定的联系。许多关键词相似甚至相同，如"international relation"（国际关系）、"China"（中国）与"中美关系"，"foreign policy"（对外政策）与"对华政策"，"economics"（经济学）与"经济"等。这些现象表明，我国对于美国对华政策方面的研究基本与世界前沿同步，但研究角度仍不够全面及多元化。

　　为了更加直观清晰地分析国内外美国对华政策研究的关键词，笔者根据CiteSpace生成的图谱数据，制作了"美国对华政策研究被引数量频次位居前20的关键词"以及"美国对华政策研究中介中心度排名前20的关键词"列表（见表2.3至表2.6）。

表2.3　国内美国对华政策研究被引数量位居前20的关键词

序号	数量	年份	关键词
1	391	1957	美国对华政策
2	348	1960	对华政策
3	322	1985	中美关系
4	292	1995	美国
5	66	1995	美国对台政策
6	51	1993	克林顿政府
7	45	1995	台湾问题
8	38	1992	布什政府
9	38	1991	中国
10	35	1996	美国对华贸易政策

序号	数量	年份	关键词
11	33	1997	利益集团
12	32	1965	中国共产党
13	32	1997	对台政策
14	30	2001	美国外交
15	29	1994	冷战后
16	27	2001	美国国会
17	25	1997	冷战
18	24	2017	特朗普政府
19	24	1991	意识形态
20	24	1981	罗斯福

表 2.4 国外美国对华政策研究被引数量位居前 20 的关键词

序号	数量	年份	关键词
1	155	1996	China
2	42	1998	foreign policy
3	42	1999	policy
4	40	2004	US
5	33	2004	power
6	24	1996	Japan
7	21	2004	rise
8	21	2004	politics
9	19	2003	US-China relation
10	18	2004	trade
11	14	1999	strategy
12	10	1997	future
13	8	1996	security
14	8	2008	exchange rate
15	8	2008	impact

序号	数量	年份	关键词
16	8	2011	geopolitics
17	7	2002	foreign direct investment
18	6	2009	monetary policy
19	6	1998	democracy
20	6	2011	international relation

衡量一篇文献的价值，除了其被引数量（Frequency）（如表2.3、表2.4）外，也可以采用中介中心度（Betweenness Centrality）这一指标来反映文献对应节点在整张网络图谱中的中介和桥梁作用。中介中心度较高的文献在这一知识领域中具有重要的贡献，它代表着重要的转折点。增加这一评判指标可以减少片面性，对文献价值的评价将显得更为客观和全面。为了更清晰地展示节点的属性，CiteSpac 使用了不同的视觉特质，关键词的被引频次越高，对应节点的直径则越大；且中心度大于0.1的节点外围颜色为紫色，紫色年轮厚度与中心度的大小呈正相关。节点的中心度越高，该节点为其他非中心节点提供的媒介作用则越多，且该节点是多个节点的中心节点（沈君等，2011）。

表 2.5　国内研究中介中心度排名前 20 的关键词

序号	中介中心度	年份	关键词
1	0.42	1960	对华政策
2	0.4	1957	美国对华政策
3	0.34	1985	中美关系
4	0.27	1995	美国
5	0.07	1965	中国共产党
6	0.06	1995	台湾问题
7	0.06	1991	中国
8	0.06	1993	中美经贸关系
9	0.05	1995	美国对台政策
10	0.04	1992	布什政府
11	0.04	1996	美国对华贸易政策

序号	中介中心度	年份	关键词
12	0.04	1997	利益集团
13	0.04	2001	美国外交
14	0.04	1994	冷战后
15	0.04	2017	特朗普政府
16	0.04	1991	意识形态
17	0.04	1990	最惠国待遇
18	0.04	2009	奥巴马政府
19	0.04	1995	克林顿
20	0.04	1999	WTO

从表 2.5 来看，国内图谱中的"对华政策"这一关键词中介中心度高达 0.42，紧随其后的"美国对华政策""中美关系"的中介中心度也都达到了 0.4 和 0.34，而图 2.4 网络图谱中这几个关键词的节点外围均呈现紫色，且节点间的连线较为密切。结合图 2.4 与表 2.5 的统计信息，我们可以发现，近年来，国内学者对美国对华政策的研究大多从经济、军事以及历史方面的角度出发，多角度、多层次地研究美国对华政策。其他关键词如"中国共产党""中美经贸关系"等虽被引频次较低，但中介中心度排名靠前，表明国内学者多以这些关键词为研究桥梁，从而深度剖析美国对华政策。

表 2.6　国外研究中介中心度排名前 20 位的关键词

序号	中介中心性	年份	关键词
1	0.23	1996	China
2	0.16	1998	foreign policy
3	0.14	2004	US
4	0.11	1999	policy
5	0.09	2010	Africa
6	0.09	2008	system
7	0.08	2004	rise
8	0.07	2010	challenge

序号	中介中心性	年份	关键词
9	0.06	2004	trade
10	0.06	2008	impact
11	0.06	2001	public opinion
12	0.05	2004	politics
13	0.05	2003	US-China relation
14	0.05	2002	foreign direct investment
15	0.05	1999	strategy
16	0.05	1997	future
17	0.05	2011	geopolitics
18	0.05	2007	model
19	0.05	2006	trade policy
20	0.04	2004	power

从表2.6来看，近年来国外学者对美国对华政策的研究多从经济和政治的角度出发，对美国对华政策形成的经济因素进行着重探究。结合图2.5与表2.6的信息来看，"US-China relation"（美中关系）"foreign direct investment"（对外直接投资）及"trade policy"（贸易政策）等关键词不但被引次数偏高，中介中心度排名也位居前列，表明国外学者的目光大多聚焦这些关键词上，并以此为桥梁来深度剖析美国对华政策。

（五）国内外美国对华政策研究前沿

大部分知识领域的研究前沿是最具发展前景、最先进且最新的研究主题。因此，对某一领域研究前沿的分析与追踪可以揭示该领域的最新动态，有助于把握该领域的未来趋势，发现新的研究问题、定位新的研究起点。某个知识领域的前沿分析通常是通过分析相关研究内容的关键词或名词性术语的出现频率，但分析突变术语的动态性变异特征更能准确地反映这一领域的研究前沿（陈世吉，2009）。根据上文生成的关键词图谱，我们分别整理出国内外美国对华政策研究中的重要突现词。

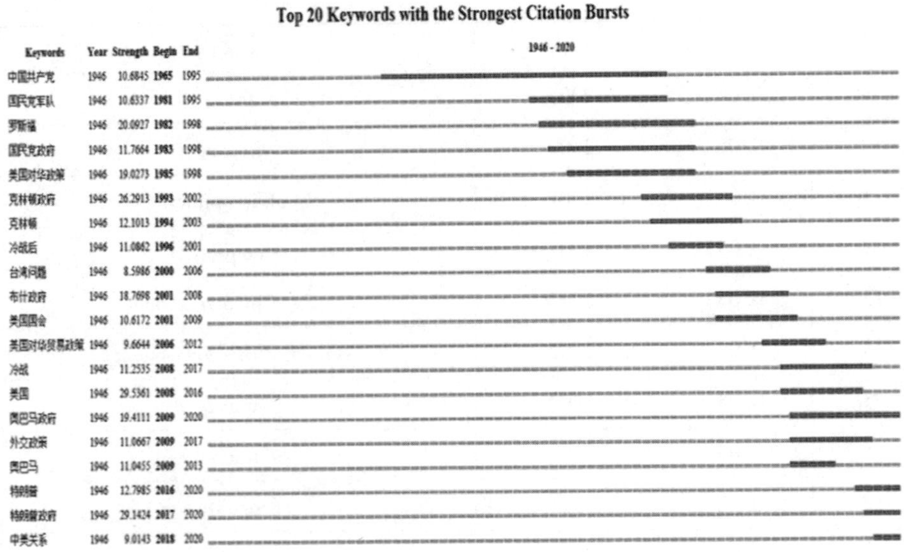

Top 20 Keywords with the Strongest Citation Bursts

Keywords	Year	Strength	Begin	End	1946 - 2020
中国共产党	1946	10.6845	1965	1995	
国民党军队	1946	10.6337	1981	1995	
罗斯福	1946	20.0927	1982	1998	
国民党政府	1946	11.7664	1983	1998	
美国对华政策	1946	19.0273	1985	1998	
克林顿政府	1946	26.2913	1993	2002	
克林顿	1946	12.1013	1994	2003	
冷战后	1946	11.0862	1996	2001	
台湾问题	1946	8.5986	2000	2006	
布什政府	1946	18.7698	2001	2008	
美国国会	1946	10.6172	2001	2009	
美国对华贸易政策	1946	9.6644	2006	2012	
冷战	1946	11.2535	2008	2017	
美国	1946	29.5361	2008	2016	
奥巴马政府	1946	19.4111	2009	2020	
外交政策	1946	11.0667	2009	2017	
奥巴马	1946	11.0455	2009	2013	
特朗普	1946	12.7985	2016	2020	
特朗普政府	1946	29.1434	2017	2020	
中美关系	1946	9.0143	2018	2020	

图 2.6　国内美国对华政策研究文献中排名前 20 的突现词（1946—2020 年）

Top 20 Keywords with the Strongest Citation Bursts

Keywords	Year	Strength	Begin	End	1992 - 2020
us	1992	2.1507	2008	2009	
china	1992	1.5143	2009	2010	
exchange rate	1992	2.1241	2010	2013	
us-china relation	1992	2.9047	2011	2012	
geopolitics	1992	1.7517	2013	2014	
international trade	1992	1.7037	2014	2015	
japan	1992	2.7059	2014	2015	
international relation	1992	2.2248	2014	2015	
foreign policy	1992	2.7735	2015	2016	
power	1992	1.3586	2016	2017	
impact	1992	1.6598	2016	2017	
grand strategy	1992	1.7892	2016	2017	
chinese foreign policy	1992	1.2673	2017	2020	
united states	1992	0.8956	2017	2018	
foreign direct investment	1992	0.4587	2017	2018	
public opinion	1992	1.2673	2017	2020	
trade	1992	0.9977	2017	2020	
stock market	1992	1.6886	2018	2020	
security	1992	1.1408	2018	2020	
rise	1992	1.5256	2018	2020	

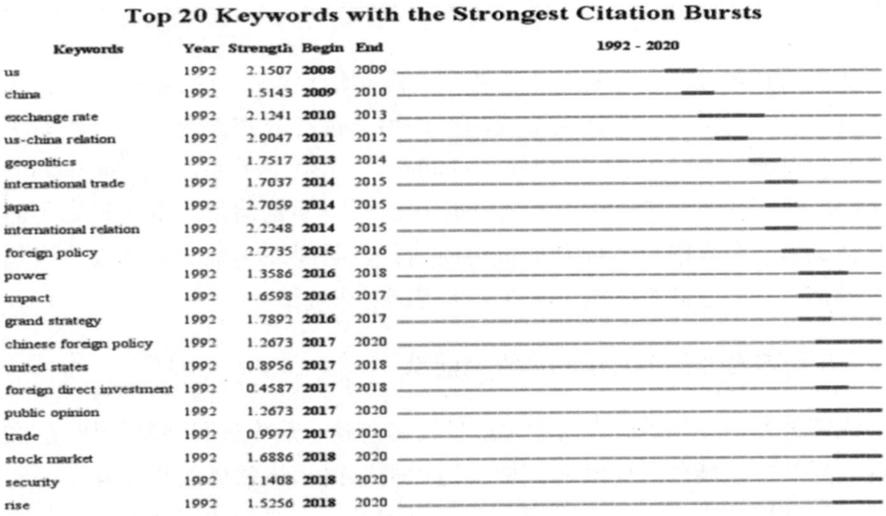

图 2.7　国外美国对华政策研究文献中排名前 20 的突现词（1946—2020 年）

　　图 2.6 和图 2.7 为国内外美国对华政策研究文献中排名前 20 的突现词，所获取的突现词就是国内外美国对华政策的研究前沿。国内排名最高的突现

词为"特朗普政府",高达 29.1424。该词最早出现在 2017 年,这一年特朗普对中国进行了访问,并在访问的两天内签署了 2535 亿美元的经贸大单。这不仅创造了中美经贸合作的纪录,也刷新了世界经贸合作史上的新纪录。充分反映特朗普总统就任初期,中美双方共同努力,力争把两国竞争与合作的复杂关系引向互利共赢为主的轨道,打造中美关系新格局(可惜,2020 年以来的美国政府已经越来越出格)。学界则将对美国对华政策的研究与特朗普政府所拥护的政策相结合,辩证分析其政策的真实意图。中国人民大学的杨其静教授对特朗普竞选时的口号,"America Frist"(美国优先)和"Make America Great Again"(让美国再次强大,一作"让美国再次伟大")进行了全面的分析,认为中国经济和地缘政治方面将面临前所未有的挑战(鹿音,2017)。一石激起千层浪,国内美国对华政策的研究逐步走向高峰。在此期间,国内学者多从特朗普本人的"商人特性"出发,对其政治人格特征及政策偏好进行了分析和探讨。

与国内不同,国外学者多注重从经济学以及历史学的角度对美国对华政策进行研究。国外美国对华政策研究前两名的关键词为"美中关系"以及"对外政策",这与国内的"中美关系"以及"外交政策"不尽相同。这表明国内学者对美国对华政策的研究除了致力于对美国各任总统以及其所代表的政府立场进行探讨研究外,也着力于从"中美关系""对外政策"等具体的、现实的角度出发,从而实现对美国对华政策更加全面的研究,这在一定程度上反映了国内学者对美国对华政策研究的最新动态。而国外学者则更加务实,多从"汇率"以及"国际贸易"等方面,分析美国对华政策中的经济外交战略。

本研究以"US foreign policy towards China"(美国对华外交政策)为关键词,并从硕博论文网站(ProQuest)中下载了 53 篇美国对华政策研究的相关文献,根据博硕论文的主题与关键词(如图 2.8),与国内外 2000 多篇相关学术论文结合,将美国对华政策研究初步分为国际政治学、传播学、语言学、外交学、文化学和历史学这几个视角。

(1)国际政治学

肖河、徐奇渊(2019)从国际政治学的角度对中美关系进行了深度剖析,通过定性分析来观察 1972 年以来中美两国在国际政治领域的互动情况,并将中美两国在国际政治领域的互动以 1989 年为界分为两个阶段。他们认为美国一直希望通过施压和接触的双重政策来促使中国接受美式国际政治秩序观,结果却适得其反。面对美国的外部压力,中国提出以发展和主权为核心的国

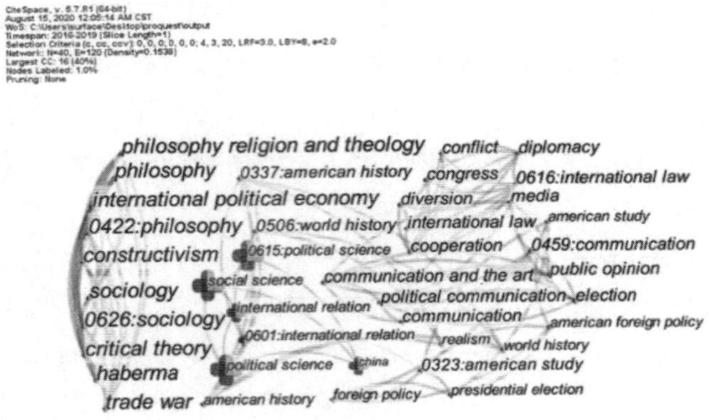

CiteSpace, v. 5.7.R1 (64-bit)
August 15, 2020 12:05:14 AM CST
WoS: C:\Users\surface\Desktop\proquest\output
Timespan: 2016-2019 (Slice Length=1)
Selection Criteria (c, cc, ccv) 0, 0, 0; 0, 0, 0; 4, 3, 20, LRF=3.0, LBY=8, e=2.0
Network: N=40, E=120 (Density=0.1538)
Largest CC: 16 (40%)
Nodes Labeled: 1.0%
Pruning: None

philosophy religion and theology conflict diplomacy
philosophy   0337:american history congress 0616:international law
international political economy diversion media
0422:philosophy 0506:world history international law american study
constructivism 0615:political science cooperation 0459:communication
social science communication and the art public opinion
sociology political communication election
0626:sociology international relation communication
0601:international relation realism world history american foreign policy
critical theory political science china 0323:american study
haberma trade war american history foreign policy presidential election

图 2.8　国外博硕论文主题与关键词共现知识网络图谱（1946—2020 年）

际政治秩序主张，并不时做出调整，但两国都坚持和推进各自的立场，秩序距离不断扩大。谢丽君（2020）借助小约瑟夫·奈的国际政治体系理论，进一步分析了崛起中的大国中国和守成型的大国美国之间的关系。她认为中国与美国的经济合作往来频繁，这使得中国的经济发展迅速，中美两国均需要彼此能从相互依存中获取利益，应该保持理性、审慎的态度对待两国间的利益往来。吴心伯（2019）从国际体系与国际秩序的演变方向出发，揭示了国际体系与国际秩序的加速变化在主要崛起国中国与现存霸权国美国之间的互动中充分表现出来。王胜男（2020）通过分析中国学者对美国的"角色预期"，指出随着两国在政治、经济、文化和军事领域的接触不断增多，一些新的观念已经制度化，进而帮助两国塑造了中美关系。显然，美国与中国之间的互动关系不再被看作单一的、敌对的零和博弈。田崇永（2020）针对冷战后美国对华"接触"战略的形成及其演变进行梳理，深入分析了美国转变对华战略、实施对华竞争的特点以及由此带来的影响，并以层次分析法剖析美国转变对华战略的原因。这一部分以国内政治服务于国际政治为基本立足点，为正确认识当前美国转变对华战略奠定基础。

（2）传播学

斯尔弗（Silver，2016）认真审视了 2012 年美国总统竞选过程中美国政府及媒体的涉华负面报道，阐释了美国媒体价值观的变化对政府及公众对华观念的影响。其研究结果表明，美国政府惯于利用媒介效应对涉华舆论风向进行掌控，旨在让人们歧视中国公民，对美国公民传播所谓的"中国威胁"这一虚假事实，从而顺利实施其不公平的对华政策，以达到其不可告人的目的。

戴维（David，2019）探讨了特朗普政府在贸易战背景下发表的一系列反华言论、美国政府与其公民观点之间存在的巨大差异以及这种差异是否会延续下去。通过比较当前和二战后的历史，展示了战后地缘政治竞争产生共鸣所需做出的巨大努力，强调当前美国地缘政治竞争所缺乏的必要条件。蔡驰成（2019）以 1911—1921 年《纽约时报》的对华报道作为研究对象，指出《纽约时报》的涉华舆论战是符合其国家利益和自身利益的。他认为，潜移默化的议程设置始终伴随着报纸的全过程，政治力量和经济支撑框架限定媒体的传播价值和报道导向，新闻传播者在跨越意识形态的同时也要始终记住意识形态本身的客观存在。张雪梅（2020）致力于追溯 1949 年前后美国主流媒体关于中华人民共和国外交的报道内容，她强调，受意识形态驱动，美国媒体的涉华报道往往刻意歪曲中共形象、鼓吹所谓的"中国威胁"，并恶意塑造中美形象反差，旨在错误引导涉华舆论。有鉴于此，中国必须加强对外宣传体系建设，争夺国际话语权。在对外宣传内容上，不仅要做好政治宣传，还要做好经济、文化等方面的宣传。

（3）外交学

维诺德和塞拉（2015）着眼于美国对中国崛起的态度与回应，从矛盾的理论视角出发，探究中国崛起对美欧关系的影响，并分析在此背景下，美国对华外交政策的转变以及美国如何在中美、美欧外交关系中寻求平衡点。何维保（2019）以梳理和分析历史上美国两党党纲所反映的对华政策为基础，对政党党纲与美国对华政策的关系、政党党纲在反映对华政策时所呈现的特点等方面进行研究。他指出，随着中国自身实力及影响力的不断提高与中美两国联系的不断加强，美国两党党纲涉及对华政策的频率得到显著提高；美国历届政府的对华政策在大多数情况下与执政党党纲中的对华政策倾向是一致的。另外，美国两党在涉及对华政策的重大问题上大多数时候能达成共识，但美国两党党纲中的对华政策内容从根本上来讲是服务于美国两党进行选举的国内政治需要的。刘泽源（2019）以"史迪威事件"为研究视角，通过研究美国在这一事件爆发前后对华政策的调整以及中国共产党有针对性的及时回应，总结美国对华决策的特点，并探析中共与美国交往过程中所积累的宝贵外交经验。研究发现，矛盾心理是美国对华政策中最为突出的特点。美国对华政策充分体现了其一以贯之的利益至上的强权心态。

（4）语言学

刘惠华（2016）从建构主义视角比较研究了美国三届政府的对华政策，他认为美国政府对中国的发展及世界格局的定位存在误判，对中美关系乃至世界格局有重大影响。支永碧等人（2016）采用基于语料库的批评性话语的分析方法，对美国两届政府的对华经济政策话语进行了比较考察，揭示了美国对华政策话语背后蕴含的偏见、歧视和话语隐性控制等意识形态，并进一步阐述了话语对社会实践的影响。岳圣淞（2019）以特定时期美国对华政策的演变过程为研究方向，努力探究决策者在政策制定过程中的话语战略和实践方式，以及其可能对政策产生的影响。他对1993年以来的四届美国政府、七个任期内对华政策的发展过程进行政治修辞分析，最终发现，美国政府始终重视对外政策的话语建构，并通过对多种不同话语策略的综合运用来确保对华政策的顺利推进。金海媚（2020）的研究指出，《纽约时报》的记者倾向将贸易战视为向中国施压和稳定美国领先地位的契机，而《中国日报》的记者则担心贸易冲突会引发全球经济的连锁效应；美国记者试图把中国塑造成单边主义、好斗和报复心强的国家，而中国记者则倾向塑造开放、合作和负责任的中国形象，并希望中美两国能够恢复正常的、互惠互利的贸易关系。

（5）文化学和历史学

关敬之（2016）以第107—112届国会涉华议案为研究对象，他围绕这一研究主题，收集、运用大量的美国国会一手资料，系统梳理了第107—112届国会涉华议案，分析比较了这几届国会在涉华议案方面的特点，充分展现了美国在对华政策中的国会因素。该研究表明，尽管美国国会并不具备强制行政官员执行政策的权力，但其可以向总统与美国民众表明国会在某一个问题上对华政策的总体倾向，施压和诱导美国总统在对华政策实践中采取"国会所期望的行动"，从而影响美国政府的对华决策。余伟伟（2017）通过研究亨培克担任美国国务院远东司司长时的对华思想与实践，阐释了他对美国对华政策的影响。苏晓敏（2017）根据相关国际关系理论，借助美国各大权威报刊、民意测验等方式，考察了1933—1942年美国政府的涉华舆情，剖析了这一时期美国对华舆论与美国政府对华决策变化的关系。该研究发现，公众舆论是美国政府制定外交政策的重要依据。美国政府在制定对华政策的过程中，公众舆论因素并非起决定性作用。但是，当舆论普遍对政府某一政策或行为表示反对时，政府将无法顺利推行自己的相关政策。康（Kang，1999）和刘（Liu，1996）对特定历史时期美国对华政策的形成动因进行分析，他们认为，在不同的历史环境下，美国对华政策的制定者与实施者具有截然不同的目的，美国国内对其政策的解读也不尽相同。斯提芬斯（Stephens，2009）从历史学的现实主义和新现实主义视角出发，对冷战后美国政府的政治、经济以及军事联盟理论中涉及对华政策的因素进行重点分析，从而了解美国对华政策的形成因素及其战略意图。该研究有助于人们对这一研究领域的未来研究动向进行评估和预测。莫里斯（Morris，2000）、桑德斯和菲利普（Saunders & Phillip，2001）分别以克林顿政府 1994 年将中国人权记录与最受欢迎国家地位脱钩以及克林顿政府对华经济政策为例，深刻审视了冷战时期的美国对华人权外交政策，探讨了中美经济间的相互依赖以及美国在中美关系中所处的地位。他们指出，美国一方面积极扩大与中国的经济关系，另一方面又抨击中国的人权问题，由此可见美国对华政策的真正意图。美国前后不一的对华政策削弱了与中国稳定关系的努力，使得中美的接触更难成功缓和。

六、本节小结

本节我们利用 CiteSpace 信息可视化软件，对国内外的美国对华政策研究进行了可视化分析，以这些论文的作者、机构及其关键词为计量单位进行了定量、定性分析，深入探讨和挖掘了目前国内外的美国对华政策的研究现状以及主要研究热点。研究结果表明：

从发文量来看，目前的美国对华政策研究似乎呈现下降的趋势，但总量仍远远高于 20 世纪。随着中国改革开放的深入推进，中国的国际地位不断上升，现已跃升为世界第二大经济体。美国与中国之间的经济往来日渐密切。特朗普政府所谓的中美经济"脱钩论"将严重违背历史潮流。目前，国内外学者对美国对华政策的研究热情不减，虽然呈现回落交替的发展特点，但发文量仍不断攀升。当然，在其发展中存在许多问题，如美国对华政策作为一个交叉学科的研究领域，对其进行多角度、多方位的研究是有一定必要的，而目前的美国对华政策研究主要是以定性分析为主。总体而言，相关研究的系统性和逻辑性仍需进一步加强，定量研究需要进一步加强，基于语料库的批评性话语分析研究需要进一步深化和拓展。

从研究结果中我们不难发现，美国对华政策研究的理论基础发展迅速，研究成果丰硕，研究热点主要聚焦"经济""贸易""政治""历史"等方面。研究涉及领域较广，包含了政治学、外交学、传播学、历史学、语言学等学科知识。但美国对华政策的研究体系尚不完善，各领域间的相互合作较为薄弱，在逻辑上亟须进一步加强。从本研究的各项结果可以看出，目前国外的美国对华政策研究大多与经济、历史相关，这对我国中美关系的研究具有一定的借鉴意义。

随着历史变迁以及时代的进步，国内外的美国对华政策研究热点已从军事外交领域悄然转变为经济贸易领域。近年来，学界对中美贸易关系的关注度不断增强，随着美国现任总统特朗普上任，中美之间的经贸关系发生了复杂而曲折的变化，对美国对华经济政策的研究将越发重要。国内外的美国对华政策研究基本并驾齐驱，这与我国综合国力的不断提升以及学者对美国对华政策的高度重视有着密切相关的关系。若国内学者能够更好地关注和借鉴国内外的美国对华政策研究的发展状况，并在此基础上吸取其精华，除去其糟粕，同时与我国的具体国情相结合，深度探索美国对华政策的发展规律，将对美国对华政策的研究发展具有重要的战略意义。

本章利用 Cite Space 信息可视化软件，探讨和剖析了国内外的美国对华政策研究现状、热点以及演进态势，指出了这一研究领域的不足之处，为未来的研究者提供了一定的启迪和参考。

当然，本研究仍存在一定的局限性。一是可视化软件语言不兼容，非中文或英语识别不准，导致有关数据可能存在一定的误差。二是笔者对这一软件的认知与把握相对有限，可能难以充分利用现有数据更加深入全面地剖析和总结美国对华政策研究领域的前沿和动向。这些尚需要我们在今后的研究中不断改进与完善。

第二节　批评话语分析研究综述

一、引言

一般认为，批评话语分析最早由福勒（Fowler）等人在《语言与控制》（1979）中提出。《语言和权力》《语言、权力和意识形态》《话语中的偏见》等著作是批评话语分析正式诞生的主要标志。从 20 世纪 80 年代末期开始，以费尔克劳夫（Fairclough）为代表的批评语言学家把批评话语分析推向了一个新的发展高度。1995 年，中国学者陈中竺将"批评话语分析"引入中国。历过 25 年的发展，批评话语分析在国内呈现出良好的发展态势。在辛斌、田海龙等学者的进一步推动与引领下，批评性话语分析的研究成果越来越丰富多彩。

本研究通过 CiteSpace 软件对国内外的批评话语分析研究进行综述，以便进一步理清批评话语分析研究领域的关键问题。

二、数据搜集

本研究的国内数据来源自科学信息研究所编制的 CNKI 的期刊和硕博论文库。首先，以"批评话语分析""批评语篇分析""批评性话语分析""批评性语篇分析""批评性分析"和"批评性研究"作为主题，将检索时间设置为 1995 年 1 月 1 日至 2020 年 8 月 11 日，对全部期刊和硕士、博士论文进行检索。其次，对相关文献进行筛选，剔除"出版信息""论文摘编""教授风采"和"主持人语"等非相关数据，共得到有效论文 3484 篇。最后，把这些文献的所有信息，如题目、作者、作者单位、来源期刊、摘要、关键词等以 RefWorks 格式导出并保存下来，为接下来的图谱分析做好准备。

国外数据来自"Web of Science"，由世界领先的引文索引数据库汤姆森科技信息集团（Thomson Scientific）开发，该数据库包含 9000 多种科学核心期刊，数据多样性得到了全球认可。本研究以"Critical Discourse Analysis"（批评话语分析）为主题或者标题中含有"Critical Discourse Analysis"在 WoS 核心合集中检索，语种为英语，文献类型为"Artical"，时间跨度为 1995—2020年，由 CiteSpace 软件除重后，得到 3447 条有效数据，组成本研究的国外研究数据。

三、研究工具

本研究利用信息可视化软件 CiteSpace 作为工具绘制图谱，对国内外批评话语分析研究状况进行评述。该软件的突出特征就是把一个知识领域浩如烟海的文献数据，以一种多元、分时、动态的引文分析可视化语言，通过巧妙的空间布局，将该领域的演进历程集中展现在一幅解读性较强的引文网络知识图谱上[1]。首先将本研究数据库中的数据导入可视化分析软件，根据需要调整不同的阈值。在生成的图谱上，N 代表网络节点数量，E 代表连线数量，Density 反映网络密度，借用这些数据并结合图谱可初步分析出不同网络类型的研究现状。

---

[1] 李杰，陈超美. CiteSpace：科技文本挖掘及可视化（第二版）［M］. 北京：首都经济贸易大学出版社，2017：1.

四、研究问题

本研究将聚焦合作网络图、关键词共现和突现以及文献被引量及文献突现等几个方面，挖掘 25 年来国内外批评话语分析研究的最新动态。本研究旨在回答以下三个问题：

①国内外批评话语分析研究的总体趋势及特点；
②国内外批评话语分析研究的作者、机构以及国家间的合作状况；
③国内外批评话语分析研究的前沿热点和领域。

五、讨论与分析

（一）文献发表时间

通过统计 1995—2020 年的知网文献发现，国内的批评话语分析研究文献共有 3484 条，发表量总体呈上升趋势（见图 2.9）。

图 2.9 国内批评话语分析研究论文年发文量分布（1995—2020 年）

根据图 2.9 可知，国内的批评话语分析研究可分为如下四个阶段：萌芽期（1995—1999 年）、起步期（2000—2005 年）、飞速发展期（2006—2011 年）、平稳发展期（2012—2020 年）。在萌芽期，批评话语分析的年发文量约 7—12 篇；在起步期，发文量约 17—48 篇；在飞速发展期，发文量约 49—283

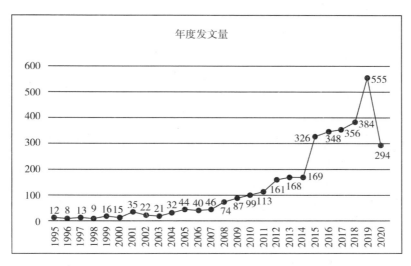

图 2.10 国外批评话语分析研究论文年发文量分布（1995—2020 年）

篇；在平稳发展期，发文量约 239—277 篇。虽然数量有所起伏，但总体保持了较好的上升势头。最早的一篇文献是陈中竺（1995）发表的《批评语言学述评》一文，此后辛斌（1996）发表了《语言、权力与意识形态：批评语言学》一文，进一步引介和阐释了批评语言学理论。

通过对 1995—2020 年发表的 3447 篇相关论文的统计分析，我们得到了图 2.10 所示结果。可以看出，1995 年至今，国外的批评话语分析研究总体处于不断上升趋势，最高数据与最低数据有了质的区别。由此可见，过去的 25 年来，围绕批评话语分析及相关话题展开的研究及讨论正逐步深化。

根据 WoS 上的文献统计，我们可以将国外的批评话语分析研究状况分为三个阶段：第一阶段为 1995—2007 年，第二阶段为 2008—2014 年，第三阶段为 2015—2020 年。第一阶段是国外批评话语分析研究的初步阶段。该阶段，批评话语分析从话语分析领域中分离出来并进入其发展阶段，前期增长较缓，只有 2001 年、2005 年、2006 年和 2007 年发文量较多，分别为 35 篇、44 篇、40 篇和 46 篇。一直到 2008 年批评话语分析相关的论文开始呈现稳步上升的趋势，并在 2019 年达到了最高峰，发文量达到 555 篇。这说明近年来，批评话语分析研究越来越被学者们所接受与关注。

（二）科研合作网络分析

1. 国内作者合作网络

选区时间分区为年、时间切片（Time Slicing）为 10、时间片段为 1995 年 1 月—2020 年 8 月、节点类型为 "author"（作者），并将 Top N 设置为 100，即在各个时区中选择前 100 个高频出现的节点，选择 Thresholding（c - cc - ccv）阈值设置为 1，1，20；4，3，20；3，3，20，其他设置保持默认状态，生成网络图谱。另外，将 Threshold 阈值设置为 3，Front size 阈值设置为 15，Node size 阈值设置为 170，调整得出作者合作网络图谱，该图谱中有 608 个节点，节点间仅有 123 条连线，合作最多的节点为 16 个，占整张合作网络图的 1%。

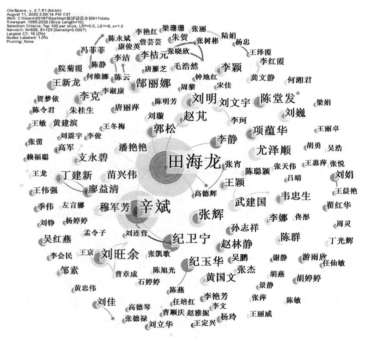

图 2.11　国内从事批评话语分析研究的主要学者（1995—2020 年）

如图 2.11 所示，图谱中的每个节点代表作者，发文量的多少决定这一节点的大小，节点间的连线代表作者间存在合作关系，连线的粗细反映合作的次数多少，连线越粗则合作次数越多。从图 2.11 中可以清晰地看出，国内从事批评话语分析研究的主要学者是田海龙、辛斌、张辉、刘旺余、刘明、纪玉华、尤泽顺、纪卫宁和赵芃等人。从图谱中可以看出，以田海龙为中心节点，他分别与辛斌、赵芃、郭松、李静、潘艳艳等人有合作关系。从节点大小也可以看出高产作者为田海龙和辛斌，由此可以看出两位学者不愧是批评话语分析领域的领军人物。从线条粗细来看，只有少数学者之间有一定的合作，如辛斌与纪卫宁、田海龙与赵芃、丁建新与廖一清、纪玉华与陈燕，等等。

根据软件计算出的数据，我们绘制出国内批评话语分析研究发文量前 30 的作者排名（含并列）（见表 2.7）。

表 2.7　国内批评话语分析研究发文量排名前 30 的作者（1995—2020 年）

序号	数量	年份	作者	序号	数量	年份	作者
1	34	2002	田海龙	16	7	2008	李静
2	24	1996	辛斌	17	7	2001	丁建新
3	11	2006	刘旺余	18	7	2008	刘巍
4	11	2008	刘明	19	7	2008	李颖
5	10	2000	纪卫宁	20	7	2011	李克
6	10	1995	张辉	21	7	2016	刘文宇
7	9	2008	赵芃	22	6	2007	支永碧
8	8	2009	郭松	23	6	1999	廖益清
9	8	2004	项蕴华	24	6	2016	苗兴伟
10	8	2001	纪玉华	25	6	2015	穆军芳
11	8	2007	陈堂发	26	6	2006	黄国文
12	8	2016	尤泽顺	27	6	2012	韦忠生
13	8	2010	郜丽娜	28	6	2011	陈群
14	7	2015	武建国	29	6	2008	王颖
15	7	2009	赵林静	30	5	2008	刘佳

表 2.7 清晰地展示了发文量位居前 30 的作者、其发文数量以及最早发文时间。其中，发文最多的学者是田海龙教授，其学术研究主要集中于社会语言学及批评话语分析领域，他的一些研究成果被国内学界同行的许多研究引用，有 10 多篇论文被 SSCI 收录。国内高产作者中发文较早的为张辉和辛斌，辛斌于 1996 年在《现代外语》上发表了《语言、权力与意识形态：批评语言

学》一文，该文被引率为 912 次。他一直致力于该领域的研究，给国内同行介绍其研究成果。《批评语言学：理论与应用》（2005）是国内第一部有关批评话语分析的专著，对我国的英、汉语篇的批评性分析和教学具有重要的参考价值（支永碧，2007）。

2. 国外作者合作网络

将数据导入可视化软件，"Node Type"（节点类型）选择 "author"（作者），其他参数设置与国内作者合作分析阈值相同，得到图 2.12 所示的作者合作网络图谱。该图谱的特点在于 460 个节点多为独立节点，且节点之间连线较少，合作最多节点只有 12 个，只占合作网络的 2%。由此可见，在作者合作方面，国外作者之间的整体合作非常低，在批评话语分析研究合作方面，有待加强。从作者合作网络图和数据显示，Teppo Hujala、Jukka Tikkanen、Minna Tanskanen、Tuomo Takala 等作者之间有合作。这四人在 2017 年合作发表了一篇名为 *The order of forest owners' discourse：Hegemonic and marginalised truths about the forest and forest ownership* 的论文。该图中的大部分作者发文量多数为 4 篇。初步得出结论，研究批评话语分析的国外学者较多，但这些人之间的联系很少，且每位学者的发文量较少，所以在图 2.12 中显示的节点很小或是没有显示出来。

图 2.12　国外批评话语分析研究作者合作网络图谱（1995—2020 年）

依据软件计算出的数据绘制出表 2.8，即 "国外批评话语分析研究发文量排名前 20 的作者"（有并列）。

表 2.8　国外批评话语分析研究发文量排名前 20 的作者（1995—2020 年）

序号	数量	年份	作者
1	18	2008	DAVID MACHIN
2	13	2007	KARMEN ERJAVEC
3	8	2007	RUTH WODAK
4	8	2011	CHRISTOPHER HART
5	8	2009	ANASTASIA G STAMOU
6	7	2006	REBECCA ROGERS
7	7	2013	SENEM AYDINDUZGIT
8	7	2013	KERRY R MCGANNON
9	6	2009	ARGIRIS ARCHAKIS
10	6	2016	JIAYU WANG
11	6	2014	PAUL CHANEY
12	6	2009	ADITI BHATIA
13	6	2011	AUDREY R GILES
14	6	2016	GAVIN BROOKES
15	6	2011	CYNTHIA R WHITEHEAD
16	6	2012	INNOCENT CHILUWA
17	6	2012	BERNHARD FORCHTNER
18	6	2006	EERO VAARA
19	6	2015	PER LEDIN
20	6	2008	MELITA POLER KOVACIC

表 2.8 清晰地展现了发文量排名前 20 的作者、各自的发文数量及最早发文时间。发文量最多的是 David Machin（大卫·梅钦），他最早在 2008 年发表了有关批评话语分析研究的论文，他毕业于英国杜伦大学，先后在英国的卡迪夫大学、莱斯特大学，瑞典的厄勒布鲁大学任教，是批评话语分析、多模态话语分析和语言学研究领域的著名学者，担任 SSCI 期刊与 A&HCI 两本期刊的主编。

纵向来看，在批评话语分析研究理论成熟后，各领域的学者们逐渐意识到批评话语分析在话语分析中的重要性和对文本分析的实用性，所以更加致力于批评话语分析与研究，这与批评话语分析领域的总体发展路线是一致的。

从图 2.11 和图 2.12 来看，发文作者的可视化图谱不存在聚类现象，且每位作者的发文数量较少，换句话说，作者都是独立的个体，在研究批评话语分析方面他们没有合作关系并且不能专心地研究这一课题。为了加快批评话语分析的研究进程，提高研究的质量，学者们需要加强学术交流与合作。

3. 国内机构合作网络

选择"Node Type"（节点类型）为"Institution"（机构），设置 Top N 为 100，即在每个时区中选择前 100 个高频出现的节点，其他参数为系统默认值。运行后，将 Threshold 阈值设置为 7，Front size 阈值设置为 10，Node Size 阈值设置为最大，即 170，绘制出图 2.13，即"国内批评话语分析研究机构合作网络图谱"。图谱中有 1474 个节点，291 条连线，节点间最大连线数为 41，占整体网络图谱的 2%。从图 2.13 中，不难看出研究批评话语分析的机构大多数为高校，其中，节点较大的几个机构为天津商业大学外国语学院、南京师范大学、郑州大学外语学院和东南大学成贤学院。

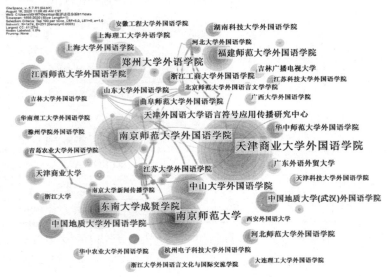

图 2.13　国内批评话语分析研究机构合作网络图谱（1995—2020 年）

从节点之间连线数和线条粗细来看，南京师范大学外国语学院、天津商业大学外国语学院与其他机构间有一定的合作关系。原因可能是，2017 年 11 月 4 日中国话语研究机构联盟在华东交通大学签署成立，已经加入该联盟的机构有中山大学语言所、浙江传媒学院话语与传播研究中心、福州大学跨文化研究中心、华东交通大学交通与工程应用翻译研究中心、广州大学外国语学院话语研究中心、中国石油大学（北京）外国语学院中国国际能源舆情研究中心、杭州师大外国语学院文化传播研究中心和北京第二外语学院英语教育学院政治修辞与文化研究中心等。在学术研究中，联盟积极开展项目合作，进行定期或不定期的相互访学、驻站研究，加强彼此之间的学术交流和互助，促进话语研究机构之间的交流与合作，为中国话语研究的发展贡献力量，并在国际话语研究领域展现中国的研究实力。有关图谱也确实印证了中国话语研究机构联盟之间的密切合作。

为了更加直观地了解批评话语分析研究机构的情况，结合 CiteSpace 软件生成的数据绘制了表 2.9，展现了国内批评话语分析研究发文量位居前 20 的机构。

表 2.9　国内批评话语分析研究发文量位居前 20 的机构（1995—2020 年）

序号	发文量	最早发文时间	机构
1	45	2007	天津商业大学外国语学院
2	34	1995	南京师范大学
3	29	2008	郑州大学外语学院
4	29	2008	南京师范大学外国语学院
5	26	1995	东南大学成贤学院
6	22	2006	中山大学外国语学院
7	19	2009	福建师范大学外国语学院
8	15	2008	中国地质大学外国语学院
9	15	2008	江西师范大学外国语学院
10	15	2014	天津外国语大学语言符号应用传播研究中心
11	14	2007	中国地质大学（武汉）外国语学院
12	12	2009	天津商业大学
13	12	2003	华中师范大学外国语学院
14	12	2008	上海大学外国语学院
15	11	2009	江苏大学外国语学院
16	10	2008	湖南科技大学外国语学院
17	10	2009	河北师范大学外国语学院
18	10	2009	曲阜师范大学外国语学院
19	10	2011	广东外语外贸大学
20	10	2010	浙江工商大学外国语学院

　　从表 2.9 中，我们可以看出国内主要研究批评话语分析的机构都是高等学府，其中，发文量最多的是南京师范大学，至今发表了 63 篇相关文章，其次是天津商业大学外国语学院发文量 45 篇。另外，在这些高等学府中，南京师范大学和东南大学成贤学院的发文时间最早。结合图 2.13，可以看出南京师范大学外国语学院与天津商业大学外国语学院存在合作关系，说明国内高等学府的外国语学院是开展批评话语分析研究的主要阵营，天津商业大学外国语学院和南京师范大学外国语学院在这一研究领域与其他高校形成合作网络，共同推进国内批评话语分析研究的发展。

4. 国外机构合作网络

　　"Node Type"（节点类型）选择"Institution"（机构），其他参数不变，绘制出图 2.14，"国外批评话语分析研究机构合作网络图谱"。图谱显示有 493 个节点，262 条连线，节点间最大连线数为 108，占总体网络的 22%。这说明机构间的合作要比作者之间的合作多。引文年环总体偏暖色，说明近年发文量较多。图谱中的重要节点显示，研究批评话语分析的机构主要为大学，其中发文量最多的是"Univ Lancaster"（兰卡斯特大学）。该节点的年环显示，该机构也是最早研究批评话语分析的大学之一，其于 2002 年首次在 WoS 上发表批评话语分析研究论文。年环颜色的渐变显示，该机构对批评话语分析的研究是持续稳定的，其至今已发相关论文 78 篇。初步判断国外的高等学府近年来对这一研究领域比较关注。从节点之间的连线来看，有将近一半且发文量较少的机构一般是独立开展批评话语分析研究，与其他机构很少有合作关系。而发文量大的机构多数与其他机构之间有密切的合作，起到了带头作用。

　　为进一步梳理批评话语分析研究较为频繁的机构以及它们之间的合作关系，我们又绘制了表 2.10、表 2.11。

图2.14　国外批评话语分析研究机构合作网络图谱（1995—2020年）

表2.10　国外批评话语分析研究发文量位居前20的机构（1995—2020年）

序号	发文量	年份	机构
1	78	1999	Univ Lancaster
2	49	2013	Univ Toronto
3	30	2003	Cardiff Univ
4	30	2006	Univ British Columbia
5	27	2001	Univ Queensland
6	27	2007	Univ Sydney
7	23	1999	Griffith Univ
8	23	2004	Queensland Univ Technol
9	22	1998	York Univ
10	21	2005	Univ Sheffield
11	18	2000	Arizona State Univ
12	18	1999	Univ Washington
13	17	2000	McGill Univ
14	16	2003	Deakin Univ
15	16	2016	Univ Nottingham

续表

序号	发文量	年份	机构
16	16	2001	Univ Alberta
17	16	1999	City Univ Hong Kong
18	15	2004	Newcastle Univ
19	15	2009	Lund Univ
20	15	2015	Univ Liverpool

表 2.11　国外批评话语分析研究中介中心度排名前 10 的机构（1995—2020 年）

序号	数量	中介中心度	年份	机构
1	78	0.04	1999	Univ Lancaster
2	49	0.04	2013	Univ Toronto
3	8	0.03	2013	Queens Univ Belfast
4	15	0.02	2000	Univ Melbourne
5	30	0.02	2003	Cardiff Univ
6	16	0.02	2016	Univ Nottingham
7	22	0.01	1998	York Univ
8	23	0.01	1999	Griffith Univ
9	18	0.01	1999	Univ Washington
10	16	0.01	2003	Deakin Univ

　　表 2.10 呈现的是国外批评话语分析研究发文量排名前 20 的机构，这些机构都是世界顶级的高等学府，排名第一的兰卡斯特大学至今已发表 78 篇相关文章，紧随其后的是多伦多大学（49 篇）和卡迪夫大学（30 篇）。综观表 2.11 的每一栏，可以发现发文量排名前 10 的大学中有 4 所来自澳大利亚、3 所来自英国、3 所来自加拿大，均属英联邦大学。最早发文时间除了约克大学（1998 年）、格里菲斯大学（1999 年）、兰卡斯特大学（1999 年）和华盛顿大学（1999 年）外，其他机构的最早发文时间都较晚。

　　根据表 2.11 的数据显示，不难发现这 10 所大学中有 3 所机构的中介中心度较高，均为 0.03 或以上，它们分别是：兰卡斯特大学、多伦多大学和贝尔法斯特女王大学。但这三所大学之间并不存在合作关系，而是与其他的研究机构有合作关系，前两所大学发文量较高，分别为 78、30 篇，贝尔法斯特女王大学发文相对少一点，仅有 8 篇。这说明这三所大学大力投身到批评话语分析的研究中。这些数据说明在 1995—2020 年这 25 年间，英联邦大学作为主要研究批评话语分析的中心，英国及澳大利亚多家院校在批评话语分析研究这一领域形成了合作网络。中介中心度较高的几所机构发挥了学科带头作用，共同推动了批评话语分析研究的繁荣发展。

结合表 2.10 和表 2.11 不难发现，在国外批评话语分析研究机构的早期阶段，其主要的研究阵营集中在英联邦大学，这些机构与其他大学形成合作关系，逐渐推动了批评话语分析研究的发展。

5. 国内关键词共现网络

"共现分析"是指，一组文献同时引证同一篇或同一组其他文献，则前一组文献形成耦合关系，从而建立文献耦合分析方法。它引申出作者、期刊、学科的共现分析等，其实质在于展示"引用文献的知识共鸣和知识吸收"。知识单位的共现与重组直接反映了以引用文献为基础的研究前沿。关键词和论文共现是指，哪些论文中使用了共同关键词，可以反映某研究领域的论文和研究主题（李杰、陈超美，2016）。

"Node Type"（节点类型）选择"Keyword"（关键词），其他设置保持系统默认阈值，运行程序可绘制出国内批评话语分析研究关键词共现图谱，再将 Threshold 阈值设置为 20，Front size 阈值设置为 8，Node Size 阈值设置为 5，调整绘制出图 2.15。

图 2.15　国内批评话语分析研究关键词共现图谱（1995—2020 年）

图 2.15 中每个节点代表不同的关键词，并且节点的大小与关键词出现的频次呈正相关，即节点越大，关键词出现的频次就越高。从整体来看，国内批评话语分析研究领域的高频关键词为"批评话语分析""权力""意识形态""批评性话语分析""批评语篇分析""批评性语篇分析""系统功能语言学""政治话语""新闻报道""新闻语篇""认知语言学""互文性""评价理论"，等等。

为了更加直观地分析国内批评话语分析研究的热点，笔者根据 CiteSpace 系统生成的数据制作了国内批评话语分析研究"频次排名前 20 的关键词"以及"中介中心度排名前 20 的关键词"，详见表 2.12、表 2.13。

表 2.12 国内批评话语分析研究排名前 20 的关键词（1995—2020 年）

序号	频次	中介中心度	年份	关键词
1	1130	0.21	1999	批评话语分析
2	880	0.13	1995	意识形态
3	564	0.2	1998	批评性话语分析
4	310	0.12	1995	批评性语篇分析
5	202	0.08	2005	系统功能语法
6	184	0.06	2000	新闻语篇
7	142	0.08	1998	新闻报道
8	142	0.1	2003	批评语篇分析
9	133	0.2	1995	批评性报道
10	126	0.05	2001	及物性
11	124	0.21	2002	权力
12	99	0.04	2011	语料库
13	86	0.07	2006	系统功能语言学
14	78	0.03	1998	情态
15	72	0.08	2005	互文性
16	69	0.14	2002	话语分析
17	67	0.03	2006	评价理论
18	59	0.05	1998	批评性分析
19	52	0.06	2005	话语
20	50	0.04	2008	积极话语分析

表 2.12 表明出现频次最高的关键词为"批评话语分析"，高达 1130 次，紧跟其后的是"意识形态"（880）和"批评性话语分析"（564）。

表 2.13　国内批评话语分析研究中介中心度排名前 20 的关键词（1995—2020 年）

序号	频次	中介中心度	年份	关键词
1	1130	0.21	1999	批评话语分析
2	124	0.21	2002	权力
3	564	0.2	1998	批评性话语分析
4	133	0.2	1995	批评性报道
5	69	0.14	2002	话语分析
6	880	0.13	1995	意识形态
7	310	0.12	1995	批评性语篇分析
8	28	0.12	1996	文学批评
9	142	0.1	2003	批评语篇分析
10	202	0.08	2005	系统功能语法
11	142	0.08	1998	新闻报道
12	72	0.08	2005	互文性
13	86	0.07	2006	系统功能语言学
14	184	0.06	2000	新闻语篇
15	52	0.06	2005	话语
16	126	0.05	2001	及物性
17	59	0.05	1998	批评性分析
18	99	0.04	2011	语料库
19	50	0.04	2008	积极话语分析
20	36	0.04	1997	语篇

中介中心度（Betweenness centrality）是测度节点在可视化网络中重要的一个指标。CiteSpace 通常运用该指标衡量文献的重要性，并对其进行重点标注（李杰、陈超美，2016）。表 2.13 展现了中介中心度排名前 20 的关键词，其中，中介中心度大于等于 0.1 的关键词有 9 个，这几个高中介中心度关键词具体地反映了近 25 年来国内批评话语分析研究的前沿领域和主要热点。其中，"批评话语分析"和"权力"的中介中心度最高，为 0.21，排名第一。

6. 国外关键词共现网络

将数据导入软件，"Node Type"（节点类型）选择"keyword"（关键词），运行程序绘制出国外批评话语分析研究关键词共现图谱，如图 2.16 所示，共出现 797 个节点，1993 条连线，重要节点较多。节点十字符号越大，关键词的出现频率就越高，由此可见，批评话语分析研究关键词重复性强，重点较为集中。

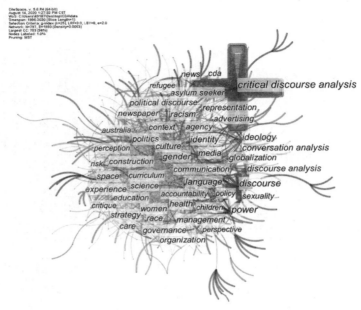

图 2.16　国外批评话语分析研究关键词共现图谱（1995—2020 年）

为了更加直观地分析国外批评话语分析研究的热点，笔者根据 CiteSpace 系统生成的数据制作了国外批评话语分析研究频次排名前 20 的关键词，详见表 2.14。

表 2.14　国外批评话语分析研究排名前 20 的关键词（1995—2020 年）

序号	数量	中心度	年份	关键词
1	1552	0.22	1995	critical discourse analysis
2	527	0.14	1995	discourse
3	260	0.06	2001	discourse analysis
4	227	0.05	1995	media
5	213	0.08	2000	identity
6	195	0.08	1995	ideology
7	194	0.04	2005	politics

序号	数量	中心度	年份	关键词
8	182	0.08	1996	gender
9	166	0.03	1998	education
10	158	0.03	2008	policy
11	156	0.1	1996	power
12	138	0.09	1995	language
13	122	0.05	2001	representation
14	109	0.06	1995	news
15	94	0.05	1999	race
16	93	0.03	2003	construction
17	92	0.04	2010	women
18	91	0.02	2012	neoliberalism
19	87	0.07	2002	racism
20	87	0.04	1998	health

表 2.14 显示国外学者在批评话语分析研究的过程中比较常用批评话语分析（1552）、话语（527）、话语分析（260）、媒体（227）、身份（213）、意识形态（195）、政治（194）、性别（182）、教育（166）等关键词。

（三）批评话语分析研究热点的变化

笔者在关键词共现的基础上，利用 CiteSpace 软件绘制了国内外批评话语分析研究排名前 20 的关键词突现图谱，如图 2.17、图 2.18 所示。

关键词共现网络可反映目前的研究前沿和过去特定领域和特定时间的研究热点。而关键词的突现可以具体地反映出某一关键词成为研究热点的起止时间和持续时间，为预测未来的研究提供潜在方向。

从图 2.17 分析，我们可以看出，"批评报道"和"文学批评"的突现时间最长，长达 15 年。其中，"批评报道"从 1995 年开始，到 2009 年结束；"文学批评"从 1996 年开始，到 2010 年结束。值得关注的是，"批评话语分析"的突现强度最大，高达 29.6196，它也是目前的研究热点，从 2017 年开始，持续至 2020 年。从图 2.17 中可以看出国内批评话语分析热点的变化：国内越来越多的学者对批评话语分析从传统的基于功能语法的研究转向借助

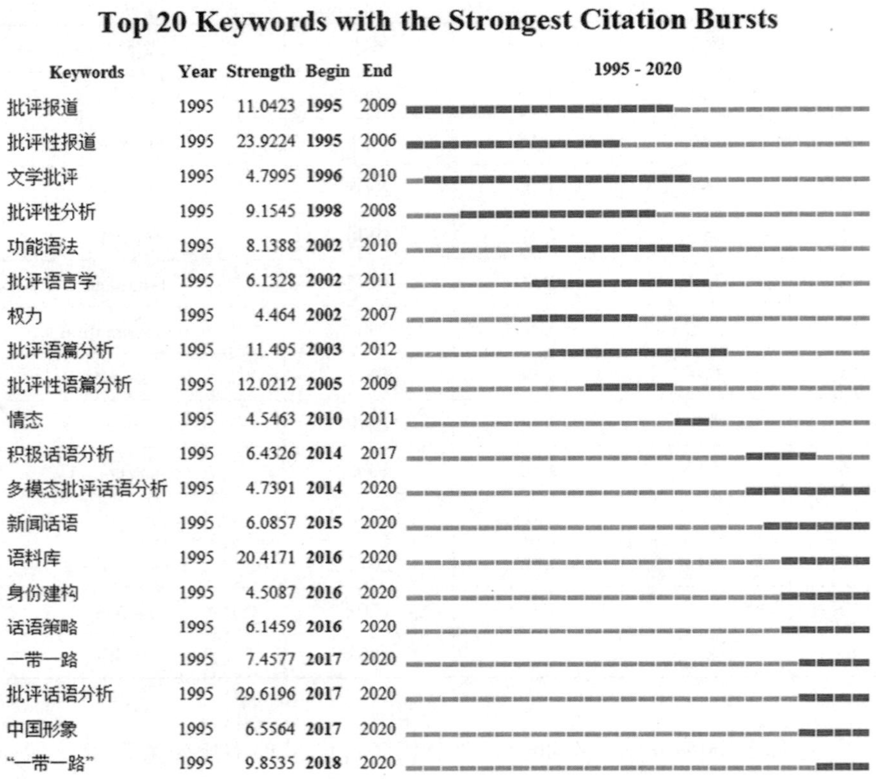

Top 20 Keywords with the Strongest Citation Bursts

Keywords	Year	Strength	Begin	End	1995 - 2020
批评报道	1995	11.0423	1995	2009	
批评性报道	1995	23.9224	1995	2006	
文学批评	1995	4.7995	1996	2010	
批评性分析	1995	9.1545	1998	2008	
功能语法	1995	8.1388	2002	2010	
批评语言学	1995	6.1328	2002	2011	
权力	1995	4.464	2002	2007	
批评语篇分析	1995	11.495	2003	2012	
批评性语篇分析	1995	12.0212	2005	2009	
情态	1995	4.5463	2010	2011	
积极话语分析	1995	6.4326	2014	2017	
多模态批评话语分析	1995	4.7391	2014	2020	
新闻话语	1995	6.0857	2015	2020	
语料库	1995	20.4171	2016	2020	
身份建构	1995	4.5087	2016	2020	
话语策略	1995	6.1459	2016	2020	
一带一路	1995	7.4577	2017	2020	
批评话语分析	1995	29.6196	2017	2020	
中国形象	1995	6.5564	2017	2020	
"一带一路"	1995	9.8535	2018	2020	

图 2.17　国内批评话语分析研究突现强度位居前 20 的关键词（1995—2020 年）

语料库进行批评话语分析，也更加注重多模态批评话语分析，研究的内容日趋多元化；新闻话语、"一带一路"和中国形象是近年来批评话语分析研究的核心话题。

我们不难从图 2.18 发现，"conversational analysis"（会话分析）关键词的突现强度是最高的，达到 14.1205。并且突现强度持续的时间也是相对较长，从 1998 年开始成为研究热点，一直到 2006 年学者们才减少对它的关注。"critique"（评论）关键词持续时间最长，从 1997 年开始成为热点，一直到 2013 年学者们才停止对它的热度。这个数据非常符合批评话语分析的研究背景。在批评话语分析研究的早期阶段，有众多的学者将其作为研究的方向，将这一新的研究方法运用在学科领域，使得批评话语分析的研究热度持续了 10 年之久。随着批评话语分析理论研究的发展与完善，越来越多的学者将其作为研究话语的主要方法，将其运用在各个学科领域，所以出现了与话语研究相

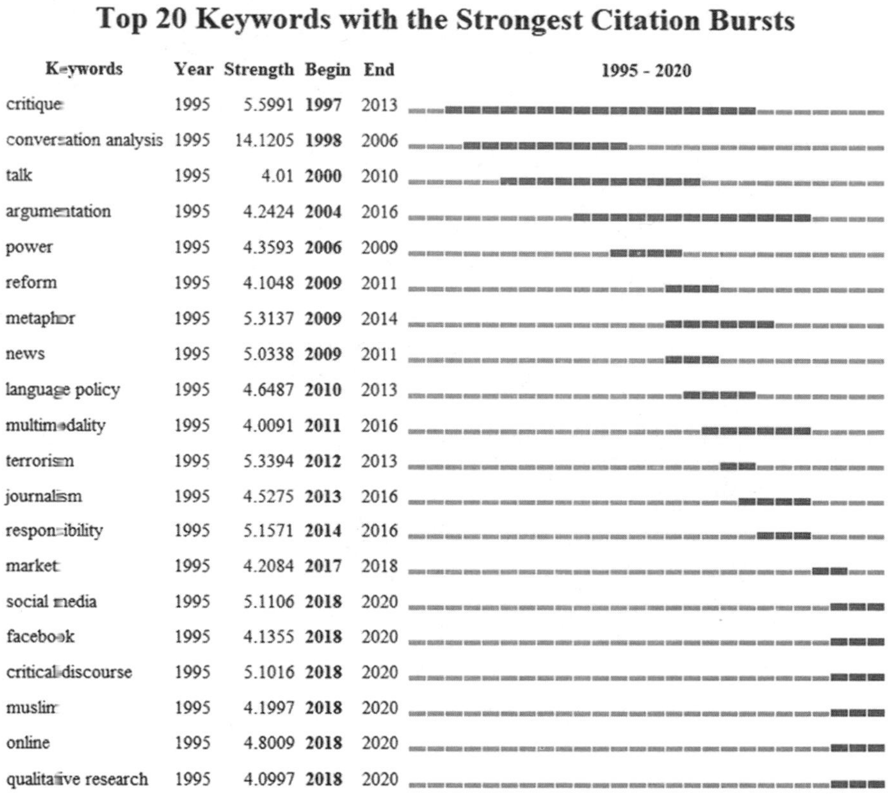

Top 20 Keywords with the Strongest Citation Bursts

Keywords	Year	Strength	Begin	End	1995 - 2020
critique	1995	5.5991	1997	2013	
conversation analysis	1995	14.1205	1998	2006	
talk	1995	4.01	2000	2010	
argumentation	1995	4.2424	2004	2016	
power	1995	4.3593	2006	2009	
reform	1995	4.1048	2009	2011	
metaphor	1995	5.3137	2009	2014	
news	1995	5.0338	2009	2011	
language policy	1995	4.6487	2010	2013	
multimodality	1995	4.0091	2011	2016	
terrorism	1995	5.3394	2012	2013	
journalism	1995	4.5275	2013	2016	
responsibility	1995	5.1571	2014	2016	
market	1995	4.2084	2017	2018	
social media	1995	5.1106	2018	2020	
facebook	1995	4.1355	2018	2020	
critical discourse	1995	5.1016	2018	2020	
muslim	1995	4.1997	2018	2020	
online	1995	4.8009	2018	2020	
qualitative research	1995	4.0997	2018	2020	

图 2.18　国外批评话语分析研究突现强度位居前 20 的关键词（1995—2020 年）

关的关键词，如"reform"（改革），"metaphor"（隐喻）和"news（discourse）"（新闻话语）等；同时出现了一些其他的关键词，如，"multimodality"（多模态），"language policy"（语言政策），"power"（权力），"terrorism"（恐怖主义），"responsibility"（责任）等。这些关键词是当时时代背景下人们较为关注的话题。学者们运用批评话语分析方法去研究当时的前沿热点，让这些词也成了批评话语分析研究中突现强度较高的关键词。

（四）学科共现网络分析

学科领域信息抽取的字段是从 WoS 文本集中的 SC 字段进行分析的。SC字段是每个被 Web of Science 收录的期刊文献在被引时，WoS 根据其涉及的内容来标引的科学领域名称（李杰、陈超美，2016：204）。"Node Type"（节点类型）分析选为"Category"（学科领域），可以绘制出图 2.19 所示的"国外批评话语研究学科领域共现图谱"。图谱中节点共有 166 个，为了图片清晰度本研究只显示了一小部分重要节点的标签。节点之间共有 651 条线将它们相连，可见国外批评话语分析研究所涉及的学科领域众多，且各学科之间交流与联系十分广泛。

图 2.19　国外批评话语分析研究学科领域共现图谱（1995—2020 年）

依据 CiteSpace 软件分析得出的数据，本文对国外批评话语分析涉及学科领域的发文量进行观察，同时为了清晰呈现出图 2.19 的数据，笔者整理出了发文量排名前 20 的学科领域、相对应的论文数量以及最早发文时间，如表 2.15、表 2.16 所示：

表 2.15　国外批评话语分析研究发文量排名前 20 的学科领域（1995—2020 年）

序号	数量	中心度	年份	WoS 学科领域
1	845	0.08	1995	communication
2	640	0.2	1995	educational &educational research
3	634	0.06	1995	lingyuistics
4	413	0.21	1995	sociology
5	348	0.16	1995	psychology
6	318	0.15	2000	social sciences-other topics
7	270	0.01	1995	psychology, multidisciplinary

序号	数量	中心度	年份	WoS 学科领域
8	229	0.25	1996	business &economics
9	196	0.05	2000	social sciences, interdisciplinary
10	131	0.07	2000	management
11	120	0.04	2000	government&law
12	101	0.02	2001	political science
13	94	0.01	2006	hospitality, leisure, sport & tourism
14	93	0.09	1999	nursing
15	86	0.11	1998	public, environmental & occupational health
16	85	0.01	2002	women's studies
17	85	0.03	2006	arts & humanities–other opics
18	85	0.03	2006	humanities, multidisciplinary
19	82	0.21	1995	environmental sciences & ecology
20	71	0.03	1995	environmental studies

表 2.16　国外批评话语分析研究中心度排名前 20 的学科领域（1995—2020 年）

序号	数量	中心度	年份	WoS 学科领域
1	229	0.25	1996	business & economics
2	413	0.21	1995	sociology
3	82	0.21	1995	envuironmental sciences & ecology
4	640	0.2	1995	education & educational research
5	348	0.16	1995	psychology
6	318	0.15	2000	social sciences–other topics
7	86	0.11	1998	public, environmental & occupational health
8	13	0.11	2005	computer sciences
9	93	0.09	1999	nursing
10	845	0.08	1995	communication
11	131	0.07	2000	management
12	634	0.06	1995	linguistics

序号	数量	中心度	年份	WoS 学科领域
13	7	0.06	2007	engineering
14	196	0.05	2000	social sciences, interdisciplinary
15	66	0.05	1998	biological social sciences
16	43	0.05	2004	rehabilitation
17	42	0.05	2006	health care sciences & services
18	20	0.05	2000	anthropology
19	120	0.04	2000	government&law
20	36	0.04	1999	literature

　　根据表 2.15，批评话语分析研究主要涉及传播学、语言学、教育学及教育研究学、社会学、心理学、多学科、社会科学、商务经济、管理学、公共环境学等学科领域。其中，位居第一、第二、第三的分别是传播学（845）、教育学（640）、语言学（634），反映了传播学、教育学和语言学是使用批评话语分析研究最主要的三个学科。但根据表 2.16 可以发现，在中介中心度方面，传播学和语言学中介中心度要远低于社会科学和商务经济，特别是语言学的中介中心度排在第 12 名。由此可见，批评话语分析的研究与运用主要还是在实用性更强的学科领域，并且能在这些领域发挥重要的分析作用。

表 2.17　国外批评话语分析研究最早发文时间前 20 的学科（1995—2020）

序号	数量	中介中心度	年份	WoS 学科领域
1	832	0.08	1995	communication
2	633	0.06	1995	linguistics
3	633	0.2	1995	education & educational research
4	410	0.21	1995	sociology
5	345	0.16	1995	pscychology
6	267	0.01	1995	psychology, multidisciplinary
7	82	0.21	1995	envuironmental sciences & ecology
8	71	0.03	1995	environmental studies
9	48	0.02	1995	geography
10	22	0	1995	psychology, social sciences

序号	数量	中介中心度	年份	WoS 学科领域
11	225	0.24	1996	business&economics
12	29	0	1997	psychology，educational
13	2	0	1997	psychology，experimental
14	85	0.11	1998	public，environmental & occupational health
15	66	0.05	1998	biological social sciences
16	93	0.09	1999	nursing
17	36	0.04	1999	literature
18	26	0	1999	urban studies
19	315	0.15	2000	social sciences-other topics
20	195	0.05	2000	social sciences，interdisciplinary

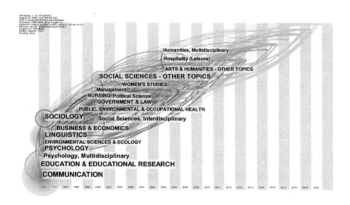

图 2.20　国外批评话语分析研究学科领域共现时区图（1995—2020 年）

结合图 2.20 和表 2.17，我们可以清晰地发现该学科的基本发展轨迹。我们可以将国外的批评话语分析发展分为以下几个阶段：初期阶段（1998—2000 年）、发展阶段（2001—2008 年）、升华阶段（2008—2020 年）。

从图 2.20 中我们可以清晰地看出批评话语分析诞生于语言学。在初期阶段，批评话语分析逐渐渗透到社会学、传播学和心理学等其他学科中。这些学科不仅是最早使用批评话语分析的学科，同时也是至今发文量最多的几个学科。在这些学科中，批评话语分析的理论与应用逐渐成熟，随着发文量的不断增多，该研究方法也逐渐为其他学科的学者所熟知。在发展阶段，有更多的学科运用批评话语分析解决其学科研究中的一些问题。这些学科的实用性较强,所发文章的重要程度也大于其他学科。特别是社会科学和商务经济学,都是在该阶段出现的新学科,它们为批评话语分析的发展增添了重要一笔。在升华阶段,随着批评话语分析被越来越多的学者所熟知,该研究方法被运用到更多新的学科中,如伦理学、政府法律、公共管理、历史学、地理学与康复学等。这些学科的加入,丰富了批评话语分析研究的内容。但该阶段的学科中心度普遍不高,这说明该阶段新出现的学科对于批评话语分析的发展并没有十分重大的意义。

综合分析批评话语分析中学科的发展情况,我们认识到该领域中的学科发展是从简单到复杂、从单一到综合的一个历史过程。随着时间的推移,其中介中心度普遍越来越低,发文量普遍变得越来越少。

第三节　本章小结

本章利用可视化工具对国内外的批评话语分析研究文献(1995—2020年)进行了科学计量分析,绘制出作者、机构和国家间的合作图谱、关键词共现与突现知识图谱。研究发现:①在批评话语分析合作方面,国外的国家与机构之间有较多的合作联系,特别是欧美高等学府之间的联系十分频繁;②在批评话语分析领域较为杰出的学府有兰卡斯特大学、多伦多大学、卡迪夫大学、英国哥伦比亚大学、澳大利亚昆士兰大学和惠民大学,等等;③在关键词共现方面,出现频率较高的关键词有"批评话语分析""话语分析""身份和媒体",等等,这些热点会随着社会关注点的变化而不断更新;④在学科共现方面,传播学、语言学、教育研究、社会学是批评话语领域最主要的学科;⑤在研究方法层面,基于语料库的批评性话语分析、批评认知分析、多模态话语分析日益得到重视,但总体而言,新的研究方法乏善可陈,亟须创新和拓展。

本研究利用的可视化软件和数据库在使用上存在一定的局限性,首先,WoS 数据库中并没有收入批评话语分析领域早期的经典文献,导致在数据完整性上存在不足;其次,仅检索了 CNKI 期刊、硕博论文库的相关文献;最后,笔者对可视化软件 CiteSpace 的认知与使用有限,导致不能利用现有数据深刻地分析批评话语分析领域的所有热点和动向,但这不会影响该领域的基本现状。这些不足需要在今后的研究中不断克服。

　　与传统的文献综述稍有不同，本研究通过可视化分析的方法对国内外的美国对华政策研究、批评话语分析研究进行动态追踪，归纳和总结了美国对华政策的几个主要研究视角和最新进展，对批评性话语分析的理论与实践价值进行了进一步概括，对本研究的美国对华政策话语的批评性分析具有一定的启发和参考价值。

　　具体来说，国内外的美国对华政策研究虽然成果丰硕，但仍有一些局限。正如我们第一章所总结的那样，现有研究主要来自几个传统学科，语言学、语用学视角下的美国对华政策话语批评性分析研究还较为少见，这给本研究留下了足够的空间。有鉴于此，本研究将从评价理论之态度系统、批评架构理论、模糊限制语、语义韵、言据性、情态系统、概念隐喻、趋近化理论和名词化语用预设等不同视角出发，尝试对美国对华政策话语开展基于语料库的多视角考察和批评性分析（详见本书第三章的理论框架）。

第三章

理论框架

第一节　语料库语言学

语料库是指以计算机为载体，经过取样和处理承载语言知识的基本资源，它存储了在实际使用中出现的真实语言材料。语料库通常由大量的书面或口头语言组成，通过计算机存储和处理，应用于语言研究（Biber, et al, 1998）。"其研究的内容不仅仅包含在语言中可能出现什么样的内容，还包含出现的概率。而相关词汇与语法分布的研究，进一步促进了在文本类型、语言变异及语言变化三方面的研究……"①

当今社会，将语料库语言学和批评性话语分析有机结合研究公共话语已成为一种热门趋势。在大数据时代背景下，语料库语言学使用计算机处理大量的语料，在一定程度上弥补了批评性话语分析"文本少、缺乏代表性和客观性"② 的缺点。语料库软件通过对词频、主题词、搭配词的统计和检索，可以验证研究者的假设是否成立，并给研究者提供新的"切入点"。③

当然，需要指出的是基于语料库的研究往往缺少对具体话语环境的考量，而批评性话语分析则需要基于整篇文本结构和话语所在的语境对具体话语进行具体分析，这正是语料库研究中所缺少的。④

---

① 黄昌宁，李涓子. 语言与计算机丛书. 语料库语言学［M］. 北京：商务印书馆，2002：20.
② 唐丽萍. 语料库语言学在批评话语分析中的作为空间［J］. 外国语（上海外国语大学学报），2011，34（4）：43-49.
③ 钱毓芳. 语料库与批判话语分析［J］. 外语教学与研究，2010，42（3）：198-202，241.
④ 巴蒂亚. 书面语篇的世界：体裁研究［M］. 上海：上海外语教育出版社，2008：83.

第二节 本研究批评话语分析框架的理论建构

一、名词化语用预设

名物化即名词化，通常可以理解为把动词或形容词变成名词的过程。① 然而在实际语言运用中并非如此。根据韩礼德②的描述，名词化过程往往需要把小句程式变成名词化程式，如名词、名词短语等。有时候可能还需要用其他词代替原词。名词化就是改变了表示过程的动词和表示特征的形容词，使它们不再是小句中的过程或修饰语，而是以名词体现的事物。③ 从实现过程来讲，人们在说话或写作过程中有意识地选择名词化程式而不选择小句程式。④

作为一种语法隐喻，名词化是实现语用预设的一种手段。⑤ 在文本话语中使用预设，代表作者默认读者已经了解或是接受这一命题，而这种预设也是后文的重要背景。语用预设具有主观性、单向性、隐蔽性和信息多维性等特点。名词化将"过程"变成"事物"以实现语用预设，使原本具体的动作失去了传递细节，削弱了动词词组的具体性，增强了语言现象的类指性和指向性，进而增强相关术语的专业性。名词化词组由于失去了动作的参与者或发出者，使得其在描述事件或说明事物时非人格化，从而显得更加客观。

名词化不仅可以使经验呈现化和专业化，而且能够促进术语的精细分类，使语篇推进合理化。名词化的语言形式比其他语言形式更适合传达意识，其选择是一种意识形态的表征方式，也是语体正式程度的一个重要标志。名词化大量出现于各种语篇中，如科技语篇、政治语篇和其他的各种新闻语篇中。

---

① GOATLY A. Critical Reading and Writing：An introductory course book ［M］. London：Routledge，2000：76.
② HALLIDAY M. A. K. An Introduction to Functional Grammar ［M］. London：Edward Arnold，1994：352.
③ 支永碧. 政治话语名词化语用预设的批评性分析 ［J］. 社会科学家，2013（9）：141-147.
④ 程晓堂. 名词化与语用预设 ［J］. 外语研究，2003（3）：19-23，80.
⑤ 程晓堂. 名词化与语用预设 ［J］. 外语研究，2003（3）：19-23，80.

若对政治新闻进行观察分析，便不难发现，名词化语用预设在政治新闻话语中大量存在并且扮演着十分重要的角色。①

二、趋近化理论

趋近化理论（Proximization）被视为话语空间理论的重大发展。它首先由切尔顿②提出"Proximize""Proximizing"，后来卡普③在切尔顿的研究基础上将其进一步发展，提出"Proximization"，最终形成较为理论化、系统化的认知语用学理论。在语用学中，趋近化理论是一种较为新颖的观点④。一般来说，实际上的"趋近化"是一种话语策略，探讨危机构建和威胁生成的模式。它通过将物理上和时间上较远的事件或是某一种状态（包括远处的敌对意识形态）展现为对话语输出者/话语接收者/写作者/阅读者有着消极影响和敌对的态势，使得话语接收者/听话者在话语空间（discourse space）中感受到来自远距离话语实体（discourse entities）的威胁和侵入，从而引起他们的恐慌，由此使得他们采取必要措施防范威胁，以达到自我保护的目的。这一策略强化对方言论和政策的非法性，加强本身话语的优势、合法性和正面影响，从而为输出者的话语服务。趋近化理论是批评话语性分析理论（CDA）的新的分析方式，具有理论意义和实践价值。

趋近划分为三个方面：空间趋近化、时间趋近化和价值趋近化。

空间趋近是话语空间中边缘的实体（outside deictic center，以下简称ODC）被识解为在物理空间上去实现侵袭指示中心内部实体（inside deictic center，以下简称IDC）的过程。作为一种策略性的话语识解，空间趋近化迫使人们产生对 ODC 物理破坏性特征的看法，并且认为这种影响迫在眉睫且不可避免，除非 IDC 阵营立即采取先发制人的行动。通常情况下，它将日益增长的威胁与过去发生的实际灾难性事件相结合，从而支持发言人所设想的当前情况。主要实现方式为以下六种：①名词词组（NPs）被标记为 IDC 元素；

---

① 王珺，赵雪爱. 政治新闻中名词化语用预设的形成理据［J］. 西南农业大学学报（社会科学版），2011，9（12）：148-149.

② CHILTON P. Analysing Political Discourse：Theory and Practice［M］. London：Taylor and Francis，2004：78.

③ CAP P. Legitimization in Political Discourse：A Cross-disciplinary Perspective on the Modern US War Rhetoric［M］. Newcastle：Cambridge Scholars Press，2006.

④ CAP P. Axiological aspects of proximization［J］. Journal of Pragmatics，2010，（42）：392-407.

②名词词组被标记为 ODC 元素；③移位动词词组和指向动词词组为 ODC 向 IDC 移动；④行动动词词组为 ODC 对 IDC 施加的影响；⑤名词词组为 ODC 对 IDC 产生的预期影响；⑥名词词组为 ODC 对 IDC 影响的结果①。

时间趋近化（temporal proximization）是将过去式的事件和预想的将来时事件相结合，向当前情境迫近，从而营造出一种恐惧、迫在眉睫、刻不容缓、危难紧急、历史攸关、意义重大的氛围，使得人们必须立即采取紧急的防范措施。主要实现方式有以下五种：①使用非限定性名词短语，在其他时间框架范围中构建 ODC 的影响；②过去时和现在完成时连用，构建过去已发生的事件对将来产生的无限威胁；③用名词化词组来预判在将来某一时刻，ODC 的发生而产生影响的任意性；④使用情态动词，来说明 ODC 对现在及将来会产生持久的影响；⑤用话语的平行对比，来说明未来和现在比较是相反的或是有优势的②。

价值趋近化（axiological proxomization）是将指示中心外部实体的价值与内部实体价值对立起来，形成意识形态冲突，且不断强化这一冲突。这一冲突可能会具体化成为实际的冲突。主要实现方式为以下三种：①名词词组为 IDC 积极的意识形态或价值观；②名词词组为 ODC 消极的意识形态或价值观；③通过不长于一个句子或者两个包含词汇语法的线性排列的句子，表示 ODC 与 IDC 之间实际冲突的影响③。

趋近化策略的三个方面促使话语空间中实体的距离不断缩小，由此对话语输出者和话语接收者产生消极影响，让听话者觉得只有采取措施才能避免自身利益受损。因此，趋近化理论主要用于经济、外交、地缘政治分析，使得外在防御措施显得合情合理。

三、概念隐喻理论

一般认为，莱考夫与约翰逊④首次提出了概念隐喻理论，他们通过大量的

---

① CAP P. Proximization: The Pragmatics of Symbolic Distance Crossing [M]. Amsterdam: John Benjamins, 2013.

② CAP P. Proximization: The Pragmatics of Symbolic Distance Crossing [M]. Amsterdam: John Benjamins, 2013.

③ CAP P. Axiological aspects of proximization [J]. Journal of Pragmatics, 2010, (42): 392-407.

④ LAKOFF G, JOHNSON M. Metaphors We Live By [M]. Chicago: The University of Chicago Press, 1980.

英语实例来阐释语言与隐喻认知结构存在密切的关系。他们指出，隐喻不仅仅是一种语言现象，更是一种思维方式和一种认知机制。通过这种机制，人们可以理解具有具体意义的抽象概念①。该理论通过了对源域事务进行评估的方式，并传递了所选择的映射。② 因此，有些批评者认为，概念隐喻理论研究者大多是通过主观进行判断的，是脱离语境的语用实例。虽然概念隐喻理论存在一些弊端，但它为美国对华政策话语中的隐喻建构研究提供了更好的理论解释。

另一位著名语言学家乔纳森·夏特里斯·布莱克③提出了批评隐喻分析方法。基于费尔克劳夫的"三维分析框架"④，布莱克讨论了批评性话语分析过程中的三个基本步骤，即话语层面隐喻识别、话语层面隐喻描述、社会层面隐喻阐述。批评隐喻分析通过利用隐喻的劝谏作用，即利用个人的情感反应，来揭示语篇作者的潜在意图和自身的意识形态，以此来分析现实状况。

本研究以夏特里斯·布莱克的批判隐喻理论为指导，分析了美国政府、智库对华政策话语中的概念隐喻，即隐喻识别、隐喻解释和隐喻说明。这一过程类似研究费尔克劳夫的三层次话语分析：识别、解释和说明⑤，而这一理论基于韩礼德的系统功能语言学理论⑥。

四、架构理论

莱考夫⑦、美国社会学家高夫曼（Goffman，1982）和语言学家费尔默⑧在提出架构概念的基础上创立了架构理论，进一步完善了概念隐喻分析方法。

① LAKOFF G. The contemporary Theory of metaphor［A］. In A. Ortony （ed）. Metaphor and Thought［M］. Cambridge：cambridge University Press，1993：244-245.

② LAKOFF G，JOHNSON M. Metaphors We Live By［M］. Chicago：The University of Chicago Press，1980.

③ CHARTERIS B J. Corpus Approaches to Critical Metaphor Analysis［M］. New York：Palgrave Macmillan，2004：35.

④ FAIRCLOUGH N. Critical Discourse Analysis：The Critical Study of Language［M］. London：Longman，1995.

⑤ FAIRCLOUGH N. Critical Discourse Analysis：The Critical Study of Language［M］. London：Longman，1995.

⑥ HALLIDAY. M. A. K. An Introduction to Functional Grammar［M］. London：Edward Arnold，1985.

⑦ LAKOFF G. Syntactic Amalgams［Z］. Papers from the 10th Meeting of the Chicago linguistic society，1974.

⑧ FILLMORE C J. Frames and the Semantics of Understanding［J］. Quaderni di Semantica，1985，6（2）：222-254.

莱考夫指出，认知科学的基本发现之一是人们通过架构和隐喻进行思考，几乎所有思考都是通过概念隐喻来构建的。① 我们的语言本质上是依赖于大脑中的隐喻架构，因此，架构使语言与我们的世界观契合②。

五、评价理论之态度系统

评价理论是"关于报道中所协商的各种态度、所涉及的情感的强度以及所表明价值和联盟读者的方式"③。其包括三个子系统，即介入、态度和级差系统。其中，态度系统（appraisal system）包括三个维度（情感、判断和鉴赏）。④

情感是语言使用者（language users）对文本、现象、过程或行为产生的反应，属于个人感情，如安全/不安全、满意/不满意、快乐/不快乐、害怕、欲望等。表达情感的词语有很多：聪明（intelligent），残忍（cruel），失望（disappointment），愿意（willing），冷漠（callous），渴望（eager），恐惧（fear），生气（angry），欣赏（enjoy），难过（sorrowful），惊讶（astonished），高兴（glad），自我牺牲（self-sacrifice）等。

判断是语言使用者根据道德或法律对人类行为的肯定或否定评价，属伦理性的，可细分为社会判断和社会约束。表达判断的词语有：冒失（rash），古怪（eccentric），精神错乱（insane），腐败的（corrupt），坚毅（resolute），下定决心（determined），善良的（virtuous），懒惰（lazy），时髦（fashionable），胆怯（cowardly），可信的（credible），胜任（competent），不可信的（unreliable），可靠的（dependable），笨拙（clumsy），愚蠢（stupid），有能力（capable），逼真（authentic），残忍（brutal），真实（genuine），敏感（sensitive），坦白（frank），不幸（unfortunate），道德的（moral），直接的（direct），真实的（truthful），伦理（ethical），守法（law-abiding），非同寻常（unusual），欺骗（deceitful），幸运的（lucky），体贴（considerate），不诚实（dishonest），假的（fake），怀疑（doubt），

---

① LAKOFF G, JOHNSON M. Philosophy in the Flesh：The Embodied Mind and Its Challenge to Western Thought [M]. New York：Basic books，1999：73.

② 袁红梅，汪少华. 框架理论研究的发展趋势和前景展望 [J]. 西安外国语大学学报，2017（4）：18-22，66.

③ Martin J R Rose D, Working with Discourse：Meaning beyond the Clause [M]. London：Continuum，2003：19-23.

④ MARTIN J R. Beyond Exchange：Appraisal System in English [C] //WANG Z H. The Collected Works of Martin J R. Shanghai：Shanghai Jiao Tong University Press，2000：203-245.

承诺（promote），威胁（threat），纳闷（wonder），抢夺（rob）等。

　　鉴赏是对现象、事物或过程的评价，属于审美层次，可细分为反应、构成和价值三个亚类。表达鉴赏的词语有：重要（important），失衡（unbalanced），关键的（crucial），简单（simple），精确（precise），显著的（significant），破坏性的（damaging），灾难性的（disastrous），引人注意的（arresting），错综复杂（intricate），和谐的（harmonious），震惊的（stunning），对称的（symmetrical），戏剧性的（dramatic），沉闷乏味（dull），无吸引力的（uninviting），单调的（monotonous），可爱的（lovely），辉煌的（splendid），吸引人的（attractive），丑陋的（ugly），朴素的（plain），老练的（sophisticated），有潜力的（potential），有价值的（valuable），成功的（successful），灾难（disaster），挑剔的（critical）等，如表 3.1 所示。

表 3.1　态度系统①

态度 (attitude)	判断 (judgement)	社会评判 (social esteem)	规范(normality)	有多正常？(How normal?)
			才能(capability)	何种能力(How capable?)
			坚韧(tenacity)	如何可信？(How dependable?)
		社会约束 (social sanction)	诚实(veracity)	有多诚实？(How honest?)
			正当(propriety)	该受何种程度谴责？(How far beyond reproach?)
	情感 (affect)	现实型 (realis)	快乐/非快乐(un /happiness)	
			安全 /非安全(in /security)	
			满意 /非满意(dis/satisfaction)	
		非现实型 (irrealis)	害怕(fear)	
			欲望(desire)	
	鉴赏 (appreciation)	反应 (reaction)	影响(impact)	它抓住我了吗？(Did it grab me?)
			质量(quality)	我喜欢它吗？(Did I like it?)
		构成 (composition)	平衡(balance)	它粘在一起了吗？(Did it hang together?)
			细节 (complexity)	很难理解吗？(Was it hard to follow?)
		价值(valuation)		值得花时间吗？(Was it worthwhile?)

①　MARTIN J R. Beyond Exchange：Appraisal System in English ［C］//WANG Z H. The Collected Works of Martin J R. Shanghai：Shanghai Jiao Tong University Press，2000：203-245.

　　王振华①将评价理论介绍到中国，并在其对杂文、硬新闻以及司法领域的研究中展示了这一理论的具体价值（王振华，2002，2004，2006）；唐青叶（2008，2014）在分析政治和新闻语篇时中运用了评价理论；李战子（2004）通过分析历史、商业和自传话语中的评价资源反映了评价的人际意义；施光（2016）探讨了法庭审判话语中的态度系统，进一步验证了评价理论的应用前景。上述研究给我们提供了很多理论启迪与实践参考，但将评价理论与语料库方法相结合来研究中国科技形象的专题成果较为少见，这给本研究留下了一定的空间。

六、语义韵

　　语义韵指的是某个词汇频繁与某些词语搭配使用，进而反映话语特征，由于这些具有同等语义特征的词项和关键项在文本中频繁共现，后者就被"感染"上了与之相关的语义特点，整个句子的语境就弥漫了某种特定的语义气氛②③④。其根本目的在于，使节点词或关键词能够反映强烈的语义选择趋势。多米尼克·斯图尔特⑤认为，"语义韵应该是一个词语去获得某种意义的方式或过程，而并非这个词的本身意义"。在莫利·帕丁顿（Morley Partington，2009）看来，语义韵是某个术语的属性或特征，语义韵分为正面、负面和中性。一般认为，积极和消极的态度意义是语义韵的重中之重⑥。

　　语料库研究者为语义韵的研究建立了完整的概念体系和研究方法。首先，将基于数据的方法用于建立和引用类联接；其次，计算节点词的搭配（使用数据驱动的方法）；最后，使用基于数据和数据驱动方法的折中方法⑦。

———————————

① 王振华.评价系统及其运作——系统功能语言学的新发展［J］.外国语（上海外国语大学学报），2001（6）：13-20.
② SINCLAIR J. Corpus, Concordance, collocation［M］. Oxford：Oxford University Press，1991；74-75.
③ LOUW B. Irony in the Text or Insincerity in the Writer? The Diagnostic Potential of Semantic Prosodies［A］//EAKER M，FRANCIS G，TOGNINIBONELLI E. Text and Technology. Amsterdam：John Benjamins，1993：156-159.
④ 卫乃兴.语义韵研究的一般方法［J］.外语教学与研究，2002（4）：300-307.
⑤ STEWART D. Semantic Prosody：A Critical Evaluation［M］. NewYork：Routledge，2010.
⑥ HOEY M. Lexical Priming［M］. London and New York：Routledge，2005：23.
⑦ 卫乃兴.语义韵研究的一般方法［J］.外语教学与研究，2002（4）：300-307.

七、言据性（evidentiality）理论

自 20 世纪 80 年代初以来，作为一种新的语言现象，言据性（evidentiality，也被翻译为"据素"）逐渐受到语言学家们的密切关注。切夫（Chafe，1986），艾肯瓦尔德（Aikhenvald，2003），威雷特（Willett，1988）等学者研究了言据性的起源、表达、语义范围和语用功能。虽然国外的研究很全面，定义也很明确，但没有纳入非母语学习者的第二语言习得模式。国外的研究为我国的研究提供了很好的理论支持，但其不足之处在于并不是针对中国英语学习者的。

1994 年和 1995 年，胡壮麟通过发表三篇文章将该理论引入中国。胡壮麟（1994 年）结合我国的证据研究，对查菲模型进行了修正。牛保义（2005）、房红梅（2006）、杨林秀（2009）相继介绍了国外的言据性理论，总结了汉语言据性理论的发展历程和趋势、研究特点以及据素在汉语中的存在。

由于模糊和不明确的性质，胡壮麟（1994）改变了查菲关于言据性的分类。虽然诸如"I think""I perceive"等证据不是真实的，但说话人可以依靠个人经验和与其文化背景相对应的普遍知识进行判断。其次，胡壮麟采用"sense"来代替"evidence"，因为"evidence"和"language"的界限不清，甚至切夫本人也不得不用"sensory evidence"来区分直接证据和间接证据，他甚至认为传闻证据与说话人的人际活动有关。再次，胡壮麟删除了切夫模型中"可靠"和"不可靠"这两个术语造成的混淆，容易引起误解。最后，因为考虑到"归纳"与"言语资源"，"演绎"与"预期"的对应关系，胡将可靠性放在右边一栏，以避免歧义①。下面的图显示了他的想法：

图 3.1　胡壮麟的言据性资源阐释

根据图 3.1 可知，胡壮麟将言据性分为七类，即信念据素、归纳据素、传闻据素、演绎据素、信度据素、言语资源据素和预期据素。本书借鉴胡壮

---

① 胡壮麟. 语言的可证性 [J]. 外语教学与研究，1994（1）：9-15，80.

麟的据素分类方法，认为言语资源缺乏具体的研究意义，因而，本研究将据素分为六类，对美国对华贸易政策话语中的各种据素进行定量被通缉和定性分析。

近年来，话语分析引起了研究者的关注。政策话语分析不再侧重于历史政策、政治政策和传播政策。一些学者已经开始利用已建立的公共语料库和自建语料库来研究言据性（或根素）现象。通用语料库具有规模大、数据结果更令人信服的优点。

八、情态系统（Modality System）

情态（Modality）是实现人际功能的两个重要系统之一，[1] 介于肯定与否定之间。

施光和辛斌指出，情态的主要功能包括表达个人愿望、要求他人承担义务、判断事物发展趋势等。[2]

韩礼德指出，情态系统可以分为情态（modalization）和意态（modulation）。[3] 情态可用于表达一个命题的可能性（probability）和经常性（usuality），而意志可用于表达义务（obligation）和意愿（inclination）。

韩礼德将情态系统的取向（orientation）分为主观、客观、明确和不明确。[4] 量值（value）是情态系统的另一个变量，量值关乎情感的程度判断，分为高、中、低三级。[5] 除此之外，情态系统中还有一个变量，叫作归一性（polarity）。

韩礼德指出，意义的归一性表现为肯定和否定，否定又分为直接否定和否定转换。[6] 根据以上描述，本研究作出了情态系统的表解，如表3.2所示：

[1] HALLIDAY M. A. K. An Introduction to Functional Grammar [M]. London: Edward Arnold, 1985: 88.

[2] 施光, 辛斌. 试析美国宪法中的情态系统 [J]. 外语学刊, 2008 (2): 55-59.

[3] HALLIDAY M. A. K. An Introduction to Functional Grammar [M]. London: Edward Arnold, 1994: 89.

[4] HALLIDAY M. A. K. An Introduction to Functional Grammar [M]. London: Edward Arnold, 1994: 357.

[5] HALLIDAY M. A. K. An Introduction to Functional Grammar [M]. London: Edward Arnold, 1994: 362.

[6] 施光, 辛斌. 试析美国宪法中的情态系统 [J]. 外语学刊, 2008 (2): 55-59.

表 3.2 情态的分类系统

modality system		
types	modalization	probability，usuality
	modulation	obligation，inclination
orientation	clear/ unclear	
	objective/ subjective	
value	high /medium/ low	
polarity	affirmation	
	negation	direct negation/ negation conversion

评价系统是马丁自 20 世纪 90 年代研究并提出的一套系统，包含三个子系统，即态度、级差和介入。① 其中，态度系统又包括三个子系统（情感、判断和鉴赏）。

判断是对语言使用者的行为的评估，评估标准为社会评判和社会约束。社会评判评价人的行为规范、才干和坚韧程度，属于"道德范畴"。社会约束用以裁决行为的真实可靠性和正当性，属于"法律范畴"。②

情感是说话人对行为、文本/过程或现象等的反应，鉴赏指说话人对事物价值做出的评估。③

态度系统是评价系统的核心，极差和介入都为态度服务。极差表示态度的程度等级。语势是极差的子系统之一，表示态度程度等级的上扬与下降，这与情态系统中的量值类似。介入系统研究态度来源，主要包括自言和借言。借言涉及情态等手段，而情态提供一个磋商空间，允许不同声音同时存现。④

综观历史研究，学者们对情态系统的分类不尽相同。例如，莱昂斯从说话人角度出发，把情态分为认识情态和道义情态。⑤ 鉴于情态动词"一词多义"的性质，帕尔默提出动态情态。⑥ 而徐中意经过大量研究，提出了第四种

---

① 施光. 法庭审判话语的态度系统研究［J］. 现代外语，2016，39（1）：52-63，146.
② 王振华，马玉蕾. 评价理论：魅力与困惑［J］. 外语教学，2007（6）：19-23，146.
③ 施光. 法庭审判话语的态度系统研究［J］. 现代外语，2016，39（1）：52-63，146.
④ 王振华，马玉蕾. 评价理论：魅力与困惑［J］. 外语教学，2007（6）：19-23，146.
⑤ LYONS J. Semantics［M］. Cambridge：Cambridge University Press，1977：452.
⑥ PALMER F R. Modality and the English Modals［M］. London and New York：Longman，1990：36.

情态，即意志情态。① 在政治语篇中，认识情态、道义情态和意志情态使用得更多。徐中意将这三种情态分别看作"肯定性""必要性""意愿性"这三种层级现象的体现，并根据政治语篇中三个层次的情态值（高值、中值、低值）进行表达与定位。

表 3.3　政治语篇中情态的范畴、意义和量值

情态范畴	极性(消极或积极)	高量值	中量值	低量值
Deontic Modalit (necessity, obligation, permission)	Positive	Must②, have to have got to, need to, be to be required to, shall, obliged necessary, necessarily	should, can, be supposed to, ought to, responsible, responsibly	Could, may, might, be allowed to
	Negative	must not, be not allowed to	shouldn't, cannot, ought not to, irresponsible	might not, may not, could not not have to, not need to, unnecessary, unnecessarily
Epistemic Modality (certainty, possibility, predictions)	Positive	must, will, shall, be to, be going to, certain, sure, certainly, surely	would, can, may, should, probable, likely, probably, maybe, perhaps	could, might, possible, possibly
	Negative	must not will not be not going to impossible	would not may not cannot improbable unlikely	could not, might not may not, not have to not need to unnecessary unnecessarily uncertain

---

①　徐中意. 政治话语中的情态与言据性研究［M］. 杭州：浙江大学出版社，2018：6.

②　不同语境下，同一个情态词(如 must)可能是道义情态，也可能是认识情态或意志情态。手动排除时需要结合语境认真斟酌。

续表

情态范畴	极性(消极或积极)	高量值	中量值	低量值
Volitional Modality (willingness desirability, intentions)	Positive	will, shall, be to, be going to, be determined to	would, should, may, intend, want to, willingly	might, be willing to
	Negative	will not be not going to	would not, may not, cannot improbable, unlikely, not intend to, not want to	be unwilling to

综上所述，态度系统与情态系统之间存在着一定的联系。韩礼德认为是语气、情态、基调这三个系统实现了人际功能。① 但马丁认为，尽管传统功能语言学的"词汇语法"模式研究了表态和磋商功能，但没有真正研究词汇意义在人际功能上所起的作用，而评价理论刚好填补了这一空白。②

第三节　本章小结

本章主要介绍了批评话语分析研究的九个理论视角，简单分析了语料库语言学对批评性话语分析的互补性意义。本研究将从上述九个理论视角分别对美国对华政策话语开展基于语料库的批评话语分析，以揭示西方政治话语背后蕴含的意识形态及其国家利益诉求。

---

① HALLIDAY M. A. K. An Introduction to Functional Grammar [M]. London：Edward，1994：98.
② 王振华，马玉蕾. 评价理论：魅力与困惑 [J]. 外语教学，2007（6）：19-23.

第二部分
美国智库的中国形象操纵及其对华
政策的影响

众所周知，美国智库与美国政府互动密切，美国智库的"旋转门"机制值得我们高度关注。美国智库的涉华研究及其对中国形象的认知、建构和操纵严重影响美国政府的对华决策。因此，研究美国对华政策话语，首先必须审视美国智库的涉华政治话语，以便进一步了解美国对华政策制定的若干影响因素及其深层次动因。

本研究的第二部分涵盖第四章和第五章，研究重点如下：

第四章，将通过个案研究，从趋近化理论视角出发，深入剖析美国智库的彼得森国际经济研究所关于"一带一路"倡议的话语建构。

第五章，将架构理论和概念隐喻理论有机结合，深入考察布鲁斯学会关于中国国防的话语建构。

第四章

彼得森国际经济研究所关于"一带一路"
倡议的话语建构

第一节　引论

2013 年，国家主席习近平首次提出了"一带一路"倡议，这是一个通过公路、铁路、空中和海上连接中国至欧洲、中东乃至非洲的大型基础设施项目。"一带一路"倡议提出以来，国际社会高度关注、反响热烈。众多海外智库和学者对"一带一路"倡议表示肯定、支持并给予高度评价。当然，也有少数海外学者及智库对"一带一路"倡议抱有不同程度的怀疑，甚至是偏见。特别是，有些美国智库不断在"一带一路"倡议的相关研究中蓄意强调或刻意夸大"一带一路"的风险，并对"一带一路"倡议是否能够有效实施表示担忧和质疑。他们在各自的话语表征中含而不露地运用概念隐喻、模糊修辞、趋近化策略、名词化语用预设等语篇语用策略引导国际舆论，一定程度上影响了美国的对华政策的制定，这需要中国学者开展深入的批评话语分析，以传播"一带一路"倡议的世界意义，进一步提升中国的国际形象。

但迄今为止，现有的相关研究主要从政治经济学、新闻传播学等若干传统视角来研究"一带一路"倡议。例如宋瑞琛（2017）、朱莉娅·伯德（2020）等人从政治经济学角度，研究中国的"一带一路"倡议，深化了"一带一路"倡议在政治经济领域的思考和认识；冯静（2018）从传播学角度，寻找有效的方法促进"一带一路"倡议的实施，这对加快中国元素在全球的传播、促进"一带一路"倡议的实施产生了积极的影响。当然，也有学者从语言学视角（左言娜，2017；周蕾，2017；张诉诉，2019），分析英美主流媒体对"一带一路"倡议的话语建构，阐释和揭示西方媒体涉华政治话语的虚假性和偏向性，进一步拓展了"一带一路"倡议的研究力度和深度，为批评话语分析的实际应用研究做出了一定的补充，也为本研究提供了重要启迪。遗憾的是，现有文献很少从趋近化理论视角对美国智库的涉华政治话语开展批评话语分析。这给本研究留下了足够空间。

有鉴于此，本研究从趋近化理论视角出发，对美国智库的彼得森国际经济研究所关于"一带一路"倡议的话语建构进行个案研究，并将其与英国智库的英国国际战略研究所关于"一带一路"倡议的话语建构进行对比分析。本研究运用卡普（2006，2008，2014，2017）的趋近化理论，以"一带一路"为关键词，自建两个小型语料库（美国智库的涉华政治话语语料库为 16289字符，英国智库的涉华政治话语语料库为 15644 字符），据此分析彼得森国际经济研究所关于"一带一路"倡议的话语建构中的三种趋近化策略的频率分布和 P 值，以进一步洞察和审视美国智库涉华政治话语背后隐藏的意识形态偏见、"合法化策略"及其国家利益诉求。

第二节 研究设计

一、研究对象

本章选取美国智库——彼得森国际经济研究所 2016 年 3 月 16 日的研究语料 "China's Belt and Road Initiative：Motives，Scope，and Challenges"、英国智库——英国国际战略研究所 2020 年 3 月的研究语料 "Beyond the Myths–Towards a Realistic Assessment of China's Belt and Road Initiative：The Development–Finance Dimension"，建立两个小型对比语料库，美方语料共计 16289 词，英方语料共计 15644 词。

首先，按照卡普所制定的词汇语法项目标准分别进行定量统计，根据具体语境，通过人工识别把符合标准的词汇语法项目一一标记出来。

其次，利用 AntConc 定位所要统计的项目，得到具体频次，并开始测算所统计的项目在该语料库中的分布频度，以百分比为单位，绘制表格。如某项目分布频度是 0.5%，那么该项目在语料库中平均每千词出现 5 次。在比较不同语料库对某范畴词汇语法项目使用的不同比重中，分布频度数据可以被视为直接依据。分布频度低于 0.1% 的项目，则不进行分析，不呈现在表格里。

最后，使用 LLX2 卡方检验工具对不同趋近化策略的使用频率进行计算。

二、研究工具

本章的主要研究工具是 AntConc3.5.7 分析软件和 LLX2 卡方检验工具。

AntConc 是一款语料库检索分析工具，本研究中，我们主要使用了其中的四个功能。Wordlist 检索出在文本中出现频率大于等于 1 的单词，并按频率由高到低对所出现的单词进行排列，以便快速得到 IDC、ODC 等词的频次。Concordance 用于定位 IDC、ODC 等词在原文中的位置。Clusters/N-Grams 和 Collocates 用于查看所要找的词的相关搭配。

LLX2 卡方检验工具可用于对自建语料库中的有关词频进行比较分析，以分析有关统计数据是否具有统计学意义上的显著性差异。

三、研究问题

本研究拟初步回答以下三个问题：

①从趋近化理论视角观察美国智库对"一带一路"倡议所持的态度和情感。

②彼得森国际经济研究所在"一带一路"倡议的话语表征中趋近化策略的使用特征。

③美国智库如此评价"一带一路"倡议的目的及其建构的中国形象。

三、操作流程

首先，将所有下载好的语料全部用 TXT 纯文本文件格式保存下来；其次将语料导入 AntConc 3.5.7 软件中，检索出两大智库趋近化策略的使用频次（见图 4.1）；最后导出数据进行对比分析。

通过 AntConc 3.5.7 得到的数据，使用卡方检验工具对这些数据进行计算，分析有关统计数据是否具有统计学意义上的显著性差异。

如果 P = 0.0000<0.01，说明两组数据具有统计学意义上的显著性差异。

如果 0.01<p = 0.02<0.05，说明两组数据有差异但不显著。

如果 P = 0.7>0.05，说明两组数据无统计学意义上的显著性差异。

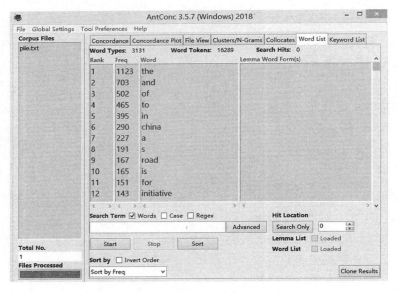

图 4.1　AntConc 3.5.7 检索截图

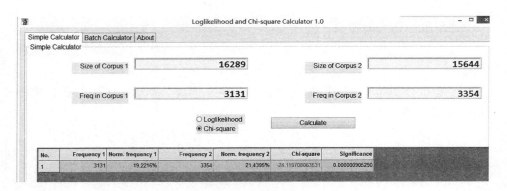

图 4.2　对比分析卡方数据

四、讨论与分析

（一）空间趋近化

表 4.1 美方智库语料中的空间趋近化策略

范畴	项目	频次	频度
名词词组被识解为 IDC 元素	United States/Latin America	37	0.23%
	India	40	0.25%
	countries/country	105	0.64%
	World	60	0.37%
共计		242	1.49%
名词词组被识解为 ODC 元素	China/Chinese/chinese government	414	2.54%
	The Silk Road Belt and Road initiative/ projects/ activities/ routes	116	0.71%
	Kazakhstan	27	0.17%
	Russia	38	0.23%
	companies/company	33	0.20%
共计		628	3.85%
移位动词词组和指向动词词组被识解为 ODC 向 IDC 移动的标记	ODC 对 IDC 利益的侵入	29	0.18%
共计		29	0.18%
行动动词词组被识解为 ODC 对 IDC 施加影响的标记	ODC 行为产生的影响	33	0.20%
共计		33	0.20%
名词词组被识解为 ODC 对 IDC 影响的预期	worry/ failures/ mistakes/ risks/ physical barriers/ challenge/ many obstacles / roadlocles	31	0.19%
共计		31	0.19%

续表

范畴	项目	频次	频度
名词词组被识解为 ODC 对 IDC 影响的结果	pollution/pollution problem/debacle/ the economic downturn/ danger/ inefficiency/corruption/ conflict/ devaluation	23	0.14%
共计		23	0.14%
空间趋近化共计		986	6.05%

（1）美方在使用空间趋近化策略构建 IDC 实体时，占比最高的为国家，接着是美国、印度。美智库旨在说明"一带一路"倡议与各个国家息息相关，各国都会受到影响（包括美国在内）。该智库意在以此凸显其自身言语及行动的所谓合法性。但值得注意的是，世界被其纳入 IDC 阵营，该智库声称其关注世界利益实质在为其参与或干涉他国事务寻找合法化外衣。

另一方面，在 ODC 元素中，一带一路是美方主攻对象。因为"一带一路"倡议是由中国提出并在世界各地实施的，所以，中国、中国政府在 ODC 中占比很高，该智库意在强调"一带一路"倡议是个野心勃勃的计划，是中国试图称霸世界、动摇美国"超级大国"地位的象征。其实其主要目的是为了强化"一带一路"倡议的所谓非法性。哈萨克斯坦、俄罗斯是"一带一路"倡议的支持者，因而也被其纳入 ODC 中，体现了"一带一路"倡议牵涉的大国关系。"一带一路"倡议被其刻意描述成环境破坏、规则破坏、地缘扩张，企图负面建构中国的国际形象。事实上，任何有担当的正义智库都应该充分意识到，"一带一路"倡议顺应全球化发展潮流，连通世界、造福四方，世界意义毋庸置疑。

例（1）The Belt and Road Initiative has the potential to radically alter the security landscape in Asia, linking regional economies in ways that massively increase the economic costs of war and instability and bringing development to long-marginalized regions and people. Both developments would promote peace. However, the process is likely to entail some significant security risks, in both the short term, as infrastructure projects expand into restive regions and contest local authority, and the long term, as the initiative includes but also encircles India. (Cullen S. Hendrix, 2016)

美方使用"potential""be likely to",看似很客观地描述预测。实际上,美方通过这些词语隐蔽性地暗示,"一带一路"倡议的风险性还是很大的。接着,其描述"一带一路"倡议会"改变亚洲安全格局"(radically alter the security landscape in Asia),"带来安全风险"(is likely to entail some significant security risks),突出了 ODC 行为产生的后果。它们把"一带一路"倡议的影响和"印度"联系起来,这进一步说明"一带一路"倡议的推进会影响到世界各国的自身发展。

表 4.2　英方智库语料中的空间趋近化策略

范畴	项目	频次	频度
名词词组被识解为 IDC 元素	countries/ developing/recipient/ foreign countries	101	0.65%
	world	42	0.27%
	Malaysia/Asia/Asian/Japan/ europe	111	0.71%
	projects	32	0.20%
共计		286	1.83%
名词词组被识解为 ODC 元素	Xi	38	0.24%
	China	325	2.08%
	BRI	238	1.52%
	Chinese	90	0.58%
	Beijing	93	0.59%
	belt and road	47	0.30%
共计		831	5.31%
移位动词词组和指向动词词组被识解为 ODC 向 IDC 移动的标记	ODC 对 IDC 的入侵	20	0.13%
共计		20	0.13%
行动动词词组被识解为 ODC 对 IDC 施加影响的标记	ODC 行为产生的影响	19	0.12%
共计		19	0.12%

范畴	项目	频次	频度
名词词组被识解为 ODC 对 IDC 影响的预期	pressure/challenge/conflict/Risk/ threat/tensions/concern/ expansion of chinese military capacity/uncertainties	22	0.14%
共计		22	0.14%
名词词组被识解为 ODC 对 IDC 影响的结果	damage/financial crises/ the current trade war/ the dangerious overextension/ an expansin of the relationship/ the emergency of difficult debt dynamics/a high risk of debt distress/ other state's financial distress	23	0.15%
共计		23	0.15%
空间趋近化共计		1201	7.68%

（2）英方在使用空间趋近化策略构建 IDC 元素时，未提及"英国"，表明英方是从第三者角度关注"一带一路"倡议对世界的影响，其将"国家""世界"划为 IDC 成员。因为"一带一路"倡议在各国都存在，说明"一带一路"倡议在各个方面影响着各国。从金融维度出发，"一带一路"倡议的利益主张与英方一致，故其将"亚洲""欧洲""马来西亚""日本"也划为 IDC 成员，使 IDC 阵营的范围增大，力量增强。

在英国智库视角下，"一带一路"倡议由中国提出，影响世界各国（包括英国）。因此，"一带一路""中国"皆为 ODC 元素。而且，我们发现，英方所提及的"中国"频次远远高于"一带一路"，"习"代表着"北京"，对于"北京""中国人"又有突出强调，暗含了英方从第三者角度客观地分析"一带一路"倡议在发展金融维度的问题，体现了英方理性和谨慎的态度。

在指向动词词组、移位动词和行为动词的使用中，其表明"一带一路"倡议对英方是有一定影响的。而且，在名词词组的使用中，ODC 对 IDC 影响的预期及结果表明其侧重的"一带一路"倡议中的发展筹资问题、债务可持续性问题对世界各国有不小的的影响。

ODC 与 IDC 之间的冲突主要围绕筹资问题展开，并在动词词组中有进一步的体现，如：

例（2）Serving as the linchpin for BRI criticisms is the notion of "debt - trap diplomacy", a phrase coined by the Indian scholar Brahma Chellaney. Through purposefully extending loans to debt - ridden states, Beijing would convert economic and financial dominance into political leverage, forcing vulnerable partners to hand over strategically valuable concessions such as land, ports and natural resources. (David, et al, 2020)

英方在该文中，引用印度学者的话，指出"一带一路"倡议中的债券问题，并给出实际的例子，突出 ODC 的影响之大，表明"一带一路"倡议的债券问题之大。间接表达出对"一带一路"倡议在金融债券方面的担忧，并进而强化英方自身行为的合法性。

（二）时间趋近化

表 4.3　美国智库的时间趋近化

范畴	关键词目/词汇索引	频次	频度
使用情态动词短语，构建 ODC 对现在和将来会产生持续影响	will/would can/could may	26	0.16%
各种时体并用的话语形式，构建过去事件产生的威胁的无限延伸	Did…have doing Doing…have done To do…have done Did, doing…have been doing ODC 行为改变过去稳定局面/未解决过去问题/加深过去危机 ODC 行为使过去的主张需要改变/此刻采取行动改变过去的局面	78	0.48%
时间趋近化共计		104	0.64%

（1）美方采用了多种时间趋近策略，如：

例（3）They have also had some no-table failures, such as the construction of Poland's A2 highway by the Chinese Overseas Engineering（COVEC）Group. The project, which was supposed to show Europeans the efficiency of Chinese construction companies, turned into a debacle … In early 2011 the Chinese company tried to renegotiate the contract, and, failing to do so, left the project unfinished. Then in 2015…Turkish Electricity, a nationwide grid company, is suing the Chinese company to collect a breakup fee…the Chinese state banks may be at greater risk of investing in nonviable ventures. For example, industry analysts warn that the railway and road projects through Central Asia may not yield the expected returns if the volume of passengers and cargo is well below the acceptable levels. (Simeon, 2016)

　　美方借用历史教训，列举中国的"一带一路"倡议曾经在各国出现的失败的例子，表明"一带一路"倡议是不可靠、不成熟的，会给美国带来危害，暗示无论"一带一路"倡议之后如何发展，其潜在风险都很大，各国要响应或参与"一带一路"倡议需要持谨慎态度。不难发现，其主要目的是试图阻碍"一带一路"倡议在世界范围内的实施与发展。

　　另外，美国智库使用了较多时体并用的话语形式。一般过去时和完成时的使用标记了过去行为的失败，对"一带一路"倡议给他国造成的所谓后果及中国本身都予以潜在的指责；对一般现在时、现在完成时与不定式的使用，说明危机会从过去不断延伸，意图使听话人识解到对"一带一路"倡议实施行动的必要性和迫切性；而其情态动词的使用比较多，这些情态动词使听话人产生一种随时都有可能遭受到威胁的压迫感，表现出 ODC 行为对现在以及将来产生的持续性影响，从而强调取缔"一带一路"倡议在世界范围内的实施具有一定的合法性。

表 4.4　英国智库的时间趋近化

范畴	关键词目/词汇索引	频次	频度
使用情态动词短语，构建 ODC 对现在和将来会产生持续影响	will/would can/could may	28	0.18%
各种时体并用的话语形式，构建过去事件产生的威胁的无限延伸	Did…have doing Doing…have done To do…have done Did, doing…have been doing ODC 行为改变过去稳定局面/未解决过去问题/加深过去危机 ODC 行为使过去的主张需要改变/此刻采取行动改变过去的局面	25	0.16%
时间趋近化共计		53	0.34%

（2）英方也采用了多种时间趋近化策略，如下：

例（4）Big infrastructure-investment programmes have generally had a strategic as well as an economic and financial purpose and impact...It has especially objected to any comparisons of the BRI with the "imperialistic" Marshall Plan...There have been numerous virtuous-cycle theories in international development since the end of the Second World War...Eventually, serious debt concerns could threaten to limit BRI recipient countries' capacity to keep absorbing Chinese lending...If the Kiel Institute's findings hold, the current debt loads resulting from China's overseas lending spree would coincide with the debt level that had led up to the last global debt crisis. Therefore, the persistence of industrial overcapacity could motivate Beijing to sustain its overseas demand creation through continued robust financing of BRI project...Internationally, working with bilateral and multilateral partners to shape, finance and implement BRI projects could boost confidence and transparency, while also shrinking the windows for corruption. (David, et al, 2020)

在英方的时间趋近化策略中，"二战以后"体现了英方侧重过去到现在的转移，臆造"一带一路"倡议也会带来类似的不良后果，表达了对"一带一路"倡议的担忧及其可能带来的债务问题。并且，英方使用情态动词的次数在其时间趋近化策略中占了相当大的比重，其中，"could""would"使用的次数最多。众所周知，利用情态动词可以展现出言后效果，这些情态动词表现出 ODC 的行为举措对未来产生了深远持续的影响。英方利用大量情态动词来描述"一带一路"倡议具有战略、经济和金融目的与影响，阐述了"一带一路"倡议存在的问题和特征。这些情态动词体现了 ODC 行为对未来产生的持续性影响，同时又含有较高确定性，体现了话语的权威性。但事实上，英国智库似乎在刻意强调中国所谓的产能过剩及海外融资可能给有关国家带来严重的债务问题，并严重低估了"一带一路"倡议对世界经济发展的意义。

（三）价值趋近化

表 4.5　美国智库的价值趋近化

范畴	关键词目/词汇索引	频次	频度
被识解为指称中心内部实体 IDC 积极价值观或意识形态的名词词组	infrastructure/economic growth/ broad benefits/benefits from trade liberalization/ success /boom/an important boost	44	0. 27%
被识解为指称中心外围实体 ODC 消极价值观或意识形态的名词词组	ambitious plan/China's ambitious Belt and Road initivative/ ambitious goals/ambitious foreign trade and investment project/ aggressive construction projects/ an umbrella for the expansion of China's general business interests abroad/ overseas expansion/expansion abroad	16	0. 1%
价值趋近化共计		60	0. 37%

（1）在美方的积极价值趋近化体系中，强调经济的繁荣、自由贸易、基础设施等益处，表明"一带一路"倡议确实给美国以及世界各国带来了一定的好处。意在表明美方是从客观角度分析问题，并不是出于某种意图去故意抹黑"一带一路"倡议和中国形象。而且，IDC 积极价值的使用频次高于 ODC 消极价值的使用频次，呈现了美方以自信、负责的态度应对外来的所谓威胁，从而使美方一切的话语和行为具有合理性。但是在消极价值趋近化策略中，美方不断强调"一带一路"倡议是"野心勃勃的计划"（ambitious plan），"中国海外扩张"（"'China' foreign trade and investment project" or "overseas expansion"）营造出中国所谓的"霸权"形象（"aggressive construction project"）"地缘扩张"和"经济掠夺"（"an umbrella for the expansion of China's general business interests abroad"），不断强化"一带一路"倡议的所谓非法性。

表 4.6　英国智库的价值趋近化

范畴	关键词目/词汇索引	频次	频度
被识解为指称中心内部实体 IDC 积极价值观或意识形态的名词词组	future globalisation/collaboration win-win/ reliable/ bilateral and multilateral/ international partners An incresed focus on sustainability/ greater flexibility	23	0.15%
被识解为指称中心外围实体 ODC 消极价值观或意识形态的名词词组	China's new assertive foreign-policy direction/bad deals/a dominating influence/ an economice scheme/middle-income trop/soft-power instrument/a new version colonialism/a debt trap/Beijing's ambition	19	0.12%
价值趋近化共计		42	0.27%

　　（2）作为第三方，英方没有过多地使用价值趋近化策略。然而，在英方的 IDC 积极价值观和意识形态中，"双赢"（win-win）"伙伴"（international partner）"合作"（collaboration）"全球"（future globalization）表明英方对"一带一路"倡议的发展前景抱有期望，希望"一带一路"倡议能促进英国及世界各国的发展，进而更好地维护本国利益。在 ODC 消极价值描述中，从客观角度转述了一些国家、学者在对"一带一路"倡议做出评价时常常加注引号，"债务陷阱"（a debt trap）"新殖民主义"（a new version colonialism）等词暗示"一带一路"倡议确实存在问题。英方通过转述引语推卸责任，说明有关观点不是英方提出的。这也间接表明了英方对这些问题的担忧。但在价值趋近化策略中，总体来说，IDC 积极价值构建明显多于 ODC 消极价值，彰显了英方以积极、公正、负责的态度处理"一带一路"倡议对英国的影响，增强了民众信心。

第三节　三种策略的数据对比及其归因分析

一、美国智库的三种策略纵向对比及其归因分析

美国智库的涉华政治话语语料库为 16289 字符。我们将美国智库的三类趋近化策略进行纵向对比，分为 3 组。从图 4.3 中，我们发现，这三个对比组的 P 值（Significance）都小于 0.01，说明美国智库关于"一带一路"倡议的三种趋近化策略使用频率均具有统计学意义上的显著性差异。原因可大致归纳如下：

Lexical item	Frequency 1	Frequency 2	Norm. frequency 1	Norm. frequency 2	Chi-square	Significance
空间趋近化VS时间趋近化	985	104	6.0470%	0.6385%	735.703826027431	0.000000000000
空间趋近化VS价值趋近化	985	60	6.0470%	0.3683%	844.086161364786	0.000000000000
时间趋近化VS价值趋近化	104	60	0.6385%	0.3683%	11.331433496818	0.000762060000

图 4.3　美国智库三种策略的纵向对比卡方检验截图

第一，在美国智库对"一带一路"倡议的话语建构中，美国智库多采用空间趋近化和时间趋近化，来证明"一带一路"倡议所带来的威胁和风险是存在的，这不仅是在空间上的威胁趋近，而且是在时间上的风险延续，若不采取必要措施，这种威胁和风险将会持续存在，并最终会损害美国及美国人民的利益。美国智库在空间趋近化和时间趋近化上，不断强调"一带一路"倡议迫近的威胁，故意歪曲事实，实现话语隐性控制，蓄意挑起美国人民的抵触情绪，以增加自身言行的合法性。

第二，相对于空间趋近化和时间趋近化，美国智库较少使用价值趋近化。无论是 IDC 积极的价值观和意识形态还是 ODC 消极的价值观和意识形态，美国智库都很少使用。美国智库极力淡化"一带一路"倡议（ODC）带给美国/美国人民的好处，试图找出并凸显"一带一路"倡议的消极性。这间接说明"一带一路"倡议并不存在美国智库所表述的那种所谓"巨大风险"，会严重危害美国及美国人民的利益。然而，鉴于对美国国家利益的保护及其自身的意识形态偏见，美国智库对中国持有明显的敌对态度，对"一带一路"倡议总体持有偏消极和质疑的态度。因而，美国智库通过故意弱化价值趋近化，

以贬低"一带一路"倡议对世界发展的诸多贡献，从而误导世界人民，并实现其不可告人的目的，最终建构负面的中国外交形象，来阻止"一带一路"倡议的顺利推进，并削弱中国的国际话语权。

二、英国智库的三种策略纵向对比及其归因分析

Lexical item	Frequency 1	Frequency 2	Norm. frequency 1	Norm. frequency 2	Chi-square	Significance
空间趋近化VS时间趋近化	1201	53	7.6771%	0.3388%	092.933972863716	0.000000000000
空间趋近化VS价值趋近化	1201	42	7.6771%	0.2685%	123.444402503244	0.000000000000
时间趋近化VS价值趋近化	53	42	0.3388%	0.2685%	1.055837426413	0.304170000000

图 4.4　英国智库三种策略的纵向对比卡方检验截图

英国智库的涉华政治话语语料库为 15644 字符。我们将英国智库的三类趋近化策略进行纵向对比，分为 3 组。从图 4.4，我们可以发现空间趋近化对比时间趋近化，空间趋近化对比价值趋近化，两个对比组的 P 值（Significance）均小于 0.01，说明英国智库关于"一带一路"倡议的趋近化策略使用频率存在统计学意义上的显著性差异。价值趋近化的 P 值（Significance）大于 0.05，说明无统计学意义上的显著性差异。原因可大致归纳如下：

第一，在有关"一带一路"倡议的话语建构中，英国国际战略研究所很少使用时间趋近化和价值趋近化。本章选用该智库侧重"一带一路"倡议中的发展融资问题报告，根据本章的研究语料，英国智库聚焦金融投资视角，提出"一带一路"倡议是风险和机遇并存的，指出"一带一路"倡议在发展筹资中的问题并在进行系统分析研究后给予意见和综合结论。从全文的话语基调来看，该智库对"一带一路"倡议持中立态度，认为"一带一路"倡议在金融方面虽然存在问题但仍大有可为。较少使用时间趋近化和价值趋近化，表明英国智库着眼于当下"一带一路"倡议能够给英国带来的最大收益，并利用其专业性和一贯的严谨态度，提升其在英国人民心中的权威性和公信度，并向英国民众展示其不畏"一带一路"倡议所谓的"威胁迫近"及其带来的所谓"中国威胁"。英国智库旨在发挥正向作用，正确引导社会认知，帮助英国人民科学全面地理解"一带一路"倡议，从而增加了英国智库话语的合法化。

第二，英国智库善于空间趋近化策略。英国作为积极响应"一带一路"

倡议的西方国家之一，更为看重"一带一路"倡议的发展前景，力争"合作共赢"，促进英国的经济发展。该智库多次使用空间趋近化强调了说话人和听话人的利益一致性，突出英国实体（ODC）和"一带一路"倡议（IDC）在物理空间上的"利益共同体"。在话语空间上，通过对"一带一路"倡议前景的推理及其在某些国家真正的实施行为之后的影响，客观分析了"一带一路"倡议带来的风险与机遇，从而彰显出英国智库的科学、客观、公正，使英国人民更加信任英国智库做出的评价和决定。

三、美英智库三种策略的横向对比及其归因分析

表 4.7 美英智库卡方检验结果

趋近化类型	总共次数（美方）	总共次数（英方）	X^2	P 值
空间趋近化	985	1201	−32.994	0.0000
时间趋近化	104	53	14.043	0.0001
价值趋近化	60	42	2.196	0.1384
总的趋近化策略	1149	1296	−16.915	0.0000

在两国智库的涉华政治话语语料库中，美方总字数为16289，英方总字数为15644。上表我们将美英智库的空间、时间、价值趋近化策略进行对比，分为3组。从表4.7中，我们可以发现空间趋近化和总的趋近化策略的 X^2 偏小，时间趋近化和价值趋近化的 X^2 偏大。空间趋近化和时间趋近化 P 值（Significance）小于0.01，说明美英智库在描述"一带一路"倡议的空间趋近化的使用频率存在统计学意义上的显著性差异。价值趋近化的 P 值（Significance）大于0.05，说明无统计学意义上的显著性差异。原因大致如下：

本章选取的语料，是基于眼前的情况，旨在通过个案研究了解美国智库对"一带一路"倡议的话语建构，并在此基础上，通过对比考察，审视美英智库对"一带一路"倡议的态度差异，体现了本研究的科学性。通过卡方检验和对比分析，不难发现，英国智库在时间趋近化、空间趋近化和总的趋近化策略使用方面与美国智库差异显著，$P \approx 0.000 < 0.01$。总体来说，美方更强调"一带一路"的倡议时间和空间上的迫近和威胁，负面评价大于正面评价，而英国智库则较为乐观和积极，注意正向引导，没有刻意夸大"一带一路"

倡议的所谓负面影响。

但是，美英智库在价值趋近化策略的使用方面，并无统计学意义上的显著性差异。结合上表的数据以及前文中的卡普趋近化理论基础，我们认为，美英智库的价值趋近化使用频率均明显偏低，说明本章选取的语料中，英美智库对"一带一路"倡议的实际价值也许是刻意回避，也许是故意忽略，想让民众自己去感受。作为国家重要的智库，美国和英国智库既不能刻意低估"一带一路"倡议的深远价值，也不能过高夸大其价值和影响。故而他们更多的是从时间、空间上评估"一带一路"倡议对各自国家的未来发展可能带来的影响。使用这两种趋近化策略，都是为了话语者能更好地使自身言语更具合法化。

第四节　趋近化策略的语篇语用功能分析

一、夸大威胁、彰显自身行为的合法化

发话者和受话者决定着政治话语能否成功实现合法化语用效果。倘若话语产出和话语理解两个过程均进行顺利，就能顺利实现政治话语的合法化（武建国、牛振俊，2018）。美英智库通过趋近化策略，歪曲事实，使其言行合法化，从而实现其话语的隐性控制功能。如：

例（5）First, ...A serious problem could arise if the recipient countries lack the capacity to build up their own export sectors or China continues to fail to open up its markets to their exports. Second, in launching the initiative...the Beijing leadership has yet to show evidence that it recognizes the suspicion that nearby countries may have toward its increasing role in their affairs or the fact that aggressive construction projects may spark wariness...other neighboring powers. Third, China seeks to send a message to Europe and the United States that it wants to take its place as the preeminent power in Asia and be treated as an equal by advanced countries of the West... But it has failed to reassure the United States that it will adhere to international development standards on transparency and environmental protection. (Sean Miner, 2016)

例（5）中，美国智库分析了"一带一路"倡议的经济及政治影响。经

济方面，如果受援国（IDC）缺乏建立本国出口部门的能力，或者中国继续不向其出口产品开放市场，就可能出现严重问题。政治外交方面，中国未能证明他们已经认识到邻国可能对中国在他国事务中扮演越来越重要的角色产生怀疑，或者认识到"咄咄逼人"的建设项目可能在其他邻国（IDC）引发心理戒备。而且，中国试图向欧洲和美国发出这样一个信号，即中国希望取代他们在亚洲的超级大国地位，或希望西方发达国家承认其在亚洲也具有平等的话语权。但中国并没有承诺，中国将坚守国际发展准则，即加强自身发展透明度，并注意环境保护。其隐含的虚假语用预设是：西方国家坚持了国际发展标准，而中国却没有。其实这严重违背事实。众所周知，中国的发展比较透明，当代中国政府一直积极倡导以人为本、"绿水青山就是金山银山"的生态发展理念。

美方通过时间趋近化"could arise"、虚假的语用预设"recognizes the suspicion"、空间趋近化"take its place as the preeminent power in Asia"、价值趋近化"aggressive construction projects"等话语策略，蓄意制造负面的中国国际形象，即所谓的"经济掠夺""地缘扩张""规则破坏"，并歪曲事实，蓄意将来自中国的互利互惠的经济合作行为视为近身的、本土的经济威胁，即"一带一路"倡议有可能会威胁到美国本土的国家利益（IDC），美国有被"入侵"的可能与威胁。美国智库将远处的所谓侵害、威胁迫近，转化为对指示中心内部实体实际的侵害，从而营造出一种紧迫性，为美国抵制"一带一路"倡议、制造中国"霸权论""威胁论"寻找了合法化外衣。这也是以美国为代表的西方社会在涉华政治话语中常见的话语偏见和意识形态。该策略在此例中表现得尤为明显，其旨在破坏中国的经济外交形象，阻碍"一带一路"倡议的顺利发展，以维护美国的政治、经济利益。

总而言之，美方（IDC）旨在蓄意夸大中国"一带一路"倡议所衍生的系列问题，以表达其对"一带一路"倡议（ODC）的无比担忧。与此同时，美方认为，中国"一带一路"倡议（ODC）的迅猛发展，对世界各国的影响日益增强，使美方（IDC）感受到了巨大威胁，产生了紧迫感。因此，美方不断强调"一带一路"倡议的风险、问题及不足，以确保美国拥有所谓正当的理由来捍卫其自身利益，并遏制"一带一路"倡议的顺利推进，以保护盟友和伙伴，维护其自身利益及政治地位。

例（6）The BRI has evolved considerably in the six years of its existence. As Xi's agenda became increasingly nationalistic, so did the BRI. While the BRI is still cast in terms of expanding the scale and scope of globalisation, it is now much more of a

China-centric version of that aspiration, especially in Southeast, Central and West Asia. Concordantly, in the past two years, there have been growing concerns along populist and nationalist lines within several BRI countries - that the terms of their deals with China provide too many of the benefits to China while the recipients bear the brunt of the risks. Several countries pushed back against the terms of BRI projects, while more broadly issues were being raised about debt sustainability. (David, et al, 2020)

例（6）中，英国智库声称"一带一路"倡议（ODC）越来越具有民族主义色彩，并在全球范围内的扩张规模愈发壮大。随着"一带一路"倡议的发展，逐渐形成一个以中国为中心的"一带一路"经济版图，尤其在东南亚、中亚和西亚。因此，一些相关国家（IDC）也开始担心"一带一路"倡议可能给其带来问题和风险。

英方虽然从第三者角度相对客观地描述事实，但其在看好"一带一路"倡议带来的经济利益之余，也与那些当事国（IDC）一样，担心其未来可能要承担风险。同时，英方点明了"一带一路"倡议最广泛的债务可持续问题。英方主要将 ODC（"一带一路"倡议等）对 IDC（英国与世界各国的经济、人民等）造成的威胁和风险统一为在物理空间上的迫近。通过空间趋近化策略，英国人民自然认为英国对"一带一路"倡议的评价是公允的、正当的，英国由此获得处理"一带一路"倡议的合法权力，以控制社会舆论，掌握话语导向，并增强英国智库在其民众心中的权威性和公正度。

从此例来看，英国智库似乎没有故意夸大中国的负面形象，但仍通过空间趋近化"bear the brunt of the risks"、价值趋近化"China-centric version"和时间趋近化"growing concerns"等话语策略可以看出，英国智库对中国"一带一路"倡议表示一定的怀疑和恐惧，认为中国的"一带一路"倡议仍是以中国为中心的，对其他国家来说风险犹在。然而，必须指出的是，虽然这些担心和怀疑可以理解，但中国始终秉持互惠互利、合作共赢的原则来实施"一带一路"倡议的宏伟蓝图，中国旨在打造人类命运共同体，其不仅注重自身发展，也积极造福世界人民，在真诚合作中实现人类的共同繁荣。

二、设置虚假语用预设陷阱、建构负面的中国形象

虚假语用预设通过借用语用预设的触发机制来实现，这对于交际中的一方来说是虚假的，至少是未知的，或有争议而不能接受的非言语双方共有知

识（张莹，2006）。当既定预设和假想预设发生分歧、各自为政时，语用预设就会转化为虚假语用预设（支永碧，2011）。美国智库通过趋近化策略及预设陷阱，建构负面的中国形象：

例（7）Now the leadership in Beijing is reviving the concept with an enormously ambitious plan to build and upgrade highways, railways, ports, and other infrastructure throughout Asia and Europe designed to enrich the economies of China and some 60 of its nearby trading partners. The potentially multitrillion dollar scheme, which Beijing calls the Belt and Road Initiative, has generated enthusiasm and high hopes but also skepticism and wariness throughout the region and in capitals across the world. What are the motivations for China's oddly and perhaps illogically titled initiative? (Simeon & Sean, 2016)

例（7）中，从美方的立场看，"一带一路"倡议是一个"野心勃勃的计划"，表现出"中国的野心"，是一个巩固中国领导地位的计划。对于"中国提出的这一奇怪的，也许不合逻辑的倡议"，美方声称"一带一路"倡议固然使沿线亚欧诸国充满热情和希望，但也引发了他们的怀疑和警惕。实则，美方扮演着怀疑者的角色，蓄意将"一带一路"倡议与所谓的中国"威胁"挂钩。尽管美方对"一带一路"倡议持一定的肯定态度，但其依旧用更多的笔墨将"一带一路"倡议描述为一种国际扩张手段。美方利用价值趋近化话语策略，强调"一带一路"倡议对地缘政治格局的负面影响和严重威胁。

美方通过价值趋近化策略以及虚假语用预设"skepticism and wariness""China's oddly and perhaps illogically titled initiative"，蓄意说明"一带一路"倡议增加了世界不和平的因子，并造成地缘政治格局的动荡，企图建构一个极具威胁性的中国国际形象。美国智库用丑化"一带一路"倡议的方式，夸大"一带一路"倡议对美国，乃至对世界各国的所谓威胁，增加了听话人的恐惧感，构建出自身行为合法且有受害风险的形象。这种情况下，为了国家利益，为了世界和平与稳定，美国对"一带一路"倡议采取任何可能的措施都应该是正当合理的。美国借此虚构"中国威胁论"，通过诋毁"一带一路"倡议是一个具有扩张性、侵略性的战略，来中伤中国形象，以最终实现其不可告人的意识形态目的，即巩固美国霸主地位和国际影响力。

例（8）China has demonstrated considerable flexibility in a series of new negotiations focused on modifying financing terms to lessen the debt burdens on BRI recipient countries. Beijing's willingness to revise BRI contracts is manifest in the high-profile renegotiation of he 644 km East Coast Rail Link, a centrepiece of

China's infrastructure push in Malaysia. Having cast himself as a vigorous critic of the BRI deals established under his predecessor's mandate, Prime Minister Mahathir Mohamad vowed to repeal what he referred to as "unequal treaties"signed with Beijing,stating that the BRI could develop into"a new version of colonialism". (David,et al,2020,p14)

例（8）中，英国智库表明中国政府越来越重视受援国的债务担忧，以及"一带一路"倡议整体的金融生存能力。为减轻"一带一路"倡议沿线受援国的债务负担，中国在一系列新的融资条件谈判中表现出巨大的灵活性。在马来西亚推进基础设施建设的核心项目中，北京愿意修改"一带一路"倡议的有关条款，与马来西亚新政府重新协商东岸铁路建设计划。英国智库借用他人之口间接地评价了"一带一路"倡议在马来西亚遭遇的所谓困境，指出现任马来西亚总理誓要废除与北京签署的所谓"不平等条约"，并表示"一带一路"倡议可能发展成为"新版本的殖民主义"。

这里的"不平等条约""新版本的殖民主义"均是虚假语用预设。事实是，马来西亚新总理为了批判前任政府，巩固自己的政权统治，更为了从"一带一路"倡议中谋求更多的利益，故意丑化"一带一路"倡议，并抵制中国的基础设施建设项目在马来西亚的顺利开展。

此例中，英国智库虽未直接评价"一带一路"倡议，却建构了负面的中国外交形象。通过马来西亚总理之言来影射"一带一路"倡议的负面性，以引发英国人民的共鸣，激发英国人民的恐慌感，为其所谓的言行合法化铺垫。英国智库通过价值趋近化"a new version of colonialism"、时间趋近化"has demonstrated considerable""could"、空间趋近化"develop into"等趋近化策略和一些预设陷阱，客观说明中国越来越重视"一带一路"倡议所存在的受援国的债务问题，指出"一带一路"倡议受援国债务问题之大，并始终与受援国的政治更迭和党派斗争密切关联，说明"一带一路"倡议具有一定的风险，英国也需谨慎对待以免危害到本国利益。这一系列具有策略性的话语，不但给英国提供了指导性的意见，以和平的态度处理问题，维护本国利益，而且加强了其在英国人民心中的公正度，表现出英国智库的"智慧"。

三、模糊政治立场、误导读者

在世界观的构建中，除了空间和时间的作用外，我们的价值，即对好与坏的判断，也起到重要的作用（Cap，2010）。这反映在话语世界中，我们对所描述事件的主观判断，即对某一事件的态度（道义情态）或对某一事件发生可能性的主观判断（认识情态）（张辉、颜冰，2019）。美英智库通过趋近化策略，从而达到模糊政治立场、误导读者的目的。

例（9）As big as China's ambitions are, many obstacles stand in the way. If successful, China will be disrupting historical spheres of influence of many countries, … The record also suggests that ambitious plans to build infrastructure run into many logistical problems, from cost overruns to "bridges to nowhere" to corruption. If, on the other hand, China treads carefully, heeding warnings from history and the concerns of its neighbors, and transforms its initiative into a participatory exercise rather than a solo act, the whole world can benefit…The initiative…is the country's most ambitious foreign trade and investment project…This broad scope of projects suggests that the Belt and Road Initiative can be an umbrella for the expansion of China's general business interests abroad. (Simeon, 2016)

例（9）中，美方认为，"一带一路"倡议是"扩大中国在海外总体商业利益的保护伞"。如果中国谨慎行事，听从历史的警告和邻国的关切，把它的倡议变成一种参与性的行动，而不是一个单独的行动，那么全世界都能从中受益。这其实是两国价值观冲突的表现。该智库刻意塑造了一个"自私、野心勃勃的"中国形象。既然"一带一路"倡议/中国（ODC）的价值观与美国/世界各国（IDC）的价值观是相对立的，那么它的"自私、野心勃勃"，势必会对美方产生威胁，即从价值观的层面夸大日益迫近的所谓"中国威胁"。这样，在他们眼里，"一带一路"倡议就是中国海外扩张的一种手段。

通过虚假预设"many obstacles"、价值趋近化"an umbrella for the expansion of China's general business interests abroad"、空间趋近化"run into many logistical problems"等话语策略，宣扬来自中国的所谓威胁。于是，世界各国会逐渐形成对"一带一路"倡议的误解，即"一带一路"倡议是中国"海外扩张"的一种手段，是一种入侵战略，会严重威胁美国及世界各国的经济、政治、领土等方面的安全，引起美国及世界各国人民的紧迫感，使得人们做出防御措施来抵制"一带一路"倡议。美国智库如此歪曲事实、混淆视听，旨在误导美国民众和世界人民，为其在世界范围内宣扬"中国威胁论"寻找了一个合法化外衣。其不良目的昭然若揭：遏制"一带一路"倡议的顺利实施，抑制中国的崛起和发展，竭力阻止中国国际地位和影响力的提升，从而维护美国的"超级大国"地位。

例（10）Chinese officials are eager to emphasise the "win-win" philosophy…The

Chinese leadership has labelled the initiative as an extension of the"Chinese Dream" and as an integral part of China's"national rejuvenation"…Against China's narrative, Western critics … see China's overseas infrastructure push as a manifestation of Beijing's ever-expanding global ambitions under the Xi administration …for BRI criticisms is the notion of"debt-trap diplomacy",…US Vice President Mike Pence characterised the BRI as a"constricting belt or a one-way road"…In countries where there have been leadership changes, it is increasingly commonto see incoming politicians … portraying BRI projects as "bad deals" signed by the previous administration…Key BRI countries…have all engaged in renegotiations with China after suspending or cancelling projects undertaken by previous leaderships. (David, et al, 2020)

例（10）中，从英方视角看，"一带一路"倡议有两种相互对立的态度。在中方看来，中国政府提出"双赢"的理念，强调"一带一路"倡议可以给世界各国带来"双赢"。并称其为"中国梦"的延伸，中国"民族复兴"的一个部分，是民粹主义政治的对立面。中方努力给世界各国留下一种强大、友好和不具威胁性的国际形象，推动"一带一路"倡议在各国的实施，促进世界各国的发展，实现合作共赢。但在美国副总统彭斯那样的西方批评人士眼中，"一带一路"倡议是"债务陷阱外交""狭窄的地带或单行道""糟糕协议"。

不难发现，英国智库的用词为"西方批评人士"，英方通过这个有观点倾向的词语，较为客观委婉地阐释，由于国家意识形态不同或是盟友国等因素，一些国家会抓住"一带一路"倡议的所谓缺陷，不断批评和放大这些缺点，从而起到抹黑丑化"一带一路"倡议的目的，以凸显"一带一路"倡议的非法性来维护其自身利益。

总体而言，英国智库似乎是站在第三者立场来评价"一带一路"倡议，但本质上对"一带一路"倡议也持负面的态度，将所谓的"糟糕协议"当作是"一带一路"投资中的腐败和裙带关系，是中国政府与当事国政治斗争波折纠缠的结果。

但是，"糟糕协议"本身就是一个虚假语用预设，即将有争议的或非公认的信息被当作事实来看待。这是典型的名词化语用预设，具有很大的欺骗性。虽然马来西亚、缅甸、巴基斯坦和斯里兰卡等国家出现过暂停或取消前任领导人签署的基础设施建设项目的案例，并与中国重新进行了商业谈判，但这并不能说明这些国家的前任领导和中国政府签订的协议是糟糕的。这只能说明，这些国家的新政府是为了争取更多的利益而与中国讨价还价，其实这仅仅是当事国内部的政治斗争导致的结果。

总而言之，英国智库通过价值趋近化"bad deals"、时间趋近化"have all engaged in renegotiations"等话语策略和虚假语用预设，将中国"一带一路"倡议说成一个有争议的、被怀疑的战略，夸大"一带一路"倡议所面临的困境和问题，并对"一带一路"倡议提出了不少质疑。实际上，这种质疑纯属多余。正如习近平主席所言的那样，"只有构建人类命运共同体才是人间正道"（2020），英国智库不必过度担忧"一带一路"倡议产生的问题，中英两国应该携手并进，合作共赢，共创繁荣。

当然，与美国相比，虽然英国智库对"一带一路"倡议的风险有所忌惮，但并未直接否定"一带一路"倡议，或故意抹黑中国形象，只从第三者的角度指出这些问题，以便在英国公众心目中树立一个严谨、客观的智库形象，使得英国人民更加信任本国智库，有利于英国智库掌控舆论导向，维护自身的社会地位。

第五节 本章小结

通过个案研究和三种趋近化策略的语篇语用功能分析，我们发现：

①美国智库善于使用大量的空间趋近化策略，以"一带一路"为 ODC 构建 ODC 向 IDC 趋近，产生威胁的话语空间，构建了"一带一路"倡议对美国的所谓负面影响，构建了"一带一路"倡议的威胁态势。

②美国智库在时间趋近化策略中主要通过情态动词短语以及各种实体并用，构建 ODC 对现在和将来会产生的无限延伸，凸显"一带一路"倡议可能产生的负面影响，及其紧迫性、威胁性，以强调其自身言行的合法化。

③在价值趋近化策略中，英方不想激化事态，表示要客观看待"一带一路"倡议所存在的问题，希望以和平理性手段积极解决这些问题，达到"双赢"。相比之下，美方的态度稍显不同。虽然美方也强调了"一带一路"倡议所带来的便利，但更多的是在蓄意营造"中国威胁论""中国扩张论""中国破坏论"，来维护自身的利益。

总体来说，美英智库评价"一带一路"倡议的方式有共性也有差异。美国彼得森国际经济研究所主要分析了"一带一路"倡议的前景与挑战，以及"一带一路"倡议背后中国的"真实目标和动机"；而英国国际战略研究所的这份报告则侧重研究"一带一路"倡议中的发展筹资问题。

美英智库都在一定程度上肯定了"一带一路"倡议的价值以及它所带来的经济效益，均肯定"一带一路"倡议给美国、中国邻国以及世界其他国家所带来的机遇。但不同的是，美国智库更倾向渲染"一带一路"倡议的风险之大、威胁之大。不断从地缘政治等领域，制造出"一带一路"倡议是中国的"扩张论""称霸论"，会扰乱当地的秩序。而以英国为首的欧洲国家对"一带一路"倡议的褒贬也不一。

总体而言，美国智库对"一带一路"倡议的负面评价大于正面评价，而英国智库对"一带一路"倡议则呈现从偏消极到偏积极接纳的趋势。归根结底，美英智库对"一带一路"倡议的评价，都出于保护自身的国家利益，都是为了促进本国的发展，维护本国的国际地位、安全和社会秩序。

当然，本章只是一个单纯的个案研究，研究语料较少，有关结论需要进一步验证。在今后的研究中，智库类型需要进一步拓展，研究语料需要进一步丰富，以确保研究数据和研究结论的相对可靠性。未来的研究者可以进一步搜集语料、完善数据统计方法，以期获得更多有价值的发现。

无论如何，"合法化"是一个复杂的概念。本研究所述的合法化概念主要涉及政治话语。在欧美国家谋求政治利益的话语中，趋近化策略作为话语策略的一种方式，可以使其话语披上合法化外衣，从而使其言行名正言顺。并且，合法化与公共利益有着千丝万缕的关系，倘若一种行为符合公共利益并能得到公众的拥护，则该行为就是合法的（潘冬，2017）。因此，本章探究的美英智库关于"一带一路"倡议的各种相关话语及其各自使用的三种趋近化策略，根本上是欧美国家为谋求自身的政治利益，使其言语交际合法化的手段。

随着中国的崛起以及"一带一路"倡议在全球范围内的实施，欧美智库对"一带一路"倡议的评价会更加多元和隐蔽。中国需要用实际行动向世界证明，"一带一路"倡议并非中国崛起后对世界各国的"威胁""扩张"或"破坏"，而是实现全球化再平衡、促进各参与方的共同发展、达到合作共赢、推动构建人类命运共同体的一项倡议，从而向世界更好地展现出一个友好的、负责任的大国形象。

第五章

布鲁金斯学会关于中国国防的话语建构研究

第一节 导论

随着中国的日益崛起，国际社会开始高度关注中国的军事与安全问题。近年来，美国著名智库——兰德公司（RAND Coporation）和布鲁金斯学会（Brookings Institution）多次对中国的国防问题发表不实评论，肆意将中国作为假想敌，负面地建构中国的军事与安全形象，引起了中国学者的关注和警惕。

布鲁金斯学会是美国的一个传统智库。2009 年《外交政策》的最新研究报告《智库指数》显示，布鲁金斯学会被评为世界第一个智库，也是最有影响力的美国主流智库。布鲁金斯学会是一个研究公共政策的非营利组织，其主要目标是开展高水平的自主研究，提出创新性和实用性的政策建议，以实现三个目标：维护美国民主；确保所有美国人享有经济繁荣、社会安全和公共安全所带来的机会；促进一个更加开放、安全、繁荣和合作的国际社会。该智库的许多专家研究中国的政治、经济、外交、军事和安全政策，并发表了一系列研究报告，在不同程度上影响了美国政府的对华政策走向，值得我们高度重视和研究。

近年来，国内不少学者关注美国智库研究、关注布鲁金斯学会的中国问题研究，但从批评性话语分析视角，对布鲁金斯学会的涉华政治话语开展深入研究的专题成果较少。有鉴于此，本章搜集布鲁金斯学会关于中国军事与安全政策的话语建构研究语料，从概念隐喻和架构理论视角出发对其开展深入的批评架构分析，以进一步审视美国智库的对华政策倾向及其背后蕴含的意识形态意义和国家利益诉求。

第二节 研究方法

一、研究对象

本章以"China's defense"（中国国防）、"China's military power/security"（中国的军事力量/安全）或"China weapons"（中国武器）等为关键词，在布鲁金斯学会官网上进行广泛搜索，排除少数不相关语料，自建小型语料库（66794 字符）。本章同时通过上述关键词，在英国战略研究所（IISS）、德国国际与安全事务研究所（SWP）网站搜集有关中国国防的研究语料，创建两个参照语料库（分别为 48266 和 56157 字符）。英国国际战略研究所是一个独立的国际军事情报和研究机构，由英国学术界、政界、宗教界和新闻界人士发起创立，主要研究核时代的国防安全和防务政策。德国国际政治和安全事务研究所是一家独立性的学术智库公司，在冷战后由维护西方阵营安全和追求国家统一，转化为保护德国和欧洲的安全。

二、研究问题

本章主要回答以下三个研究问题：

①布鲁金斯学会的涉华政治话语中哪些隐喻性表层架构与中国的军事与安全建设紧密相关？

②这些隐喻性表层架构建构了怎样的中国军事与安全形象？

③布鲁金斯学会为何如此构建中国的军事与安全形象？

三、研究工具

本章聚焦布鲁金斯学会关于中国国防的话语建构研究，借助兰卡斯特大学语料库中心的保罗·雷森研制的在线隐喻统计工具 Wmatrix，我们对有关语料中的概念隐喻进行统计分析。首先通过 Wmatrix 主页注册并登录网站，上传需要处理的语料。与传统的 WordSmith、AntConc 等线下语料分析软件不同，Wmatrix 是一种基于网络的语料分析工具。

　　Wmatrix 的操作简单易懂，而与隐喻研究关系密切的是它的语义域赋码功能，Wmatrix 共包括 21 个坐标语义域，如"整体与个人""教育""材料与物体""世界与环境"等。

表 5.1　语义域赋码

A 普通及抽象术语	B 整体与个人	C 艺术与技能	E 情感
F 食物与农业	G 政府与大众	H 建筑与房屋	I 工业中的金钱与贸易
K 娱乐与运动	L 生命与生物	M 移动与交通	N 数字与度量
O 材料与物体	P 教育	Q 语言与交际	R 社会行为
T 时间	W 世界与环境	X 心理行为、状态与过程	Y 科技
Z 名称与语法			

　　（1）登录 Wmatrix 网站，输入账号密码，点击"Tag Wizard"（标记导向），将三个小型语料库分别上传，在"My folders"（我的文件夹）中查看，根据此获得词频图像和语义域频率表，见图 5.1、图 5.2、图 5.3。

Welcome to Wmatrix4
[My folders | Tag wizard... | Help contents]

Messages of the day:
1. Welcome to Wmatrix4 which is running in Lancaster University's cloud infrastructure. Please report any bugs and feedback to Paul.
2. This is the new Wmatrix4 service which first went live for IWODA2018, and replaced Wmatrix3 on 17th December 2018.

图 5.1　Wmatrix 登录界面（部分截图）

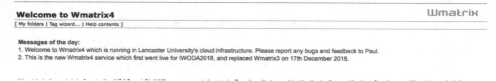

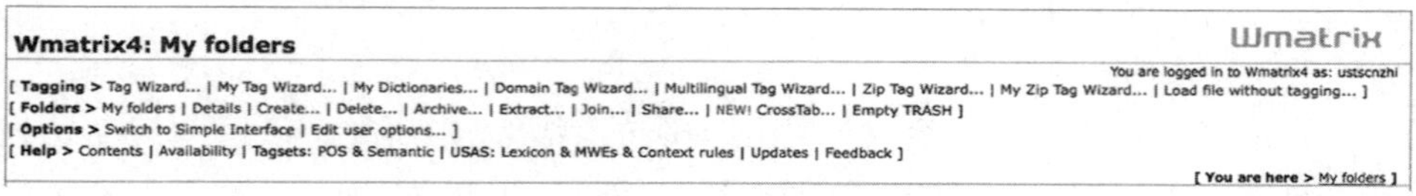

Wmatrix4: My folders
[**Tagging** > Tag Wizard... | My Tag Wizard... | My Dictionaries... | Domain Tag Wizard... | Multilingual Tag Wizard... | Zip Tag Wizard... | My Zip Tag Wizard... | Load file without tagging...]
[**Folders** > My folders | Details | Create... | Delete... | Archive... | Extract... | Join... | Share... | NEW! CrossTab... | Empty TRASH]
[**Options** > Switch to Simple Interface | Edit user options...]
[**Help** > Contents | Availability | Tagsets: POS & Semantic | USAS: Lexicon & MWEs & Context rules | Updates | Feedback]
You are logged in to Wmatrix4 as: ustsscnzhi
[**You are here** > My folders]

图 5.2　Wmatrix 上传文件界面（部分截图）

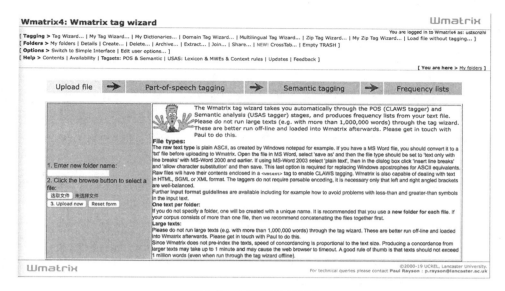

图 5.3　上传语料库界面

（2）通过 Wmatrix 的语义域检索功能，设置对比语料库为：BNC Sampler
Written（BNC 采样器），见图 5.4。

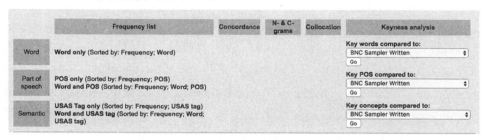

图 5.4　Wmatrix 的语料处理界面（部分截图）

接下来我们可以使用语义域搭配功能，选择"Sampler Written"（采样器）
作为参照语料库，见图 5.5。

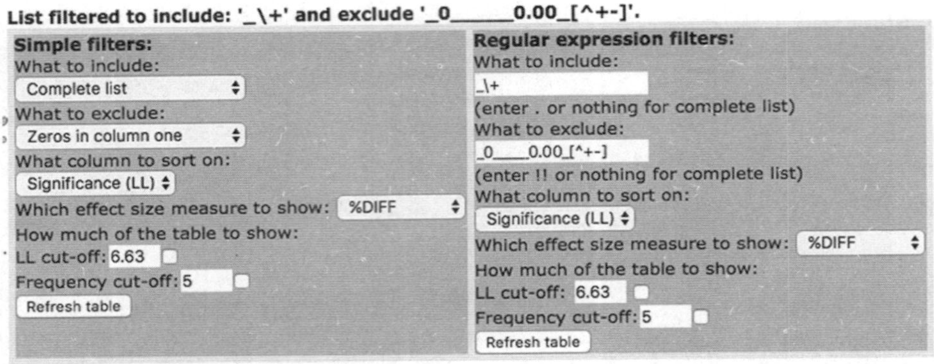

List filtered to include: '_\+' and exclude '_0_____0.00_[^+-]'.

Simple filters:
What to include:
Complete list
What to exclude:
Zeros in column one
What column to sort on:
Significance (LL)
Which effect size measure to show: %DIFF
How much of the table to show:
LL cut-off: 6.63
Frequency cut-off: 5
Refresh table

Regular expression filters:
What to include:
_\+
(enter . or nothing for complete list)
What to exclude:
_0_____0.00_[^+-]
(enter !! or nothing for complete list)
What column to sort on:
Significance (LL)
Which effect size measure to show: %DIFF
How much of the table to show:
LL cut-off: 6.63
Frequency cut-off: 5
Refresh table

图 5.5　靶域设置界面

（3）在图 5.6 中，"01" 和 "％1" 是这个语义域在我们所研究的语料库中的频率和相对频率，"02" 和 "％2" 则是参照语料库，作用同 "01" 和 "％1" 一样。

以 IISS 为例得出词频列表共 139 条，限于篇幅，本章选取研究语料中前 20 条使用频率较高的语义域码，如图 5.6 所示。前 10 个主题语义域为 Z299（unmatched）　［不相配的］、Z2（Geographic names）　［地理名称］、G3（warfare, defence and the army, weapons）［战争、防御和军队、武器］、M4（sailing, swimming etc.）［帆船、运动、游泳］、Y1（science and technology in general）［科学和技术］、S8+）（Helping）［帮助］、G1.1（government）［政府］、G2.1（law and order）［法律和秩序］、W（Geographical terms）［地理条件］、M7（Places）［位置］、G3-（Anti-war）　［反战］、M5（Flying and aircraft）［飞行和飞机］。语义域 G3、M4、M5、G3-正是表明了本章所研究语料的材料源自 IISS——一家研究国际政治军事冲突机构。为了研究如何使用概念隐喻建构这些话语主题，应该将这些语义域作为概念隐喻的靶域。

			Item	O1	%1	O2	%2	LL	LogRatio	
1 List1	Broad-list	Concordance	Z99	3610	7.48	22165	2.29 +	3277.54	1.71	Unmatched
2 List1	Broad-list	Concordance	Z2	2368	4.91	14502	1.50 +	2157.56	1.71	Geographical names
3 List1	Broad-list	Concordance	G3	853	1.77	3152	0.33 +	1357.32	2.44	Warfare, defence and the army: weapons
4 List1	Broad-list	Concordance	M4	370	0.77	843	0.09 +	844.96	3.14	Sailing, swimming, etc.
5 List1	Broad-list	Concordance	Y1	256	0.53	778	0.08 +	478.59	2.72	Science and technology in general
6 List1	Broad-list	Concordance	S8+	572	1.19	4225	0.44 +	391.56	1.44	Helping
7 List1	Broad-list	Concordance	G1.1	451	0.93	3542	0.37 +	277.24	1.35	Government
8 List1	Broad-list	Concordance	G2.1	336	0.70	2418	0.25 +	240.20	1.48	Law and order
9 List1	Broad-list	Concordance	W3	422	0.87	3466	0.36 +	238.57	1.29	Geographical terms
10 List1	Broad-list	Concordance	M7	601	1.25	5888	0.61 +	231.44	1.03	Places
11 List1	Broad-list	Concordance	G3-	50	0.10	48	0.00 +	173.60	4.39	Anti-war
12 List1	Broad-list	Concordance	M5	130	0.27	643	0.07 +	154.58	2.02	Flying and aircraft
13 List1	Broad-list	Concordance	A1.8+	206	0.43	1624	0.17 +	125.76	1.35	Inclusion
14 List1	Broad-list	Concordance	X5.1+	81	0.17	344	0.04 +	113.14	2.24	Attentive
15 List1	Broad-list	Concordance	S1.1.3+	137	0.28	918	0.09 +	109.60	1.58	Participating
16 List1	Broad-list	Concordance	N3.6	42	0.09	93	0.01 +	97.64	3.18	Measurement: Area
17 List1	Broad-list	Concordance	T3-	288	0.60	3043	0.31 +	90.94	0.92	Time: New and young
18 List1	Broad-list	Concordance	X7+	424	0.88	5233	0.54 +	80.85	0.70	Wanted
19 List1	Broad-list	Concordance	N5++	311	0.64	3576	0.37 +	76.06	0.80	Quantities: many/much
20 List1	Broad-list	Concordance	A11.1+	253	0.52	2803	0.29 +	69.57	0.86	Important
21 List1	Broad-list	Concordance	A1.7-	92	0.19	727	0.08 +	55.92	1.34	No constraint
22 List1	Broad-list	Concordance	G1.2	319	0.66	4064	0.42 +	53.70	0.66	Politics
23 List1	Broad-list	Concordance	T1.3	577	1.20	8327	0.86 +	53.27	0.48	Time: Period
24 List1	Broad-list	Concordance	T2++	194	0.40	2162	0.22 +	52.39	0.85	Time: Beginning
25 List1	Broad-list	Concordance	S5+	423	0.88	5811	0.60 +	50.77	0.55	Belonging to a group
26 List1	Broad-list	Concordance	N1	989	2.05	15606	1.61 +	49.99	0.35	Numbers

图 5.6　IISS 主题语义域表

图 5.7 及图 5.8 分别为 SWP 及 Brookings 的主题语义域表。

		Item	O1	%1	O2	%2	LL	LogRatio	
1 List1	Broad-list	Z99	7144	12.38	22165	2.29 +	11135.31	2.44	Unmatched
2 List1	Broad-list	G3	958	1.66	3152	0.33 +	1416.18	2.35	Warfare, defence and the army; weapons
3 List1	Broad-list	G1.1	932	1.62	3542	0.37 +	1196.15	2.14	Government
4 List1	Broad-list	I1.1	705	1.22	2654	0.27 +	913.76	2.16	Money and pay
5 List1	Broad-list	Z2	1909	3.31	14502	1.50 +	866.96	1.14	Geographical names
6 List1	Broad-list	I1.2	470	0.81	1318	0.14 +	798.19	2.58	Money: Debts
7 List1	Broad-list	I1	603	1.05	3515	0.36 +	447.98	1.53	Money generally
8 List1	Broad-list	A13	77	0.13	0	0.00 +	443.24	11.34	Degree
9 List1	Broad-list	N3.2+	358	0.62	1606	0.17 +	381.55	1.90	Size: Big
10 List1	Broad-list	M5	217	0.38	643	0.07 +	351.98	2.50	Flying and aircraft
11 List1	Broad-list	O1.3	148	0.26	300	0.03 +	318.22	3.05	Substances and materials: Gas
12 List1	Broad-list	N1	1505	2.61	15606	1.61 +	279.24	0.69	Numbers
13 List1	Broad-list	X6	63	0.11	37	0.00 +	235.14	4.84	Deciding
14 List1	Broad-list	I2.1	393	0.68	2634	0.27 +	229.93	1.32	Business: Generally
15 List1	Broad-list	N3.8	122	0.21	340	0.04 +	208.24	2.59	Measurement: Speed
16 List1	Broad-list	X9.1+	217	0.38	1060	0.11 +	207.79	1.78	Able/intelligent
17 List1	Broad-list	M7	663	1.15	5888	0.61 +	204.23	0.92	Places
18 List1	Broad-list	N5	689	1.19	6385	0.66 +	187.39	0.86	Quantities
19 List1	Broad-list	A6.1	47	0.08	32	0.00 +	167.60	4.62	Comparing: Similar/different
20 List1	Broad-list	S8+	460	0.80	4225	0.44 +	128.52	0.87	Helping

图 5.7　SWP 主题语义域表

在表的下方，能够自动生成包含关键词的标签云，字体大小的不同体现了显著的差异性，这与我们的高频表也是对应着的，在构建坐标隐喻之后，根据 MIP 识别过程判定其中使用了哪些坐标隐喻。

		Item	O1	%1	O2	%2	LL	LogRatio	
1 List1	Broad-list	Z99	6746	10.10	22165	2.29 +	8520.01	2.14	Unmatched
2 List1	Broad-list	Z2	2598	3.89	14502	1.50 +	1604.33	1.38	Geographical names
3 List1	Broad-list	G3	705	1.06	3152	0.33 +	616.08	1.70	Warfare, defence and the army; weapons
4 List1	Broad-list	Y1	307	0.46	778	0.08 +	493.82	2.52	Science and technology in general
5 List1	Broad-list	S8+	749	1.12	4225	0.44 +	453.95	1.36	Helping
6 List1	Broad-list	M7	899	1.35	5888	0.61 +	405.25	1.15	Places
7 List1	Broad-list	G2.1	481	0.72	2418	0.25 +	353.69	1.53	Law and order
8 List1	Broad-list	X7+	757	1.13	5233	0.54 +	301.72	1.07	Wanted
9 List1	Broad-list	G1.1	576	0.86	3542	0.37 +	296.34	1.24	Government
10 List1	Broad-list	S6+	684	1.02	4861	0.50 +	254.95	1.03	Strong obligation or necessity
11 List1	Broad-list	A11.1+	448	0.67	2803	0.29 +	222.52	1.21	Important
12 List1	Broad-list	S7.3+	109	0.16	206	0.02 +	218.61	2.94	Competitive
13 List1	Broad-list	S5+	745	1.12	5811	0.60 +	216.46	0.89	Belonging to a group
14 List1	Broad-list	A13	39	0.06	0	0.00 +	213.77	10.14	Degree
15 List1	Broad-list	X9.1+	229	0.34	1060	0.11 +	190.57	1.65	Able/intelligent
16 List1	Broad-list	I1.3-	188	0.28	780	0.08 +	181.48	1.80	Cheap
17 List1	Broad-list	W3	475	0.71	3466	0.36 +	165.61	0.99	Geographical terms
18 List1	Broad-list	X5.1+	114	0.17	344	0.04 +	156.75	2.26	Attentive
19 List1	Broad-list	S8-	188	0.28	885	0.09 +	152.68	1.62	Hindering
20 List1	Broad-list	A1.8+	273	0.41	1624	0.17 +	149.90	1.29	Inclusion

图 5.8　Brookings Institution 主题语义域表

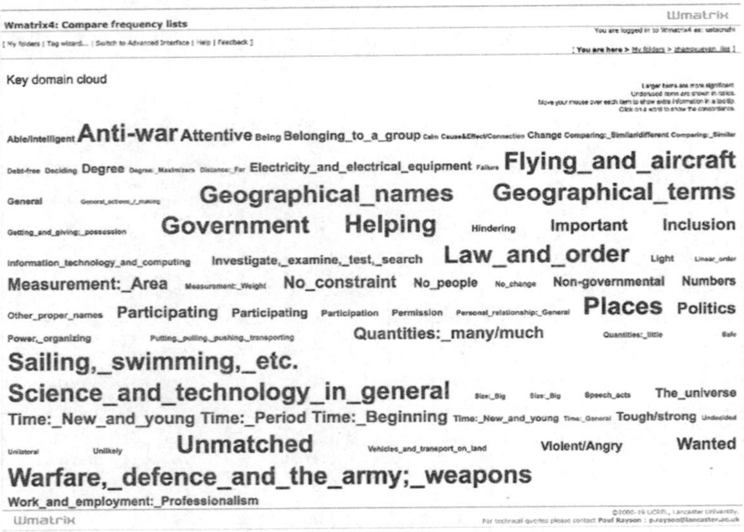

图 5.9　IISS 关键词标签云

图 5.10 SWP 关键词标签云

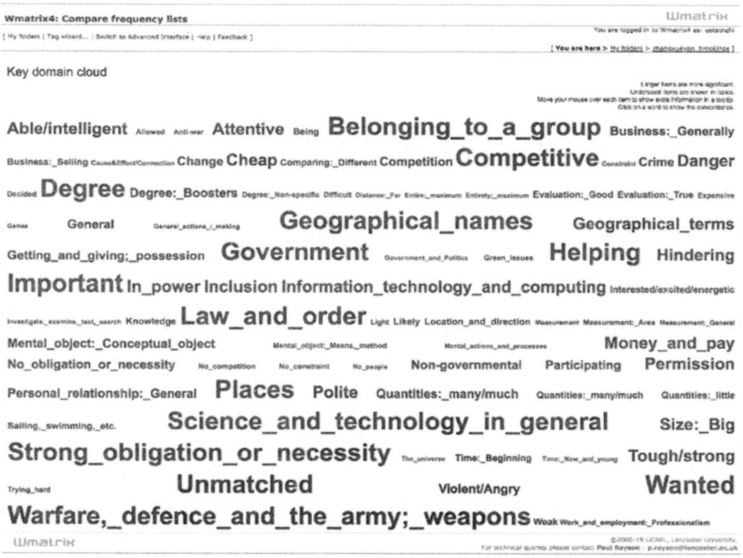

图 5.11 Brookings Institution 关键词标签云

（4）以 IISS 为例，如图 5.9 和图 5.12，根据所给数据可确认最高词频的确都与军事有关，这验证了该语料库的准确性。

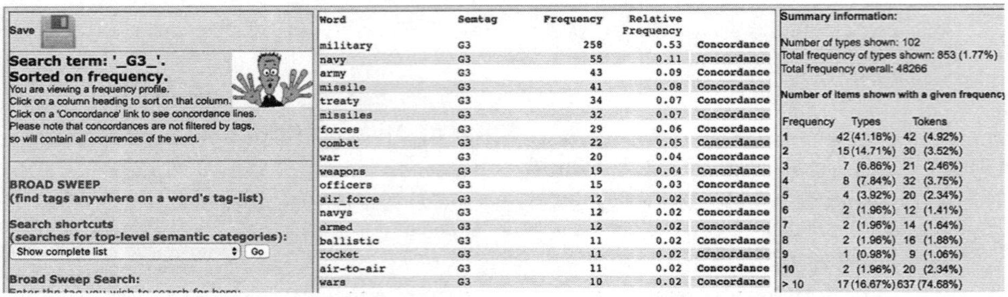

图 5.12 IISS 隐喻分布情况界面

四、研究过程

（一）隐喻识别

这项研究将使用隐喻识别程序来识别我们生活中难以理解的隐喻。这个团队将隐喻识别的过程总结如下：

①阅读全文，了解整个文章的大概意思；

②词汇单位需要完全确定；

③学习文章报道中词汇的背后意义。

（二）架构提取

根据菲尔墨所定的架构层级，架构可以分为表层架构和深层架构。

表层架构的提取主要分两个步骤进行。第一，我们通过 Wmatrix 工具在语料中找到出现频率较高的词汇，即坐标语义域排名前 10 作为表层架构的根据。第二，通过识别程序 MIP 识别出含有隐喻性的词，全面扫描后，总结出前 10 坐标中频率较高的词汇出现的频率，而这些词或者短语则是作为归纳表层架构隐喻的依据（见图 5.9-图 5.11）。

一般来说深层架构，是由表层架构激活的，许多个相同的表层架构可以激活我们潜意识里面的某个深层架构，也有可能存在本研究的美欧智库关于中国国防的话语建构之中。

（三）架构隐喻分析方法

我们需要运用架构理论对比分析布鲁金斯学会关于中国国防的话语建构

中蕴含的表层隐喻架构和深层隐喻架构。

总体对比分析内容：进行表层隐喻架构分析，找出隐喻性表达频率较高的词汇，建立表层架构模式，通过对比，找出本研究的三个国家智库中隐喻性表层架构的异同之处，主要分析对比三个智库之间不同的隐喻性词汇以及他们分别体现的这些智库的意识形态。

对布鲁金斯学会等三国智库关于中国国防的话语建构中蕴含的深层架构进行对比分析，以挖掘这些智库潜在的意识形态动机和国家利益诉求。

（四）基于 Wmatrix 的数据统计与分析

1. 全幅扫描

通过 Wmatrix 的大幅扫描功能可以得出 X7+的词表，人工手动排除意义较为广泛、与 "wanted" 关系不够紧密的形符，如 "game" "particular" 等。

表 5.2 为全面扫描前后、手动排除前后、隐喻识别后 X7+形符、类符、词目在美国、英国观察语料库中的统计分析表。就 X7+而言，经卡方检验 Brookings Institution 和 SWP 语料库中概念隐喻使用的形符（P = 0.5716）和词目（p = 0.5497）在频率上并没有统计学意义上的显著性差异。

运用同样方法，进行全面扫描，就 X7+而言，经卡方检验 Brookings Institution 和 IISS 语料库中隐喻使用的形符数（P = 0.1952）和词目数（P = 0.9342）在频率上并没有显著性差异（如表 5.3）。

仍然运用同样的方法，进行全面扫描，就 X7+而言，经检验 IISS 和 Swp-berlin 语料库中隐喻使用的形符（P = 0.0658）和词目（P = 0.4355）在频率上也无显著性差异（如表 5.4）。

2. 欧美智库全幅扫描后 X7+语义域的隐喻词目对比分析

美、德智库在涉华国防研究报告中都使用了如 "strategy" "plan" "aim" "will" "want" "choose" 等隐喻词目。如表 5.6 所示，正好可以验证数据的真实性，手动排除后德国智库中隐喻使用的词目数量为 12，在表 5.2 中，SWP 的词目频数之和即为形符数 53，美国智库也是同理。这些隐喻词目反映了德、美双方都关注中国在军事与国防领域的战略、计划、决策等问题，与英国智库相比，美国智库使用的隐喻词目更多，如 "appetite" "earmarking" "pick" "meant" 等，这些词目使得美国智库涉华政治话语蕴含更多隐喻表征和意识形态动机。

表 5.2　X7+统计分析表（德—美）

	全面扫描前		手动排除前		全面扫描后	手动排除后		隐喻使用	
	形符	类符	形符	类符	形符	类符	词目	形符	词目
德国国际政治和安全事务研究所（56157）	501	76	651	120	512	79	34	53	12
布鲁金斯学会（66794）	757	79	1017	139	802	89	33	71	19
X2	17.2877	0.5763	29.8251	0.0226	23.8231	0.075	0.5055	0.32	0.358
p 值	0	0.4478	0	0.8805	0	0.7842	0.4771	0.5716	0.5497

表 5.3　X7+统计分表表（英—美）

	全面扫描前		手动排除前		全面扫描后	手动排除后		隐喻使用	
	形符	类符	形符	类符	形符	类符	词目	形符	词目
国际战略研究所（48266）	424	68	607	120	438	72	26	65	15
布鲁金斯学会（66794）	757	79	1017	139	802	89	33	71	19
X2	17.6663	0.9525	13.9481	1.8718	22.3251	0.4011	0.0392	16779	0.0068
p 值	0	0.3291	0.0002	0.1713	0	0.5265	0.843	0.1952	0.9342

表 5.4　X7+统计分表表（英—德）

	全面扫描前		手动排除前		全面扫描后				
					手动排除后			隐喻使用	
	形符	类符	形符	类符	形符	类符	词目	形符	词目
国际战研研究所(48256)	424	68	607	120	438	72	26	65	15
德国国际政治和安全事务研究所(56157)	501	76	551	30	512	79	34	53	12
X2	0.0408	0.0248	2.0283	1.2334	0.0016	0.0776	0.102	3.3849	0.6082
p值	0.8399	0.875	0.1544	0.2668	0.9684	0.7806	0.7495	0.0658	0.4355

表 5.5 三个智库 X7+手动排除掉的形符

美国智库涉华国防语料 手动排除掉的单词		英国智库涉华国防语料 手动排除掉的单词		德国智库涉华国防语料 手动排除掉的单词	
隐喻词目	频数	隐喻词目	频数	隐喻词目	频数
end	24	goal	17	view	16
designed	18	design	14	goals	10
mcan	14	calls	12	game	10
platforms	13	end	17	means	8
means	11	goals	9	goal	8
goals	11	courting	1	vision	8
goal	10	means	7	particular	8
particular	9	demands	7	platform	8
scenarios	9	particular	6	designed	6
demand	8	vision	6	mcan	5
scenario	8	meant	5	course	4
proposals	6	designed	5	demands	4
demands	5	designs	5	call	1
view	5	proposal	4	meaning	3
design	5	designated	4	demand	2
vision	4	platform	3	end	9
project	4	mean	3	blucprints	1
designated	4	coursc	4	sccnario	2
look	3	supposed	3	look	2
calls	5	pitched	1	proposals	2
courses	3	demand	2	rcady	2
platform	3	looks	2	blucprint	2
game	3	sccnario	2	platforms	2
coursc	2	project	3	looks different	2
mcaning	2	pitching	1	sccnarios	1
looked_ at	1	courted	1	menaing	1

续表

美国智库涉华国防语料手动排除掉的单词		英国智库涉华国防语料手动排除掉的单词		德国智库涉华国防语料手动排除掉的单词	
隐喻词目	频数	隐喻词目	频数	隐喻词目	频数
meant	4	look_ at	1	look_ for	2
proposal	2	scenarious	1	proposal	1
looks_ like	1	look_ like	1	look_ like	1
looking	2	look_ for	2	supposed	1
visions	1	suppose	1	looking	1
poised	1	game	1	look_ at	1
look_ to	3	sample	1	plotted	1
look_ at	5	design_ department	4	looks_ like	1
end users	1	designing	1	look_ different	1
looking_ ahead	1	skeleton	1	supposcd	1
looking_ at	1	designates	1	overtures	1
cares	2	emanded	1	总计	139
looking_ for	1	platforms	9		
总计	215	总计	169		

表 5.6　X7+隐喻词目卡方（德-美）

序号	隐喻词目	SWP（56157）	Brookings Institution（66794）	X^2	P 值
		频数	频数		
1	strategy	4	17	4. 9761	0. 0257
2	plan	12	5	3. 3083	0. 0689
3	aim	5	4	0. 0679	0. 7945
4	will	8	3	2. 246	0. 134
5	want	5	2	0. 9772	0. 3229
6	choose	4	1	1. 1925	0. 2748
7	desire	2	3	0. 0377	0. 846

续表

序号	隐喻词目	SWP（56157）	Brookings Institution （66794）	X^2	P 值
		频数	频数		
8	purpose	2	2	0.1077	0.7428
9	wish	3	5	0.0119	0.913
10	idea	5	3	0.3606	0.5482
11	dream	1	15	8.4976	0.0036
12	propounded	2	0	/	/
13	ready	0	2	/	/
14	appetite	0	1	/	/
15	meant	0	1	/	/
16	deliberate	0	2	/	/
17	earmarking	0	1	/	/
18	would-be	0	1	/	/
19	well-prepared	0	1	/	/
20	pick	0	2	/	/

　　根据表 5.6 卡方检验结果可以发现，具有统计学上显著性差异的隐喻词为"dream"（想象、做梦）（$P=0.0036<0.01$）、"strategy"（战略）（$0.01< P=0.0257<0.05$），其他词目的 P 值都大于 0.05，显示德、美智库中这些隐喻词目并无统计学意义上的显著性差异。原因可大致归纳如下：

　　①关于"strategy"，在布鲁金斯学会和德国国际政治和安全事务研究所的涉华研究报告中没有统计学意义上的显著性差异，说明双方都在战略上重视中国、关注中国、研究中国。随着中国日益崛起，中国的军事与安全政策备受西方智库、媒体和政府的高度关注。这两家智库都很关注中国军事战略并不令人感到奇怪。

　　②关于"dream"，美国智库比德国智库更关注中国的国防建设思想，当然，美方把这一想法归纳为"dream"，总共使用了 15 次之多，德国只用了一次。显然，德国和美国智库的涉华研究报告在这一方面具有显著性差异，也就更说明布鲁金斯学会在有意无意间渲染中国军事方面的想法是异想天开，有意负面建构中国的军事发展形象。美国布鲁金斯学会使用隐喻性话语的目

的旨在小觑中国在军事方面的实力和造诣，由此可以看出布鲁金斯学会仍然被美国传统的地缘政治军事观深深套牢，对美国的军事威慑和核武器盲目自信，而对中国的军事发展有些低估或蔑视。要么是故意为之，要么是一种战略误判。

为了保证数据的真实性，本章以"wish"（希望）这个隐喻性词汇为例得到以下截图（见图 5.13）。

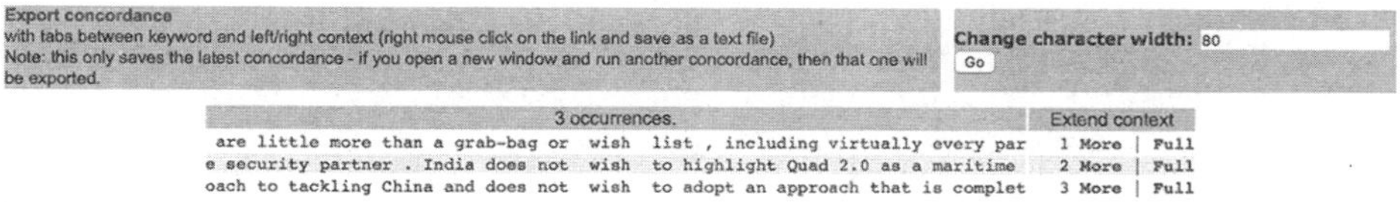

Export concordance
with tabs between keyword and left/right context (right mouse click on the link and save as a text file)
Note: this only saves the latest concordance - if you open a new window and run another concordance, then that one will
be exported.

Change character width: 80
Go

3 occurrences.　　Extend context

are little more than a grab-bag or　wish　list , including virtually every par　1 More | Full
e security partner . India does not　wish　to highlight Quad 2.0 as a maritime　2 More | Full
oach to tackling China and does not　wish　to adopt an approach that is complet　3 More | Full

图 5.13　德国语料库中的 X7+隐喻词汇"wish"的词语索引截图

在词语索引中，"wish"的隐喻性词目为 3，以下为三个隐喻词目的语境意截图（见图 5.14、图 5.15、图 5.16）。

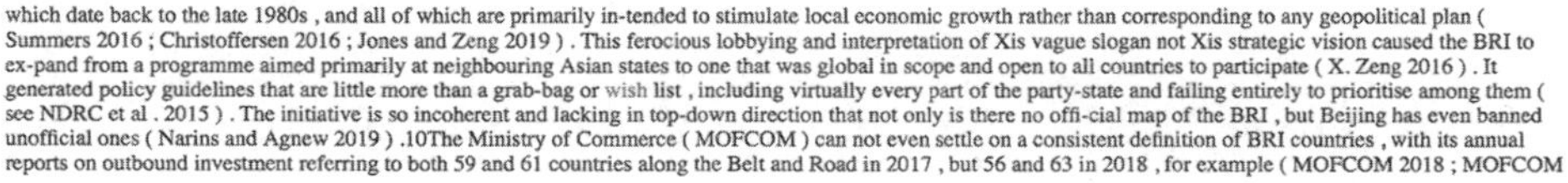

which date back to the late 1980s , and all of which are primarily in-tended to stimulate local economic growth rather than corresponding to any geopolitical plan (Summers 2016 ; Christoffersen 2016 ; Jones and Zeng 2019) . This ferocious lobbying and interpretation of Xis vague slogan not Xis strategic vision caused the BRI to ex-pand from a programme aimed primarily at neighbouring Asian states to one that was global in scope and open to all countries to participate (X. Zeng 2016) . It generated policy guidelines that are little more than a grab-bag or wish list , including virtually every part of the party-state and failing entirely to prioritise among them (see NDRC et al . 2015) . The initiative is so incoherent and lacking in top-down direction that not only is there no offi-cial map of the BRI , but Beijing has even banned unofficial ones (Narins and Agnew 2019) .10The Ministry of Commerce (MOFCOM) can not even settle on a consistent definition of BRI countries , with its annual reports on outbound investment referring to both 59 and 61 countries along the Belt and Road in 2017 , but 56 and 63 in 2018 , for example (MOFCOM 2018 ; MOFCOM

图 5.14　SWP X7+中 wish 的隐喻词目 1

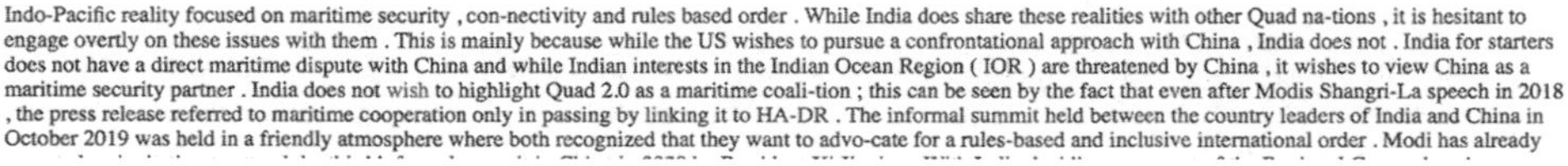

Indo-Pacific reality focused on maritime security , con-nectivity and rules based order . While India does share these realities with these other Quad na-tions , it is hesitant to engage overtly on these issues with them . This is mainly because while the US wishes to pursue a confrontational approach with China , India does not . India for starters does not have a direct maritime dispute with China and while Indian interests in the Indian Ocean Region (IOR) are threatened by China , it wishes to view China as a maritime security partner . India does not wish to highlight Quad 2.0 as a maritime coali-tion ; this can be seen by the fact that even after Modis Shangri-La speech in 2018 , the press release referred to maritime cooperation only in passing by linking it to HA-DR . The informal summit held between the country leaders of India and China in October 2019 was held in a friendly atmosphere where both recognized that they want to advo-cate for a rules-based and inclusive international order . Modi has already

图 5.15　SWP X7+中 wish 的隐喻词目 2

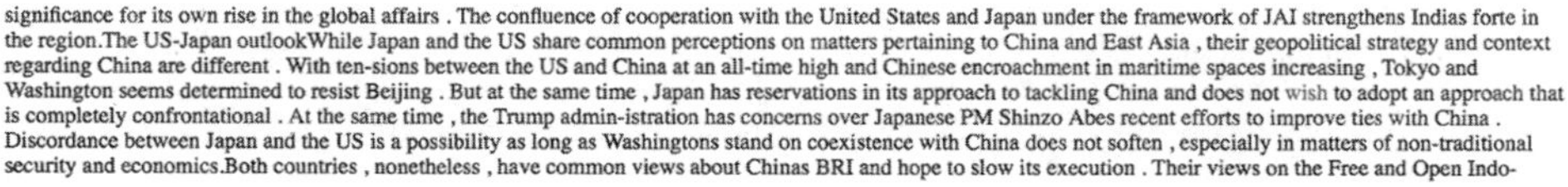

significance for its own rise in the global affairs . The confluence of cooperation with the United States and Japan under the framework of JAI strengthens Indias forte in the region.The US-Japan outlookWhile Japan and the US share common perceptions on matters pertaining to China and East Asia , their geopolitical strategy and context regarding China are different . With ten-sions between the US and China at an all-time high and Chinese encroachment in maritime spaces increasing , Tokyo and Washington seems determined to resist Beijing . But at the same time , Japan has reservations in its approach to tackling China and does not wish to adopt an approach that is completely confrontational . At the same time , the Trump admin-istration has concerns over Japanese PM Shinzo Abes recent efforts to improve ties with China . Discordance between Japan and the US is a possibility as long as Washingtons stand on coexistence with China does not soften , especially in matters of non-traditional security and economics.Both countries , nonetheless , have common views about Chinas BRI and hope to slow its execution . Their views on the Free and Open Indo-

图 5.16　SWP X7+中 wish 的隐喻词目 3

第一个"wish"意为愿望清单，这个 wish 并没有特指，所以具有隐含意义；第二个和第三截图中"wish"均为不愿意做一些事，具有主观色彩，具有隐含意义；综上所述，wish 的隐喻词目为 3 个。

美、英智库涉华研究报告中均使用了"strategy"（战略）、"purpose"（意图）、"desire"（愿望）、"idea"（主意）、"ready"（准备完毕）等隐喻词目。如表 5.7 所示，正好可以验证数据的真实性，手动排除后，英国智库的隐喻使用数量为 15，下表中 IISS 的词目频数之和即为形符数 65，美国智库也是同理。这些隐喻词目反映了英、美智库都关注中国国防建设方面的战略、目的、思想等问题，与英国智库及 IISS 相比，布鲁金斯学会使用的隐喻词目更多，如 "appetite"（食欲）、"would-be"（想要成为）、"well-prepared"（精心准备）、"pick"（这样）等，这些词目使得该智库涉华政治话语更具有隐喻意义和意识形态动机。

表 5.7   X7+隐喻词目卡方（英—美）

序号	隐喻词目	IISS（48266）频数	Brookings Institution（66794）频数	X^2	P 值
1	strategy	1	17	8. 3535	0. 0038
2	plan	9	5	2. 0248	0. 1548
3	aim	8	4	2. 0815	0. 1491
4	will	6	8	0. 0408	0. 84
5	want	3	2	0. 1331	0. 7152
6	choose	3	1	0. 6938	0. 4049
7	desire	2	3	0. 1331	0. 7152
8	purpose	10	2	6. 8266	0. 009
9	wish	4	5	0. 0346	0. 8524
10	idea	6	3	1. 3572	0. 244
11	dream	3	10	1. 2054	0. 2723
12	ready	2	2	0. 0325	0. 8569
13	nomination	1	0	/	/
14	programme	4	0	/	/
15	schedule	3	0	/	/
16	appetite	0	1	/	/
17	meant	0	1	/	/
18	deliberate	0	2	/	/
19	earmarking	0	1	/	/
20	would-be	0	1	/	/
21	well-prepared	0	1	/	/
22	pick	0	2	/	/

从表 5.7 的卡方检验结果可以发现，具有统计学上显著性差异的隐喻词目为"strategy"（战略、策略）（$p = 0.0038 < 0.01$）及"purpose"（目的、决心、企图）（$p = 0.0090 < 0.01$），其他词目的 P 值均大于 0.05，说明英美两国智库中这些隐喻词目并无统计学意义上的显著性差异，原因可大致归纳如下：

①关于"strategy"，布鲁金斯学会更加关注中国军事发展战略，也从侧面反映出中国军事建设能力已经令人瞩目，事实上，从去年的中国首艘 055 型导弹驱逐舰下水，从超常规的导弹到"第五代战斗机"，中国的军事发展速度，也不得不让美国有关部门思考和关注。在未来的几年里，对亚太地区，尤其是中国军事问题的正确理解将对美国在亚太地区制定适当的政治和军事政策变得越来越重要。

②关于"purpose"，英国智库似乎更加关注中国军事发展的目的，从客观数据中可以反映出西方学界对中国的评价并非千篇一律，这也往往暗示了这些智库会在后面恶意揣测中国军事发展的目的，制造所谓的"中国军事威胁论"，宣扬中国的军事发展将在一定程度上影响美国的霸权地位，并对西方国家构成威胁，而这些智库之间更细节的区别还需要进一步研究。

表 5.8 X7+隐喻词目卡方（英—德）

序号	隐喻词目	IISS（48266）	SWP（56157）	X^2	P 值
		频数	频数		
1	strategy	1	4	0.5293	0.467
2	plan	9	12	0.0082	0.928
3	aim	8	5	0.6882	0.4068
4	will	6	8	0.0002	0.9876
5	want	3	5	0.0197	0.8885
6	choose	3	4	0.0402	0.8411
7	desire	2	2	0.1224	0.7264
8	purpose	10	2	5.2403	0.0221
9	wish	4	3	0.0402	0.8411
10	idea	6	5	0.0632	0.8015
11	dream	3	1	0.4264	0.5138
12	propounded	/	2	/	/
13	ready	2	/	/	/

续表

序号	隐喻词目	IISS（48266）频数	SWP（56157）频数	X^2	P 值
14	nomination	1	/	/	/
15	programme	4	/	/	/
16	schedule	3	/	/	/

从表 5.8 的卡方检验数据可以发现，除了"purpose"这一隐喻词目外，英国、德国智库之间其他所有词目的 P 值均大于 0.05，无统计学意义上的显著性差异。英、德智库涉华研究报告中均使用了如"strategy"（策略）、"plan"（计划）、"want"（希望）、"choose"（选择）等隐喻词目。与布鲁金斯学会一样，他们有着共同的目的，对中国军事战略、计划、需求和选择非常重视，这是智库存在的意义，他们研究重点国家、重点对象的一举一动，而主要对手或重点国家的军事发展动态正是他们的主要目标，他们要想公众和政府展示最新研究成果，发挥其思想引领作用，也提醒本国政府制定对策、寻找出路。结合表 5.7 和 5.8，我们可以验证有关数据的真实性和可靠性，手动排除后英国智库在隐喻使用中的词目数量为 15，IISS 的词目频数之和即为形符数 65，德国智库也是同理。这些隐喻词目反映了英、德智库都关注中国在国防方面的战略、选择和思想等最新动态。

第三节　美国智库的安全政策话语表层架构分析

一、美国智库隐喻性表层架构分析

用 Wmatrix 软件对坐标语义域进行排序，通过分析，我们可以计算出频次最高的前十类语义域为 Z、A、S、N、X、M、G、T、I、Q，表层隐喻架构的提取将从这十个坐标语义域中寻找（见表 5.9）。

表 5.9 Brooking Institution 中前十个坐标语义域

序号	1	2	3	4	5	6	7	8	9	10
语义域码	Z	A	S	N	X	M	G	T	I	Q
频数	32930	9483	4668	3240	3020	2681	2265	1772	1695	1389
语义名称	名称与语法	一般术语和抽象术语	社会行为	数字与度量	心理行为、状态与过程	移动	政府与公共	时间	金融与商业	语言与交际

将前十个坐标语义域进行筛选和归类，可以得出有关智库中前十个坐标语义域涵盖的隐喻性表层架构（见表 5.10）。

表 5.10 Brookings Institution 中前十个坐标语义域涵盖的隐喻性表层架构

语义域码	坐标语义域	架构名称
Z	名称与语法	/
A	一般术语和抽象术语	旅程
		战争
S	社会行为	犯罪
		阻碍
		帮助
		旅程
N	数字与度量	比赛
		商业
X	心理行为、状态与过程	灾难
		反战争
		战争
		航船
M	移动	旅程
		战争
G	政府与公共	袭击
		政府
		战争

续表

语义域码	坐标语义域	架构名称
T	时间	时间
I	金融与商业	科技
		商业
Q	语言与交际	/

表 5.11　Brookings Institution 涉华语料的隐喻性表层架构

架构类型	Brookings Institution		
	隐喻性词汇	频次	百分比
时间架构（14.56%）	定期的（regular、latest）	19	3.00%
	最近（recent）	22	3.48%
	年轻（youth）	11	1.74%
	现代（modern）	13	2.06%
	任何时候（anytime）	14	2.22%
	晚的（late）	13	2.06%
战争架构（25.32%）	演习（maneuver）	10	1.58%
	作战（battle）	29	4.59%
	武器（weapons）	21	3.32%
	飞机（aircrafts）	22	3.48%
	战争（war）	66	10.45%
	冲突（conflict）	12	1.90%
反战争架构（1.11%）	平民（civilian）	7	1.11%
阻碍架构（10.28%）	制止（deter）	23	3.64%
	预防（prevent）	16	2.53%
	阻碍（obstacle）	15	2.37%
	规避（circumvent）	11	1.74%

续表

架构类型	Brookings Institution		
	隐喻性词汇	频次	百分比
帮助架构（9.18%）	防御（defend）	10	1.58%
	支持（support）	14	2.22%
	鼓励（encourage）	12	1.90%
	服务（service）	22	3.48%
旅程架构（20.09%）	发射、开始（launch）	9	1.42%
	飞（fly）	11	1.74%
	港湾（bays）	6	0.95%
	目标（goal、aim）	10	1.58%
	前进（forward）	18	2.85%
	道路（way）	22	3.48%
	面对（facing）	16	2.53%
	登陆（landing）	13	2.06%
	计划（program、programme、plan）	22	3.48%
袭击架构（7.91%）	袭击（hit）	13	2.06%
	削弱（weaker）	8	1.27%
	打击（strike）	10	1.58%
	攻击（atacked）	10	1.58%
	射击（shot）	9	1.42%
灾难架构（1.74%）	灾难（disaster）	5	0.79%
	强风（blows）	6	0.95%
犯罪架构（9.81%）	恐怖主义（terrorism）	33	5.22%
	贪污（corruption）	9	1.42%
	不合法（illega）	11	1.74%
	不正当的（illicit）	9	1.42%
总计		632	100.00%

（一）国防军事

表 5.11 中的隐喻性词汇能够体现出布鲁金斯学会在国防军事方面的主张。面对中国军事问题，布鲁金斯学会使用时间、战争、阻碍、旅程等表层架构。在战争架构中，布鲁金斯学会使用 160 次概念隐喻，占比达 25.32%，并且，战争、武器、飞机这一类词汇占比最大，由此可以看出美国智库对中方的军事发展是担忧的，尤其是在中日钓鱼岛事件之后，中国在大陆周边海域日益强硬的行动和表态，引起了华盛顿和亚洲有关国家的担忧。如果冲突爆发，美国的军事力量如何制约中国成为一大问题，所以，不难理解为何布鲁金斯学会和兰德公司等美国著名智库如此忌惮中国军事发展和国防建设动态。

例（1）China's anti‐access/area‐denial capabilities already have jeopardized the U. S. presence in East Asia,and its blue‐water capabilities threaten to open new arenas for maritime competition.

这段话体现了该美国智库旨在通过威胁隐喻对中国军事进行负面评价，其认为中国的反进入/拒绝区域能力已经能够与美国相抗衡，中国日益威胁到美国在东亚的存在感。布鲁金斯学会认为，中国的海洋建设就是为了加强其对世界的领导，对美国已经造成威胁。

（二）国防经济

表 5.12 中布鲁金斯学会对商业架构使用较多，在商业架构中，占比达 52.45%，由此可以看出，该智库对中国国防经济十分看重。这也不难理解，美国决策者一直都担心，中国可能在未来 20 年的某个时候对美国在亚洲的利益发起严重的军事挑战。中国政府在经历了长时间的低军费开支后，近年来迅速增加国防预算。美国智库的这些担忧也随之加剧。根据巴基斯坦空军的预测，到 2025 年，中国的军费开支极其可能达到 1850 亿美元（以 2001 年的美元计算），约占美国 2003 年国防开支的五分之三。

例（2）Beijing is similarly outpacing Washington with a more focused and innovative approach to diplomacy and economic development in the Indo‐Pacific.

（Limits of Law in the South China Sea——Paul Gewirtz）

如上所述，北京同样以一种更具针对性和创新性的方式在印度太平洋地区外交和经济发展方面超过华盛顿。事实上，如今的中国军费规模是世界第二的水平，虽然还有很长的路要走，但中国军力的增速却很快，不容小觑。

表 5.12 Brookings Institution 表层架构

架构名称	Brookings Institution		
	隐喻性词汇	频次	百分比
商业架构（52.45%）	经济（economic）	166	25.38%
	预算（budget）	22	3.36%
	便宜（cheap）	1	0.15%
	免费（free、low-cost）	28	4.29%
	资金（funding）	22	3.36%
	支付（payment）	10	1.54%
	平衡（balance）	13	1.99%
	贸易（trade）	49	7.49%
	商业的（commercial、business）	32	4.89%
比赛架构（14.22%）	才能（talent、ability）	61	9.33%
	竞争（competition）	31	4.74%
	竞赛（racing）	1	0.15%
政府架构（17.73%）	外交（diplomacy、diplomatic）	55	8.41%
	当局（authorities）	20	3.06%
	官方的（official）	8	1.22%
	统治（governance）	9	1.38%
	公民的（civil）	16	2.44%
	内部的（internal）	8	1.22%
航船架构（1.38%）	导航（navigation）	6	0.92%
	航海的（marine）	3	0.46%
科技架构（14.22%）	系统（system）	52	7.95%
	高科技的（high-tech）	9	1.38%
	字化（digital）	32	4.89%
总计		654	100.00%

二、英国智库涉华报告中的隐喻性表层架构分析

用 Wmatrix 软件对坐标语义域进行排序，通过分析，我们可以计算出频次最高的前十类语义域为 Z、A、S、N、X、M、G、T、X、Q、I，表层隐喻架构的提取将从这十个坐标语义域中寻找（见表 5.13）。

表 5.13　IISS 中前十个坐标语义域

序号	1	2	3	4	5	6	7	8	9	10
语义域码	Z	A	N	S	M	G	T	X	Q	I
频数	23578	5976	3095	2572	2399	2115	1970	1763	1310	676
语义名称	名称与语法	一般术语和抽象术语	数字与度量	社会行为	移动	政府与公共	时间	心理行为、状态与过程	语言与交际	金融与商业

将前十个坐标语义域进行筛选和归类，可以得出有关智库中前十个坐标语义域涵盖的隐喻性表层架构（见表 5.14）。

表 5.14　IISS 前十个坐标语义域中的表层架构

语义域码	坐标语义域	架构名称
Z	名称与语法	／
A	一般术语和抽象术语	建筑
		战争
		反战争
N	数字与度量	比赛
		建筑
S	社会行为	旅程
M	移动	旅程
		比赛
G	政府与公共	政府
		帮助
		阻碍
T	时间	时间

续表

语义域码	坐标语义域	架构名称
X	心理行为、状态与过程	犯罪
		袭击
		旅程
		战争
Q	语言与交际	/
I	金融与商业	法律
		科技
		商业

（一）国防军事

根据表 5.15 中的隐喻词汇，IISS 使用了时间、战争、帮助、阻碍等架构。其中，在战争架构中，IISS 共使用 108 次概念隐喻，占比达 20.62%，欧洲是两次工业革命的发源地，也是当今世界上最发达的地区之一。IISS 的专家表示，俄罗斯目前正在被中国所代替，而中国的军事力量也在慢慢威胁到美国。我们可以猜测，未来中国的实力将成为美国制定威胁的标准。下例是 IISS 对中国解放军的研究。

表 5.15　IISS 所涉华报告中的表层架构

架构名称	IISS		
	隐喻性词汇	频次	百分比
时间架构（14.31%）	持续（constant）	15	2.86%
	时期（period）	12	2.29%
	最新的（latest）	15	2.86%
	曾经（ever）	18	3.44%
	一百周年的（centenary）	5	0.95%
	最近的（recently）	10	1.91%

架构名称	IISS		
	隐喻性词汇	频次	百分比
战争架构（20.62%）	势力（forces）	26	4.96%
	战斗（combat）	18	3.44%
	武器（weapons）	22	4.20%
	冲突（conflict）	18	3.44%
	战争（war）	20	3.82%
	对抗（against）	4	0.76%
反战争架构（9.54%）	平民（civilian）	33	6.30%
	裁军（disarmament）	3	0.57%
	停火（cease-fire）	9	1.72%
	停战（truce）	5	0.95%
阻碍架构（4.77%）	预防（prevention）	8	1.53%
	障碍（barriers）	4	0.76%
	阻塞（block）	8	1.53%
	破坏（disrupt、disruption）	5	0.95%
帮助架构（27.29%）	防御（defense）	65	12.40%
	支持（support）	18	3.44%
	促进（prmote）	10	1.91%
	帮助（help、aid）	22	4.20%
	服务（service）	20	3.82%
	鼓励（encourage）	8	1.52%
犯罪架构（4.96%）	恐怖主义（terrorism）	8	1.53%
	贪污（corruption）	11	2.09%
	不合法（illega）	7	1.34%

续表

架构名称	IISS		
	隐喻性词汇	频次	百分比
袭击架构（9.92%）	攻击（attack）	12	2.29%
	打击（strike）	8	1.53%
	轰炸（bombs）	3	0.57%
	猛击（belt）	14	2.67%
	挑衅（aggressive、aggression、agressively）	15	2.86%
旅程架构（8.59%）	登陆（landing）	2	0.38%
	前进（march）	5	0.95%
	目标（goal、aim）	16	3.06%
	计划（program、programme）	13	2.49%
	转折（turn）	3	0.57%
	抵达（get）	4	0.76%
	挫折（setback）	2	0.38%
总计		524	100.00%

例（3）There is the repeated emphasis on the fact that the PLA is the war of the Communist Party，which has been a main theme of Xi's policies，and that，therefore，political loyalty in the military is paramount.

该涉华研究报告中的这句话蕴含了战争架构，提醒人们解放军是共产党的军队，这一直是中国共产党军事政策所强调的一个重要主题，军队的政治忠诚是最重要的。这也与表层隐喻架构分析得出的结论不谋而合，中国人民解放军的实力不容小觑，IISS 的研究报告也反映了这一点。

（二）国防经济

表 5.16　IISS 涉华研究报告中的表层架构

架构名称	IISS		
	隐喻性词汇	频次	百分比
商业架构（13.29%）	经济（economic）	43	8.28%
	预算（budget）	12	2.31%
	重量（heavy）	10	1.92%
	贵的（expensive）	2	0.39%
	偿还（repay）	2	0.39%
比赛架构（44.51%）	竞争（competitive）	12	2.31%
	快的（fastest）	9	1.73%
	力量（power）	50	9.63%
	压力（pressure）	16	3.08%
	控制（control）	30	5.78%
	强迫（force）	56	10.79%
	能力（ability、capability）	58	11.19%
法律架构（11.18%）	保密（security）	33	6.36%
	法律（law）	14	2.69%
	合法（legal）	11	2.13%
科技架构（10.98%）	技术（technology）	17	3.28%
	卫星（satellite）	21	4.05%
	原子能的（nuclear）	19	3.65%
政府架构（13.87%）	官方的（official）	13	2.50%
	外交（diplomacy）	11	2.12%
	内部的（intemal）	16	3.08%
	委任（commission）	32	6.17%
建筑架构（6.17%）	易受攻击的（vulnerable）	9	1.73%
	建设（bulid）	11	2.13%
	结实（strong）	12	2.31%
总计		519	100.00%

如表 5.16 所示，在 IISS 涉华研究报告中，比赛架构是占比较大的，而在比赛架构中，IISS 的概念隐喻使用频率达 231 次，占比达 44.51%。在比赛架构中，"经济发展是比赛"这个概念隐喻，源域是"比赛"，目标域就是"经济发展"。在国防经济发展中，人民相当于参赛选手，有了经济基础之后，国家才有获取胜利的可能，也可以使其经济保持竞争性，国家才可以汲取有关力量，最终获得胜利。如例（4），体现了中国专注于技术攻关的公司越来越具有国际竞争力，这也说明中国的科技在迅速发展。

例（4）On the other hand，China's private firms，especially its technology - focused ones，have been thriving and are increasingly able to compete internationally.

三、德国智库隐喻性表层架构分析

用 Wmatrix 软件对坐标语义域进行排序，通过分析，我们可以计算出频次最高的前十类语义域为 Z、A、S、N、X、M、G、T、I、Q，表层隐喻架构的提取将从这十个坐标语义域中寻找（见表 5.17）。

表 5.17　SWP 中前十个坐标语义域

序号	1	2	3	4	5	6	7	8	9	10
语义域码	Z	A	S	N	X	M	G	T	I	Q
频数	35404	5843	2446	2117	1981	1430	1415	964	891	716
语义名称	名称与语法	一般术语和抽象术语	社会行为	数字与度量	心理行为、状态与过程	移动	政府与公共	时间	金融与商业	语言与交际

将前十个坐标语义域进行筛选和归类，可以得出有关智库中前十个坐标语义域涵盖的隐喻性表层架构（见表 5.18）。

表 5.18　SWP 中前十个坐标语义域包含的表层架构

语义域码	坐标语义域	架构名称
Z	名称与语法	/
A	一般术语和抽象术语	旅程
		战争
		宇宙
S	社会行为	比赛
		旅程
		帮助
		阻碍
N	数字与度量	商业
		比赛
X	心理行为、状态与过程	人类
		死亡
		袭击
		战争
M	移动	比赛
		旅程
G	政府与公众	人类
		政府
T	时间	/
I	金融与商业	法律
		商业
		科技
Q	语言与交际	游戏

表 5.19　SWP 涉华研究报告中的表层架构

架构名称	SWP		
	隐喻性词汇	频次	百分比
战争架构（28.79%）	军事（military）	58	9.65%
	冲突（conflict）	55	9.15%
	战争（war）	22	3.66%
	势力（forces）	12	2.00%
	武器（weapons）	18	3.00%
	战役（campaign）	8	1.33%
阻碍架构（5.66%）	预防（prevent）	8	1.33%
	阻塞（block）	6	1.00%
	障碍（barrier）	5	0.83%
	消极（negative）	7	1.17%
	威慑（detterence）	8	1.33%
帮助架构（10.15%）	帮助（help、aid、assistance）	13	2.17%
	支持（support）	5	0.83%
	促进（promote）	10	1.66%
	合作（cooperative）	11	1.83%
	保护（preserve）	3	0.50%
	指导（guide）	19	3.16%
袭击架构（2.16%）	攻击（attack）	3	0.50%
	打击（strike）	4	0.67%
	射击（shot）	1	0.16%
	冒犯（offensive）	5	0.83%

续表

架构名称	SWP		
	隐喻性词汇	频次	百分比
旅程架构（11.81%）	计划（plan、program）	11	1.83%
	抵达（get）	6	1.00%
	目标（goal）	11	1.83%
	移动（move）	5	0.83%
	前进（march）	5	0.83%
	道路（way、route）	6	1.00%
	发展（develop、developed）	22	3.66%
	转移（shift）	3	0.50%
	挫折（setback）	2	0.33%
死亡架构（20.13%）	死亡（die）	104	17.30%
	衰败（fall）	6	1.00%
	屠杀（slaughter）	5	0.83%
	遗失（lose）	6	1.00%
宇宙架构（13.31%）	世界（world）	55	9.15%
	空间（space）	8	1.33%
	地球（globe、earth）	9	1.50%
	大气的（meteoric）	8	1.33%
人类架构（7.99%）	心脏（heart）	9	1.50%
	能量（energy）	11	1.83%
	强壮（strong）	28	4.66%
总计		601	100.00%

（一）国防军事

如表 5.19 所示，虽然德国智库对中国的军事武器制造等方面关注较多，但还是比较全面的，德国智库的研究报告中帮助架构达 10.15%，人类架构达 7.99%，这表明该智库对中国军事是全面性的报道，而不是以偏概全的所谓"中国威胁论"。在旅程架构中，"计划""抵达""目标""移动""前进"

"道路""发展""转移""挫折"建构了"国防军事是旅程"这一隐喻。其中，源域是旅程，目标域是国防军事（如例 5 所示）。

例（5）Most governments now understand that they are struggling with a new regional security landscape the Indo-Pacific but lack a plan joining up the parts of the puzzle.

（二）国防经济

表 5.20　SWP 涉华研究报告中的表层架构

架构名称	SWP		
	隐喻性词汇	频次	百分比
商业架构（17.02%）	经济（economic）	56	11.91%
	免费（free）	8	1.70%
	预算（budget）	2	0.43%
	重量（weight）	1	0.21%
	压迫（pressure）	11	2.34%
	巨大的（enormous）	2	0.43%
比赛架构（47.87%）	竞争（competition）	52	11.06%
	挑战（challenge）	16	3.40%
	力量（power）	98	20.85%
	强迫（force）	22	4.68%
	控制（control）	26	5.54%
	能力（ability）	11	2.34%
法律架构（7.23%）	法律（law）	16	3.40%
	规则（rule）	11	2.34%
	合法（legal）	7	1.49%
科技架构（7.88%）	原子能（nuclear）	18	3.83%
	技术（technology）	13	2.77%
	先进的（advanced）	6	1.28%

架构名称	SWP		
	隐喻性词汇	频次	百分比
政府架构（14.47%）	外交（diplomacy）	19	4.04%
	统治（governance）	27	5.75%
	官方的（official）	11	2.34%
	正式的（formal）	11	2.34%
游戏架构（5.53%）	游戏（game）	8	1.70%
	戏剧（drama）	7	1.49%
	游泳（swimming）	11	2.34%
总计		470	100.00%

根据表 5.20 可知，德国智库使用了比赛、政府、法律、科技等架构，"竞争""挑战""力量""强迫""控制""能力"建构了"国防经济是比赛"的架构。而这些隐喻性词汇也体现了德国智库对中国国防经济所持的态度和立场，法律和科技一直是国家的支柱，从上表来看，SWP 中法律和科技性词汇占比约 15.11%，虽然占比不多，也从侧面说明我国的法治建设以及科技发展虽然薄弱，但取得了一定的进步，得到了认可，只有依法治军，军事才会发展更快。

例（6）Without the inclusion of American European allies in an export control regime, China could in many cases switch to high technology from Europe.

例（6）也体现了我国科技建设的飞速发展。也就是说，作者弗雷德里克·克鲁宾（Frédéric Krumbein），认为美国和欧洲对中国的出口进行了限制，所以中国的高科技发展才得到了限制，这也从侧面肯定了中国的科技进步。

四、美国、英国、德国智库涉华政治话语中表层隐喻架构对比分析

表 5.21　欧美智库国防军事方面表层架构对比

布鲁金斯学会

架构名称	隐喻性词汇	频次	百分比
时间架构 (14.56%)	定期的 (regular, latest)	19	3.00%
	最近 (recent)	22	3.48%
	年轻 (youth)	11	1.74%
	现代 (modern)	13	2.06%
	任何时候 (anytime)	14	2.22%
	晚的 (recently)	13	2.06%
战争架构 (25.32%)	演习 (maneuver)	10	1.58%
	作战 (battle)	21	3.32%
	武器 (weapons)	22	3.48%
	飞机 (aircrafts)	22	3.48%
	战争 (war)	66	10.45%
反战争架构 (1.11%)	平民 (civilian)	7	1.11%
阻碍架构 (10.28%)	预防 (prevent)	23	3.64%
	障碍 (obstacle)	15	2.37%
	阻碍 (circumvent)	11	1.74%
	防御 (defend)	10	1.58%
帮助架构 (9.18%)	支持 (support)	14	2.22%
	鼓励 (encourage)	12	1.90%
	服务 (service)	22	3.48%
旅程架构 (20.09%)	发射，开始 (launch)	9	1.42%
	飞 (fly)	6	0.95%
	目标 (goal, aim)	10	1.58%
	前进 (forward)	18	2.85%
	方式 (way)	22	3.48%
	着陆 (landing)	13	2.06%
	计划 (program, programme, plan)	13	2.06%
袭击架构 (7.91%)	袭击 (hit)	13	2.06%
	削弱 (weaker)	8	1.27%
	打击 (strike)	10	1.58%
	射击 (shot)	9	1.42%
灾难架构 (1.74%)	灾难 (disaster)	5	0.79%
犯罪架构 (9.81%)	恐怖主义 (terrorism)	33	5.23%
	贪污 (corruption)	9	1.42%
	不合法 (illegal)	11	1.74%
	不正义的 (illicit)	9	1.42%
总计		632	100.00%

国际战略研究所

架构名称	隐喻性词汇	频次	百分比
时间架构 (14.31%)	持续 (constant)	15	2.86%
	时刻 (period)	12	2.29%
	最新的 (latest)	15	2.86%
	曾经 (ever)	18	3.44%
	一万周年的 (centenary)	1	0.19%
	最近的 (recently)	10	1.91%
战争架构 (20.62%)	势力 (forces)	26	4.96%
	战斗 (battle)	22	4.20%
	武器 (weapons)	18	3.44%
	冲突 (conflict)	20	3.80%
反战争架构 (9.54%)	平民 (civilian)	33	6.30%
	裁军 (disarmament)	3	0.57%
	停火 (cease-fire)	9	1.72%
	预防 (prevention)	8	1.53%
阻碍架构 (4.77%)	障碍 (barriers)	4	0.76%
	阻止 (block)	4	0.76%
	破坏 (disrupt, disruption)	3	0.57%
	防御 (defense)	65	12.40%
帮助架构 (27.29%)	支持 (support)	18	3.44%
	促进 (promote)	10	1.91%
	帮助 (help, aid)	22	4.20%
	服务 (service)	20	3.82%
	鼓励 (encourage)	8	1.53%
犯罪架构 (4.96%)	贪污 (corruption)	11	2.09%
	不合法 (illegal)	7	1.34%
袭击架构 (9.92%)	打击 (strike)	8	1.52%
	轰击 (bomb)	3	0.57%
	强行 (aggressive, aggression, aggressively)	14	2.67%
	袭击 (hit)	15	2.86%
旅程架构 (8.59%)	前进 (march)	2	0.38%
	目标 (goal, aim)	1	0.19%
	计划 (program, programme)	13	2.48%
	返程 (turn)	1	0.19%
	抵达 (setback)	2	0.38%
总计		524	100.00%

德国国际政治和安全事务研究所

架构名称	隐喻性词汇	频次	百分比
战争架构 (28.79%)	军事 (military)	58	9.55%
	冲突 (conflict)	55	9.15%
	战争 (war)	22	3.66%
	兵力 (forces)	18	3.00%
	武器 (weapons)	8	1.33%
	运动 (campaign)	8	1.33%
阻碍架构 (5.66%)	预防 (prevent)	8	1.33%
	阻塞 (block)	5	0.83%
	障碍 (barrier)	7	1.17%
	威慑 (deterrence)	8	1.33%
	帮助 (help, aid, assistance)	13	2.17%
帮助架构 (10.15%)	支持 (support)	5	0.83%
	促进 (promote)	10	1.66%
	合作 (cooperative)	3	0.50%
	指导 (guide)	19	3.16%
	改善 (improve)	4	0.67%
袭击架构 (2.16%)	攻击 (attack)	3	0.50%
	射击 (shot)	1	0.16%
	进攻 (offensive)	5	0.83%
旅程架构 (11.81%)	计划 (plan, program)	6	1.00%
	路线 (goal)	11	1.83%
	移动 (move)	5	0.83%
	方式 (way, route)	6	1.00%
	发展 (develop, developed)	22	3.66%
	转向 (shift)	2	0.33%
	挫折 (setback)	2	0.33%
死亡架构 (20.13%)	死亡 (die)	104	17.30%
	倒下 (fall)	6	1.00%
	屠杀 (slaughter)	3	0.50%
	失去 (lost)	4	0.67%
宇宙架构 (13.31%)	世界 (world)	55	9.15%
	空间 (space)	8	1.33%
	地球 (globe, earth)	8	1.33%
	大气的 (meteoric)	1	0.17%
	心能 (energy)	9	1.50%
人类架构 (7.99%)	强壮 (strong)	28	4.66%
总计		601	100.00%

表 5.22　欧美智库国防经济方面表层架构对比

布鲁金斯学会

架构名称	隐喻性词汇	频次	百分比
商业架构 (52.45%)	经济 (economic)	166	25.38%
	预算 (budget)	22	3.36%
	便宜 (cheap)	1	0.15%
	免费 (free, low-cost)	28	4.29%
	资金 (funding)	22	3.36%
	支付 (payment)	10	1.54%
	贸易 (trade)	49	7.49%
	商业的 (commercial, business)	32	4.89%
比赛架构 (14.22%)	才能 (talent, ability)	61	9.33%
	竞争 (competition)	31	4.74%
	竞赛 (racing)	1	0.15%
政府架构 (17.73%)	外交 (diplomacy, diplomatic)	55	8.41%
	官局 (authorities)	20	3.06%
	官方的 (official)	8	1.22%
	统治 (governance)	9	1.38%
	公民的 (civil)	16	2.44%
	内部的 (internal)	8	1.22%
航船架构 (1.38%)	导航 (navigation)	6	0.92%
	航海的 (marine)	3	0.46%
科技架构 (14.22%)	系统 (system)	52	7.95%
	高科技的 (high-tech)	9	1.38%
	数字化 (digital)	32	4.89%
总计		654	100.00%

国际战略研究所

架构名称	隐喻性词汇	频次	百分比
商业架构 (13.29%)	经济 (economic)	43	8.28%
	预算 (budget)	12	2.31%
	重量 (heavy)	10	1.92%
	昂贵的 (expensive)	2	0.39%
	偿还费 (repay)	2	0.39%
	竞争 (competitive)	12	2.31%
比赛架构 (44.51%)	快的 (fastest)	9	1.73%
	力量 (power)	50	9.63%
	压力 (pressure)	16	3.08%
	控制 (control)	30	5.78%
	竞选 (campaign)	56	10.79%
	能力 (ability, capability)	58	11.19%
法律架构 (11.18%)	保密 (security)	33	6.36%
	法律 (law)	14	2.69%
	合法 (legal)	11	2.13%
科技架构 (10.98%)	科技的 (technology)	9	1.38%
	卫星 (satellite)	21	4.05%
	原子能的 (nuclear)	19	3.65%
政府架构 (13.87%)	官员的 (official)	11	2.09%
	外交 (diplomacy)	11	2.13%
	内部的 (internal)	16	3.08%
	委任 (commission)	32	6.17%
	易受攻击的 (vulnerable)	9	1.73%
建筑架构 (6.17%)	建造 (build)	11	2.13%
	坚实 (strong)	12	2.31%
总计		519	100.00%

德国国际政治和安全事务研究所

架构名称	隐喻性词汇	频次	百分比
商业架构 (17.02%)	经济 (economic)	56	11.91%
	免费 (free)	8	1.70%
	预算 (budget)	2	0.43%
	重量 (weight)	1	0.21%
	压迫 (pressure)	11	2.34%
	巨大的 (enormous)	2	0.43%
比赛架构 (47.87%)	竞争 (competition)	52	11.06%
	挑战 (challenge)	16	3.40%
	力量 (power)	98	20.85%
	力量 (force)	22	4.68%
	控制 (control)	26	5.54%
	能力 (ability)	11	2.34%
法律架构 (7.23%)	法律 (law)	16	3.40%
	规则 (rule)	11	2.34%
	原子能的 (nuclear)	18	3.83%
科技架构 (7.87%)	先进的 (advanced)	13	2.77%
政府架构 (14.47%)	外交 (diplomacy)	19	4.04%
	统治 (governance)	27	5.75%
	官方的 (official)	11	2.34%
	正式的 (formal)	11	2.34%
游戏架构 (5.53%)	戏剧 (drama)	7	1.49%
	游泳 (swimming)	11	2.34%
总计		470	100.00%

（一）共同点及归因

从军事方面看（表 5.21、表 5.22），三家智库具有很多共同点。比如，他们都频繁使用"战争架构""阻碍架构""旅程架构"等表达观点。这些架构服务于其背后隐藏的意识形态，而意识形态又可以通过批评语言学来进行分析。所以，我们可以从以上各例中发现各国的涉华研究报告中均不同程度

地影射所谓的"中国威胁论"。

目前，中国是世界第二大经济体，仅仅落后于美国，但这并不影响中国正在慢慢发展，变得强大。根据上述各表展示的欧美智库隐喻性表层架构词频列表，我们不难发现，三个智库对中国国防经济的话语态度总体一致。当然，美国和欧洲智库对于中国军力的发展都更关注中国政府的未来行为方面。

（二）异同点及其归因

美国是公认的军事强国，但随着中国的日益崛起，美国的为所欲为受到一定的限制和打击。美国智库以此来渲染所谓的"中国军事威胁论"，并对中国军事发展动向关注密切。美国智库在反战争词汇上占比仅 1.11%，这是掩耳盗铃式的研究报告。相比而言，另外两家智库反战争架构的隐喻词汇使用更多，其占比为 9.54%。

就英国和德国的两家智库而言，他们对中国军事问题的评价较为中庸。其实这也是有一定的历史渊源的，德国曾经在二战前帮助过中国制定军事战略，所以也不难理解德国智库的涉华政治话语中"帮助"（helping）一词的频繁使用。实际上从 1959 年起，IISS 每年都会发布"军事平衡研究报告"，各项数据表明，中国军事现代化的速度远超英国预期，虽然其对英国也似乎具有所谓的"威胁"，但也同时伴随着帮助。中国作为一个世界大国，也深谙"军力越强，越重视止戈为武"的道理，所以，其从没有像美国那样动辄炫耀武力、动辄对所谓不听话的小国发动战争。

五、美国、德国、英国智库中的表层架构卡方检验

（一）SWP VS Brookings Institution

表 5.23　德、美智库表层架构卡方对比

	隐喻性词汇词目	隐喻性词汇频次
SWP 隐喻性架构（56157）	70	1071
Brookings Institution 隐喻性架构（66794）	71	1286
X^2	0.8929	0.0526
P 值	0.3447	0.8187

根据表 5.23 的卡方检验结果，我们发现，在德、美智库的涉华研究报告中，表层架构的隐喻词目（$P = 0.3447 > 0.01$）和隐喻性词汇形符总数（$P = 0.8187 > 0.01$）均无统计学意义上的显著性差异。

（二）IISS VS Brookings Institution

表 5.24 英、美智库表层架构卡方对比

	隐喻性词汇词目	隐喻性词汇频次
IISS 隐喻性架构（48266）	72	1043
Brookings 隐喻性架构（66794）	71	1286
X^2	3.8115	7.7251
P 值	0.0509	0.0054

表 5.24 的卡方检验结果显示，英、美智库表层架构中的隐喻性词汇形符总数（$P = 0.0054 < 0.01$）。隐喻形符总数呈现统计学意义上的显著性差异，但隐喻词目（$P = 0.0509 > 0.5$）并无统计学意义上的显著差异。原因可能有两种：1）隐喻词目的识别和排除可能出现了某种偏差，导致结果不太一致；2）隐喻词目的识别并没有任何误差，因为隐喻形符总数有统计学意义上的显著性差异，并不代表隐喻词目也一定具有统计学意义上的显著性差异。随着社会变迁，传统的某些隐喻词目在新时代已经成为死隐喻，本研究应该予以排除。所以，英、美智库涉华话语中的隐喻词目（$P = 0.0509 > 0.5$）并没有呈现统计学意义上的显著差异。这可以说明，英、美智库关于中国国防的话语建构在总体态度上基本一致。从表层架构的分析也不难看出，欧美智库对于中国的军事发展都是非常忌惮的。美国智库、媒体和政府一直在国际上大肆渲染所谓的"中国威胁论"。这不单单意味着美国已经把中国作为主要对手，更表明中国的发展速度已经让美国感到惊讶和担忧，因此，美国政府总想联合其他西方国家一起制约中国，企图以此阻碍中国崛起的步伐。作为美国的盟友，英国智库的对华态度难免受美国的影响。如何消解西方社会的恶意"双标"和所谓的"中国军事威胁论"是中国学界面临的一个重要研究课题。这也是本研究的出发点和价值所在。

第四节　美国智库涉华偏见话语的深层架构分析

根据以上分析可以得知，美国、英国、德国智库关于中国国防的话语建构中频繁使用各种架构隐喻。如果把国防话语的激活看作一棵大树的话，那么它的根则是表层架构隐喻和故事内容，叶子则是逻辑观念与事实依据。美国智库通过其对中国国防话语的修辞表征和隐喻建构，通过架构的方式将他们与长期以来的美国道德观联系在一起。早期这类模式通常用于比较美国两党的道德模式，而这些隐喻大都基于人类的身体和社会交往特性。当然，在中国文化中也有类似的语言表达，所谓"善有善报""同舟共济""乐于助人"等。梁婧玉（2018）在其深层架构分析中曾提出隐喻的积极、消极和讽刺评价功能。本章也利用隐喻功能分析这一方法，深入地阐释美国智库涉华政治话语中的隐喻性架构及其背后蕴含的概念隐喻和意识形态。

一、隐喻的劝说功能

在语言使用过程中，我们面临许许多多选择，将隐喻更好地使用有助于我们在这个社会更好地生存下去。所以，在这一过程中，听者往往容易将一些虚假的隐喻预设当成事实来接受，这样隐喻就含而不露地帮助言者实现劝说目的。

例（7）America's national security community is now focused on the risks of war against Russia or China as the top priorities for defense policy and resource allocation.

例（8）Cyber and space capabilities debate over Huawei continues amid US-China trade war.

例（9）In contrast to the Cold War, however, the relation-ship between the United States and China is not a confrontation between two isolated opposing blocs, but a competition for influence within a globalized international system in which the two powers are highly intertwined economically.

虽然例子各不相同，措辞不同，但深挖个中道理，相同之处甚多。

第一，Brookings Institution、IISS 和 SWP 都大量使用战争架构和多种概念隐喻，以此来影射中国是个好战国家，在这一点上三个智库不谋而合。战争架构表现为"对抗中国军事是战争"这则概念隐喻。其中，源域是"战争"，目标域是"对抗中国军事"。美国一概把中国军事作为敌人，而对抗中国相当于正义之战，这就是西方社会惯用的伎俩，恶意"污名化中国"。

　　第二，这三家智库都使用了隐喻劝说功能，从各家智库一直围绕中国所提出的所谓"中国威胁论"就可以看出，其是一个隐含的劝说和虚假语用预设，包含了影响中国形象的语用信息。三家智库的这些研究报告有误导世界的嫌疑。

　　例（7）中布鲁金斯学会涉华研究报声称，美国国家安全部门把对俄罗斯和中国发动战争的风险作为国防政策和资源配置的首要任务。这说明美国非常忌惮中国，甚至把发动战争的风险放在首要位置考虑，其背后的意图是引导舆论走向，让群众误认为中国好战，期望民众认同美国渲染的所谓"中国威胁论"，为什么将俄罗斯和中国的战争威胁放在一起呢？事实上，俄罗斯虽然现在是资本主义国家，但是它的前身是由社会主义国家苏联解体而来，所以美国十分畏惧，所以也大肆宣扬"俄罗斯威胁论"，可见，政治话语与意识形态密不可分。

　　在 IISS 的涉华研究报告中，战争架构更多用于中美贸易战，如例（8）中提及，中美贸易战期间，有关华为的网络和太空能力辩论仍在继续。英国智库报告更多偏向于报道中美两国面对"山雨欲来风满楼"的中美贸易战时的表现，英国贸易大臣只说会站在"规则"一边，实际上，对比中美双方在贸易问题上的态度和举措，所谓的站在"规则"一边也不难理解，面对两国如此密切的经贸关系，英国也很难给任何一方站台，但也从侧面说明，英国政府极有可能想从中美贸易战中坐收"渔翁之利"，利益诉求不言而喻。

　　在 SWP 的涉华研究报告中，德国智库更多与冷战相比较，冷战即为一种无形的战争，如例（9）德国在报告中以中美关系为例，讲述了中美之间的关系并不是两个对立集团之间的对抗，而是在全球化的国际体系中争夺影响力的竞争，可为什么不以中德为例呢？这也说明中国的国际地位和国际实力的提升已经到了不容小觑的地步，中国短期的盈利让大多数德国人惊讶中国的崛起可能带来的长远影响，德国政府也希望看到中美相互厮杀，两败俱伤，从而坐收渔翁之利。

二、隐喻的欺骗功能

　　隐喻的欺骗功能是我们日常生活中常见的语言现象。这样的隐喻功能经常被用于媒体的新闻报道中，从而掩饰事件的本质，旨在达到混淆视听和欺骗大众的目的。

例（10）Washington cannot force Beijing to abandon the artificial islands it has constructed or stop China from deploying military assets on them without risking a military conflict. By the same standard, China cannot stop the United States from operating in the area without risking a major conflict that would expose Chinese forces to significant risk of defeat and could lead to its rapid destruction of artificial islands.

例（11）The fact that the gross tonnage of new warships and auxiliaries launched by China in the last four years alone is significantly greater than the gross tonnage of the French navy should leave little doubt about China's growing ambition to exert its control over regional, and perhaps international。

概念隐喻的掩饰欺骗功能可以帮助使用者避开敏感话题，避免不良刺激。当然，我们从很多政治性文章中也能看出许多话语都是通过掩饰表达来实现的，而在 Brookings Institution、IISS、SWP 这三家智库中也都使用了这样的隐喻性架构，罔顾事实，隐蔽地批评中国正常的军事发展道路和军事建设规划。

智库学者何瑞恩（Ryan Hass）在例（10）中运用了战争架构，指出中美之间发生海事冲突的最大风险不是在南海，而是在中国东海。作者通篇没有直接表达美方如何要求中国的立场，而是隐蔽地表达自己对中国的"希望"，中国不应当阻止美国在南海地区开展活动，否则将招致危险，暗示着双方是唇亡齿寒的关系。话语具有极大欺骗性，其目的是掩饰美国侵犯中国领土的本质，以此要挟中国。

从例（11）可以看出，这句话运用了"旅程架构"，将中国幻化为一个野心勃勃、随时都会对国际产生威胁的危险国家，甚至还认为中国会对国际施加控制，这简直是无稽之谈。实际上，该智库学者还在恶意渲染所谓的"中国威胁论"，中国的军事现代化建设一直是以防御为主，不会对任何他国构成威胁。

三、隐喻的过滤功能

过滤不利信息是语言表达的一种功能，一般来说，重要信息位于信息单位的末端。当然，有时候为了转移视线，作者经常会打破常规，过滤掉对自己不利的信息。几家智库涉华报告中不乏这种例子，而研究中发现的不少 it

分裂句和 what 分裂句触发的隐喻过滤功能也发挥着这样的语篇作用。

例(12)What is without doubt today is that China today has the second-most potent military today after the United States, and this represents the degree to which Beijing has become a peer competitor to Washington as a global power.

例(13)Despite the recent reductions in the official PAP budget reflecting the more focused mission set, it is estimated that the real-term spend in constant 2010 US dollars is still higher today than it was a decade ago.

例(14)He debunks the common conception that China is a leader in cybersecurity, noting that China's cyber defences are weaker than those of the US and its allies. He highlights that China will be actually reliant on US companies to provide cyber protection.

在例（12）中，该智库多次用焦点转移来实现其背后的意图，他们的目的就是为了让大众产生错觉，中国已经威胁到了其他发达国家，尤其是美国，事实上，中国仍然是个发展中国家。他们恶意抹黑中国，并且这是不符合事实的信息过滤。

在例（13）中，作者杜鲁瓦·伊尚卡尔（Dhruva Jaishankar）评论中国军费支出，认为今天中国的军力仅次于美国，"这是毫无疑问的"，这起到了强调作用，在客观上也促进了语篇的衔接，而比赛架构的使用是作者为了过滤焦点，意在夸大中国北京已经成为华盛顿作为全球强国的同业竞争者，故意夸大中国军事实力，渲染所谓的"中国威胁"。作者亨利·博伊德（Henry Boyd）用了让步语气来强调中方 2010 固定美元实际支出仍然比十年前更高，旨在强调中国军事投入将有可能对世界产生威胁。事实上，为了大幅增加军费开支，政府必须避免在养老金、医疗、教育和基础设施建设方面增加公共投资的竞争压力，而中国军队在 2025 年将成为世界各国军队的重大威胁。因此，各个智库非常关心中国政府对于军事方面的调整。此句中"死亡架构"的使用就是作者为了转移焦点而夸大其词，向听众灌输一种中国已经快要威胁各个国家的假象，这与事实相悖。

但是，令人奇怪的是，在例（14）中，英国智库专家格雷格·奥斯汀（Greg Austin）在讨论"The geopolitical impacts of China's cybersecurity and espionage"中，他驳斥中国是网络安全领导者这一观点，并且运用了"防御架构"和"袭击架构"，批评中国的网络防御能力比美国差，甚至依靠美国公司网络的保护，这是 IISS 对中国"网络安全"形象的负面建构，也是对自身真正意图的一种焦点转移。事实上，在未来很长的一段时间内，中国都有能力做好自身的网络安全和防御，而此研究报告蓄意丑化中国网络安全形象，不知意欲何为。这完全和上述的所谓"中国威胁"自相矛盾。

布鲁金斯学会涉华研究报告中排名前十的坐标语义域是 A、G、I、M、N、Q、S、T、X、Z，这些语义域与"军事"密切相关。他们虽然不是直接以"A is B"的形式呈现隐喻修辞，但他们均从方方面面暗示中国的军事崛起正在给世界带来所谓"威胁"。但实际上，很多问题都是美方凭空捏造的。在隐喻性表层架构中出现频率最高的是"时间架构""战争架构""比赛架构""商业架构"和"旅程架构"等。这些架构也均与"军事"密切相关。

通过对欧美智库中隐喻性表层架构和深层架构的阐释分析，我们不得不承认这些智库公司的政治敏锐性。当然，美国智库和欧洲智库稍显不同。布鲁金斯学会在话语构建上，对中国反战争的言论少之又少。而事实上，自习近平总书记执政以来，中国在诸多领域做出了很大的贡献，既要努力巩固国家对有争议领土的管控和治理，又要千方百计地采取多种措施和手段有效地避免可能的战争。中国政府一直强调，中国将通过"和平发展"努力实现伟大复兴的"中国梦"，而这使得美国臆造的"中国威胁论"根本站不住脚。比较而言，欧洲两家智库立场相对中庸，虽然他们也十分担心中国的军事发展，但是总体来说，其对中国的军事分析比较中肯和全面，对于中国的援外贡献也有所认可，在反战争架构隐喻中其概念隐喻的使用比例也远远超过布鲁金斯学会。

可以发现，欧美智库对于中国的军事发展均表示了一定的担忧，特别是美国智库一直在国际社会渲染"中国威胁论"。当然，他们也不忘"秀肌肉"，展示自己的军事震慑和盲目自信，这充分体现了美国社会的矛盾与纠结。

第五节　本章小结

本章通过 Wmatrix 隐喻统计工具对比分析了美国布鲁金斯学会、英国国际战略研究所、德国国际政治和安全事务研究所关于中国国防的话语建构。Wmatrix 所提供的精确的数据统计方式帮助本研究提高了信度和效度，使本研究更具科学性，在一定意义上弥补了传统隐喻研究的某些不足。

当然，本研究仍然存在一些局限。

首先，篇幅限制，本章并未兼顾所有重要智库的涉华研究报告，仅仅选取三个不同国家的代表性智库，通过个案分析和对比研究，对其涉华政治话语进行了批评架构分析。因此，有关结论需要在今后的研究中进一步验证。

其次，本研究对美国智库涉华政治话语中的概念隐喻功能进行了批评性分析，但是举例依然偏少、分析尚需深入。

最后，架构理论更多的是与道德模式相结合，而本章主要解释和阐释了概念隐喻和深层架构的语篇语用功能。因此，本研究对架构理论的灵活运用还有所欠缺。

本章只是从概念隐喻和架构理论视角出发对欧美智库的涉华政治话语进行了批评性分析。事实上，对于西方涉华政治话语我们还应该从其他角度进一步开展深入持久的批评性话语分析。

有鉴于此，本书的第三部分，我们从其他若干视角出发，对美国对华政策话语进行了深入的批评性分析。

第三部分
国外涉华话语的批评性分析

第二部分从四个不同视角对美国智库的涉华政治话语开展了较为深入的批评性分析，获得了一些有价值的发现，同时为第三部分的美国对华政策话语的批评性分析提供了一定的理论启迪和方法论参考。第三部分共有七章：第六、第七、第八、第九、第十、第十一和第十二章。

第六章，话语与社会变迁：国外涉华军事话语的批评隐喻分析。

第七章，国外涉华军事话语的态度系统研究。

第八章，国外涉华贸易保护话语的批评性分析。

第九章，国外涉华贸易话语的言据性分析。

第十章，国外涉华人权外交政策的情态系统研究。

第十一章，国外涉华科技话语的名物化分析。

第十二章，国外涉华贸易话语的情态系统分析。

第六章

话语与社会变迁：国外涉华话语的批评隐喻分析

第一节 引言

中美在当今世界格局中一直扮演着十分重要的角色，而中美经贸关系则是中美双边关系十分重要的组成部分。1978 年以来，中国正式实施改革开放政策。2001 年，中国加入世界贸易组织（WTO）。这一系列举措为中国经济发展提供了必不可少的条件和重要保障。中美建交以来，中美贸易关系一直在摩擦和曲折中发展，而随着中国经济的日益增长，在不同时期，美国对华经济政策也呈现出不同的特点。作为一个国家外交政策的重要组成部分，经济政策不仅体现一个国家的经济措施，而且也展示了一个国家的政治态度。因此，中美经贸政策不仅仅是中美经济利益的体现者，也是中美政治利益的彰显者。林玲、刘恒认为，"中美双边的经贸关系在不断密切的过程中，也时常受到分歧和摩擦的挑战，从而使得美国对华贸易政策受到各种利益分歧、战略因素和政治因素的推动而呈现出不同的阶段性特征"①。

美国具有强大的全球影响力与话语权。在不同时期，美国对中国分别采取了不同的经济政策。吴心伯认为，"近年来，中美经贸关系纷争不断，已成为中美关系主要的纷争之源。引起这些纷争的既有老问题，也有新问题，既有结构性问题，也有非结构性问题，既有双边因素，也有多边因素"②。通过

---

① 林玲，刘恒. 美国对华贸易政策的政治经济分析 [J]. 世界经济与政治论坛，2003 (5)：23-26.
② 吴心伯. 未来四十年，中美关系会是一个真正的世界大国之间的关系 [J]. 企业观察家，2019 (7)：76-81.

分析美国对华经贸政策的变化，我们更容易分析其变化背后隐藏的意识形态及其国家利益诉求。

美国政府报告作为美国官方文件，渗透着美国政府的国家霸权意识。因此，本研究以美国政府报告为基准，自建 4362888 字语料库，借助 AntConc 和 Wmatrix 工具，从批评性话语分析视角出发，深刻分析美国对华经济政策的变迁及其背后的社会、文化、历史根源，以提高读者的跨文化语篇欣赏和批评性阅读能力。

第二节　研究方法

一、研究对象

本研究以 2001 年以来三个美国总统（小布什、奥巴马和特朗普）的对华经济政策话语为研究对象，深入剖析不同政府的执政理念及其历史变迁轨迹，从而为我国的外交政策制定提供启迪和参考。"中美建交 30 多年来双边关系的发展，是竞争与合作、争斗与妥协并存的历程，其间充满着政治经济利益的博弈。"① 因此，要想更好地理解中美双边关系，必须认真研究美国政府在不同时期的对华经济政策并探求其话语变迁的根本动因，从而有助于我们对美国对华经贸政策的总体趋势做出准确判断，并为中国制定相应政策提供参考。

二、研究工具

本研究运用 AntConc 统计工具，从词表、关键词、搭配词等角度对美国经济政策进行批评性话语分析和对比研究，并从概念隐喻视角对美国官方话语进行批评性分析。将语料导入 AntConc 软件后，我们运用其软件中的词表、关键词和搭配词等功能对美国政府报告中的对华经济外交话语进行批评性分析。

---

① 林玲，刘恒. 美国对华贸易政策的政治经济分析 ［J］. 世界经济与政治论坛，2003 (5)：23-26.

本研究同时采用保罗·雷森（Paul Rayson）等人开发的基于网络的隐喻分析工具 Wmatrix，Wmatrix 具有索引生成、词表生成、主题词表生成的功能。

Wmatrix 的优势体现在其内置工具 USAS（UCREL Semantic Annotation System）。这个工具可自动为文本进行语义域赋码。① USAS 还附带一个语义域赋码集，包括 21 个坐标语义域和 232 个主题语义域。

三、研究问题

通过大量的数据和文本分析，本研究旨在回答以下几个问题：

①历届美国政府的对华经济政策分别呈现什么样的特点？

②美国政府对华经济政策变迁的动因何在？

③美国对华经济政策话语中的概念隐喻呈现哪些特点？这些概念隐喻实现了何种语篇语用功能？

第三节　数据讨论与分析

一、数据描述

本研究从美国政府网站，搜集 2001 年到 2019 年关键词包含"China"（中国）和"economy"（经济）的 1161 篇政府报告（共计 4362888 词），并将其分为三个阶段，即 2001—2009 年的乔治·沃克·布什政府（以下简称小布什政府）时期、2009—2017 年的贝拉克·奥巴马政府（以下简称奥巴马政府）时期和 2017—2020 年的唐纳德·特朗普（以下简称特朗普政府）时期。

表 6.1 为语料库的总体情况。

---

① RAYSON P. From key words to key semantic domains ［J］. International journal of corpus linguistics, 2008, 13（4）: 519-549.

表 6.1 语料库总览

序号	时期	年份数	文档数	总字数
1	2001—2009	8	302	1026117
2	2009—2017	8	420	1764325
3	2017—2020	2	439	1572446
合计	2001—2020	18	1161	4362888

从以上数据我们可以看出，美国一直在密切调整对华经济政策。小布什政府初期（"9·11"事件之前），小布什对中国一直采取防范和遏制的政策，这是其从国家利益出发采取的一种强硬态度。但是在小布什上任不到一年后，也就是在"9·11"事件发生之后，小布什的对华政策逐渐变得温和起来，这一时期他主要采取温和的合作方式。2001年，"9·11"事件的发生改变了世界政治和经济格局，同年，中国加入了世界贸易组织，美国对华经济政策受到多种因素的影响。2008年，美国发生金融危机，美国经济衰退，失业率上升，美国保护主义又隐约再次抬头。因此，奥巴马政府主要采取一种中庸的经济政策，将中国看作一个"非敌非友"的竞争者。近年来，中国的迅猛发展给美国带来了不少压力，美国逐渐对自身经济增长动力不足感到焦虑，为了推进美国经济复苏，增加居民就业，从而使美国"再次强大"，特朗普政府采取反全球化的经济政策，如采取贸易保护政策、调整金融政策等。这都将改变现有的国际分工体系和全球化趋势。

二、词表分析

AntConc 中的词表工具可以将导入的语料按照词频从高到低进行排列。通过这个方法我们可以发现每个阶段美国对华经济政策的重点，相关政策背后隐藏的动因以及这些政策所带来的国际影响。

（一）词频分析

通过词表工具，将三个时期词频排名前 150 的词全部列举出来，如图 6.1 所示：

Rank	Freq	Word
1	10760	the
2	70565	and
3	65452	to
4	51156	of
5	37858	that
6	34320	in
7	33790	a
8	28734	we
9	25043	s
10	22712	i
11	20059	is
12	17969	you
13	17967	for
14	16986	president
15	16711	it
16	16026	on
17	15105	our
18	13663	with
19	13567	this
20	12775	have
21	11107	are
22	10885	as

Rank	Freq	Word
23	10109	will
24	9928	be
25	8389	they
26	7363	states
27	7360	united
28	7338	has
29	7291	so
30	7183	by
31	7160	but
32	7101	at
33	6889	re
34	6659	all
35	6359	he
36	6306	from
37	6270	people
38	6205	about
39	6063	not
40	6024	was
41	5527	what
42	5502	china
43	5457	an
44	5371	very

Rank	Freq	Word
45	5300	more
46	5193	there
47	5102	can
48	4997	their
49	4938	t
50	4737	going
51	4657	do
52	4647	been
53	4599	american
54	4483	ve
55	4217	trade
56	4171	u
57	3971	also
58	3944	one
59	3863	world
60	3809	think
61	3797	or
62	3770	q
63	3762	mr
64	3681	just
65	3678	m
66	3608	here

Rank	Freq	Word
67	3598	security
68	3540	thank
69	3512	america
70	3453	would
71	3409	who
72	3393	new
73	3379	today
74	3328	these
75	3269	well
76	3260	some
77	3259	trump
78	3225	know
79	3203	if
80	3182	your
81	3171	other
82	3130	his
83	3130	want
84	3019	economy
85	2995	economic
86	2982	than
87	2969	now
88	2929	country

Rank	Freq	Word
89	2914	time
90	2864	ll
91	2842	up
92	2834	us
93	2809	like
94	2807	applause
95	2768	when
96	2767	good
97	2748	which
98	2745	countries
99	2714	make
100	2710	first
101	2705	two
102	2701	work
103	2661	over
104	2649	great
105	2606	my
106	2600	out
107	2562	those
108	2547	had
109	2525	years
110	2506	year

Rank	Freq	Word
111	2456	because
112	2413	korea
113	2387	administration
114	2308	them
115	2300	said
116	2263	energy
117	2258	many
118	2245	get
119	2221	me
120	2217	national
121	2135	important
122	2118	were
123	2117	much
124	2105	how
125	2093	way
126	2088	north
127	2085	secretary
128	2081	last
129	2048	its
130	2044	see
131	2002	where
132	1974	no

Rank	Freq	Word
133	1952	into
134	1941	don
135	1938	through
136	1921	any
137	1921	house
138	1906	jobs
139	1898	right
140	1897	made
141	1884	continue
142	1884	say
143	1864	both
144	1824	tax
145	1808	government
146	1807	leaders
147	1788	lot
148	1787	global
149	1767	support
150	1757	international

图 6.1　美国对华经济政策话语中排名前 150 的高频词

通过统计 2001 年—2020 年美国对华经济政策话语中的前 150 个高频词，我们可以发现，美国政府报告中的功能词如冠词 the，介词 of、to、in，不定冠词 a，连词 and 使用频率较高，功能词的作用主要是为了连接句子，没有特殊意义。除了功能词语外，一些实义动词、名词、形容词的使用频率也较高，例如，"security"（安全）、"economy"（经济）、"trade"（贸易）、"work"（工作）、"energy"（能源）、"china"（中国）、"important"（重要的）、"international"（国际的）、"economic"（经济的）、"continue"（继续）等，这些高频名词的使用体现了美国历届政府对华经济政策的重点所在。如"安全""中国""经济"等词语频次较高，充分反映了自"9.11"事件以来，美国历届政府高度重视安全问题。由于本研究搜集的语料是美国对华经济政策这一官方话语，毫无疑问，"China"（中国）、"economy"（经济）、"economic"（经济的）等词会高频出现。既然是针对中国的经济政策，重点必然是维护美国的经济利益至上。此外，经济发展本来就是理解政府永恒的主题，特别是经济危机爆发之后。而"president"（总统）的高频出现，反映了美国官方话语的身份建构，也能体现话语的正式度和权威性。

（二）词表对比分析

通过词表工具，我们筛选出三个阶段排名前 15 的名词列表（形容词和动词等在关键词研究中分析探讨），如表 6.2 所示：

表 6.2 三个阶段排名前 15 的名词

序号	时期一（2001—2009 年）	时期二（2009—2017 年）	时期三（2017—2020 年）
1	China	China	president
2	economy	world	trump
3	world	security	American
4	trade	climate	people
5	energy	today	trade
6	america	American	China
7	work	work	security
8	thank	time	today
9	growth	years	country
10	security	economy	applause
11	government	energy	administration
12	tax	support	secretary
13	country	change	year
14	house	country	jobs
15	year	nuclear	work

　　通过对比三个时期语料中分别出现的前 15 个高频名词，可以看出在三个历史时期，"American"（美国）的使用频率都比较高，这充分反映美国政府实质上一直以美国利益为主导，以美国政府为核心，从而实施相应的对华经济政策。但是美国政府对华经济政策的重点基本不变，如"trade"（贸易）、"economy"（经济）等方面。"security"（安全）也一直是三个阶段的高频词，这说明虽然三个时期美国执政党意识形态不同，但是在国民安全方面，仍然具有一致性。同时，在不同时期，不同党派也有各自的工作重点，如奥巴马时期对"climate"（气候）、"nuclear"（核能源）也有一些新的关注。特朗普时期，前两年最高频率的"China"（中国）下降到第六，而频率排在前三的词汇均和特朗普政府有关。这说明这一时期的特朗普政府主要焦点在美国本身，特朗普主要想恢复美国经济，从而帮助美国稳居世界霸主地位。这些现象说明，这些高频词的出现有其深刻的社会、历史和文化根源。这些归根到

底都是由于美国意识形态的操纵和国家利益的驱动。通过对三阶段语料的对比分析，我们可以更好地认识国家话语实践与意识形态之间的关系。

三、关键词分析

关键词是指与对照语料库相比出现频率较高的词汇。通过与参照语料库的对比，更容易分析出其关键性。

（一）三个时期的关键词分析

为了正确地筛选出关键词，本研究分别将三个不同时期的语料导入AntConc。为了更好地研究词语的关键性，本研究采取美国当代英语语料库COCA（Corpus of Contemporary American English）为参照语料库，从COCA官网上下载频率排名前 20000 的词表，将它们导入 AntConc，进行关键词筛选。该软件自动筛选后将关键词按照相对频率由高到低列出来，筛选出排名前 15 的关键词如表 6.3 所示：

表 6.3　三个时期排名前 15 的关键词

序号	小布什时期（2001—2009 年）	奥巴马政府时期（2009—2017 年）	特朗普时期（2017—2020 年）
1	president	president	president
2	people	china	people
3	china	people	America
4	economy	countries	China
5	american	security	trade
6	economic	world	security
7	world	climate	today
8	trade	global	American
9	energy	years	country
10	countries	international	administration
11	security	economy	economic
12	work	America	jobs
13	nations	leaders	countries

续表

序号	小布什时期 （2001—2009 年）	奥巴马政府时期 （2009—2017 年）	特朗普时期 （2017—2020 年）
14	growth	work	secretary
15	good	economic	world

（二）归因分析

从表6.3我们可以发现，三个时期的关键词既有相同点，又有差异性。纵观三个时期，"president"（总统）、"people"（人民）、"China"（中国）、"American"（美国的）都属于出现频率较高的实词。总体来说，美国对华经济政策实质上还是以美国为核心，历届美国政府为了自身利益而采取了不尽相同的对华经济政策。

小布什时期，"security"（安全）、"trade"（贸易）、"growth"（发展）、"good"（好）的出现频率较高。这从侧面表示，当时美国政府对中国并没有采取高压的贸易保护政策，中美贸易关系呈现了较为正常化的特点。从历史和安全角度来看，"9·11"事件的发生，致使美国政府急需中国政府在经济、政治等领域对其提供帮助与支持，因此当时的美国大力支持中国加入WTO，并且希望中国逐渐向世界打开本地市场。此时，美国期望与中国政府修复关系。小布什政府后期，中国被看作较好的合作者。因此，双方经济交往取得了不少成果，美国与中国形成了战略型合作关系。

奥巴马政府时期，由于世界金融危机的影响，美国政府需要与中国携手，以应对经济衰退，但也存在着不同程度的矛盾与冲突，如知识产权、贸易逆差等问题。但这一时期，双方的经济政策仍然以合作为主线，美国减缓对中国的遏制和防范。虽然中国的经济在不断发展，国际地位也不断提高，美国对于中国的敌意也一直存在，但为了美国促进经济发展，中美经贸关系、中美经贸合作在曲折中发展。这一时期，"global"（全球）、"international"（国际）等高频词的出现体现了美国愿意与中国通过合作共同应对经济危机。当然，军事安全领域，奥巴马政府的"亚太再平衡"战略不容我们忽视。我们不能被美国一时的示好行为所蒙蔽，必须时刻保持警惕。因为美国永远是利益至上。

特朗普时期，美国高喊"美国优先"和"让美国再次伟大"的旗号，其实行的经济政策均为了让美国经济获得更好的发展，因此"China"的频率相较于前两个时期明显有所下降。这一时期，"American"（美国的）、"trade"（贸易）、"jobs"（工作）等词语高频出现，体现了特朗普政府新政策体现的愈演愈烈的贸易保护主义、单边主义思想。特朗普执政以来，美国不断对中国加征关税，限制中国的进出口，并且对华实施一定的金融政策以实现美元的价格稳定，力图保障美国民众的充分就业。特朗普政府片面地认为，自由贸易不利于美国经济发展，因为中国拥有大量的廉价劳动力，自由贸易会将大量的就业机会提供给中国，使得美国人的就业机会明显减少，而取消自由贸易协定，可以为美国公民提供更多的就业岗位，从而减少中美贸易逆差。

总体来说，小布什时期，共和党作为执政党，具有明显的保守化倾向，对华经济外交上实行保护主义。奥巴马政府时期，民主党作为执政党，主要采取相对温和的对华贸易政策，但是受党内保守派影响，经济政策也经常会发生变化。特朗普时期，共和党作为执政党，将关税作为国家经济手段，提高关税壁垒，实行贸易保护政策。虽然民主党派与共和党派在不同时期采取的政策有所不同，但是从近年来美国政府的行为来看，两党在某些方面已经初步达成共识。例如，2016年制定的《美国国家安全战略》，虽然对经济方面的政策，美国两党通常持有不同的看法，但民主党对于特朗普的对华经济政策一般也不会公开反对。因此，美国政府仍然实行一定程度的贸易保护政策。令人吃惊和气愤的是，美国新政府动辄挥舞制裁和关税大棒，粗暴干涉他国内政，一意孤行，屡屡挑起事端，逆历史潮流而动的冷战思维和霸凌姿态将给世界人民带来巨大危害。特朗普总统执政以来，美国连伪装和说辞也不要了，赤裸裸地宣称"美国优先"，对华发动贸易战，不断鼓吹"中美经济脱钩论"，并不顾国际规则和中国的抗议，粗暴干涉中国内政。美国政府的倒行逆施和肆意妄为已经引发全球的高度关注和强烈谴责。

四、搭配词分析

词语搭配深受语言特点及说话者本身的影响。词语搭配研究有助于我们发现与该词习惯性共现的词以及说话者的意识形态。通过AntConc3.5.8软件，我们找出三个阶段美国对华政策话语中关于"economy"（经济）的搭配词，以此探究美国对华经济政策的主观性倾向。我们选用"economy"为节点词，找出该词在三个时期语料库中的显著搭配词。

（一）三个时期"economy"的搭配词对比分析

运用 AntConc 工具的搭配词功能，我们挑选出 15 个具有搭配意义的词语（主要选择搭配力大于 2，总频率大于 3 的非偶然搭配词），如表 6.4 所示。通过对比三个时期不同的显著搭配词，我们可以分析不同时期美国对华经济政策的异同点。

表 6.4　三个时期与"economy"具有显著搭配意义的词语

序号	第一个时期 （2001—2009 年）	第二个时期 （2009—2017 年）	第三个时期 （2017—2020 年）
1	growing	global	world
2	strong	grow	growing
3	global	new	economy
4	world	world	strong
5	jobs	jobs	national
6	grow	security	workers
7	economy	energy	security
8	growth	rules	global
9	focus	growing	good
10	fact	economy	today
11	help	today	cost
12	fuel	growth	people
13	trade	digital	market
14	remarks	national	confidence
15	good	benefits	booming

（二）归因分析

通过比较分析表 6.4 中的数据我们看出，"Growth"（发展）、"Economy"（经济）、"Growing"（发展中）、"World"（世界）等词语在三个不同时期重复出现，但在不同时期，"Economy"的搭配词也有所不同。

通过对不同时期关键搭配词的分析，我们发现了一些异同点。通过比较分析，我们可以初步归纳这种现象出现的主要原因。美国对华经济政策受其意识形态的影响。即使是在不同的历史时期，美国的意识形态根本上是一致的。因此，在三个不同的历史时期，我们会发现有一些共同的关键搭配词。然而，无论是哪个时期，中美经贸关系均是合作与竞争并存。

第一个时期，"9·11"事件的发生给美国笼罩上了一层经济阴影，美国国家安全利益的重要性被摆在了突出位置上。在这一时期，美国迫切需要中国与其他各国的合作与帮助，因此，"growth"（发展）、"global"（全球的）、"world"（世界）、"help"（帮助）、"fuel"（燃料）等词频繁出现。另一方面，小布什政府同样坚持单边主义，认为美国可以在国际社会为所欲为，这是因为骄傲的小布什政府高估了自己的力量而低估了他国的实力。

第二个时期，由于世界性金融危机的发生致使美国急于寻求帮助以恢复美国国民经济。同时，奥巴马政府也更加关注国家安全发展。因此，"national"（民族的）、"global"（全球的）、"security"（安全）、"rules"（规则）、"enegy"（能源）等词语频繁出现。这一时期，美国对华经济政策更多的是一种遏制与合作共存的模式。但是，美国政府与中国合作的目的更多的是想在中国发展的同时使美国获得巨大的经济利益，并且力图使中国的发展符合美国的利益。因此，"rules"（规则）和"jobs"（工作）反复出现。这一时期，美国希望用规则管控中国，其更希望困难时期美国人民可以获得更多的就业机会。"亚太再平衡战略"正是奥巴马政府采取的对华遏制政策，他不希望看到中国在亚洲独大，美国需要不断介入，以削弱中国在亚洲的话语权，并实现亚太力量的再平衡和再分配。

第三个时期，由于国内外多重因素的影响，美国对自身发展动力不足感到焦虑。因此，"confidence"（自信）一词的出现频率较高。这一时期，特朗普政府实行一系列极端霸权政策以保护其贸易发展，"security"（安全）、"global"（全球的）等词语频繁出现。美国取消自由贸易协定，提高贸易壁垒，强调贸易保护主义，采取"逆全球化"的方法，促进美国经济增长和社会平稳。这一时期的中美贸易战完全是由于美国的冷战思维占主导因素，特朗普不顾世界舆论高举单边主义和贸易保护大旗，对华进行经济和贸易制裁，对中国的高科技进行打压，导致中美贸易举步维艰，中美经贸关系也严重恶化。

五、概念隐喻分析

由于三个时期的语料库偏大，因此本研究随机抽取小布什时期（共计104771 词）、奥巴马政府时期（共计 102224 词）和特朗普时期（共计 113129 词），总共 320124 词语料，分别建立三个小型语料库，从而对比分析不同时期美国对华经济政策的特点。第一，将自建的美国对华经济政策语料以纯文本格式（TXT）上传到 Wmatrix 网站，通过软件自带的 USAS tagger 与 Claws tagger 对语料进行自动语法和语义域标注。本章主要研究 2001 以来的美国对华经济政策，因此只选取与经济相关的隐喻词汇。第二，以 "China economy"（中日经济）、"China trade"（中日贸易）等为主要检索词进行检索，并自动生成相应的词频列表以及语义域频率列表。

（一）语义域描述

通过 Wmatrix 工具，分别得出三个时期排名前 10 的坐标语义域，如表6.5–表 6.7 所示。

表 6.5　小布什时期美国对华经济政策排名前 10 的坐标语义域

序号	1	2	3	4	5	6	7	8	9	10
语义域码	Z	A	S	X	N	T	M	G	Q	I
频数	48696	15770	5959	4922	4602	3863	3621	3181	2628	2537
语义域名称	名称与语法	一般术语和抽象术语	社会行为	心理行为、状态与过程	数字与度量	时间	移动	政府与公众	语言与交际	金融与商业

表 6.6　奥巴马政府时期美国对华经济政策排名前 10 的坐标语义域

序号	1	2	3	4	5	6	7	8	9	10
语义域码	Z	A	S	X	N	G	M	T	Q	I
频数	49368	15852	5252	4855	4069	3576	3295	3247	3099	1487

续表

序号	1	2	3	4	5	6	7	8	9	10
语义域名称	名称与语法	一般术语和抽象术语	社会行为	心理行为、状态与过程	数字与度量	政府与公众	移动	时间	语言与交际	金融与商业

表 6.7　特朗普时期美国对华经济政策排名前 10 的坐标语义域

序号	1	2	3	4	5	6	7	8	9	10
语义域码	Z	A	S	X	N	T	Q	M	G	I
频数	54619	15544	5521	5051	5010	4043	3842	3592	3144	2069
语义域名称	名称与语法	一般术语和抽象术语	社会行为	心理行为、状态与过程	数字与度量	时间	语言与交际	移动	政府与公众	金融与商业

　　将语料上传后，语料库在线工具 Wmatrix 自动生成词频列表、词性频率列表和语义域频率列表。因为研究的语料市政府报告文件均为书面材料，因此本研究以 BNC Sampler Written 作为参照语料库，设置默认对数似然比值为6.63，设置界面见图6.2。

　　Wmatrix 工具可以自动生成按主题排序的主题语义域。因研究目的需要，本章仅关注主题语义域列表。图 6.3-图 6.5 为三个时期频率最高的 25 个主题语义域。其中，"Item"指语义域码，"01"和"%1"指语义域在考察语料库中的频率和相对频率，"02"和"%2"是该语义域在参照语料库中的频率和相对频率，"+"表示该语义域在研究语料库中比在对比语料库中有超常的使用频率，"LL"为主题语义域的对数似然比值，表示了该语义域超常使用的显著性程度。

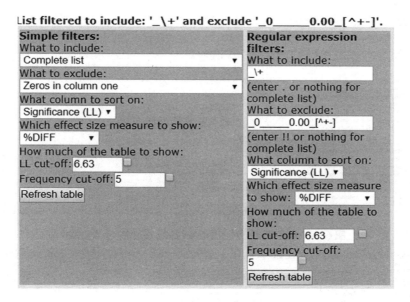

List filtered to include: '_\+' and exclude '_0_____0.00_[^+-]'.

图 6.2　对数似然比值设置界面

			Item	O1	%1	O2	%2		LL	LogRatio	
1	List1	Broad-list	Concordance G1.1	1470	1.46	3542	0.37	+	1584.50	2.00	Government
2	List1	Broad-list	Concordance Z8	11129	11.07	72023	7.44	+	1383.77	0.57	Pronouns
3	List1	Broad-list	Concordance T1.1.3	1300	1.29	4846	0.50	+	761.39	1.37	Time: Future
4	List1	Broad-list	Concordance S8+	897	0.89	4225	0.44	+	323.14	1.03	Helping
5	List1	Broad-list	Concordance G2.1-	257	0.26	570	0.06	+	302.69	2.12	Crime
6	List1	Broad-list	Concordance S6+	915	0.91	4861	0.50	+	237.72	0.86	Strong obligation or necessity
7	List1	Broad-list	Concordance Y1	264	0.26	778	0.08	+	222.33	1.71	Science and technology in general
8	List1	Broad-list	Concordance X7+	946	0.94	5233	0.54	+	216.53	0.80	Wanted
9	List1	Broad-list	Concordance A15+	119	0.12	166	0.02	+	208.11	2.79	Safe
10	List1	Broad-list	Concordance I3.2	69	0.07	48	0.00	+	177.31	3.79	Work and employment: Professionalism
11	List1	Broad-list	Concordance G2.1	506	0.50	2418	0.25	+	175.87	1.01	Law and order
12	List1	Broad-list	Concordance A1.1.1	1760	1.75	12189	1.26	+	154.25	0.48	General actions / making
13	List1	Broad-list	Concordance A13	31	0.03	0	0.00	+	146.57	9.22	Degree
14	List1	Broad-list	Concordance A3+	3171	3.15	24177	2.50	+	144.43	0.34	Existing
15	List1	Broad-list	Concordance A5.1+	541	0.54	2905	0.30	+	136.05	0.84	Evaluation: Good
16	List1	Broad-list	Concordance X5.2+	332	0.33	1511	0.16	+	129.81	1.08	Interested/excited/energetic
17	List1	Broad-list	Concordance A11.1+	516	0.51	2803	0.29	+	125.18	0.83	Important
18	List1	Broad-list	Concordance A2.1+	666	0.66	3939	0.41	+	120.67	0.70	Change
19	List1	Broad-list	Concordance S3.1	261	0.26	1122	0.12	+	115.89	1.16	Personal relationship: General
20	List1	Broad-list	Concordance X5.1+	124	0.12	344	0.04	+	113.05	1.85	Attentive
21	List1	Broad-list	Concordance E3-	338	0.34	1647	0.17	+	111.78	0.98	Violent/Angry
22	List1	Broad-list	Concordance A1.7-	192	0.19	727	0.08	+	109.35	1.35	No constraint
23	List1	Broad-list	Concordance X9.1+	246	0.24	1060	0.11	+	108.68	1.16	Able/intelligent
24	List1	Broad-list	Concordance Q2.1	1043	1.04	7024	0.73	+	106.52	0.52	Speech: Communicative
25	List1	Broad-list	Concordance M6	1382	1.37	9859	1.02	+	101.40	0.43	Location and direction

图 6.3　小布什时期频率最高的 25 个主题语义域

	Item			O1	%1	O2	%2		LL	LogRatio	
1 List1	Broad-list	Concordance	G1.1	1780	1.83	3542	0.37	+	2422.26	2.33	Government
2 List1	Broad-list	Concordance	A5.2+	772	0.80	779	0.08	+	1697.77	3.31	Evaluation: True
3 List1	Broad-list	Concordance	Z8	10842	11.17	72023	7.44	+	1409.74	0.59	Pronouns
4 List1	Broad-list	Concordance	G1.2	869	0.90	4064	0.42	+	347.42	1.09	Politics
5 List1	Broad-list	Concordance	T1.1.3	932	0.96	4846	0.50	+	285.83	0.94	Time: Future
6 List1	Broad-list	Concordance	Q2.1	1219	1.26	7024	0.73	+	274.83	0.79	Speech: Communicative
7 List1	Broad-list	Concordance	A3+	3321	3.42	24177	2.50	+	267.72	0.45	Existing
8 List1	Broad-list	Concordance	X2.1	803	0.83	4139	0.43	+	252.14	0.95	Thought, belief
9 List1	Broad-list	Concordance	M6	1542	1.59	9859	1.02	+	236.81	0.64	Location and direction
10 List1	Broad-list	Concordance	S2.2	553	0.57	2534	0.26	+	231.53	1.12	People: Male
11 List1	Broad-list	Concordance	Z4	801	0.83	4344	0.45	+	218.06	0.88	Discourse Bin
12 List1	Broad-list	Concordance	A13	37	0.04	0	0.00	+	177.29	9.53	Degree
13 List1	Broad-list	Concordance	S7.4	52	0.05	17	0.00	+	175.36	4.93	Permission
14 List1	Broad-list	Concordance	A5.1+	557	0.57	2905	0.30	+	169.40	0.94	Evaluation: Good
15 List1	Broad-list	Concordance	A7+	1490	1.54	10590	1.09	+	137.94	0.49	Likely
16 List1	Broad-list	Concordance	X2.2+	424	0.44	2302	0.24	+	115.05	0.88	Knowledgeable
17 List1	Broad-list	Concordance	A11.1+	490	0.50	2803	0.29	+	113.13	0.80	Important
18 List1	Broad-list	Concordance	G2.1	436	0.45	2418	0.25	+	111.00	0.85	Law and order
19 List1	Broad-list	Concordance	X8+	258	0.27	1179	0.12	+	108.68	1.13	Trying hard
20 List1	Broad-list	Concordance	X7+	778	0.80	5233	0.54	+	95.47	0.57	Wanted
21 List1	Broad-list	Concordance	X5.1+	110	0.11	344	0.04	+	90.02	1.67	Attentive
22 List1	Broad-list	Concordance	A1.1.1	1578	1.63	12189	1.26	+	85.65	0.37	General actions / making
23 List1	Broad-list	Concordance	S1.2.4+	61	0.06	130	0.01	+	77.84	2.23	Polite
24 List1	Broad-list	Concordance	S6+	705	0.73	4861	0.50	+	76.64	0.53	Strong obligation or necessity
25 List1	Broad-list	Concordance	X4.1	331	0.34	1947	0.20	+	69.62	0.76	Mental object: Conceptual object

图 6.4 奥巴马政府时期频率最高的 25 个主题语义域

	Item			O1	%1	O2	%2		LL	LogRatio	
1 List1	Broad-list	Concordance	Z8	13850	13.04	72023	7.44	+	3215.27	0.81	Pronouns
2 List1	Broad-list	Concordance	G1.1	1781	1.68	3542	0.37	+	2194.05	2.20	Government
3 List1	Broad-list	Concordance	Z4	1535	1.44	4344	0.45	+	1256.67	1.69	Discourse Bin
4 List1	Broad-list	Concordance	Q2.1	1798	1.69	7024	0.73	+	861.84	1.22	Speech: Communicative
5 List1	Broad-list	Concordance	S2	786	0.74	2896	0.30	+	422.07	1.31	People
6 List1	Broad-list	Concordance	S2.2	663	0.62	2534	0.26	+	331.93	1.25	People: Male
7 List1	Broad-list	Concordance	A5.1+	721	0.68	2905	0.30	+	324.27	1.18	Evaluation: Good
8 List1	Broad-list	Concordance	A9+	1795	1.69	10082	1.04	+	318.60	0.70	Getting and possession
9 List1	Broad-list	Concordance	T1.1.3	1014	0.95	4846	0.50	+	302.56	0.93	Time: Future
10 List1	Broad-list	Concordance	X2.1	881	0.83	4139	0.43	+	275.35	0.96	Thought, belief
11 List1	Broad-list	Concordance	Z99	3332	3.14	22165	2.29	+	265.64	0.45	Unmatched
12 List1	Broad-list	Concordance	X2.2+	561	0.53	2302	0.24	+	242.67	1.15	Knowledgeable
13 List1	Broad-list	Concordance	I3.2	77	0.07	48	0.00	+	199.84	3.87	Work and employment: Professionalism
14 List1	Broad-list	Concordance	Z6	1324	1.25	8052	0.83	+	168.79	0.58	Negative
15 List1	Broad-list	Concordance	X7+	927	0.87	5233	0.54	+	161.41	0.69	Wanted
16 List1	Broad-list	Concordance	A1.1.1	1858	1.75	12189	1.26	+	160.70	0.47	General actions / making
17 List1	Broad-list	Concordance	M6	1547	1.46	9859	1.02	+	156.80	0.52	Location and direction
18 List1	Broad-list	Concordance	A13.3	855	0.80	4808	0.50	+	151.08	0.70	Degree: Boosters
19 List1	Broad-list	Concordance	T1.1.2	586	0.55	2961	0.31	+	148.83	0.85	Time: Present: simultaneous
20 List1	Broad-list	Concordance	A5.2+	229	0.22	779	0.08	+	141.69	1.42	Evaluation: True
21 List1	Broad-list	Concordance	S7.4+	315	0.30	1270	0.13	+	141.48	1.18	Allowed
22 List1	Broad-list	Concordance	G2.1	492	0.46	2418	0.25	+	135.67	0.89	Law and order
23 List1	Broad-list	Concordance	A13	24	0.02	0	0.00	+	111.07	8.77	Degree
24 List1	Broad-list	Concordance	T1.1	45	0.04	47	0.00	+	90.54	3.13	Time: General
25 List1	Broad-list	Concordance	X2.5+	153	0.14	551	0.06	+	85.68	1.34	Understanding

图 6.5 特朗普时期频率最高的 25 个主题语义域

表 6.8 三个时期排名前 25 的主题语义域对比

序号	小布什时期	奥巴马政府时期	特朗普时期
1	G1.1 政府（government）	G1.1 政府（government）	Z8 代词（pronouns）
2	Z8 代词（pronouns）	A5.2+ 评价：真实（evaluation：true）	G1.1 政府（government）
3	T1.1.3 时间：未来（time：future）	Z8 代词（pronouns）	Z4 交际符号（discourse bin）

序号	小布什时期	奥巴马政府时期	特朗普时期
4	S8+ 帮助（helping）	G1.2 政治（politics）	Q2.1 演讲：交际的（speech：communicative）
5	G2.1−罪行（crime）	T1.1.3 时间：未来（time：future）	S2 人类（people）
6	S6+ 强烈的责任或必要性（strong obligation or necessity）	Q2.1 演讲：交际的（speech：communicative）	S2.2 人类：男性（people：male）
7	Y1 科技（science and technology in general）	A3+ 存在（existing）	A5.1+ 评价：良好（evaluation：good）
8	X7+ 被通缉的（wanted）	X2.1 信念（thought，belief）	A9+ 获取与拥有（getting and possession）
9	A15+ 安全（safe）	M6 位置和方向（location and direction）	T1.1.3 时间：未来（time：future）
10	I3.2 工作与雇佣：专业精神（work and employment：professionalism）	S2.2 人类：男性（people：male）	X2.1 信念（thought，belief）
11	G2.1 法律与秩序（law and order）	Z4 交际符号（discourse bin）	Z99 不相配的（unmatched）
12	A1.1.1 行动（general actions／making）	A13 程度（degree）	X2.2+ 有见识的（knowledgeable）
13	A13 程度（degree）	S7.4 许可（permission）	I3.2 工作与雇佣：专业精神（work and employment：professionalism）
14	A3+ 存在（existing）	A5.1+ 评价：良好（evaluation：good）	Z6 负面的（negative）

序号	小布什时期	奥巴马政府时期	特朗普时期
15	A5.1+ 评价：良好（evaluation：good）	A7+ 可能的（likely）	X7+ 被通缉的（wanted）
16	X5.2+ 感兴趣的、激动地、有活力的（interested/excited/energetic）	X2.2+ 有见识的（knowledgeable）	A1.1.1 行动（general actions / making）
17	A11.1+ 重要的（important）	A11.1+ 重要的（important）	M6 位置和方向（location and direction）
18	A2.1+ 变化（change）	G2.1 法律与秩序（law and order）	A13.3 支持者（boosters）
19	S3.1 人际关系（personal relationship：general）	X8+ 努力（trying hard）	T1.1.2 时间：现在的；同时的（time：present；simultaneous）
20	X5.1+ 留意的（attentive）	X7+ 被通缉的（wanted）	A5.2+ 评价：真实（evaluation：true）
21	E3 - 暴力的，生气的（violent/angry）	X5.1+ 留意的（attentive）	S7.4+ 允许（allowed）
22	A1.7- 无限制的（no constraint）	A1.1.1 行动（general actions / making）	G2.1 法律与秩序（law and order）
23	X9.1- 有能力的/有才华的（able/intelligent）	S1.2.4+ 礼貌的（polite）	A13 程度（degree）
24	Q2.1 演讲：交际的（speech：communicative）	S6+ 强烈的责任或必要性（strong obligation or necessity）	T1.1 时间（time：general）

续表

序号	小布什时期	奥巴马政府时期	特朗普时期
25	M6 位置和方向（location and direction）	X4.1 心灵实体：概念实体（mental object；conceptual object）	X2.5+ 理解（understanding）

  Wmatrix 工具不仅可以展示按主题性排序的主题语义域，还可以展示关键词和关键词域。Wmatrix 可以通过对数似然比值进行隐喻词频统计，在界面上将关键词域和标签云呈现出来，词频越高，字体越大。如图 6.6、图 6.7 和图 6.8 所示。以下三个图分别呈现三个不同时期的关键词和标签云。

图 6.6 小布什时期的关键词域和标签云

图 6.7 奥巴马政府时期的关键词域和标签云

图 6.8 特朗普时期的关键词域和标签云

（二）Wmatrix 的全方位扫描功能（Broad Sweep）

1. 数据描述

为进一步了解美国对华经济政策的主观态度，本研究将三个时期的语料的各类隐喻进行对比，从而了解其差异（见图 6.9-图 6.11）。

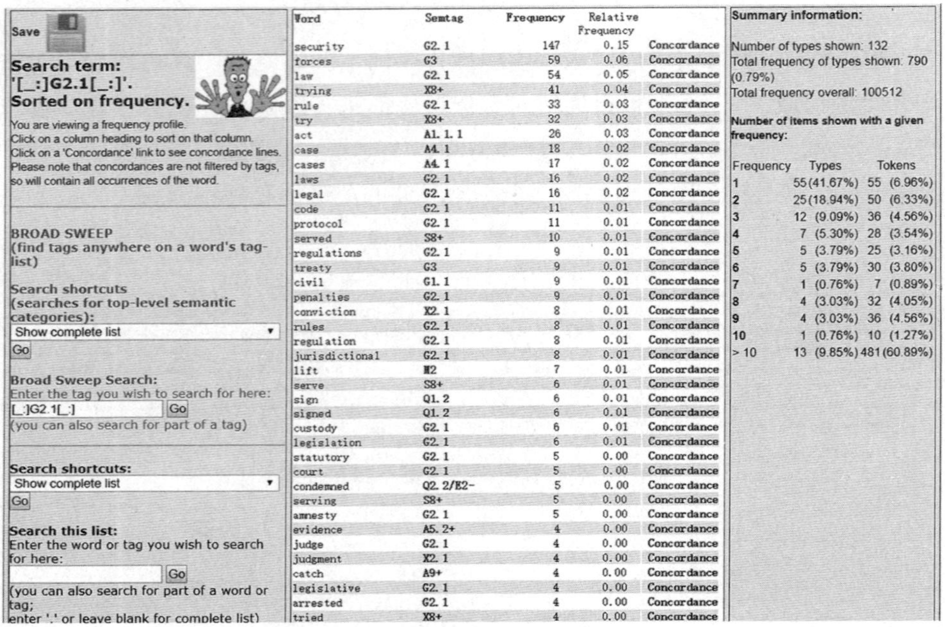

Save

Search term:
'[_:]G2.1[_:]'.
Sorted on frequency.
You are viewing a frequency profile.
Click on a column heading to sort on that column.
Click on a 'Concordance' link to see concordance lines.
Please note that concordances are not filtered by tags,
so will contain all occurrences of the word.

BROAD SWEEP
(find tags anywhere on a word's tag-
list)

Search shortcuts
(searches for top-level semantic
categories):
Show complete list ▼
Go

Broad Sweep Search:
Enter the tag you wish to search for here:
[_:]G2.1[_:] Go
(you can also search for part of a tag)

Search shortcuts:
Show complete list ▼
Go

Search this list:
Enter the word or tag you wish to search
for here:
Go
(you can also search for part of a word or
tag;
enter '.' or leave blank for complete list)

Word	Semtag	Frequency	Relative Frequency	
security	G2.1	147	0.15	Concordance
forces	G3	59	0.06	Concordance
law	G2.1	54	0.05	Concordance
trying	X8+	41	0.04	Concordance
rule	G2.1	33	0.03	Concordance
try	X8+	32	0.03	Concordance
act	A1.1.1	26	0.03	Concordance
case	A4.1	18	0.02	Concordance
cases	A4.1	17	0.02	Concordance
laws	G2.1	16	0.02	Concordance
legal	G2.1	16	0.02	Concordance
code	G2.1	11	0.01	Concordance
protocol	G2.1	11	0.01	Concordance
served	S8+	10	0.01	Concordance
regulations	G2.1	9	0.01	Concordance
treaty	G3	9	0.01	Concordance
civil	G1.1	9	0.01	Concordance
penalties	G2.1	9	0.01	Concordance
conviction	X2.1	8	0.01	Concordance
rules	G2.1	8	0.01	Concordance
regulation	G2.1	8	0.01	Concordance
jurisdictional	G2.1	8	0.01	Concordance
lift	M2	7	0.01	Concordance
serve	S8+	6	0.01	Concordance
sign	Q1.2	6	0.01	Concordance
signed	Q1.2	6	0.01	Concordance
custody	G2.1	6	0.01	Concordance
legislation	G2.1	6	0.01	Concordance
statutory	G2.1	5	0.00	Concordance
court	G2.1	5	0.00	Concordance
condemned	Q2.2/E2-	5	0.00	Concordance
serving	S8+	5	0.00	Concordance
amnesty	G2.1	5	0.00	Concordance
evidence	A5.2+	4	0.00	Concordance
judge	G2.1	4	0.00	Concordance
judgment	X2.1	4	0.00	Concordance
catch	A9+	4	0.00	Concordance
legislative	G2.1	4	0.00	Concordance
arrested	G2.1	4	0.00	Concordance
tried	X8+	4	0.00	Concordance

Summary information:
Number of types shown: 132
Total frequency of types shown: 790
(0.79%)
Total frequency overall: 100512

Number of items shown with a given
frequency:

Frequency	Types	Tokens
1	55 (41.67%)	55 (6.96%)
2	25 (18.94%)	50 (6.33%)
3	12 (9.09%)	36 (4.56%)
4	7 (5.30%)	28 (3.54%)
5	5 (3.79%)	25 (3.16%)
6	5 (3.79%)	30 (3.80%)
7	1 (0.76%)	7 (0.89%)
8	4 (3.03%)	32 (4.05%)
9	4 (3.03%)	36 (4.56%)
10	1 (0.76%)	10 (1.27%)
> 10	13 (9.85%)	481 (60.89%)

图 6.9　小布什时期全面扫描后语义域

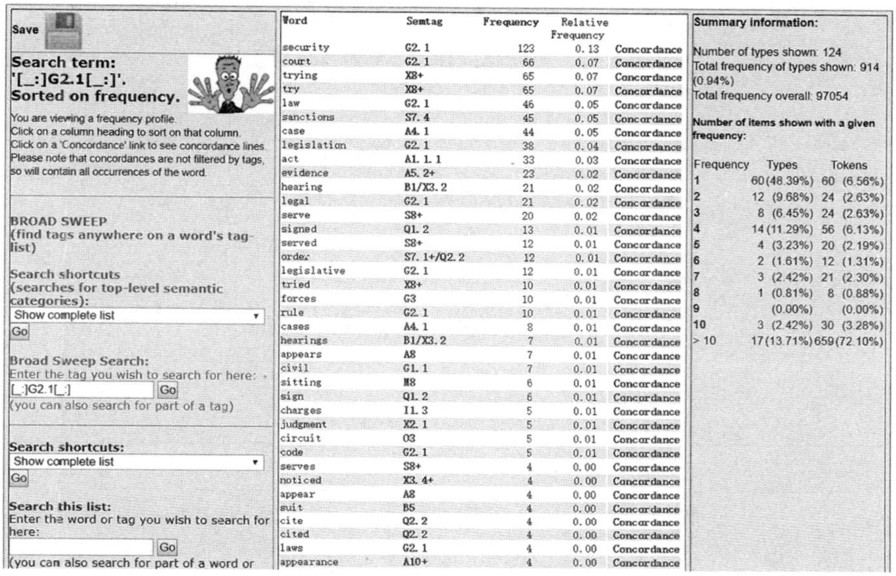

Search term:
'[_:]G2.1[_:]'.
Sorted on frequency.

You are viewing a frequency profile.
Click on a column heading to sort on that column.
Click on a 'Concordance' link to see concordance lines.
Please note that concordances are not filtered by tags, so will contain all occurrences of the word.

BROAD SWEEP
(find tags anywhere on a word's tag-list)
Search shortcuts
(searches for top-level semantic categories:)
Show complete list — Go

Broad Sweep Search:
Enter the tag you wish to search for here:
[_:]G2.1[_:] — Go
(you can also search for part of a tag)

Search shortcuts:
Show complete list — Go

Search this list:
Enter the word or tag you wish to search for here: — Go
(you can also search for part of a word or

Word	Semtag	Frequency	Relative Frequency	
security	G2.1	123	0.13	Concordance
court	G2.1	66	0.07	Concordance
trying	X8+	65	0.07	Concordance
try	X8+	65	0.07	Concordance
law	G2.1	46	0.05	Concordance
sanctions	S7.4	45	0.05	Concordance
case	A4.1	44	0.05	Concordance
legislation	G2.1	38	0.04	Concordance
act	A1.1.1	33	0.03	Concordance
evidence	A5.2+	23	0.02	Concordance
hearing	B1/X3.2	21	0.02	Concordance
legal	G2.1	21	0.02	Concordance
serve	S8+	20	0.02	Concordance
signed	Q1.2	13	0.01	Concordance
served	S8+	12	0.01	Concordance
order	S7.1+/Q2.2	12	0.01	Concordance
legislative	G2.1	12	0.01	Concordance
tried	X8+	10	0.01	Concordance
forces	G3	10	0.01	Concordance
rule	G2.1	10	0.01	Concordance
cases	A4.1	8	0.01	Concordance
hearings	B1/X3.2	7	0.01	Concordance
appears	A8	7	0.01	Concordance
civil	G1.1	7	0.01	Concordance
sitting	M8	6	0.01	Concordance
sign	Q1.2	6	0.01	Concordance
charges	I1.3	5	0.01	Concordance
judgment	X2.1	5	0.01	Concordance
circuit	O3	5	0.01	Concordance
code	G2.1	5	0.01	Concordance
serves	S8+	4	0.00	Concordance
noticed	X3.4+	4	0.00	Concordance
appear	A8	4	0.00	Concordance
suit	B5	4	0.00	Concordance
cite	Q2.2	4	0.00	Concordance
cited	Q2.2	4	0.00	Concordance
laws	G2.1	4	0.00	Concordance
appearance	A10+	4	0.00	Concordance

Summary information:
Number of types shown: 124
Total frequency of types shown: 914 (0.94%)
Total frequency overall: 97054

Number of items shown with a given frequency:

Frequency	Types	Tokens
1	60(48.39%)	60 (6.56%)
2	12 (9.68%)	24 (2.63%)
3	8 (6.45%)	24 (2.63%)
4	14(11.29%)	56 (6.13%)
5	4 (3.23%)	20 (2.19%)
6	2 (1.61%)	12 (1.31%)
7	3 (2.42%)	21 (2.30%)
8	1 (0.81%)	8 (0.88%)
9	(0.00%)	(0.00%)
10	3 (2.42%)	30 (3.28%)
> 10	17(13.71%)	659(72.10%)

图 6.10　奥巴马政府时期全面扫描后语义域

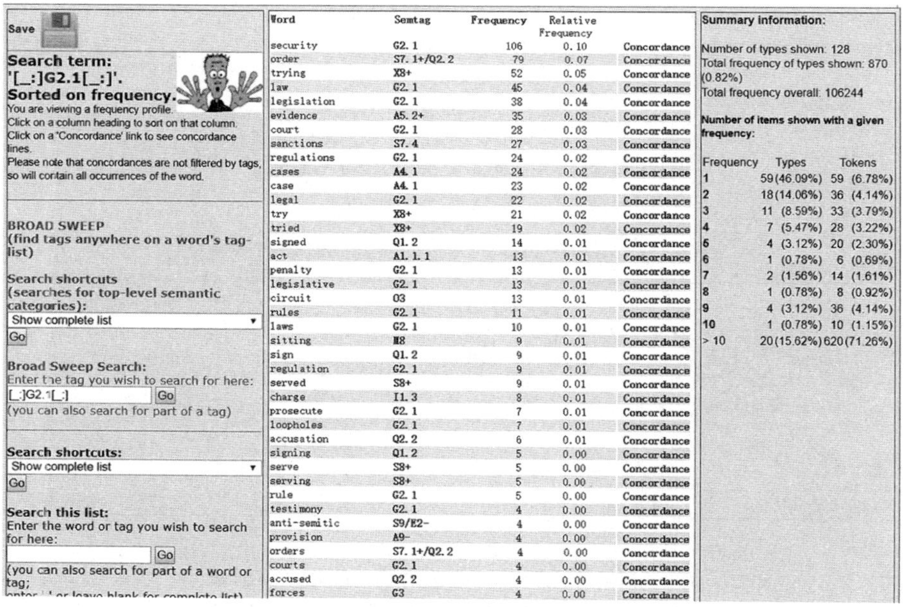

Search term:
'[_:]G2.1[_:]'.
Sorted on frequency.

You are viewing a frequency profile.
Click on a column heading to sort on that column.
Click on a 'Concordance' link to see concordance lines.
Please note that concordances are not filtered by tags, so will contain all occurrences of the word.

BROAD SWEEP
(find tags anywhere on a word's tag-list)
Search shortcuts
(searches for top-level semantic categories:)
Show complete list — Go

Broad Sweep Search:
Enter the tag you wish to search for here:
[_:]G2.1[_:] — Go
(you can also search for part of a tag)

Search shortcuts:
Show complete list — Go

Search this list:
Enter the word or tag you wish to search for here: — Go
(you can also search for part of a word or tag;

Word	Semtag	Frequency	Relative Frequency	
security	G2.1	106	0.10	Concordance
order	S7.1+/Q2.2	79	0.07	Concordance
trying	X8+	52	0.05	Concordance
law	G2.1	45	0.04	Concordance
legislation	G2.1	38	0.04	Concordance
evidence	A5.2+	35	0.03	Concordance
court	G2.1	28	0.03	Concordance
sanctions	S7.4	27	0.03	Concordance
regulations	G2.1	24	0.02	Concordance
cases	A4.1	24	0.02	Concordance
case	A4.1	23	0.02	Concordance
legal	G2.1	22	0.02	Concordance
try	X8+	21	0.02	Concordance
tried	X8+	19	0.02	Concordance
signed	Q1.2	14	0.01	Concordance
act	A1.1.1	13	0.01	Concordance
penalty	G2.1	13	0.01	Concordance
legislative	G2.1	13	0.01	Concordance
circuit	O3	13	0.01	Concordance
rules	G2.1	11	0.01	Concordance
laws	G2.1	10	0.01	Concordance
sitting	M8	9	0.01	Concordance
sign	Q1.2	9	0.01	Concordance
regulation	G2.1	9	0.01	Concordance
served	S8+	9	0.01	Concordance
charge	I1.3	8	0.01	Concordance
prosecute	G2.1	7	0.01	Concordance
loopholes	G2.1	7	0.01	Concordance
accusation	Q2.2	6	0.01	Concordance
signing	Q1.2	5	0.00	Concordance
serve	S8+	5	0.00	Concordance
serving	S8+	5	0.00	Concordance
rule	G2.1	5	0.00	Concordance
testimony	G2.1	4	0.00	Concordance
anti-semitic	S9/E2-	4	0.00	Concordance
provision	A9-	4	0.00	Concordance
orders	S7.1+/Q2.2	4	0.00	Concordance
courts	G2.1	4	0.00	Concordance
accused	Q2.2	4	0.00	Concordance
forces	G3	4	0.00	Concordance

Summary information:
Number of types shown: 128
Total frequency of types shown: 870 (0.82%)
Total frequency overall: 106244

Number of items shown with a given frequency:

Frequency	Types	Tokens
1	59(46.09%)	59 (6.78%)
2	18(14.06%)	36 (4.14%)
3	11 (8.59%)	33 (3.79%)
4	7 (5.47%)	28 (3.22%)
5	4 (3.12%)	20 (2.30%)
6	1 (0.78%)	6 (0.69%)
7	2 (1.56%)	14 (1.61%)
8	1 (0.78%)	8 (0.92%)
9	4 (3.12%)	36 (4.14%)
10	1 (0.78%)	10 (1.15%)
> 10	20(15.62%)	620(71.26%)

图 6.11　特朗普时期全面扫描后语义域

本研究以 G2.1 法律与秩序为例，结果如图 6.12、图 6.13、图 6.14 所示。

List1 | Broad-list | Concordance G2.1　　506　0.50　2418　0.25 +　175.87　1.01　Law and order

图 6.12　小布什时期 G2.1 语义域情况

List1 | Broad-list | Concordance G2.1　　436　0.45　2418　0.25 +　111.00　0.85　Law and order

图 6.13　奥巴马政府时期 G2.1 语义域情况

List1 | Broad-list | Concordance G2.1　　492　0.46　2418　0.25 +　135.67　0.89　Law and order

图 6.14　特朗普时期 G2.1 语义域情况

表 6.9　G2.1 隐喻词目统计分析表

	全面扫描前		全面扫描后						
	形符	类符	手动排除前		手动排除后			隐喻使用	
小布什时期	506	73	形符	类符	形符	类符	词目	形符	词目
			790	132	540	116	55	308	48
奥巴马政府时期	436	52	914	124	692	110	61	320	55
特朗普时期	492	63	870	128	564	112	53	301	46

根据表 6.10、表 6.11 和表 6.12 的卡方检验结果，关于 G2.1（法律与秩序）语义域，三个时期美国对华经济政策的总体隐喻词目两两对比，P 值均大于 0.05，均无统计学意义上的显著性差异。

表 6.10　小布什与奥巴马政府时期的隐喻词目对比

	小布什时期	奥巴马时期
语料库词目总数	104,771	102,224
隐喻使用词目	48	55
P 值	0.663	
X^2	0.513	

表 6.11　小布什与特朗普时期的隐喻词目对比

	小布什时期	特朗普时期
语料库词目总数	104,771	113,129
隐喻使用词目	48	46

	小布什时期	特朗普时期
P 值	0. 339	
X^2	0. 23	

表 6. 12　奥巴马与特朗普时期的隐喻词目对比

	奥巴马时期	特朗普时期
语料库词目总数	113，129	102，224
隐喻使用词目	46	55
P 值	1. 719	
X^2	1. 72	

　　为了更好地显示不同时期美国对华经济政策的话语变迁，本研究将三个时期使用的隐喻词目进行对比，对比数据见表 6. 13、表 6. 14 和表 6. 15。

表 6. 13　关键隐喻词目对比分析（Bush VS Obama）

序号	隐喻词目	小布什时期 频数	奥巴马政府时期 频数	X^2	P 值
1	Law	54	46	0. 333	0. 459
2	Legislation	6	38	22. 6	26. 7
3	Court	5	66	52. 2	63. 7
4	Rule	33	10	10. 72	12. 4
5	Legal	16	21	0. 498	0. 339
6	Judge	5	14	4. 22	3. 17

表 6. 14　关键隐喻词目对比分析（Bush VS Trump）

序号	隐喻词目	小布什时期 频数	特朗普时期 频数	X^2	P 值
1	Law	54	45	1. 65	1. 408
2	Legislation	6	38	19. 5	23. 5
3	Court	5	28	13. 04	15. 95
4	Rule	33	5	21. 34	25. 29

续表

序号	隐喻词目	小布什时期 频数	特朗普时期 频数	X^2	P 值
5	Legal	16	22	0.33	0.547
6	Judge	5	21	7.55	9.39

表 6.15　关键隐喻词目对比分析（Obama VS Trump）

序号	隐喻词目	奥巴马政府时期 频数	特朗普时期 频数	X^2	P 值
1	Law	46	45	0.234	0.345
2	Legislation	38	38	0.107	0.195
3	Court	66	28	18.6	19.9
4	Rule	10	5	1.51	2.24
5	Legal	21	22	0.0007	0.032
6	Judge	14	21	0.512	0.789

　　根据表 6.13 和表 6.14，我们可以发现，这两个时期关于法律与秩序的关键词隐喻，其 P 值均大于 0.05，并无统计学意义上的显著性差异。但是，根据表 6.15，可以发现，除了"Legal"（合法的）这个关键隐喻词目在奥巴马和特朗普时期的 P 值等于 0.032，小于 0.05，大于 0.01（有差异但并不显著），其他关键隐喻词目对比，P 值均大于 0.05，并无统计学意义上的显著差异。通过这些关键隐喻词目对比，我们不难看出，不同时期美国对华政策话语中隐含的偏见和意识形态基本一致。他们对自身的法制存在的问题视而不见，却不断地对中国法制指手画脚、无端指责，经常污蔑中国违背知识产权法，目的是制裁和美国具有明显竞争关系的中国高科技公司，如华为等企业。事实上是在为美国的贸易保护主义政策寻找借口。美国政府所谓的法律和规则往往是霸权的、偏见的、自私的和美国至上的。

2. 归因分析

　　自"9·11"事件后，美国政府和公众充分认识到了反对恐怖主义的重要性，这在美国的法律和警察执法以及秩序维护上都有所反映。因此，三个时期美国政府一直大量使用法律与秩序隐喻，极力渲染所谓的中国法律秩序混乱、存在各种不法行为等。实际上是为了显示美国法制的优越性，进而讽刺中国制度的不完善。但是，实际上，近年来，中国在这方面已经做出了巨大努力。例如，在知识产权方面，广受关注的专利法已进行了四次修改，并且中国的知识产权法律法规体系也在不断完善。

第四节 概念隐喻的语篇语用功能批评性分析

本研究分别筛选出了三个时期的前 10 个高频坐标语义域，为了更好地进行对比其共性特征，以下选取 S（社会行为）、G（政府与公众）和 I（金融和商业）三个坐标隐喻语义域进行分析（三个语义域的部分截图见附录三）。

一、社会行为（social actions，states and processes）

从图中我们可以看出，"社会行为"这个语义域在三个时期所占频率均比较高，从根本上说，经济行为反映一定的社会行为。根据其搭配词，我们发现其中暗含的概念隐喻，"管理""秩序"等词汇真实地表达了美国对华经济政策的真正意图，实质是为了维护其自身的根本利益。

例（1）In the twenty–first century, only nations that share a commitment to protecting basic human rights and guaranteeing political and economic freedom will be able to unleash the potential of their people and assure their future prosperity . (The White House,2001)

这句话的大意是，在 21 世纪，只有保卫基本人权、确保人民基本政治、经济自由的国家，才能够激发人民发展的潜能，从而走向繁荣。白宫官方文件在这里大量运用社会行为隐喻来表达其蕴含偏见与歧视的"人权外交"和对华"经济遏制"政策：要想获得经济发展，美国必须确保经济发展足够繁荣，否则人民的权益无法保障。这一时期，小布什刚上台，其对中国的态度仍然比较强硬。"only"一词很好地体现了其强势的对华态度。这一时期，小布什政府还没有将中国作为其战略合作伙伴，因此，其字里行间透露出一种世界警察的霸道姿态。总体来说，"人权外交"和"经济遏制"是本届政府对华政策的主旋律，也表达了其对美国经济发展的渴望与信心。

例（2）Obviously, the American people and the world are watching as he and his team do the work to prepare to take over the most powerful job in the world. (The White House,2017)

这段话的大意是，美国人民将把国家的发展当作自己的职责，并且准备充足以应对一切困难。这段话表面上是在说美国人民对于促进经济增长的决心，实际上，奥巴马总统使用"the most powerful"这一形容词，就是认为只有美国人民可以承担这一职责，充分反映了美国一贯的霸权意识和盲目自负，也隐蔽地表达了对中国经济的蔑视和贬损。这里，美国政府通过概念隐喻表达了偏见、歧视和话语隐性控制的意识形态，值得我们审视、警惕和批判。

例(3)So were not going create a deal for the sake of creating a deal that ends up being not in the best interest of the American people . You got to know when to walk away from a deal that is going to end up bad. (The White House,2018)

这段话的大意是，如果双方的经济政策和贸易协定不符合美国人民的利益，那么该协议将无法达成。特别是当一项协议最终会以失败而告终，我们必须果断地放弃。"walk away"这一词组表面上是说美国要放弃与中国达成的贸易协定，实际上表达了对中国经济发展的不信任，认为中国经济发展并不能很好地促进美国经济的发展。特朗普政府在这里运用隐喻隐蔽地实现了批评和指责的目的，也暴露了"美国利益至上"的自私、蛮横和霸凌。

二、政府与公众（government and public）

政府与公众隐喻在三个时期出现频率均较高。通常来说，政府与公众的行为反映一定时期的美国经济政策，经济政策主导着政府行为的转变。

例(4)The U. S. national security strategy will be based on a distinctly American internationalism that reflects the union of our values and our national interests. (The White House,2001)

这段话的大意是美国国家安全战略是基于全球主义的一项战略，这种全球主义很好地反映了美国的价值观和国家利益。实际上，小布什时期主张"单边主义"。本质上，"美国式全球主义"（American internationalism）是一种自私、虚假的全球主义，美国政府使用这一具有积极意义的名词，表面上是宣扬其民主自由与共同发展，实际上体现了美国政府的独裁，期望通过全球化来攫取利益。

例(5)While we recognize that our best defense is a good offense,we are also strengthening America's homeland security to protect against and deter attack . (The White House,2011)

这句话的大意是，我们承认我们的防御就是很好的进攻，同样，我们也期望加强美国本土安全从而来保护人民、抵御进攻。"9·11"事件和金融危机发生以后，美国急需重振经济，恢复信心。这里，奥巴马表面上在讲美国的国家安全问题，实际上在谈论经济发展问题。毕竟经济安全问题是国家安全问题必不可少的一部分，因此，国家安全实际上暗藏着经济安全问题。这一时期的美国政府主张与中国通过建设性合作，从而获得更大的利益，这一主张不仅有利于巩固其国家安全，也有利于促进其经济安全。在奥巴马看来，小布什时期美国对伊拉克发动的战争及美国的叙利亚政策都不利于美国的本土安全和经济发展。奥巴马巧妙地通过概念隐喻质疑和否定了前任政府的军事外交政策。

例（6）On foreign affairs, we've already begun enormously productive talks with many foreign leaders much of it you've covered to move forward toward stability, security, and peace in the most troubled regions of the world, which there are many. (The White House, 2018)

这段话的大意是，在外交事务上，为了促进世界上冲突较多地区的稳定、安全与和平，我们已经和许多国家的领导展开了积极的对话。在这段话中，特朗普政府运用了"troubled"这类带有消极意义情感的词，含蓄地指责中国等"不顺从""不听话"的国家虽然表面上各地区安全系数都比较高，但实际上暗含许多不稳定的因素，讽刺中国的总体安全问题。美国政府在这里运用了隐喻的批评和劝谏功能。事实上，美国善于充当世界警察，自负和霸权主义溢于言表。世界各国的安全威胁究竟来自何方，世界人民心知肚明。

例（7）Now, China is obviously a major partner of ours, and I will say we are currently involved in very important negotiations with them on binding agreements on food safety, medical devices and drugs. But it's a very good example of the relationship I described, where we're suggesting to them, we want you to have access to our markets, but in order to do that, you need to meet standards of safety that meet our expectations. (The White House, 2002)

这段话的大意是，中国现在是美国的一个主要合作伙伴，中美双方现在正在就一系列问题进行谈判，如食品安全、医药安全等方面。双方的这种关系很好地体现了美国所想要获得的关系，那就是如果中国产品想取得美国的市场准入资格，就一定要符合美国所制定的安全标准。语言反映意识形态，美国官方话语很好地体现了美国政府的独裁与霸权意识。在这里，"negotiations""standards"两个词语既对立又统一。字里行间蕴含了小布什政府的傲慢和霸道：要想和美国共同发展，那就必须按照美国的法则来办事，

"meet our expectations"。显然,"谈判"只是幌子,"标准"和"期望"必须绝对得到满足。

例(8)I think fair-minded reporters who looked at the situation would say that the situation has not changed significantly. (The White House,2017)

这段话的大意是,美国富有远见的记者们会意识到情况其实没有发生太大变化。在这里,"far-minded"是具有积极意义的词语,其暗自夸奖美国政府的深谋远见,讽刺中国记者才疏识浅,暗讽中国政府无法看清现实,体现了美国政府的优越感。其实,真正看不清局势的正是美国政府本身。

例(9)Our current sanctions programs are in place,and I would say sanctions are an important tool that we will continue to look at for various different countries. (The White House,2018)

这段话的大意是,美国对中国的制裁项目已经准备就绪,并且美国将把这种制裁运用到多个国家。"important"一词表面是说这一政策很重要,实际上体现了特朗普政府对于制裁政策的盲目自信与一以贯之,他将坚定不移地实施各种"反全球化"的措施,采用有悖于世界发展的方法,从而使美国利益最大化。近期,特朗普政府竟然无视中美几十年接触合作所带来的成果及必要性,并试图与中国经济"脱钩",中美经贸关系变得更加岌岌可危。可以说,2017—2020 年,自以为是的美国总统特朗普和国务卿蓬佩奥就是中美贸易战的始作俑者。

三、金融与商业 (money and commerce in industry)

在不同时期,美国对华经济政策呈现着不同的特点,但无论何时,这些经济遏制政策的背后都暗藏着美国霸权主义意识形态和单边主义思想。

例(10)Economic growth supported by free trade and free markets creates new jobs and higher incomes. It allows people to lift their lives out of poverty, spurs economic and legal reform, and the fight against corruption, and it reinforces the habits of liberty. We will promote economic growth and economic freedom beyond Americas shores. All governments are responsible for creating their own economic policies and responding to their own economic challenges. (The White House,2002)

这段话的大意是,自由贸易、自由市场可以促进就业、提高收入,有助于脱贫、促进经济增长、法律改革、抵制腐败、促进自由。政府有义务促进本国经济增长,应对本国经济挑战。这段话中出现了"allow" (允许)、

"spur"（激发）、"fight"（战斗）、"reinforce"（强化）等带有积极意义的词，是因为2001年中国刚刚加入WTO，而自由贸易、自由市场与WTO的宗旨是一致的，当时的美国提倡自由贸易，对自由贸易充满信心，因此也就更加接受与中国的合作与发展。

例（11）Through the Recovery Act, we recognized that making these big investments were also good for the economy and helping us get out of recession and could create jobs. So we made a big investment, and it turned out that we met our goals a lot quicker than we expected. (The White House, 2009)

这段话的大意是，通过经济恢复运动，美国政府意识到投资有利于经济发展，从而更好地走出经济衰退，创造就业，通过这种方式，美国能更快地恢复经济发展。"help"（帮助）、"good"（好）、"create"（创造）等词均是具有积极意义的词语。美国政府希望积极增加投资，促进经济增长，同时也努力寻求与他国的合作，促进本国经济的发展。奥巴马政府主张全球化、支持正当的自由贸易，积极推动与中国的经贸合作。虽然奥巴马政府旨在利用与中国的经贸合作来解决美国内部的经济衰退问题，但与激进的特朗普政府相比，这个时期的中美经贸合作总体趋于平稳。当然，我们必须清醒地意识到，奥巴马政府也实施了"亚太再平衡"战略。任何美国政府都不希望看到中国的地位和话语权超过美国。

例（12）The more the economy is growing, the more we can get it at three, four, five percent, the more the deficit goes down. That's just the best way to tackle the deficit is to grow the economy, put people back to work, create a deeper manufacturing base. (The White House, 2018)

这段话的大意是，经济发展得越好，就越有可能降低财政赤字。因此，解决赤字的最好方式就是促进经济增长，增加就业，改善基础设施建设。近几年，由于美国自身发展动力不足，美国对自身的经济发展感到十分焦虑。因此，其急于寻找新的经济发展方式，以重新恢复其"超级大国"的地位。美国采取了一系列方式，例如，实行贸易保护政策、增加基础设施投资和调整金融政策等。本例中的金融与商业隐喻表达了特朗普政府促进经济增长的决心，但实际上隐含着美国的霸权意识。一旦美国觉得自己的利益受损就会采取相应的外交政策，从而"使美国再次伟大"。特朗普政府认为，陈旧的基础设施拖累了美国的经济发展速度。因此，众多基础设施需要完善和重组，并且这可以提供更多的就业岗位。特朗普政府认为中国廉价的劳动力夺去了美国公民的许多就业机会。因此，增加美国的基础设施建设，更有利于发展美国经济，恢复美国的经济地位。

第五节　本章小结

通过 AntConc3.5.8 和 Wmatrix 工具，我们对 2001 年以来的美国政府对华经济政策话语进行了分析与研究，初步回答了以下一些问题：

美国政府在不同时期的对华经济政策分别呈现出不同的特点。随着经济全球化的逐渐深入，中美经贸往来愈来愈密切，无论是 2001—2009 年小布什时期，还是 2009—2017 年的奥巴马政府时期，抑或 2017—2020 年的特朗普时期。但是，在小布什时期中美是一种合作者的关系，奥巴马政府时期中美构建了战略型合作伙伴关系，特朗普时期则呈现了一种充满争议的"新常态"关系。特别是到了 2020 年，由于疫情和选举等众多因素，特朗普政府的所作所为导致中美关系恶化，中美双方经过长期艰苦地谈判达成的第一阶段经贸协议难以得到进一步落实。

对于中美经贸关系，美国政府总体呈现出一种遏制与合作共存的矛盾态度。随着中国经济的迅速发展，美国无法忽视中国的存在，美国与中国更多的还是一种合作关系，但是不同时期也存在着不同的冲突。

美国对华经济政策变迁的主要根源在于：无论双方的关系是合作还是对抗，美国对华经济政策的核心始终是"国家利益至上"。一旦美国觉得其利益受损，就会改变对华政策，并不顾一切寻找借口、制造国际舆论，试图为其无理的行为和政策披上合法化外衣。建国 240 多年的美国始终奉行这样的霸权主义思想。本研究聚焦的美国政府并不例外，对于中美经贸关系的出发点他们均采取"美国经济利益至上"的原则。不同政府采取了不尽相同的对华贸易政策也是为了最大化美国的经济效益。

不同时期的美国对华经济政策都旨在维护其国家利益，并且试图通过歪曲中国形象来维护美国的霸权地位。美国是世界上最强大的发达国家，具有强大的经济优势，美国动辄对华、对他国实行贸易保护政策，充分体现了美国的霸权意识：一旦美国觉得贸易不公，就会通过提高关税、实行所谓的反倾销政策等来阻碍中国的经贸发展。这种现象在近几年的中美贸易摩擦、中美贸易战中得到了更好的体现。美国的这些霸权政策也给中国提供了一定的启示。我们必须清醒地意识到：中美经贸关系固然存在很多不稳定性和不确定性因素，但问题与发展并存。中国要时刻提高警惕，做好应对、应急准备，不能对美国的对华政策怀抱幻想，也不必过分担心、害怕和彷徨。近年的人民币汇率、知识产权、市场准入问题等都是美国针对中国经济发展所采取的遏制措施。我们应该保持清醒的头脑，主动寻找对策、提前做好有关准备。害怕和退让、妥协和彷徨解决不了任何问题。对于美国，我们必须采取及时、有力、合理的反制措施，并通过多种手段与不同国家开展经贸合作，为中国经济发展寻找出路。无论如何，随着中国经济的不断发展，美国政府必然会认识到，中美经济将不断呈现互补性趋势，中美双方其实可以在互补的过程中努力消除分歧，共谋发展。无理的打击、遏制或报复吓唬不到中国。贸易战没有赢家。

通过对三个自建语料库中概念隐喻的统计分析，我们不难发现，美国政府为了自身的经济发展频繁使用大量不同的概念隐喻来表达同一个主题或话语偏见，即中国的经济发展劣于美国的经济发展，美国的经济发展模式才是世界上最好的。当然，不同时期的隐喻词汇呈现了不同的特点。例如，小布什时期前期主要采取强硬的态度，奥巴马政府时期体现了话语控制，特朗普时期利用情感隐喻，表达其对中国经济政策的无端指责。各个时期美国政府采取不尽相同的对华政策，本质上都源自对中国崛起的担忧，担心美国的霸权地位受到挑战。

第七章

国外涉华军事话语的态度系统研究

第一节　引言

　　军事战略是国家军事领域的顶层设计与规划，是由国家战略利益决定的，它不仅涉及使用武力的政策，还会涉及威胁武力的政策。一个国家的军事政策是国家意志的集中体现，这取决于国家安全的利益以及国家所拥有的能力。中国和美国都是世界上极具影响力的大国，中美能否友好相处，影响的不仅是两国之间的双边关系，更会影响到亚太地区，甚至是全球其他的敏感地带，中美能否友好相处，牵动着全球的安全格局。美国对华军事政策的实质就是美国对华总政策在其军事领域的集中反映，美国想要通过使用武力或者威胁使用武力的方式来保证其对华政策目标最有效地实现。美国对华军事政策形成于冷战时期，目前已有一个相对稳定的构架，这个构架或多或少都会受到中国对外策略以及其他因素的影响，对于美国对华的军事政策，各国有各国不同的看法，如何加强美国对中国有正确的认识也促使我国对美国的认识更加的客观，这就需要全方位的研究。

　　评价系统理论自从出现以来也受到了国内外一些学者的关注，也从不同的视角对此进行了分析，澳大利亚语言学家马丁（J. R. Martin）进一步发展了系统功能语法，在其原有的基础上创造性地提出评价系统理论。2001 年，著名学者王振华在其论文中较为系统地阐明了评价系统理论的框架以及其运作过程。王振华指出：评价系统的中心是"系统"，焦点是"评价"，语言则是干系统的"手段"，透过对语言的分析，评价语言使用者对事态的立场、观点以及态度。①

鉴于此，本研究收集了美国智库以及美国政府网站涉及对华政策的文献共计162135字，从评价系统中的态度系统出发，创建小型标注语料库，从文献的"语言"中来更加客观地分析和解读国际关系中两国之间的战略利益定位，客观揭示两国军事发展过程中的冲突，并进一步地拓展话语分析研究的理论视野。

第二节　研究设计

一、研究对象

本章选取的对象是美国政府官方文件（共计69556词）以及美国智库涉华研究报告（共计92579词）。

二、研究问题

通过对选取语料的汇总分析，本研究旨在研究解决以下问题：
①美国政府对华军事政策的态度资源使用特点是什么？
②美国智库对华军事政策的态度资源使用特点是什么？
③这些态度资源构建了怎样的中国军事形象？

三、研究方法

研究方法采用的是定量研究和定性研究相结合的方法，定量研究主要应用于解析态度资源的分布情况及其均衡情况；定性研究旨在分析态度资源分布情况的原因及其意识形态的意义。

---

①　王振华. 评价系统及其运作——系统功能语言学的新发展［J］. 外国语（上海外国语大学学报），2001（6）：14.

四、研究过程

第一步：语料搜集

从美国政府网站下载有关于美国智库与美国对华军事政策的文献。

第二步：对语料进行标注

进入北外在线语料库下载 BFSU Qualitative Coder1.1 标注工具对相关语料进行标注，软件界面如图 7.1。该标注系统第一栏是介入子系统，第二栏是态度子系统，第三栏是级差子系统，由于本研究只对态度子系统进行研究和讨论，故标注时只需要标注第二栏的系统内容，即情感、判断以及鉴赏的频次。具体步骤如下，打开需要标注的文献的 TXT 文档，点击 "Codelist01 - appraisal"，随后对相应的表达进行相应的标注。标注的具体操作为选定所需要标注的单词，点击标题栏中第二栏的情感、判断和鉴赏，或者右击鼠标选择下拉菜单中的情感、判断和鉴赏。

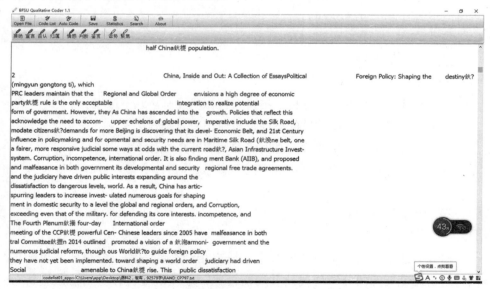

图 7.1 BFSU Qualitative Coder 1.1 操作界面

第三步：数据统计

全部标注完成之后，借助 AntConc 软件分别统计美国政府文献和报告中情感、判断和鉴赏的频次，软件界面如图 7.2 所示。导入所有的 TXT 文件，输入 "ATT-APP"（鉴赏）或 "ATT-AFF"（情感）或 "ATT-JUD"（判断）

点击"Case"和"Start"来检索各个组件元素出现的频次，重复该步骤，得出所有的数据。

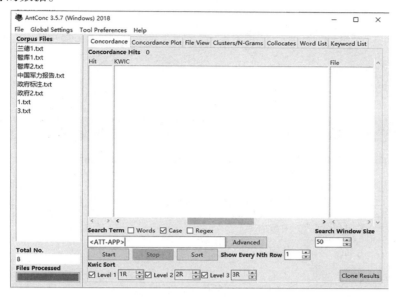

图7.2　AntConc 操作界面

第四步：数据处理

进入北外语料库在线，下载 Loglikehood and Chi-square Caculator 1.0，对数据进行统计，统计软件界面如图 7.3 所示。第一行为语料库的总字数，第二行是各个组件元素出现的频次，分别输入相应的数据并点击"Calculate"（计算）开始统计，然后重复以上步骤，得出相应的所有的数据。检验结果中的卡方值及 log likelihood 值，如果该值为负值，那就说明第一个数据小于第二个数据，需将两个数据置换。P 值即图中的 significance 值，所以当 $P>0.05$ 时，表示两者差异性不显著；当 $0.01<P<0.05$ 时，表示两者之间差异性显著；当 $P<0.01$ 时，表示两者之间差异性极为显著。

第三节　结果与讨论

借助 AntConc 软件统计得出美国智库和美国政府中的三个态度子系统的各自的使用频率，并对这些标注的内容进行了正面和负面的划分，得出了以下的数据（见表 7.1）。

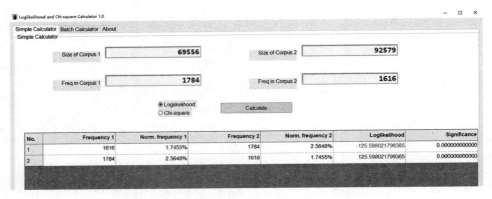

图 7.3　**Loglikelihood and Chi-square Calculator**

表 7.1　美国政府与美国智库的态度子系统分布情况

次数	美国政府			美国智库		
	正面	负面	总计	正面	负面	总计
情感	107	271	378	119	74	193
判断	536	699	1235	554	386	940
鉴赏	1257	527	1784	1189	427	1616
合计	1990	1497	3397	1862	887	2749

（注：数据仅限于研究中，正面与负面为个人判断，有待进一步证实。）

借助 Loglikehood and Chi-square Calculator 软件对统计数据进行卡方检验得出以下结果，见图 7.4 和图 7.5。

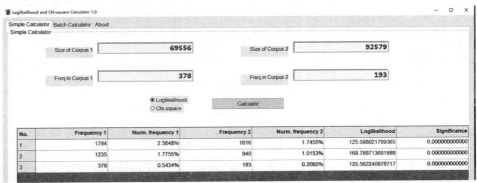

图 7.4　横向卡方检验结果

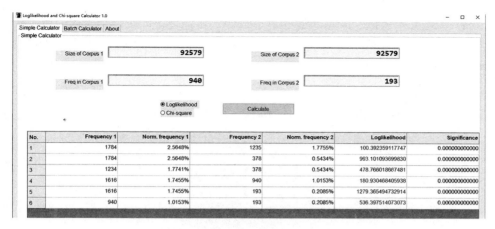

图 7.5　美国智库的态度子系统纵向对比

为了判断美国智库和美国政府对华军事政策态度系统的分布情况，对 AntConc 软件统计得出的数据进行了卡方对比，其中涉及了横向以及纵向的对比，即美国智库和美国政府之间的态度子系统的横向对比和美国政府中态度子系统的纵向对比。

一、美国政府文件中态度子系统的纵向对比研究及归因

表 7.2　美国政府中态度子系统的纵向对比研究

态度子系统	正面	负面	合计
情感	107 28.3%	271 71.7%	378 11%
判断	536 43.4%	699 56.6%	1235 36%
鉴赏	1257 70.4%	527 29.6%	1784 53%
合计	1990 58.5%	1497 41.5%	3397 100%

如表 7.2 所示，其中，情感元素的使用次数为 378，占态度子系统总量的 11%；判断元素共使用 1235 次，占总量的 36%；鉴赏元素的使用次数为

1784，占总比的53%。另外，在情感元素中，正面评价的次数为107，占总数的28.3%；负面评价次数为271，占总数的71.7%。判断元素中，正面评价次数为536，占总数的43.4%；负面评价总共699，占总数的56.6%。鉴赏元素中，正面评价总共1257次，占总数的70.4%；负面的评价总共527次，占总数的29.6%。从图7.6中可以清晰地看出各个元素分布的差异。

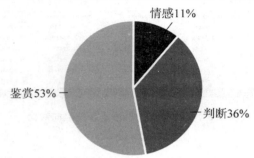

图7.6　美国政府报告的态度子系统分布情况

　　根据图7.6可知，鉴赏子系统占比最大，情感子系统占比最小，判断子系统居中。为了更加清晰地了解这三个态度子系统在语料库中的分布情况，我们使用Loglikelihood and Chi-square Calculator卡方检验工具进行统计分析，看看各个子系统在同样的语料库中是否存在统计学意义上的显著性差异。再将美国政府对华军事政策相关语料中三个态度子系统的频次导入软件，得到有关卡方检验的结果见表7.3。

表7.3　美国政府对华军事政策的态度子系统纵向对比

态度系统	Chi-square	Significance
情感和判断	478.76501068	0.00000000
情感和鉴赏	993.10109380	0.00000000
判断和鉴赏	100.39235911	0.00000000

　　根据表7.3中的数据可以看出每个卡方检验的 P 值（$P<0.01$），这就表明在美国政府对华军事政策语料库中，三个态度子系统在统计学上有显著的差异。

鉴赏系统涉及对事物和现象的评价①，成为美国对华军事政策话语中主要的评价维度。军事报告中涉及许多对中国军事、周边地区军事部署以及美国对华军事问题的评价，而对中国军事问题的评价需要借助大量的形容词，当然也不乏表达美方态度的其他词汇。鉴赏系统占比最高，说明美国政府对华军事政策的评价和分析更多。如研究报告中"threatening"（威胁的）、"menacing"（威胁的）、"expansionary"（刺激经济扩张的）等词均表达了美国较为负面的评价。除了美国对华军事战略框架的构建外，美国政府报告中还包含很多关于美国对华军事战略未来走向、调整的一些论述，其中也包括一些判断元素，从道德和法律的层面来评判一个军事事件或者相关国家的军事行为。

从分析中我们可以看出，美国政府对华军事政策话语中存在许多态度资源，这就说明美国政府对中国军事的关注度极高，其对中国的战略取向有着长期的跟踪，这就使得中国的军事战略在美国眼里更加透明。但从分析结论中不难看出，美国所认知的威胁，除了所谓的"恐怖主义""无赖国家""失败国家"以外，美国对于未来可能出现的大国挑战也是尤为担忧。随着中国的崛起，中国也在其战略考量中占有了尤为重要、尤为突出的位置，美国已经明确地将中国认定为其潜在的竞争对手。但是从报告中也可以看出美国对华军事战略也有其局限性，虽然美国具有很大的军事优势，但是凡事不能一味地依靠武力解决问题，美方需要谋求与中国的合作，毕竟美国总体实力其实是处于一种下滑状态，美国也很难支撑全球战略平衡的压力。所以，在美国对华军事战略报告中，美国对中国军事问题的评价和剖析仍然保留一定的理性和克制。

二、美国政府和美国智库报告中态度子系统的横向对比及归因

在上一节中，我们纵向分析了美国政府对华军事政策中的三个态度子系统，本节我们将对美国政府和美国智库这两个语料库中的态度子系统进行横向分析，从而了解美国政府和美国智库这两个语料库在态度系统的使用中是否存在统计学意义上的显著性差异。为了达到这个目的，我们依旧进行卡方检验，来对表中的数据进行对比分析。下述研究中将分别对这三个态度子系

① MARTIN J R. Beyond Exchange：Appraisal System in English ［C］//WANG Z H. The Collected Works of Martin J R. Shanghai：Shanghai Jiao Tong University Press，2000：203－245.

统进行对比分析。通过比较，才可以更好地了解到美国对华军事政策中态度系统的异同。经过卡方检验，得到了表7.4。

表7.4 美国政府和美国智库报告中的态度子系统对比分析

政府与智库的态度系统	Chi-square	Significance
情感	125. 50862179936	0. 00000000
判断	168. 78871361980	0. 00000000
鉴赏	125. 56224087871	0. 00000000

根据表7.4的数据，我们看到，两个语料库的情感、判断与鉴赏子系统具有统计学意义上的显著性差异（P 值<0.01）。

原因可大致归纳如下：

首先，在如何看待中国的军事与安全发展方面，美国智库和美国政府并不完全一致。美国智库如兰德公司、布鲁金斯学会等中国问题研究专家一直关注中国的军事政策和国防建设，经常发布研究报告，对中国的军力发展状况进行分析和报道，目的就是提醒美国政府注意中国军事动向，制定相应的对华政策。虽然美国的军事实力较强，但对于中国和俄罗斯这样的大国，一旦其有什么军事动作，美国智库立刻会警觉起来。所以，他们会及时撰写研究报告，夸大事实并提醒美国政府做好应对准备。

其次，在对华军事政策方面，兰德公司等美国智库可能会故意夸大或贬低中国的军事实力。虽然和美国政府一样，他们对美国自身的军事力量和核威慑是比较自负的。但是，在对华军事政策问题上，他们的态度差异较为明显。美国政府可能会为了自己的政治目的和决策需要，在不同场合故意歪曲事实，并极力渲染所谓的"中国威胁"，为发动对外战争或制定某种决策寻找合法化外衣。小布什政府为了发动对伊拉克的战争，恶意编造萨达姆政府所谓的制造生化武器，事实证明一切纯属子虚乌有。因此，当美国政府制定对华军事政策时，美国智库反而会更加趋于冷静，煽风点火不是智库专家所为。

最后，兰德公司一直关注中国大战略，在其最新的长达150页的研究报告《中国大战略：趋势、发展轨迹和长期竞争》中，他们提出，未来30年中国在跨越坎坷和不利基础上崛起是可能的，中国和美国之间的关系最大可能是长期的、复杂的竞争与对抗关系。该报告预测到21世纪30年代中期，中国可能有能力在广泛的冲突领域展开竞争。报告建议美国陆军必须有能力在不同的争议点对危机或突发事件做出快速反应，并发展和加强常规延伸威慑训练，以防竞争变成冲突，建议美国进一步加强海上和空中力量，以有效抑制中国发展。尽管如此，在《与中国开战——想不敢想之事》（*War with China*：*thinking through unthinkable*）（2016）这一研究报告中，虽然兰德公司列举了南海、朝鲜、台海等五个可能引发战争的因素，但其研究结论较为客观，值得思考，即中美开战没有赢家，反而会给双方带来巨大损失。其实，兰德公司曾发布《解读中国的大战略：过去、现在与未来》（2000）研究报告，该研究从历史、经验和理论的角度全面解读中国的安全战略，认为中国的崛起可能会致使国际体系内的巨大权力转移，可能挑战美国作为全球重要安全供应者的角色，建议美国政府做好应对中国崛起的准备，以维护美国的国家利益。在这一点上，美国智库和美国政府的对华态度可能迥异。当美国政府好战时，智库会偏向于泼冷水；一旦美国政府放松对中国的警惕时，美国智库往往会故意渲染中国"威胁"。这也可以一定程度上解释为何在对华军事问题上本章的两个语料库中态度子系统具有统计学意义上的显著差异。

当然，这并不意味着美国智库和美国政府没有意见一致的时刻，考虑到可能的标注误差和语料库偏小等原因，本章的卡方检验结果只能初步解释本研究的初步发现。如果进一步丰富语料，并确保标注的精确性，也许我们会有不一样的发现。

第四节　美国政府和智库的安全政策话语态度系统分析

一、情感系统

例（1）China has sometimes been **willing** to compromise with and even offer concessions to its neighbors. Since 1998, China has settled 11 land-based territorial disputes with six of its neighbors. (Annual Report to Congress：Military Power of the People's Republic of China, 2017)

例（1）中的黑色粗体文字可译为"愿意"，这个短语属于情感系统中的一个非现实型的维度。这句话的大意为：中国有时愿意向邻国妥协甚至是做出相应的让步。自从1998年开始，中国已经与六个邻国解决了11期陆地领土争端问题。这就说明中国在处理国际问题中一直是以和平、正确为主要方式的，在2017年的美国对中国军力报告中，美国政府也是为中国树立了一个较为正面的形象。

例（2）China's military leaders **want** to achieve mechanization and to make "major progress" toward informatiation by 2020, ahead of the first centenary goal. They also seek to reach a goal of "modernization," an unclear **objective** possibly tied to a peer capability with the U. S. military, by the second centenary goal in the middle of this century. (Annual Report to Congress: Military Power of the People's Republic of China, 2017)

例（2）中的第一个粗体部分中文译为"想要"，是属于情感系统中的一个非现实型维度；第二个粗体译为"客观的"，是属于情感系统中的一个现实型维度。本句大意为：中国军方领导人想要在第一个百年奋斗目标实现之前，到2020年实现机械化，并在信息化方面取得重大进展。他们还在寻求在21世纪中叶实现第二个百年奋斗目标，实现现代化目标，这一个目标尚不太明确，这可能与美方的军方实力相关联。这就说明美国政府对中国军力的认识是很客观、很现实的，中国军力和美国军力在美国政府看来也是有比较性和关联性的。

例（3）China very likely uses its intelligence services and employs other illicit approaches that violate U. S. laws and export controls to obtain key national **security** and export - restricted technologies, controlled equipment, and other materials unobtainable through other means. (MILITARY EQUIPMENT MODERNIZATION TRENDS)

例（3）中的粗体文字译为"安全"，属于情感系统中的现实型维度。本句的大意为：中国极有可能利用其情报服务，并采用其他违反美国法律和出口管制的非法手段，获取国家安全关键技术和出口限制技术、受控设备以及其他无法通过其他途径获得的材料。说明美方误解中方正在通过一些不法手段来为中国提供情报服务。这不仅是一种典型的话语偏见和隐性控制，还是一种赤裸裸的对华舆论战，值得我们高度警惕和批判。

二、判断系统

例（4）China's NFU pledge consists of two stated commitments: China will never use nuclear weapons first at any time and under any circumstances, and it unconditionally undertakes not to use or **threaten** to use nuclear weapons against any non-nuclear-weapon state or in nuclear-weapon-free zones. (Annual Report to

Congress：Military Power of the People's Republic of China，2017）

例（4）中的粗黑体部分译为"威胁"，该词应当是属于判断系统中的正当维度。本句大意为：中国承诺包括两项内容，分别为中国在任何时候和任何情况下都不会首先使用核武器，并且无条件承诺不对任何无核武器国家或无核武器区使用或威胁使用核武器。说明中方无论在任何情况下都在强调和平，中国虽然拥有核武器，但不会主动对任何的国家和地区造成威胁。

例（5）China's long－term goal is to create a wholly indigenous defense－industrial sector，augmented by a **strong** commercial sector，to meet the needs of PLA modernization efforts and compete as a top－tier supplier in the global arms trade.（Annual Report to Congress：Military Power of the People's Republic of China，2017）

例（5）中的粗黑体译为"强大的"，应当属于判断系统中的才能维度。该句大意为：中国的长期目标是建立一个由强大的商业部门加强的完全自主的国防工业部门，以满足解放军现代化建设的需要，并在全球军火贸易中作为顶级供应商进行竞争。

三、鉴赏系统

例（6）The LM－5 is to become China's new heavy－lift SLV，launching up to 25，000 kg into low Earth orbit and will play an **important** role in the assembly of the Chinese Space Station starting around 2018.（Annual Report to Congress：Military Power of the People's Republic of China，2018）.

例（6）中的粗黑体部分译为"重要的，要紧的"，该词应当属于鉴赏系统中的价值维度。整句译为：长征5号将成为中国新的重型单程运载火箭，发射高达25000千克的运载火箭进入近地轨道，并将在2018年左右开始的中国空间站组装中发挥重要作用。这说明中国航天事业的发展是在稳步上升的，中国的航天能力是不容置喙的。单看本句，我们看不出美国的任何负面评价，但结合上下文语境，大家自然明白美国表面在客观描述中国的航天技术，实际上是为了隐蔽地渲染中国的导弹发射能力和攻击力。

例（7）Leading－edge Technologies. China has identified certain industries and technology groups with the **potential** to provide technological breakthroughs，to remove technical obstacles across industries，and to improve international competitiveness.（MILITARY EQUIPMENT MODERNIZATION TRENDS）

例（7）中的粗黑体译为"有潜力的，潜在的"，属于鉴赏系统中的价值维度，本句大意为：领先的技术。中国已经确定了一些有潜力提供技术突破、消除跨行业技术障碍、提高国际竞争力的行业和技术集团。本句反映了美国政府对中国领先技术的担忧，对中国核心竞争力的戒备和防范。

例（8）China invests considerable resources to maintain limited but survivable, nuclear force to ensure that the PLA can deliver a **damaging** responsive nuclear strike. Press accounts suggest that China may be enhancing peacetime readiness levels for these nuclear forces to ensure responsiveness. (CYBER ACTIVITIES DIRECTED AGAINST THE DEARTMENT OF DEFENSE)

例（8）中粗体可译为"破坏性的"，应当属于鉴赏系统中的反应维度，本句的大意为：中国投入大量资源维持有限但可生存的核力量，以确保中国人民解放军能够实施具有破坏性的、响应性的核打击。有新闻报道表明，中国可能正在提高这些核力量在和平时期的战备水平，以确保反应能力。这说明中国拥有足够的实力来支撑中国核力量的发展，中国的核力量水平也在不断地提升。从美国对中国核武器方面的分析和描述中可以看出，美国对于中国军力的发展还是较为警惕的。其实，美国一直将中国视为自身的重大威胁之一。

例（9）Specific examples include advanced computing, **essential** for weapons design and testing; industrial robotics, potentially **useful** for **improving** weapons manufacturing; new materials and electric power equipment, which could contribute to **improved** weapon systems; next generation information technology, which could enable improved C4ISR and cyber capabilities; commercial directed energy equipment, which could contribute to the development of directed energy weapons; and artificial intelligence, which could contribute to next－generation autonomous systems such as missiles, swarming technology, or cyber capabilities. (Annual Report to Congress：Military Power of the People's Republic of China, 2018)

例（9）中的黑体可以译为"有用的""必要的""改进"，属于鉴赏系统中的价值维度。本句大意为：具体实例包括，先进的计算技术，对武器设计和测试至关重要；工业机器人技术，对改进武器制造可能有用；新材料和电力设备，有助于改进武器系统；新一代信息技术，能够提高 C4ISR 和网络能力；能够促进定向能武器发展的商用定向能设备；能够促进下一代自主系统（如导弹、密集技术）的人工智能或者网络能力。美国看似在肯定中国，实际上在隐蔽地建构所谓的"中国军事威胁"，居心叵测。

例（10）Some of these disputes involve U. S. allies with whom there exist **longstanding cooperation and security treaty commitments or strategic partners with whom there is a rapidly growing** security relationship. （DEVELOPMENTS IN CHINA'S TERRITORIAL AND MARITIME DISPUTES）

例（10）粗体分别译为"长期的""越来越多的，增长的"，应当属于鉴赏系统中的价值维度。本句大意为：其中一些争端涉及与之存在长期合作和安全条约承诺的美国盟友，或与之存在快速增长的安全关系的战略伙伴。美国通过褒义性形容词影射和批评中国，恶意建构所谓的"领土和军事纠纷"，并隐蔽地指责中国"背信弃义"。所谓司马昭之心路人皆知，这样的所作所为其实是美国自己的真实写照。

第五节　本章小结

本章以评价理论的态度系统为理论框架，以语料标注为主要手段，借助AntConc 和 Loglikelihood and Chi-square Calculator 等相关软件作为数据收集的主要工具，并且结合图示和具体案例分析，讨论并阐释了美国政府与美国智库涉华政治话语中的态度资源使用特点及其动因。初步发现美国对华军事战略的选择以美国的国家利益为根本依据，美国的目的是保存自身的实力，为未来做好充分的准备。美国政府和智库虽然偶尔把中国塑造成一个偏向和平与友善的中立国形象，但遏制中国发展始终是美国对华军事战略的主要基调。因为美国一直将中国视为自身的巨大威胁。美国对华军事政策虽然不断地随着大环境的变化而改变，但无论怎么改变，这些对华政策均旨在满足美国自身的战略需求，从而应对来自中国的所谓"威胁"，以防中国对其世界主导地位的挑战。

本章从评价理论的态度系统出发，对美国对华军事政策话语进行了基于语料库的批评性分析，获得了一些有价值的发现，也进一步验证了批评话语分析理论的实践价值。希望本研究可以给未来研究者提供一定的启迪和参考。

当然，本章仍然具有一定的局限性。第一，语料库标注仅仅由一人完成，标注的准确性还有待进一步加强和验证；第二，由于篇幅限制，本章的案例分析还可以进一步深化。

第八章

国外涉华贸易保护话语的批评性分析

第一节 引言

中美贸易关系是当今最为重要的双边经贸关系之一。作为世界上最大的发展中国家和最强的发达国家，中美两国的贸易往来由来已久。随着中国1987 年改革开放的不断深入和 2001 年中国加入 WTO，两国间的贸易飞速发展，美国的对华贸易政策也出现了显著的变化。贸易政策作为美国外交政策内容之一，不仅涉及经济问题，还涉及政治问题。中美贸易关系与其说是中美经济利益关系的反应，不如说是政治关系的"显示器"。美国是当今世界上贸易理论研究和贸易政策运用最具特点和最为领先的国家（沈剑平，2003）。美国对外贸易政策根据对外贸易实践要求和国家利益的需要而不断调整，在美国的战后贸易政策变化中，始终贯穿着自由贸易主义和贸易保护主义之间的斗争，但其基本理念是"互惠"（张继民，2007）。自 20 世纪 80 年代以来，美国的贸易政策经历了从贸易保护主义到自由贸易主义，又从自由贸易主义回到贸易保护主义的过程，这实际上是美国从本国利益出发，选择最有利于自己的贸易政策的结果（张庆萍，2006）。

贸易保护主义是相对于自由贸易主义而言的，在大多数人眼中它是一个贬义词，其实根据《现代汉语词典》关于"主义"一词的解释，所谓的贸易保护主义实际上是对贸易保护问题所持有的一种系统的理论和主张，以及因此而实行的一种政策体系，它是一个中性的概念。

许多发达国家在发展经济的过程中都或多或少地实施了贸易保护政策，美国也不例外。自关税和贸易协定达成以及中国加入 WTO 之后，关税这种贸易保护的主要措施逐渐退出，各种非关税的贸易保护措施流行了起来。例如，进口配额限制、进口许可证、出口补贴、反倾销、反补贴以及技术性贸易壁垒和卫生环境壁垒，等等。美国的贸易保护手段多样，在频繁使用反倾销、反补贴、出口管制等手段的同时，知识产权保护、技术壁垒等新型贸易壁垒的应用也不断扩张。

改革开放以来，特别是中国 2001 年加入 WTO 以后，中美贸易摩擦不断，美国政府为了自身的国家利益，不同程度地对华采取贸易保护政策，引起了学界的高度关注。国内外学者从不同视角对美国对华贸易保护政策话语进行研究。但多数研究来自历史学、外交学、传播学、国际政治学等传统视角，语言学视角下的相关研究不够丰富。尤其是，基于语料库的美国国外涉华贸易保护话语的批评性分析研究成果较为少见。从语义韵视角进行相关研究的成果更为稀缺。

在语言的使用中，某些词语容易呈现一种与众不同的搭配倾向性，它们会习惯性地吸引某些具有相同或相近语义特点的词项，与之形成搭配或实现"共现"，这就是语义韵。语义韵是一种特殊的词语搭配现象，可以反映话语特点。对于语义韵的分类，目前最常见和流行的是三分法。斯塔布斯从功能的角度将语义韵划分为积极、中性和消极语义韵三类。① 积极语义韵是指词语与具有积极语义特点的词语搭配；而消极语义韵的搭配词几乎都具有消极语义特点；中性语义韵词语也被称为错综语义韵，既可以与具有消极意义的词语"共现"，也可以与具有积极意义的词语实现"共现"。

鉴于此，本章以美国政府对华贸易保护政策为基础创建语料库（共计23116324 字符），并从批评话语分析视角出发，对 1978 年以来的美国政府对华贸易政策话语开展基于语料库的语义韵分析，旨在深刻揭示美国对外政策的新变化及政治话语背后隐藏的话语霸权、政治操纵、话语偏见等意识形态，从而提高读者的跨文化语篇鉴赏和批判性阅读能力，并为相关领域的研究者提供参考。

第二节 研究设计

一、研究工具

本章的主要研究工具是 AntConc3.4.4 分析软件，我们使用了其中的五个主要功能。Wordlist 工具可以检索出在文本中出现频率大于等于 1 的单词，并

---

① STUBBS M. Text and Corpus Analysis [M]. Oxford：Blackwell, 1996：176.

按频率由高到低对所出现的单词进行顺序排列。关键词是指统计意义上拥有特殊频率的词。Keyword list 能统计与关键词相关的搭配词在文本中出现的频率。Concordance 索引分析工具是语料库语言学的核心，它可以让我们看到文本中许多重要的语言形式。[①] Collocate 工具则用于体现搭配词。卫乃兴认为，"搭配力大小反映的实际上就是搭配的意义或显著性的大小。搭配力越大，搭配的意义就越大"，"搭配力一般以 Z 值（Z-score）或 T 值（T-score）表示"。[②] Cluster 工具用于发现词丛。

二、研究问题

本章拟通过大量的数据统计和文本分析回答以下几个问题：
①在不同历史时期，美国对华贸易政策呈现怎样的特征？
②美国如何评价中国和中美贸易？美国建构了怎样的中国贸易形象？
③美国对中国贸易形象建构的最终目的或深层原因何在？

第三节　结果与讨论

一、语料来源与描述

本研究从美国贸易代表办公室网站、美国商务部网站、美国贸易委员会网站和美国司法部网站上收集 1978—2015 年美国对中国采取的反倾销、反补贴、出口管制等多种贸易保护政策及法案等政府文件共 456 篇，计 23116324 词。将其分为 1978—1988 年，1989—2000 年，2001—2008 年，2009—2015 年四个阶段，分类主要依据不同时期美国对华贸易的主题。1978—1988 年，文章 22 篇，计 2285534 词；1989—2000 年，文章 40 篇，计 3167526 词；2001—2008 年，文章 167 篇，计 6447980 词；2009—2015 年，文章 227 篇，计 11215284 词。

---

① SINCLAIR J. Corpus, Concordance, collocation [M]. Oxford：Oxford University Press, 1991：74-75.
② 卫乃兴. 词语搭配的界定与研究体系 [M]. 上海：上海交通大学出版社，2002：156.

从上述数据我们可以看出，美国政府对华贸易保护政策呈现明显上升趋势。对此，我们可以通过历史因素来解释。中美经贸关系正常化以来，美国对华贸易政策一直处于动态调整过程中。梁碧波（2006）、林玲和刘恒（2003）、孟猛和郑昭阳（2006）等都认为1989年、2001年在美国对华贸易政策演变中具有分水岭的意义。1978—1988年，美国对华贸易政策的主题是解冻、合作、发展，美国政府采取一系列有利于中美经贸关系发展的政策。1989年以后，中美政治关系和经贸关系发展的轨迹有所变化，美国政府对中国采取经济制裁措施和遏制政策。在克林顿政府时期，美国开始对中国实行"全面接触"的战略，对华贸易政策从施压、要挟、博弈转变为包容、合作、发展，并且积极支持中国加入WTO。2001年至2008年，是小布什总统执政时期。"接触"与"遏制"并存是这一时期美国对华贸易政策的主要特征。2001年发生的"9·11"事件重塑了国际政治和经济格局，而在同一年中国加入WTO使得美国对华贸易政策越来越多地受到多边贸易体系的制约，美国对华贸易政策由年初的"限制性地接触"、施压、对抗转变为包容、合作。2008年由金融危机引起的经济衰退使美国国内需求下降、制造业萎缩，从而引发的失业增加和经济萧条等让美国贸易保护主义重新显现。2009年至2015年，是贝拉克·奥巴马执政时期。张建新（2009）、马光明和赵锋（2010）认为，奥巴马时期美国的对华贸易政策似乎是以"稳健、理性和务实"为主。

二、词表分析

Wordlist工具能将单词按照频率大小进行排序，我们能够清楚地看出每一历史时期美国政府对华贸易政策的关注点所在，从而深入探究其缘由和影响。

（一）词表频率分析

通过对1978—2015年语料库排名前150的高频词word list统计可以看出（见图8.1），美国政府报告中虚词的使用频率很高，例如，"the""of""and""to""in"等。功能词没有单独完整的词汇意义，在句中起到衔接作用。它们非常清楚地呈现句子内部以及整个语篇的逻辑关系。除虚词外，名词和形容词等实义词出现的频率也非常高，例如，"imports"（进口）、"trade"（贸易）、"product"（产品）、"market"（市场）、"WTO"（世界贸易组织）、"economic"（经济的）、"goods"（商品）、"services"（服务）等与经济相关的词。但也出现了"investigation"（调查）、"duty"（关税）、"antidumping"

（反倾销）等词，可见美国政府贸易保护手段之多样。“commission”（委员会）、“federal”（联邦的）、“government”（政府）等词语说明美国对华贸易保护政策的制定涉及美国政府的各个职能部门。

Word List Results 1

Word Types: 71665 **Word Tokens:**

Rank	Freq	Word	Rank	Freq	Word	Rank	Freq	Word
1	11907	the	26	76621	united	51	43742	which
2	79092	of	27	73974	commission	52	42358	has
3	62684	and	28	72691	not	53	42177	than
4	51755	in	29	70363	trade	54	40440	also
5	50041	to	30	68566	be	55	40310	c
6	27816	s	31	65535	this	56	36897	may
7	26006	a	32	62925	other	57	36473	total
8	20938	that	33	60631	product	58	36292	year
9	20730	for	34	58739	producers	59	35899	their
10	17329	on	35	57839	i	60	35628	price
11	16867	from	36	55829	its	61	35612	review
12	16486	u	37	54493	an	62	35092	information
13	13283	at	38	53741	industry	63	34380	cr
14	12857	by	39	53413	table	64	33928	pr
15	12762	is	40	52010	market	65	33725	during
16	12027	as	41	50614	were	66	33372	steel
17	11697	or	42	50525	was	67	33100	b
18	10338	with	43	49900	production	68	33023	will
19	99457	are	44	47529	data	69	32887	period
20	99049	percent	45	47512	have	70	32642	ii
21	97949	imports	46	45915	these	71	32136	no
22	88153	china	47	45479	it	72	31972	we
23	82941	domestic	48	44832	products	73	31608	under
24	77748	subject	49	43828	all	74	31471	investigation
25	76910	states	50	43763	reported	75	31276	january

图 8.1a　美国对华贸易保护政策话语排名前 150 的高频词（1978—2015 年）

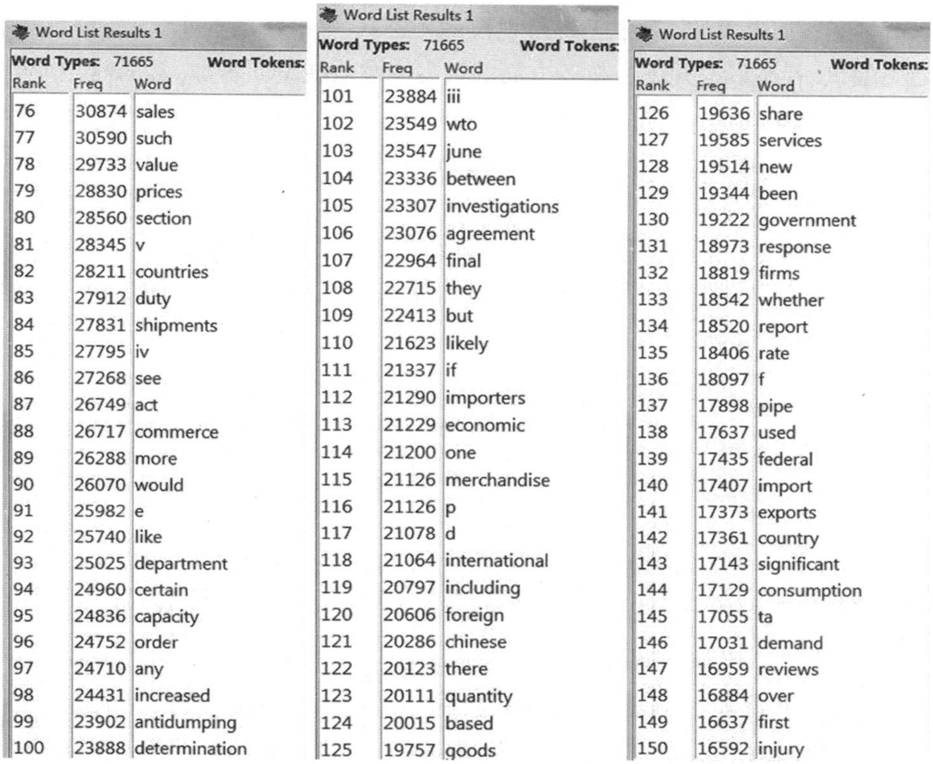

Word List Results 1

Word Types: 71665 Word Tokens:

Rank	Freq	Word	Rank	Freq	Word	Rank	Freq	Word
76	30874	sales	101	23884	iii	126	19636	share
77	30590	such	102	23549	wto	127	19585	services
78	29733	value	103	23547	june	128	19514	new
79	28830	prices	104	23336	between	129	19344	been
80	28560	section	105	23307	investigations	130	19222	government
81	28345	v	106	23076	agreement	131	18973	response
82	28211	countries	107	22964	final	132	18819	firms
83	27912	duty	108	22715	they	133	18542	whether
84	27831	shipments	109	22413	but	134	18520	report
85	27795	iv	110	21623	likely	135	18406	rate
86	27268	see	111	21337	if	136	18097	f
87	26749	act	112	21290	importers	137	17898	pipe
88	26717	commerce	113	21229	economic	138	17637	used
89	26288	more	114	21200	one	139	17435	federal
90	26070	would	115	21126	merchandise	140	17407	import
91	25982	e	116	21126	p	141	17373	exports
92	25740	like	117	21078	d	142	17361	country
93	25025	department	118	21064	international	143	17143	significant
94	24960	certain	119	20797	including	144	17129	consumption
95	24836	capacity	120	20606	foreign	145	17055	ta
96	24752	order	121	20286	chinese	146	17031	demand
97	24710	any	122	20123	there	147	16959	reviews
98	24431	increased	123	20111	quantity	148	16884	over
99	23902	antidumping	124	20015	based	149	16637	first
100	23888	determination	125	19757	goods	150	16592	injury

图 8.1b 美国对华贸易保护政策话语排名前 150 的高频词（1978—2015 年）

（二）词表对比分析

表 8.1 对比了四个时期的语料中出现的高频词。我们可以看出在这四个阶段中，高频率词有很大的重复率，由此得知美国对华贸易保护政策的某些关注点保持不变，如“trade”（贸易）、“goods”（商品）、“product”（产品）、“market”（市场）、“services”（服务）、“investment”（投资）等方面。但是由于国内外政治经济环境的更迭，美国对华贸易政策就呈现出了不同的阶段性特点。从“growth”（增长）、“exports”（出口）等词可以看出 1978—1988 年这一时期中美贸易的主题是合作和发展。20 世纪 80 年代末的东欧剧变和苏联解体标志着前社会主义阵营的瓦解，国际形势的突变对美国贸易政策的制定产生了一定影响。具体而言，美国在发动对华贸易摩擦时除了采取传统的关税政策之外，也逐渐加大了技术性贸易壁垒和绿色贸易壁垒等手段的使用，从而达到限制对华出口，保护美国自身利益的目的。这一点可以由表 8.1 中“economic”（经济的）、“tax”（关税）、“health”（健康）等词看出。随着

2001 年中国加入 WTO 后中美贸易规模的不断扩大，中美之间涉及保障措施、反倾销和反补贴以及知识产权等方面的贸易摩擦也在不断增加。"information"（信息）、"investigation"（调查）、"duty"（关税）、"antidumping"（反倾销）是这一时期的高频词。与前一阶段相比，2009—2015 年的美国对华反倾销调查的数量和频率都得到大幅提高，特别是钢铁行业。"steel"（钢铁）这个高频词上升至第七位。这说明尽管美国需要中国政府的支持来应对全球性经济危机，但是美国也同样利用贸易保护政策手段来保护国内市场的稳定，维护本国的利益。

表 8.1　四个历史时期排名前 15 的高频词（1978—2015 年）

序号	1978—1988 年	1989—2000 年	2001—2008 年	2009—2015 年
1	economic	trade	imports	imports
2	trade	economic	trade	China
3	growth	growth	China	commission
4	federal	market	commission	product
5	government	government	product	trade
6	tax	federal	market	market
7	labor	investment	information	steel
8	inflation	labor	investigation	information
9	investment	imports	steel	investigation
10	market	capital	duty	value
11	goods	product	WTO	duty
12	business	tax	agreement	commerce
13	capital	services	commerce	antidumping
14	interest	goods	antidumping	wto
15	services	health	services	firms

三、关键词分析

关键词（Keywords）在语料库语言学中指那些通过与参考语料库对比而测算出的拥有特殊频率的词。在学术上，"关键词"指的是跟某一标准相比其频率显著偏高的词，偏高的程度就是该关键词的"关键性"。①

（一）关键词对比分析

为了选出关键词，我们将四个时期的语料分别导入检索软件 AntConc3.4.4，然后将 COCA 作为参考语料，将其高频词表导入 tool preferences 工具进行对比，从而得出四个历史时期关键词的关键性，更好地分析美国对华贸易保护政策的重点所在。

表 8.2　四个历史时期的关键词（1978—2015 年，降序排列，已剔除虚词）②

序号	1978—1988 年	1989—2000 年	2001—2008 年	2009—2015 年
1	goods	imports	imports	imports
2	services	services	China	China
3	dollars	goods	commission	domestic
4	growth	trade	products	commission
5	changes	China	trade	products
6	inflation	products	WTO	steel
7	adjusted	dollars	commerce	trade
8	trade	changes	antidumping	commerce
9	exports	markets	investigations	industry
10	higher	firms	services	investigations
11	programs	growth	steel	antidumping
12	products	commerce	goods	WTO
13	monetary	exports	firms	firms
14	markets	economic	duty	exports
15	economic	benefits	exports	market

（二）归因分析

从表 8.2 可以看出，这四个时期的关键词同中有异。在第一阶段，"goods"（货物）、"services"（服务）、"growth"（发展）、"exports"（出口）

---

①　卫乃兴. 词语搭配的界定与研究体系［M］. 上海：上海交通大学出版社，2002：159.

②　注释：篇幅原因，四个历史阶段的部分关键词列表见附录一。

等词的关键性较高。从历史角度可知，在 1978—1988 年这一期间，美国对华并未采取过多的贸易保护手段。第二阶段，"China"（中国）、"changes"（文化）、"growth"（发展）、"benefits"（利益）等词的关键性较高。从历史原因来看，1989 年以后国际形势发生了巨大的变化，美国对华贸易政策也呈现出复杂性的趋势。总体来说，美国大公司在华利益不断扩张，再加上国际贸易体制的约束，美国政府仍然维持了友好的对华贸易政策。这一阶段一直持续到 2000 年。第三阶段，"China"（中国）、"WTO"（世界贸易组织）、"antidumping"（反倾销）、"investigations"（调查）等词语较为关键。一方面，在"9·11"事件发生之后，美国政府需要中国在政治经济上的支持与合作。因此，美国积极支持中国加入世界贸易组织，并允许中国在过渡期内逐步开放国内市场。中美自此开始了"建设性合作关系"。另一方面，随着中美贸易规模的扩大，美国对华贸易逆差持续攀升，使美国政府不得不采取如钢铁反倾销等措施向中国施压。第四阶段，"China"一词的关键性显而易见；奥巴马上任之初，金融危机已经爆发，美国政府需要和中国合作以解决世界性经济问题。同时，美国国内通货膨胀严重，失业率居高不下，国内贸易保护呼声越来越高，政府采取贸易保护措施也在意料之中。美国也并没有放松对华贸易限制。从"steel"（钢铁）、"industry"（工业）、"investigations"（调查）、"antidumping"（反倾销）等词可以看出美国惯于使用各种贸易保护手段来维护本国利益，尤其是在钢铁行业。

四、搭配词分析

搭配是一种表达方式，由两个或更多的单词组成，对应一些传统的说法。用弗斯（Firth）的话来说，就是"一个给定的词搭配是这个词的习惯性陈述"[1]。考伊（Cowie）认为"搭配是指同时出现的两个或两个以上的词项为实现结构元素与给定的句法模式"[2]。词语搭配研究有助于我们发现与该词习惯性共现的词以及说话者的意识形态。我们以"trade"（贸易）为节点词，用 Antconc.3.4.4 的 collocates 工具，找出该词在四个时期语料库中的显著搭

① FIRTH J. Papers in Linguistics 1934-1951 [M]. London：Oxford University Press ，1957：181.

② COWIE A P. The place of illustrative material and collocation in the design of a learner's dictionary [A]. Strevens P. In Honor of A. S. Hornby. Oxford：Oxford University Press，1978：32.

配词，根据 Z 值的大小判断该搭配词是否具有显著的搭配意义。Z 值的计算公式如下：

$$P = \frac{C1 \times (2S + 1)}{W} \times \frac{N}{W}$$

$$E = \frac{C1 \times (2S + 1) \times N}{W}$$

$$SD = \sqrt{(2S + 1)N \times (1 - C1/W) \times C1/W}$$

$$Z = \frac{C2 - E}{SD}$$

W 是语料库的词汇总量，S 是跨距，设定为 $-5/+5$，P 表示的是搭配词在整个文本中出现的概率，E 是搭配词在语料库中出现的期望频数，N 是节点词的出现频数，$C1$ 是搭配词在整个文本中的观察频数，$C2$ 则是搭配词与节点词在语料库工具中共现的频数。根据公式计算出的四个时期的部分搭配词 Z 值结果如图 8.2 所示。

C2	C1	W	S	N	Z	
345	385	2285534	5	4369	118.4185	representative
439	1468	2285534	5	4369	73.48239	agreement
436	1763	2285534	5	4369	65.54552	international
159	331	2285534	5	4369	57.63437	barriers
230	732	2285534	5	4369	54.70993	free
227	1138	2285534	5	4369	41.5232	deficit
64	106	2285534	5	4369	41.37603	unfair
78	169	2285534	5	4369	39.49323	bilateral
72	163	2285534	5	4369	37.04062	tariff
78	201	2285534	5	4369	35.88623	multilateral
53	121	2285534	5	4369	31.63263	fair
120	829	2285534	5	4369	24.57089	agricultural
190	2265	2285534	5	4369	20.64023	policy
50	251	2285534	5	4369	19.46775	open
112	1055	2285534	5	4369	19.07367	general
174	2510	2285534	5	4369	16.69499	foreign
82	1109	2285534	5	4369	12.15459	imports
80	1413	2285534	5	4369	9.228596	exports
112	2301	2285534	5	4369	9.150226	goods
77	4539	2285534	5	4369	-1.88976	growth

C2	C1	W	S	N	Z	
669	2166	3167526	5	5165	101.1326	international
293	548	3167526	5	5165	90.32837	free
272	568	3167526	5	5165	82.03191	barriers
308	1144	3167526	5	5165	63.47493	agreement
130	235	3167526	5	5165	61.26877	liberalization
219	1357	3167526	5	5165	39.46464	world
120	496	3167526	5	5165	37.25196	balance
82	316	3167526	5	5165	32.06368	tariffs
82	342	3167526	5	5165	30.63262	bilatreal
85	366	3167526	5	5165	30.61427	negotiations
256	2888	3167526	5	5165	28.3845	investment
120	791	3167526	5	5165	28.09505	general
230	2481	3167526	5	5165	27.81807	policy
84	432	3167526	5	5165	27.39453	open
118	1221	3167526	5	5165	20.53878	deficit
78	744	3167526	5	5165	17.70092	issues
118	1768	3167526	5	5165	15.32705	china
119	2132	3167526	5	5165	13.06387	foreign
166	4583	3167526	5	5165	9.248933	economic
127	4141	3167526	5	5165	6.121658	growth

C2	C1	W	S	N	Z	
4513	8286	6447980	5	30733	195.8068	international
3499	6751	6447980	5	30733	167.2569	goods
2762	6837	6447980	5	30733	127.0171	service
1620	2943	6447980	5	30733	118.0218	world
1780	3529	6447980	5	30733	117.2899	free
1395	2842	6447980	5	30733	102.0971	policy
2922	10859	6447980	5	30733	98.68365	agreement
1517	4434	6447980	5	30733	84.27685	investment
636	1129	6447980	5	30733	74.97817	representative
612	1072	6447980	5	30733	74.14246	relations
588	1273	6447980	5	30733	63.81078	barriers
939	3081	6447980	5	30733	61.18599	bilateral
1045	6266	6447980	5	30733	39.54867	related
812	4761	6447980	5	30733	35.60881	negotiations
726	4238	6447980	5	30733	33.8094	development
527	4079	6447980	5	30733	21.4197	economic
706	6247	6447980	5	30733	20.92301	issues
617	6704	6447980	5	30733	14.16966	foreign
538	9045	6447980	5	30733	2.930747	investigations
660	30359	6447980	5	30733	-23.4083	china

C2	C1	W	S	N	Z	
4334	8263	11215284	5	30096	261.9862	international
3669	8334	11215284	5	30096	218.3209	goods
2674	8406	11215284	5	30096	154.06	services
2434	9425	11215284	5	30096	129.3013	agreement
1425	3689	11215284	5	30096	126.1429	world
1421	3723	11215284	5	30096	125.0884	policy
1741	6061	11215284	5	30096	116.8169	investment
1039	2712	11215284	5	30096	93.46743	free
698	1637	11215284	5	30096	80.49612	global
931	3566	11215284	5	30096	65.5546	bilateral
656	2636	11215284	5	30096	61.47007	related
1126	7393	11215284	5	30096	51.49544	negotiations
746	4709	11215284	5	30096	39.69486	negotiations
516	3607	11215284	5	30096	38.28601	financial
740	6757	11215284	5	30096	31.26909	financial
556	5429	11215284	5	30096	26.3031	business
486	5309	11215284	5	30096	15.59109	foreign
531	9260	11215284	5	30096		information
612	18074	11215284	5	30096		foreign
933	55818	11215284	5	30096	-17.65	china

图 8.2　四个历史时期部分搭配词的搭配力（Z 值计算）

我们从 Z 值大于 2 的搭配词中，挑选出各时期 10 个具有搭配意义的搭配词（见表 8.3—表 8.6）。

表 8.3　第一个阶段的 10 个显著搭配词①

No.	Collocates	Freq（C2）	Freq（L）	Freq（R）	C1	Z-score
1	international	436	375	61	1763	65. 54552
2	representative	345	15	330	385	118. 4185
3	agreement	439	131	308	1468	73. 48239
4	free	230	215	15	732	54. 70993
5	deficit	227	33	194	1138	41. 5232
6	policy	190	36	154	2265	20. 64023
7	foreign	174	113	61	2510	16. 69499
8	barriers	159	60	99	331	57. 63437
9	agricultural	120	96	24	829	24. 57089
10	goods	112	60	52	2301	9. 150226

表 8.4　第二个阶段的 10 个显著搭配词

No.	Collocates	Freq（C2）	Freq（L）	Freq（R）	C1	Z-score
1	international	669	620	49	2166	101. 1326
2	agreement	308	128	180	1144	63. 47493
3	free	293	276	17	548	90. 32837
4	barriers	272	110	162	568	82. 03191
5	investment	256	43	213	2888	28. 3845
6	policy	230	47	183	2481	27. 81807
7	world	219	183	36	1357	39. 46464
8	economic	166	83	83	4583	9. 248933
9	liberalization	130	23	107	235	61. 26877
10	growth	127	75	52	4141	6. 121658

---

① 注释：篇幅原因，四个历史阶段的部分搭配词截图见附录二。

表 8.5 第三个阶段的 10 个显著搭配词

No.	Collocates	Freq ($C2$)	Freq (L)	Freq (R)	$C1$	Z-score
1	international	4513	4360	153	8286	195.8068
2	goods	3499	966	2533	6751	167.2569
3	agreement	2922	1111	1811	10859	98.68365
4	service	2762	908	1854	6837	127.0171
5	free	1780	1623	157	3529	117.2899
6	world	1620	1476	144	2943	118.0218
7	investment	1517	183	1334	4434	84.27685
8	policy	1395	189	1206	2842	102.0971
9	related	1045	160	885	6266	39.54867
10	bilateral	939	717	222	3081	61.18599

表 8.6 第四个阶段的 10 个显著搭配词

No.	Collocates	Freq ($C2$)	Freq (L)	Freq (R)	$C1$	Z-score
1	international	4334	4215	119	8263	261.9862
2	goods	3669	1021	2648	8334	218.3209
3	services	2674	871	1083	8406	154.06
4	agreement	2434	801	1633	9425	129.3013
5	investment	1741	159	1582	6061	116.8169
6	world	1425	1322	103	3689	126.1429
7	policy	1421	170	1251	3723	125.0884
8	related	1126	223	903	7393	61.47007
9	free	1039	966	73	2712	107.1905
10	global	931	790	141	3566	80.49612

（一）搭配词对比分析

表 8.7　四个阶段的搭配词对比分析

相同点		International, agreement, free, policy
不同点	第一阶段	representative, deficit, foreign, barriers, agricultural, goods
	第二阶段	barriers, investment, world, economic, liberalization, growth
	第三阶段	goods, service, world, investment, related, bilateral
	第四阶段	goods, services, investment, world, related, global

这四个阶段相同的搭配词有"international"（国际）、"agreement"（协议）、"free"（自由）、"policy"（政策）。但是各个时期也有不少反映其各自特点的搭配词。下面我们根据搭配词的异同，简单分析可能的原因。

（二）归因分析

美国制定对外、对华贸易政策受其固有的意识形态和国家利益影响，即使在不同历史时期，美国的意识形态倾向和国家利益诉求也基本一致，故四个时期出现具有相同的搭配词并不奇怪。但是无论处于哪个历史阶段，中美经贸关系都是合作与竞争并存。第一阶段，"agreement"（协议）的搭配力很强。这是由于中、美两国经贸关系刚刚正常化，贸易逆差较小，中国对美国没有构成所谓的"威胁"，所以这一阶段的美国对华贸易政策带有一定的积极色彩。第二阶段，美国以"free trade"（自由贸易）为口号，积极推动多边贸易、双边贸易和区域性贸易的发展，其原因在于，对于美国这样的超级大国而言，广阔的经济利益存在于国外而不是国内。所以，在这一时期，"liberalization"（自由化）、"free"（自由）和"international"（国际）的搭配力比较显著。第三阶段，2001 年的"9·11"事件使美国笼罩在一片阴影下，国家安全利益的重要性陡然上升。美国需要中国在政治、经济上的支持与合作。因此，"investment"（投资）、"bilateral"（双边）在这一时期是美国对华贸易政策的重心。2008 年全球性金融危机的爆发严重影响了美国经贸政策和经济发展。因此，第四阶段，"world"（世界）、"global"（全球的）、"investment"（投资）、"trade"（贸易）的搭配力显著偏高。综上所述，每当世界经济处于上升阶段时，美国贸易政策的保护性措施较少，而每当经济危机爆发的时候，美国的贸易保护政策就比较容易泛滥。当美国的国际地位不可撼动的时候，它更倾向于自由贸易政策，而当其国际地位受到所谓"威胁"的时候，它便会采取更多的贸易保护政策来维护美国的经济利益。"美国利益至上"是美国永恒的外交主题。美国一贯以来的自私和霸道由此可见一斑。

五、语义韵分析

辛克莱认为："语义韵将词项与其环境结合为一体，起着主要的作用。语义韵几乎表达了词项的功能。它表明如何从功能的角度解释其余部分。"[1] 卫乃兴（2002）指出，语义韵研究通常采用三种方法：①建立并参照类联接，基于数据概括和描述关键词的语义韵。②计算搭配词，用数据驱动的方式研究语义韵。③将上述两种方法结合，界定跨距、提取搭配词、建立和参照类连接、检查概括搭配词的语义特点，最后建立节点词的语义韵结构。[2]

基于上节得到的显著搭配词，本节采用第二种研究语义韵的方式和几个具体案例来研究"trade"搭配词的语义韵特征。我们可以将上一节中的显著搭配词分为三类：名词，形容词以及动词。再仔细观察，我们可以将它们分为描述性搭配词，评述性搭配词和组织性搭配词。

描述性搭配词有"international"（国际）、"bilateral"（双边）、"multilateral"（多边）、"agricultural"（农业的）、"general"（总的）、"foreign"（外国的）、"world"（世界）、"global"（全球的）、"economic"（经济的）、"financial"（金融的）等。这些搭配词说明了"trade"的类别以及所属领域。这一类搭配词基本上与"trade"构成中性语义韵。

评述性的搭配词有"free""fair""unfair""barriers""deficit"等，这些搭配词对"trade"进行了评价。在这些词语中，有的具有积极的内涵意义，有的带有消极的语义色彩。综观这组搭配词，与"trade"构成消极语义韵的词占多数。

组织性搭配词有"open"（开放）、"grow"（发展）、"expand"（扩张）等。动词搭配词占总搭配词数的比例较小，主要表示具体的动作含义。"trade"可以"开始"，"trade"可以"增长"，当然，"trade"也可以"扩张"。

---

① SINCLAIR J. The Search for Units of Meaning [J]. Textus：English Studies in Italy，1996，9（1）：75-106.

② 卫乃兴. 语义韵研究的一般方法 [J]. 外语教学与研究，2002（4）：300.

综上所述，与"trade"搭配的大多数词语构成"消极语义韵"和"错综复杂语义韵"。美国所塑造的中国贸易形象，主要以"迅速发展""引发忧虑""不公平竞争""问题重重"等词语来概括。一方面，美国无法否认中国不断上升的国际地位，不可避免地需要和中国进行合作；另一方面，美国也视中国为一个强劲的竞争者与威胁者，故其经常负面地构建中国经贸形象。因此，美国对华贸易政策话语中语义韵的运用较为复杂。

（一）消极语义韵

例（1）Nonetheless, China's trade regime has remained selectively protectionist, with multiple overlapping barriers to trade in some goods and discriminatory rules on investment and services. (1995 Economic Report of the President)

例（1）中的"overlapping barriers to trade"这一搭配明显含有贬义，"discriminatory"一词也带有明显的贬义色彩。美方认为中国的贸易体制仍然有选择地保护了本国的经济，在投资和服务行业仍设有贸易壁垒和歧视性政策。美国的潜台词就是在指责中国的贸易模式阻碍了公平贸易的发展，因而整个语境呈现了消极语义韵。

例（2）Many of the problems that arise in the U. S. -China trade and investment relationship can be traced to the Chinese government's interventionist policies and practices and the large role of state-owned enterprises and other national champions in China's economy, which continue to generate significant trade distortions that inevitably give rise to trade frictions. (2015 Report to Congress On China's WTO Compliance)

例（2）中呈现的是一种否定语义韵。美方把中美贸易畸形发展和贸易摩擦的原因简单地归结为中国政府对中美贸易和投资的干预。这是美国贸易政策话语偏见的体现。

例（3）Another factor contributing to the recent increases in the U. S. trade deficit has been the desire of foreign residents to participate in the U. S. market through investment. (2001 Trade Policy Agenda and 2000 Annual Report)

例（3）中"deficit"与"trade"搭配，在整个句子中体现出消极语义韵。美国指责外国居民对美国市场进行了干扰，声称他们通过投资参与美国市场使得美国贸易逆差继续增长。这里体现了美国话语的意识形态偏见。

例（4）China's slow movement toward accession to the WTO Government Procurement Agreement（GPA）also hinders development of the U. S. -China trade relationship. (2015 Report to Congress on China's WTO Compliance)

例(4)中的"hinders development of the U. S. -China trade relationship"这一搭配体现了一种消极语义韵。美国指责中国加入世贸组织政府采购协议(GPA)进展缓慢,这也阻碍了中美贸易关系的发展。美国其实在对中国政府施压,也在为美国的产品出口做铺垫,所谓"醉翁之意不在酒"。

例(5)Similarly,when U. S. interests are being harmed by unfair trade or surging imports from China, the United States will continue to rigorously enforce U. S. trade remedy laws, in accordance with WTO rules, including China's WTO accession commitments. (2009 Report to Congress On China's WTO Compliance)

例(5)中的harm和unfair说明美方认为美国的利益由于中国的不公正贸易和激增的进口而遭受损失,并且会采取措施制止这种行为。这是美国对华贸易政策话语霸权的一种体现。整个语境体现的是一种对中国的指责。因此,该句呈现的是消极语义韵。

(二) 积极语义韵

例(6)The United States-including U. S. workers, businesses, farmers, service providers and consumers-has benefitted significantly from these steps and continues to do so as U. S. -China trade grows. (2006 Report to Congress On China's WTO Compliance)

例(6)中的grow与trade搭配,在整个句子中呈现了积极语义韵。美国政府充分肯定了中国经贸发展的积极意义。美国的工人、商人,以及农民都在中美贸易中受益。

例(7)Our regional and bilateral free-trade agenda conveys the message that America is open to trade liberalization with all regions—Latin America,sub-Saharan Africa,the Asia-Pacific,the Arab world—and with both developing and developed economies. (2003 Trade Policy Agenda and 2002 Annual Report)

例(7)中的"open to trade liberalization"是褒义的搭配。整个句子体现出美国推动贸易自由化的决心,美方希望与世界各国发展开展自由贸易。

例(8)Each year since China joined the WTO in 2001,U. S. - China trade has expanded dramatically, providing numerous and substantial opportunities for U. S. businesses,workers,farmers and service suppliers and a wealth of affordable goods for U. S. consumers. (2008 Report to Congress on China's WTO Compliance)

例(8)中的expand与trade搭配,呈现的是一种积极语义韵。2001年中国加入世界贸易组织后，中美贸易飞速发展，为美国企业、工人、农民和服务业提供了众多的机会。这表明美国政府对中国国际贸易地位的认可。

（三）错综复杂语义韵

例（9）The United States recognizes the tremendous potential of the U. S. –China trade relationship for both the United States and China, and it therefore has continued to urge China to reinvigorate the economic reform that drove its accession to the WTO. (2001 Report to Congress On China's WTO Compliance)

例（9）呈现的是一种错综复杂语义韵。Recognize 和 potential 两词的搭配使用体现了美国对中美贸易关系的发展潜力表示认可。然而报告中出现的"urge"（敦促）一词的潜台词是中国为加入世界贸易组织所做的经济改革力度还不够大。这是美国一贯的作风，居高临下，令人不悦。

例（10）China committed to implement a set of sweeping reforms that requires it to lower trade barriers in virtually every sector of the economy, provide national treatment and improved market access to goods and services imported from the United States and other WTO members, and protect intellectual property rights (IPR). China also agreed to special rules regarding subsidies and the operation of state–owned enterprises, in light of the state's large role in China's economy. In accepting China as a fellow WTO member, the United States also secured a number of significant concessions from China that protect U. S. interests during China's WTO implementation stage. (2005 Trade Policy Agenda and 2004 Annual Report)

在例（10）中，虽然"lower trade barriers"（减少贸易壁垒）这一搭配词本身具有褒义色彩，但整个语境体现了中性语义韵。表面上美国认可了中国为加入世贸组织而做出的承诺，但实际上是敦促中国实施一系列综合改革措施以满足美国及其他世贸组织成员方的要求，并希望中国遵守承诺以减少贸易壁垒、向其他成员国提供优惠待遇、完善市场准入环境，并保护知识产权等。美国认为，接受中国加入世贸组织，美方希望中国能够积极做出巨大让步：对美国开放其贸易市场、促进美国经贸更长久的发展、保护美国的国际利益。显然，美国真正的目的还是"美国利益至上"。美国高高在上的姿态似乎在告诉世人：中国加入 WTO 是其施与的恩惠。

六、"词丛"分析

所谓"词丛"是指一个词的上下文，有时指一个词的惯用结构。斯科特（2004）认为，"词丛"是一组在文本中互相连接的词。"词丛"，即两个或两个以上的词形构筑的连续词语序列。序列可长可短，根据研究者的目的而定，有二词"词丛"、三词"词丛"，等等，最长的可达七词"词丛"。一般的查询软件都有词丛提取功能。研究者将关键词或节点词输入后，再选择和设置所要词丛的长度，即可提取由节点词与其他词形组成的连续词丛。[①]　"trade"是本章选定的节点词，也是美国对华贸易保护政策中出现频率较高的词。笔者通过调查自建的美国对华贸易保护政策语料库，整理出频数高的两词"词丛"、三词"词丛"、四词"词丛"、五词"词丛"、六词"词丛"和七词"词丛"。结果如图 8.3—图 8.5 所示。

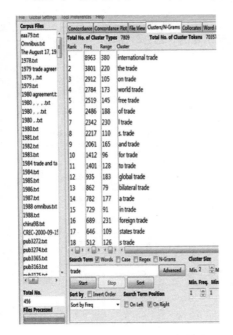

图 8.3　四个阶段的"词丛"统计示意图（部分截图）

---

① 卫乃兴. 词语搭配的界定与研究体系［M］. 上海：上海交通大学出版社，2002：51.

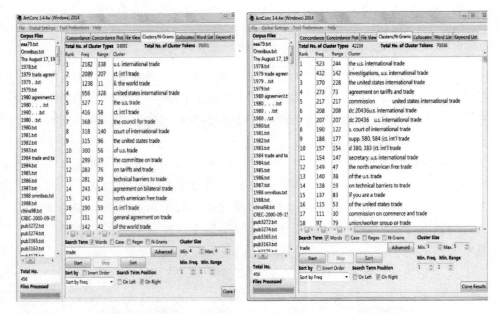

图8.4 四个阶段的"词丛"统计示意图（部分截图）

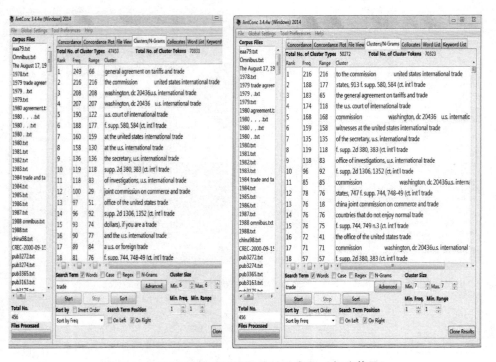

图8.5 四个阶段的"词丛"统计示意图（部分截图）

　　从上述图中，我们发现"international trade"（国际贸易）、"barriers to trade"（贸易壁垒）、"United States international trade"（美国国际贸易）等组合的出现频率较高。因篇幅限制，本章选择分析出现频率较高的三词"词丛""barriers to trade"（贸易壁垒）来说明美国对华贸易政策的主观倾向性。

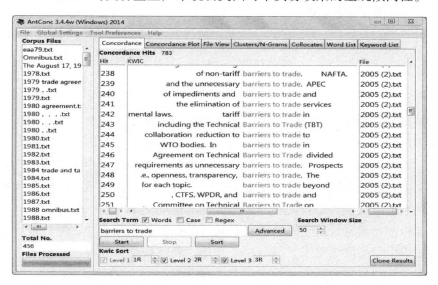

图 8.6　"barriers to trade"检索行

　　当我们考察"barriers to trade"（贸易壁垒）的检索行时，发现与之共现的词汇有"non-tariff"（非关税）、"unnecessary"（不必要）、"Technical"（技术的）、"elimination"（清除）和"reduction"（减少）等。这表明，美国政府希望能减免一切不必要的、阻碍美国贸易发展的关税及非关税壁垒。我们进而考察了其中几个检索行，选择例（11）和例（12）进行阐释。

　　例（11）The goals of these multilateral negotiations have been to relax tariff and nontariff barriers to trade, to formulate rules for trade and codes of fair conduct, to develop effective mechanisms for settling disputes, and to allow nations to benefit from specialization without unduly losing control over the growth patterns of their own economies.（1979 Economic Report of the President）

　　例（12）The mandate to eliminate or reduce tariff and nontariff barriers to trade in environmental goods and services will facilitate access to and encourage the use of cleaner technologies, which can reduce and prevent environmental pollution.（2009 Trade Policy Agenda and 2008 Annual Report）

　　从例（11）和例（12）中可以发现，美国主要通过修订其国内法律使其贸易保护政策合法化，并且美国注意利用世界贸易组织的相关规则，使本国的贸易保护政策合法化。美国政府通过各种方式不遗余力地想要消除美国公司进入他国市场的贸易和非贸易壁垒。为保护本国的经济利益，美国政府充分利用外交手段、法律手段来保护本国公司在各行业的经济利益。这一特点充分反映了美国贸易保护政策的自私和霸权。

第四节　本章小结

美国政府对华贸易保护政策中语义韵的使用情况比较复杂。在美国对华贸易保护政策中存在大量消极语义韵，这反映了美国对中国贸易飞速发展的担忧，担心中国的发展会损害美国的国家利益。积极和中性语义韵的存在也反映美国客观上肯定中国的贸易发展这一事实。国家利益是美国贸易保护政策的根本出发点。

美国政府制定贸易政策的前提就是维护即时的国家利益，并且在执行政策的过程中尽可能地实现美国利益最大化。美国是当今世界上经济实力最强的国家，其贸易外交话语中隐藏的是对世界第一政治经济大国地位的谋求。其贸易保护政策的制定常常以强大的经济实力作为后盾，实施政策最终反映了美国的霸权主义和保守主义思想。当美国认为在与其他国家的贸易中受到了"不对等"或"不公平"的对待，就会采取提高关税、反倾销、反补贴和禁止信贷等措施对贸易方进行经济制裁。

话语反映意识形态。由于每个人对社会语境的主观建构不同，其对话语的理解也不尽相同。从批评话语分析的角度研究意识形态对语义韵的影响，不仅需要我们了解社会历史环境因素，也要结合认知和语用视角来解读其政策背后想要表达的真正含义，从而更好地揭示美国对华贸易话语背后隐藏的话语霸权、政治操纵、话语偏见等意识形态，提高自身的跨文化语篇鉴赏和批判性阅读能力。

本章从语义韵视角对美国对华贸易保护政策话语进行研究，以美国政府官方文件中涉及的对华经贸政策话语为研究对象。对美国对华贸易政策制定的动因和文化语境进行了深度剖析，有效地揭示了意识形态对语义韵的操纵，进一步丰富了美国对华政策研究的视野和方法，为相关研究者提供了一定的启迪和参考。

当然，略显遗憾的是，由于本章完成时间较早，未能对美国对华贸易保护政策最新语料和数据及时更新和统计。为了弥补这一缺憾，在下一章，笔者及时更新语料，通过新的理论视角对美国对华贸易保护政策进行了研究（详见第九章"国外涉华贸易话语的言据性分析"）。

第九章

国外涉华贸易话语的言据性分析

第一节　引论

"言据性"是指说话人信息的来源或对信息的态度，"据素"是言据性资源的对应语义表达①。不同的"据素"常常被用来表达不同的意图。具有明显据素特征的西方政治话语一直是批评话语分析的焦点。鉴于这种在政治话语中的常见用法，本章试图从认知批评分析的角度分析美国对华贸易政策话语中"据素"的功能。

"言据性"不仅表明信息来源的可靠性，还承担着说话者对相关信息的责任（朱永生，2006）。"言据性"是美国语言学家弗朗兹·博厄斯（Franz Boas）（1911）在《美洲印第安语手册》中首次提出的。雅各布森（Jakobson，1957）将言据性与语气区分开来，将其纳入语法范畴，对言据性研究产生了重大影响。国外学者如切夫（1986）、帕默（2001）、穆欣（2001）等人也从不同的角度对"言据性"进行了研究。胡壮麟（1994）首次将"言据性"这一概念引入国内学术界。后来，牛保义（2005）对国外的言据性研究进行了总结。

西方政治话语中的言据性研究日益引起人们的热议。Mushin（2001）② 强调了话语研究中言据性的重要性。言据性不仅是评价信息来源可靠的重要标志，也是评价政策话语主观性的重要标志。例如，有些政策话语可能会被记者看到和听到，他们会通过媒体或组织将其公之于众，有些则可能与实际情

---

① 房红梅，马玉蕾. 言据性·主观性·主观化 [J]. 外语学刊，2008（4）：96-99.
② MUSHIN I. Evidentiality and Epistemological Stance：narrative Retelling [M] Amsterdam：John Benjamins，2001.

况有关。研究美国对华贸易政策话语的言据性有助于人们更深入地理解中美经贸关系和美国对华贸易政策的语言特点。

迄今为止，研究美国对华贸易政策的成果内容丰富、视角多样。现有研究主要来自以下几个视角：①历史学视角（如白大范 2012；马跃 2010；罗红希 2014；董一凡 2014；邓峥云 2016）。这些研究从纵向的角度考察不同历史时期，根据不同的国情，美国对华做出的贸易政策选择，比较全面地概括了美国对华贸易政策变迁的社会、历史和文化根源，为本课题提供了大量史料和观察视角；②国际政治学视角（侯坤 2014；宋俊芳 2003；姜峥睿 2017；蒋永宏 2013；谢静怡 2013）。这些研究主要考察国际政治和国际关系对中美经贸关系的影响和制约；③传播学视角（吕铀 2013；杨国华 2019；宏结 2019；刘振芬 2013）。这些研究主要剖析了全球化背景下新闻传播、国际舆情发展等若干因素对美国对华贸易政策的影响，为相关研究提供了重要启迪；④语言学视角（刘永涛 2014；王磊 2010；辛斌 2012；支永碧等 2016）。这些研究指出，话语在建构身份和对外政策方面充当着重要作用，对外政策话语一直建构，并叙述着"自我"和"他者"以及与他们直接的关系。美国外交话语的广泛宣传在一定程度上强化了美国社会文化价值观念。可见意识形态虽然是持续的，但也绝不是一成不变的，外交话语也并非像其表面上的那般简单。美国外交政策话语背后蕴含了霸权、偏见和政治操纵等意识形态和政治、经济等国家利益诉求。

概括来说，虽然国内外相关研究成果丰硕，但尚存如下几点不足：

（1）从语言学、语用学视角研究美国对华贸易政策的专题成果较少

国内学界对美国对华政策的研究主要集中于国际政治学，历史学，传播学等领域。虽然已有研究为本课题提供大量的史料和观察视角，但他们在一定程度上忽略了美国对华贸易政策话语的批评性分析，这可能会导致人们对美国涉华政治话语产生某种误解。

（2）基于语料库的美国对华贸易政策话语的言据性研究比较稀缺

鉴于此，本章以美国商务部的 385 篇对华贸易政策文件和 225 篇对日贸易政策文件为研究对象，从韩礼德的三大元功能出发，对美国对华贸易政策话语的言据性开展认知批评分析，以深入探讨美国涉华政治话语中的言据性、意识形态与权力的关系。

第二节   研究设计

一、研究对象

本章以美国对华贸易政策话语为研究对象，建立了两个对比语料库。

第一个是美国对华贸易政策语料库（以下简称 ATPTC）。语料库源自美国商务部网站的 385 篇官方文件，共计 137123 字符。

第二个是美国对日贸易政策语料库（以下简称 ATPTJ）。作为参照语料库，用来对比分析美国对华和对日贸易政策的异同。该语料库来源于美国商务部网站的 225 篇官方文件，共计 50528 字符。

二、研究工具

本章主要使用两个研究工具：AntConc3.2.0 和 LLX2 卡方检验计算器。AntConc3.2.0 主要有三个功能，即单词检索、生成词表和关键词。Log-likelihood and Chi-Square1.0 软件是一个卡方检验或对数似然检验工具。本章主要使用卡方检验功能对相关语料库中的言据性进行对比分析。

我们首先从美国商务部网站选取官方政策文件，将所有语料转换为文本文件后导入 AntConc 3.2.0 软件，然后运行"Tool Concordance"以获取每一类据素。本研究将言据性分为六类见第三章，使用 Concordance 来计算每类据素的比例（见图 9.1）。

三、研究方法

（1）定量与定性研究结合

根据研究目的，作者首先构建了两个语料库，试图借助基于语料库的定量研究来分析其中的六个据素。为了让读者更全面地理解言据性的元功能，以及其与意识形态和权力之间的关系，本研究将选取部分案例对每个据素进行定性分析。

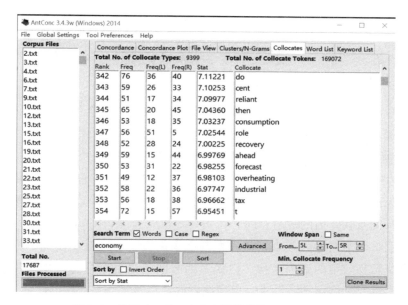

图 9.1　使用 AntConc3. 2. 0 软件获取 Concordance

（2）个案研究与对比分析结合

本研究以胡壮麟的言据性分类为基础，对两个语料库中的六个据素进行分析，从横向和纵向两个维度进行对比研究，突出美国贸易政策语篇背后隐藏的偏见和话语霸权意识，旨在为相关领域的研究者提供参考和启示。一方面，在同一语料库中，作者对两个据素进行了对比研究，研究它们在频率上有什么不同，经卡方检验是否有很大差异（$P \leqslant 0.01$）；另一方面，作者分别对两个语料库中的六个据素进行了对比研究，看它们在使用频率上有何不同，经卡方检验是否有显著差异（$P \leqslant 0.01$）。

四、研究问题

本研究通过研究美国商务部有关对华贸易的 385 篇官方文件，试图回答以下三个问题：

①美国对华贸易政策话语中据素的分布和使用频率有何不同？

②根据韩礼德的功能语法，这些据素的功能差异体现在什么方面？

③从批评性语篇分析的角度看，美国对华贸易政策中的言据性、意识形态和权力之间构建了什么关系？

第三节　结果与讨论

众所周知，对于不同国家的贸易政策各国政府可能会使用不同的"言据性"来颁布相应的官方文件。正如韩礼德（1994）阐释的那样，功能语法中的言据性（据素）理论基础是语言系统及其形式，也取决于其用途或功能。"言据性"试图揭示语言是一种社会交际手段。因此，合理分类相关据素，认真分析说话者、据素与语境之间的关系，有助于我们了解美国对华贸易政策的语言特征及其背后的政治目的。

我们将以语料库为基础，从言据性视角出发，通过对比研究，深入剖析美国对华贸易政策的话语建构，以揭示西方政治话语背后蕴含的偏见、歧视等意识形态及其国家利益诉求，提高读者的语篇鉴赏和批评性阅读能力。

一、ATPTC 中的六类据素

美国商务部网站颁布了大量有关中国和日本的贸易政策文件，我们不可能对其全部进行分析。因此，我们创建了一个有 137123 词的 ATPTC 和一个有 50528 词的 ATPTJ，以开展对比分析。ATPTC 中六类据素的出现频率见表 9.1。

表 9.1　ATPTC 中六类据素的出现频率

语料库 ATPTC	信念（%）	归纳（%）	传闻（%）	信度（%）	演绎（%）	预期（%）
频率	46	2024	168	212	2270	599
占比	0.86%	38.05%	3.16%	3.99%	42.68%	11.26%

从表 9.1 可以明显看出，ATPTC 中共有 5319 个据素。其中，演绎据素 2270 个，约占 42.68%，归纳据素 2024 个，约占 38.05%；预期据素 599 个，约占 11.26%；信度据素 212 个，约占 3.99%；传闻据素 168 个，约占 3.16%。让人吃惊的是，只有 46 个信念据素。关于这一问题，我们将在以下几个部分逐一讨论。

为了更清楚地了解这六个据素在新建语料库中的分布情况，我们必须用 Loglikelihood and Chi-square 软件进行卡方检验，看看在同一语料库中，两个据素之间是否存在显著差异。将 ATPTC 中六个主要据素的频率导入软件后，我们将获得卡方检验的相关数据（见图 9.2 和图 9.3）。

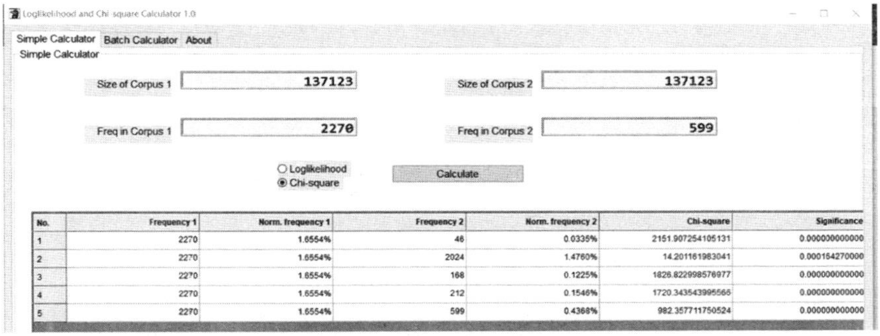

图 9.2 ATPTC 中六类据素的卡方检验部分截图

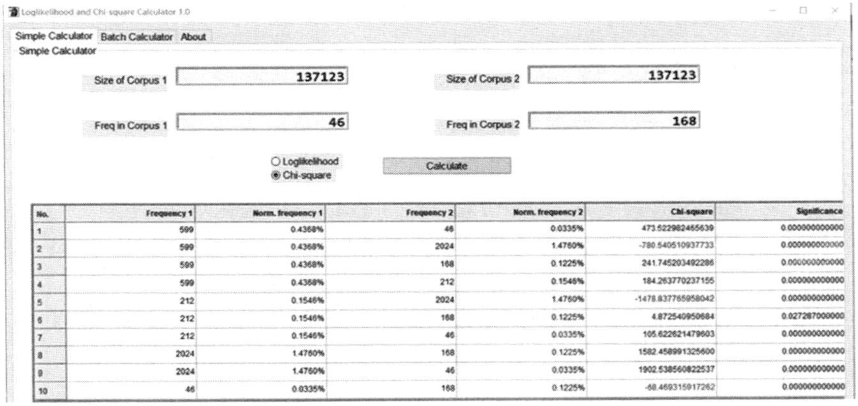

图 9.3 ATPTC 中六类据素的卡方检验部分截图

第一，我们通过观察 P 值，将演绎据素与其他五类据素分别进行比较，看它们之间是否存在显著差异。第二，我们在 ATPTC 中将预期据素与信念据素、归纳据素、传闻据素和信度据素进行比较，其余的比较将以同样的方式进行。第三，我们将获得 15 个结果，如图 9.2 和图 9.3 所示。为了帮助读者更好地理解图 9.2 和图 9.3，我们将有关数据写进表 9.2。

表 9.2 ATPTC 中六类据素的卡方检验

No.	据素比较	卡方值	P 值
1	演绎据素 VS 信念据素	2151. 907	0. 00000000000
2	演绎据素 VS 归纳据素	14. 2011	0. 00016427000
3	演绎据素 VS 传闻据素	1826. 8229	0. 00000000000

No.	据素比较	卡方值	P 值
4	演绎据素 VS 信度据素	1720.34354	0.00000000000
5	演绎据素 VS 预期据素	982.357711	0.00000000000
6	预期据素 VS 信念据素	473.52298	0.0000000000
7	预期据素 VS 归纳据素	-780.5405	0.0000000000
8	预期据素 VS 传闻据素	241.7452	0.0000000000
9	预期据素 VS 信度据素	184.2637	0.0000000000
10	信度据素 VS 归纳据素	-1478.8377	0.000000000
11	信度据素 VS 传闻据素	4.8725	0.027287000
12	信度据素 VS 信念据素	105.6226	0.000000000
13	归纳据素 VS 传闻据素	1582.4589	0.000000000
14	归纳据素 VS 信念据素	1902.53856	0.000000000
15	信念据素 VS 传闻据素	-68.469315	0.000000000

　　事实上，很多语言学家已经讨论了功能语法和语篇分析的关系。韩礼德（1994）认为语言的这些功能与对语篇（包括所有的口语和书面材料）的分析关系密切，因此，他认为语言有一定的功能可以发挥。

　　本研究认为，致使这六类据素在同一语料库中分布不同的主要原因有四个。

　　首先，根据胡壮麟（1994）的观点，演绎据素是指说话人不是亲身经历事件，也不是由他人传闻，而是从假设、常识或共识中推断信息。演绎据素表明了通过制定相关的贸易政策，基于现有的经济发展状况，推断出执行政策之后会给两国贸易和经济带来什么方面的影响，这与贸易政策的主要功能是一致的。

　　其次，出于意识形态的目的，美国对华贸易政策使用的演绎据素比例最大，将来时态的句子较多，以突出对于未知状况的猜测。这种语言结构的选择反映了贸易政策的偏好。美国对华贸易政策要强调的内容也体现在它对据素的选择上。

　　再次，在预期据素的选择上，美国对华贸易政策往往会用据素来表示实际情况是否与说话人的期望一致，以便对之前的信息进行调整。美国对华贸易政策倾向表示事情符合预期或超出了预期或是一些令人惊讶的结果，或是说话者故意要强调一些具体的观点为自己的论点辩护。从这个意义上说，不同的预期据素选择应该从认知批评分析的角度进行评估。

最后，信度据素和传闻据素之间之所以没有明显的区别，是因为美国贸易政策很少使用它们来发表官方文件。传闻据素以"谣言"为同义词，强调别人说的话，表明信息的来源并不完全来自认知者的直接经验。这些信息的来源可能是二手的，甚至可能是三手的。若使用这些据素，则表明贸易政策来源不够官方和客观，资料来源不可靠。这将对官方文件的声誉造成很大的影响。大多数信息来自听或读别人说的和写的东西。传闻据素通过引用旧文本，可以在新文本中获得信息的合法性，确立自己意识形态的合法性和权威性。意识形态的微观权力网络就是在这样的言据性基础上建立起来的。

就我们而言，信念据素也可以称为反对文化因素的文化据素。信念据素偏离了以人们自身的判断、意见、观念、日常生活和文化奠基等为基础的认知方式。信念据素对于人们来说就像是中国俗语中的爱屋及乌。因此，美国政府官方报告很少将它们用于意识形态目的。这就是到目前为止我们很少发现蕴含信念据素的话语的原因。意识形态与软实力的关系体现在美国对华贸易政策的言据性中的信念据素上。比如，全世界的华人粉丝都愿意学中文、穿汉服，这是一种软实力。这是因为中国的文化和意识形态很有吸引力，其他国家的人也愿意效仿。

本章选取的语料均为美国对华贸易政策，代表了美国背后的政治和社会力量。因此，国家话语权是语言背后意识形态与社会权力关系的反映。美国对华贸易政策中的"言据性"策略有助于维护国家意识形态和争取社会权力，同时肯定了语篇促进权力生产的积极作用。

二、ATPTJ 中的六类据素

如表 9.3 和图 9.4 所示，ATPTJ 共有 2376 个据素，其中，归纳据素所占比例最大，为 961 个。此外，还有 829 个演绎据素，350 个预期据素，110 个信度据素，94 个传闻据素和 32 个信念据素。

表 9.3　ATPTJ 中六个据素的统计

语料库 ATPTC	信念（%）	归纳（%）	传闻（%）	信度（%）	演绎（%）	预期（%）
频率	32	961	94	110	829	350
占比	1.35%	40.44%	3.96%	4.63%	34.89%	14.73%

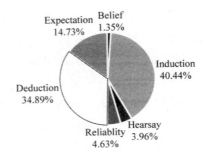

图 9.4　ATPTJ 中六类据素的比率

通过卡方检验，我们得到了 15 个结果（部分截图见图 9.5）。

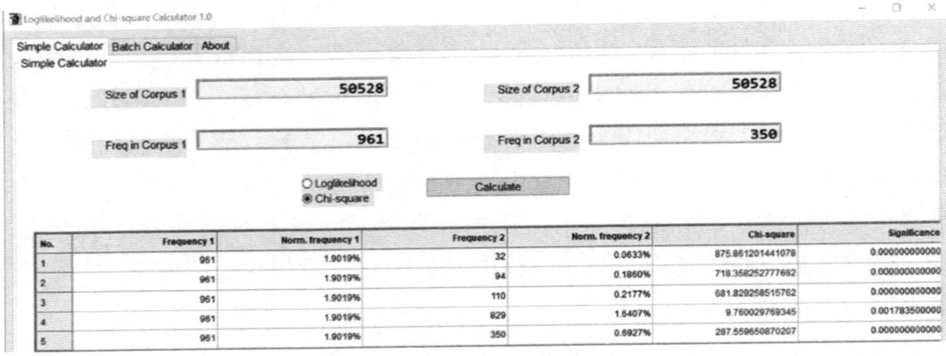

图 9.5　ATPTJ 中六个据素的卡方检验部分截图

为了帮助读者更好地理解卡方检验结果，我们将 15 个数据重新写入表 9.4，以进行详细的分析和比较。

表 9.4　ATPTJ 中六类据素的卡方检验

No.	据素比较	卡方值	P 值
1	归纳据素 VS 信念据素	875. 861201441078	0. 00000000000
2	归纳据素 VS 传闻据素	718. 358252777662	0. 00000000000
3	归纳据素 VS 信度据素	681. 829258515762	0. 00000000000
4	归纳据素 VS 演绎据素	9. 760029769345	0. 001783500000
5	归纳据素 VS 预期据素	287. 559650870207	0. 00000000000
6	预期据素 VS 演绎据素	−196. 082395120383	0. 0000000000
7	预期据素 VS 信度据素	124. 743912715001	0. 0000000000
8	预期据素 VS 传闻据素	147. 098997379282	0. 00000000000

续表

No.	据素比较	卡方值	P 值
9	预期据素 VS 信念据素	264. 058371809605	0. 0000000000
10	信度据素 VS 演绎据素	−554. 163059933403	0. 000000000
11	信度据素 VS 传闻据素	1. 105172168419	0. 293130000000
12	信度据素 VS 信念据素	41. 812274124362	0. 000000000100
13	演绎据素 VS 传闻据素	589. 081379143853	0. 000000000000
14	演绎据素 VS 信念据素	742. 230913319491	0. 000000000000
15	传闻据素 VS 信念据素	29. 568613167385	0. 000000000000

根据表 9.4，我们可以看到大多数 P 值都小于 0.01（$P = 0.000 < 0.01$），这表明两个据素之间存在统计学意义上的显著差异，但信度据素（110）和传闻据素（94）的卡方检验结果为 0.29313000 大于 0.05，两者之间无统计学意义上的显著性差异。

三、两个语料库的六类据素横向对比分析

表 9.5　两个语料库中六类据素的统计

语料库 ATPTC	信念（%）	归纳（%）	传闻（%）	信度（%）	演绎（%）	预期（%）
频率	46	2024	168	212	2270	599
占比	0.86%	38.05%	3.16%	3.99%	42.68%	11.26%
语料库 ATPTJ	信念（%）	归纳（%）	传闻（%）	信度（%）	演绎（%）	预期（%）
频率	32	961	94	110	829	350
占比	1.35%	40.44%	3.96%	4.63%	34.89%	14.73%

上一部分，我们对这六类据素的出现频率进行了纵向分析。在这一部分中，我们将对两个语料库中的六类据素频率进行横向对比分析，以观察这六类据素在两个语料库中是否存在统计学意义上的显著性差异。为了达到这一目的，我们必须首先进行卡方检验，对表 9.5 中的有关数据进行比较分析。

通过横向对比，我们可以更好地了解两个语料库中六类据素的使用特征及异同点。在对这六类据素进行卡方检验之后，我们得到了六个结果，如图 9.7 所示。

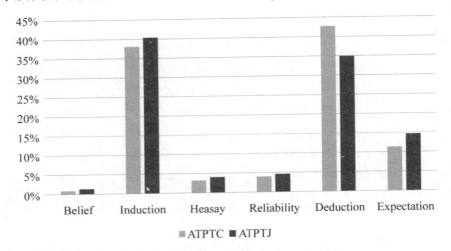

图 9.6 两个语料库中六类据素的比例

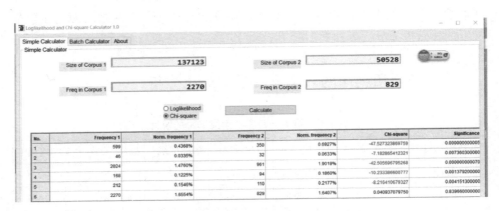

图 9.7 两个语料库中六类据素的卡方检验

为了帮助读者更好地理解图 9.7 的数据，我们将有关结果重新表述，写入表 9.6。

表 9.6 两个语料库中六类据素的卡方检验

Type of evidentials	Chi-square	Significance
信念据素	−7.182865412321	0.007360300000
归纳据素	−42.505696795268	0.000000000070
传闻据素	−10.233386600777	0.001379200000
信度据素	−8.216410679327	0.004151300000

续表

Type of evidentials	Chi-square	Significance
演绎据素	0.040937079750	0.839660000000
预期据素	-47.527323869759	0.000000000005

根据表 9.6，我们可以很容易地看出：

①两个语料库在信念据素上有统计学意义上的显著性差异（$P=0.0073<0.000$）。

②两个语料库在归纳据素上有统计学意义上的显著性差异（$P=0.00000<0.01$）。

③两个语料库在传闻据素上有统计学意义上的显著性差异（$P=0.00137<0.01$）。

④两个语料库在信度据素上有统计学意义上的显著性差异（$P=0.00415<0.01$）。

⑤两个语料库在演绎据素上有统计学意义上的显著性差异（$P=0.83966>0.01$）。

⑥两个语料库在预期据素上有统计学意义上的显著性差异（$P=0.0000<0.01$）。

（一）两个语料库中的六类据素的相似点及其原因

从图 9.7 和表 9.6 可以看出，这六类据素在两个语料库中的分布是相似的。例如，在两个语料库中，演绎据素所占比例最大，归纳据素次之，预期据素和信度据素所占比例排名第三和第四，传闻据素和信念据素使用最少。根据卡方检验和对比分析，我们可以发现美国对华贸易政策和对日贸易政策都在利用这六类据素颁布贸易政策以调整对外经济关系，避免过度的国际经济摩擦和政策冲突。他们尽可能客观地描述与两国的贸易前景，例如，两个语料库都倾向于用大量的演绎据素和归纳据素来报道相关的贸易政策文件。

从表 9.6 可以得知，两个语料库在五类据素上具有统计意义上的显著差异。可能的原因简要讨论如下：

首先，由于作者对某些据素的认知能力有限，在标注过程中可能存在统计错误。在标注过程中，作者经常对某些类型的据素感到困惑。例如，根据韩礼德（1994）的理论，例（1）和例（2）在据素分类上是不同的。

例（1）Department has self-initiated these investigations based on information indicating that the United States price of common alloy sheet from China may be less than the normal value of such or similar merchandise and that imports of common alloy sheet from China may be benefitting from countervailable subsidies.（信度据素，在这里表示事件发生的可能性较低）。

例（2）Final determinations by Commerce in these cases are scheduled for July 15, 2019, for the CVD investigations, and September 30, 2019, for the AD investigations, but those dates may be extended.（归纳据素在这里表示事情将要发生的结果及趋势）。

通过上述原因我们发现，我们有可能在标注中犯了一些错误。从这个意义上说，未来的研究者可以进一步做一些复制研究来证实或证伪我们的初步结论。

其次，所选择的语篇都是关于美国对华、对日贸易政策的文件，具有不同的语言选择。因此，两个语料库在信念据素、归纳据素、传闻据素、信度据素、预期据素上具有统计学意义上的显著差异也就不足为奇了。

最后，所有贸易政策文件的对象都是中国和日本这两个亚太地区国家，这两个国家在一定程度上有着不同的文化价值观。美国作为欧美国家倾向于从相似的地理和历史视角，通过一些演绎推理与该地区的外贸经济活动状况，来实施相关的贸易政策，从而辅助总体经济目标的实现，以达到准确性、客观性和权威性。当然，当我们从认知批评分析的角度来分析这六类据素时，也可能会发现一些国家的主观态度和情感评价。

另外，人们普遍认为，总的来说，美国的贸易经济发展程度要远远优于中国和日本。因此，美国对华贸易政策和美国对日贸易政策有一些相似的归纳认知也就不足为奇了。六类据素中的一些据素可以帮助他们实现韩礼德（1994）所讨论的言据性的元功能。

（二）两个语料库中的六类据素的差异性及其原因

从图9.2和图9.5可以看出，在基于演绎据素和基于归纳据素的五个纵向比较中，P 值（显著性）大多数都小于0.01，表明在 ATPTC 和 ATPTJ 这两个语料库中，每两个据素都存在统计学意义上的显著差异。演绎据素在 ATPTC 中所占比例最大，约达到42.68%；归纳据素在 ATPTJ 中所占比例最大，约达到40.44%。贸易政策有三个要素，分别为：政策主体、政策客体和政策目标。演绎据素和归纳据素可以帮助完成对一篇官方贸易政策文件的基本情况的总结和推理。所以无论是对哪个国家，演绎据素或归纳据素不可避免地会占据最大的比重。

根据表9.2可知，在ATPTC中，信度据素和传闻据素之间的差异无显著性意义。根据表9.4可知，在ATPTJ中，当将归纳据素与其他四个据素进行比较时，我们可以看到传闻据素和信度据素之间无统计学意义上的显著差异。但是，归纳据素和信念据素之间、归纳据素和传闻据素之间、传闻据素和预期据素之间存在着统计学意义上的显著性差异。

官方政府在颁布两国之间的贸易政策时，会使用一些基本的带有推测和归纳口吻的词语，如"could"（表明）、"would"（如果）、"if"（能够）等，表达官方政府基于两国目前的贸易往来状况做出未来的推测，并指定相应的目标，使报告看起来更加客观和可信，同时证明本国的观点。有时它被用来推卸责任，以表明本国只是做出一种假设和猜想，之后的发展情况尚不明确。读者经常会被他们在六个据素中的选择所误导。这有时是一些官方政府故意设计的，目的是模糊他们的态度，以欺骗来自不同文化背景的读者。但通过数据分析，预期据素的比例只占第三位。

例（3）Unlike China, our government cannot simply dictate industrial policy. In some ways, it would make it easier to compete against China if we could. But it can be antithetical to our concept of a free-market economy.

在例（3）中，美国政府通过"if"来表示如果美国可以与中国进行竞争，从事某一件事情可能会更加简单。这是一个典型的演绎据素。但在下一句，美国政府又使用"can"来表示基于上句提供的情况做出的一个推论："这是与我们自由市场经济的概念相悖的"，这是一个运用归纳据素的典型案例。美国政府喜欢使用这种方式来隐藏其话语背后的意识形态目的，以显示其官方文件是足够客观、令人信服的。在这种形势下，一个演绎据素通常跟着一个归纳据素，它看起来似乎有理有据，先提出假设，再归纳出结论。这就是为什么两个自建语料库中，演绎据素、归纳据素的占比最大。然而，对于批评话语分析者而言，美国在决策报告中所做出的猜测并不都是中立的或不带感情色彩的。美国的决策报告倾向于先用假设的口吻表达自己本国的态度，再用预期据素或归纳据素表明这样的假设不合理。也就是说，他们选择哪一种据素、引用何种事实往往取决于其政策背后的政治、经济目的。从这个意义上说，他们经常使用演绎据素，但为了显示中立度和权威性，他们必须使用预期据素和归纳据素去推翻或验证之前的假设。总而言之，"言据性"的选择体现了美国涉华政治话语背后隐藏的意识形态。

我们可以采用类似的方法来分析信度据素。这一据素代表了美国政府对贸易政策实施效果的判断。总的来说，它反映了美国官方政府对中国和对日本近期贸易关系的偏好和主观认知。

在两个语料库中，第二大据素是预期据素，分别占 11.26% 和 14.73%。它表示事情符合预期或超出了预期，或是说话者故意要强调一些具体的观点为自己的论点进行辩护。当然，一些政策有时为了自己的利益，故意夸大中国贸易发展迅速对维持世界经济体系平衡所造成的威胁，使用预期据素去描述事情的严重性。

至于传闻据素和信念据素，则相对较小。由于它们表现了信息来源的不可靠性，也不够客观。到目前为止，对它们的研究还很少。它等待着我们做更多的研究。毕竟，选择据素是一场意识形态斗争。也许对于美国官方政府来说，这两个过程暂时不能使用在政策文件中。因为当贸易决策报告中有不同据素可以选择时，他们当然会毫不犹豫地选择那些有助于实现其意识形态目的的据素。

此外，根据表 9.6 可知，两个语料库中的预期据素在统计学上有显著差异。可能的原因大致如下：

一方面，美国贸易政策经常使用不同视角的论据和信息来源来展现对两国经济基础和政治关系的变化。一般来说，美国官方政府为了达到话语霸权、偏见和歧视的各种目的，往往会使用预期据素虚假地表达，事情往往会超出他们的预期，从而对读者产生一定的影响。因此，在两个语料库中，有不同数量的预期据素也就不足为奇了。他们成功地、有目的地表达了他们认为将会发生的、会威胁本国经济贸易地位的东西，通过间接的描述，表达了他们对中国和日本贸易发展速度的主观态度。这就是为什么根据我们的统计数据，这两个语料库都采用了大量的预期据素。因为它们可以帮助美国实现其既定的政治和经济目的，即垄断国际经济贸易地位。

另一方面，美国官方政府似乎通过不同类型的演绎据素对中国和日本的贸易发展持不同的态度。我们进一步对比了美国对华贸易政策和美国对日贸易政策所使用的演绎据素，发现美国政府更喜欢在演绎据素中使用更多的"could" "would" "if"来表达他们对中国在国际上经济贸易地位迅速提高且与美国进行竞争的警告态度和消极情绪，而美国对日贸易政策中，倾向在演绎据素中使用更多表达中立态度的据素。

第四节 国外涉华贸易话语中的言据性功能分析

一、言据性的概念功能

"概念功能"是指说话人使用语言来描述真实或想象世界的体验（Halliday，1994）。言据性从两方面体现了语言的概念功能。首先，传闻据素用于说明话语中传达的信息的其他来源，而不是第一手信息来源。在这种情况下，外部信息源参与了各自的传递过程。

当使用传闻据素时，外部信息源在小句结构中可以是存在的，也可以是不存在的。

例（4）And，interestingly，the U. S. import price index fell by 2 percent over the past year，despite the fears that people had about the impact of tariffs.（Office of Public Affairs Wednesday，May 3，2017）

例（5）The Trump administration believes in free and fair trade and will use every available tool to counter the protectionism of those who pledge allegiance to free trade while violating its core principles.（Department of Commerce Tuesday，August 1，2017）

例（4）没有指明"fears"源自哪里。但是例（5）清楚地表明信息来自特朗普政府。在这一部分，我们关注的是外部信息源出现在句子结构中的传闻据素群体。外部信息源可以出现在不同的及物性过程中。这里涉及四个过程特征。

第一，外部信息源可以作为施动者（Agent）服务于"物质过程"（material process）。在这种情况下，从句充当"reporters"对信息源言语行为进行叙述性报道。言语行为的叙事报告比间接言语更为间接。在这种情况下，叙述者不必致力于表达自己的意思，更不用阐述说话者的语言形式。这意味着言语行为的叙事报告是一种报告者的演讲形式，其中外部信息源充当演讲演员，并且敏锐地感受到了叙述者的存在。

例（6）Introduced by Oxford Union（link is external）President Sara DubeIt is my honor to discuss the Trump economic policy as it relates to the global economy. We are incorrectly blamed for global economic problems.（Public Affairs

Thursday，February 6，2020）

例（6）中的"Oxford Union President"作为"Agent"，起到启动"blame"这一物质过程的作用，这是信息源的言语行为。

第二，外部信息源也可以出现在言语过程中，通常可以分为两类"sub-groups"，它们的区别在于所用的动词是否有文体上的含义。卡尔达斯·库特哈德称第一组为中性结构的语言报告动词①，例如，"say""tell""ask"。第二组为元命题语言报告动词，这些动词具有断言、指示和表达等语言功能。像同意、敦促和控告这样的动词都包含在该组中。第一组中的外部信息源充当中性"Sayer"，第二组中的外部信息源充当文体"Sayer"。

例（7）Some pundits have said this activity on trade will result in retaliation and undo the benefits of deregulation and the tax cuts. (Office of Public Affairs Monday，May 14，2018）

例（8）The other deal includes robust digital trade commitments agreed to by both countries that cover ＄40 billion in two-way trade. (Office of Public Friday，October 4，2019）

在例（7）中，报告动词是"said"，外部信息源"Some pundits"充当"Sayer"。在例（8）中，报告动词"agreed"具有确认的风格含义，信息源"robust digital trade commitments"充当风格"Sayer"。

第三，外部信息源也可能出现在心理过程中。在这种情况下，他们充当参与者角色"感知者"（Senser）。例（5）是一个典型的案例，其中"The Trump administration"充当感知者，而"believes"充当认知动词。

第四，外部信息源可以作为从句中的"circumstantial elements"。在这种情况下，主要从句可能会出现不同的传递过程。

例（9）According to the U. S. International Trade Commission，the new agreement will add 176,000 new jobs and ＄68.2 billion to the U. S. economy. (Office of Public Affairs Friday，October 4，2019）

在例（9）中，外部信息源"the U. S. International Trade Commission"作为"circumstantial element"且这类信息源与主要从句的过程类型没有严格的对应关系。

---

① CALDAS-COULTHARD C R. On Reporting：The Representation of speech in factual and factional narratives［A］. COULTHARD M. Advancers in Written Text Analysis. London& New York，：Routledge，1994：306.

上文详细介绍了传闻据素使用的子系统，该子系统集中在传闻据素相关的过程特征方面的分类。当使用传闻据素时，它们最常出现在"言语过程"（verbal process）中，其中外部信息源充当说话者（Sayer）。在美国对华贸易政策中，美国政府普遍重视对外部信息源话语权的隐性构建。这样一来，就可以轻松自然地使预期的读者群与他们的立场和观点保持一致。这反过来又有助于使两国的交流意图自然化。及物性过程的"概念功能"有助于建立这种话语权。读者会不知不觉地意识到话语权在哪里，应该将谁视为合法的信息来源。外部信息源话语权的这种建立与通过经验事实描述而归纳的权能等级关系密切，这种权力等级制度由外部信息资源主导，为建立其话语权做出了很大贡献。

二、言据性的人际功能

言据性从两方面体现了语言的人际功能（Halliday，1994）

言据性可以使作者逃避其承诺责任。众所周知，美国对华贸易政策文件具有敏感性，这使得相关文件撰写者竭尽全力承担起最少的责任。信度据素可以减轻作者的一些责任。

例（10）"The market may not be open for business for the first part of the year，"says William Smith，principal at CITIC Capital l. "It's possible that many won't get done，and those that do get done will be at lower valuations. "

例（11）We might assume the oil business is just rough and dirty and hard work for anybody working into it. It's something else beyond that，even，in Nigera.

例（12）Obama seems to be playing up the differences in his tone and approach，but the policies he promotes sound fairly similar to McCain's.

例（10）中，中信资本的本金用"may"表示开盘日期的不确定性，下面句子中的"possible"表示不确定市场何时能结束。这两个词都表明演讲者试图通过说一些他不确定的话来避免矛盾发生的可能性，而且也不愿意告诉公众确切的开馆时间。例（11）中的"might"为后面所说的内容增加了广泛的界限。这句话意味着"oil business"将可能都是艰苦、肮脏和辛苦的工作。虽然它是一种假设，但它是基于身体的和技术性要求的假设。例（12）中的"seems to"表明了对于奥巴马强调他的语气和方式的不同有着总体的，但不是绝对的态度。综上所述，这些表达方式体现了信度据素的人际功能。

言据性可以表明信息的可靠性程度。不同的信息来源表明信息提供者的肯定程度不同，从而致使信息可靠性的不同。下面是几个不同程度的副词，可以看出这些信度据素是如何体现语言的人际功能的。

例（13）Trade Representative, and his extensive ties with lawmakers on both sides of the aisle will surely help the Bush administration make its case for CAFTA.

例（14）"I'm sure the world is going to change," Kelifi said. "French President Nicolas Sarkozy expressed hopes for closer collaboration between Europe and the United States in his congratulations to the president-elect Wednesday."

例（15）I am certain that we will see a very different Democratic Party, and a very different Republican Party, when it comes to trade. A lot of Republicans voted for me, frankly, because of my position on trade.

以上三个例子中的"surely""sure"和"certain"表示说话人对事件的确定性。例（14）中的"sure"表明了对世界将会发生变化这一假设的完全肯定的态度。此外，这些表达还表明说话人争辩的信息是真实的，并赢得了读者的信任。在这一部分，我们重点关注美国对华贸易政策中的人际功能，以及他们如何以有利于隐性说服过程的方式将读者与政策，以及外界信息源进行人际关系定位。该分析从两个广泛的角度进行：知识可靠性和情态。从第一个角度来看，我们集中于信息获取的方式，据素所有权和信息源的规范如何有助于提高知识的可靠性。提供的信息越可靠，它就越有说服力。从情态的角度来看，对以下两方面进行了仔细的审查：通过"performative inferential evidentials"实现的情态化和通过对演绎据素的集体所有权而实现的情态化，这两者都有助于实现语言的说服功能，使美国的对华贸易政策更具说服力和欺骗性。

三、言据性的语篇语用功能批评性分析

语篇功能满足语言使用的关联性要求。它经常使用连词来连贯和衔接。它将语篇与不相关的单词或从句的集合区分开，使句子在实际语境中成为文本，使现存的文本不同于语法书或词典中孤立的词条。

语篇功能是在口语和书面语篇之间建立连贯，以便它们能够适应特定的环境（Halliday，1994）。言据性可以从以下几方面体现语篇功能。

第一，言据性可以指示一句话中从句的顺序。句子与句子之间可以是渐进的，也可以是过渡性的。

例（16）China and Europe have become economically much more important since Bretton Woods, while the "rise of the rest" makes the emerging economies of Southeast Asia and Eastern Europe bigger players.

例(17) Though Russia has a new president, Dmitry Medvedev, McCain has kept up his tough line, accusing the Russian government of silencing political dissent at home, using energy as a weapon abroad and launching a cyber war against Estonia.

例(18) Entrenched aristocracies, however we may want to define them, do not want change; their desire instead is to manage dissent in a way that does not disrupt their control.

例（16）（18）中的"while""however"的表述表明信息与讲话者的预期相反。例（17）中的"Though"用于引入主句和从句之间的比较或转折点。美国商务部使用预期据素来传达信息，以呈现现有的现实，并提供他们的态度。例（18）中的副词"however"用来表示预期的对立面。这类表达的比例很大，与说话者的预期相反。也就是说，这些美国对华贸易政策的内容所表现出的大多数信息的影响都超出了人们的预期，这与预期据素的功能相对应。

第二，言据性可以指明信息源的类型，信息源可以是具体的、半具体的或模糊的。

例(19) A U. S. official in the area said they suspect the narco-mafia was behind it. Changing City's Image. Ever since he took office, Garza has been trying to turn around the image of his city.

张健（2004）将新闻来源分为三种类型，即明确来源、半明确来源和不明确来源。作为一个清晰的消息来源，说话人的身份可以很好地得到确定，如姓名、头衔等。半清楚的消息来源强调说话人的身份有点令人费解，比如，提到"U. S official"。由于来源不明，没有提及说话人的身份，如"according to"和"said"。来源明确的信息比来源不明的信息更具体、更有说服力。然而，无论它们是什么类型的信息，它们都是实现美国对华贸易政策中言据性的有效方法。

第三，言据性可以作为句子的过渡符号。这个过渡符号可以用来强调信息，也可以用来表达完全相反的信息。

例(20) He says he thinks some North Koreans would prefer to be in China if it were legal, because they're closer to their relatives and figure they can go back home. But they have to live underground, which is stressful.

例(21) People are allowed to reference anything they want, even literature, on a vanity plate. Byrne just wants a reference to his favorite Bible verse, and the state is saying no.

例（22）And we are looking at a global economy now, and it's actually been strong now for two or three years, and it's as strong as I've seen it any time during my business career.

例（23）The kid figured, why not take the money instead of going through one mandated sham year in an American college, where he'd play for nothing and go to an occasional class to keep up appearances for the NCAA?

例（20）中的"But"表示表达相反含义的单元的连接顺序。例（21）中的"even"表示递进意义关系的连接顺序。例（22）中的"actually"和例（23）中的"instead of"都是用来澄清或强调对比信息的过渡信号。这些言据性帮助美国政府准确地表达其需要强调或凸显的信息，有助于增强语篇的连贯性。

第五节　本章小结

作为一种重要的语言现象，"言据性"（或据素）是指美国对华贸易政策报告中说话人对知识可靠性的认识来源和态度。

通过研究，我们发现以下三点：

①在六类据素中，演绎据素的使用频率最高，为 2270 次，约占 42.68%。其次是归纳据素，出现 2024 次，约占 38.05%。第三位是预期据素，出现 599 次，约占 11.26%。第四位是信度据素，出现 212 次，约占 3.99%。传闻据素居第五位，出现 168 次，约占 3.16%。信念据素排名第六，仅出现 46 次，约占 0.86%。

②研究表明，言外之意是政治话语中一种重要的语言手段，不同的言外之意具有不同的元功能。在不同的据素的帮助下，人们可能会达到不同的目的。通过揭示美国对华贸易政策中的言据性所反映的意识形态与权力之间的关系，可以培养具有创新意识的批判性阅读能力。

③美国对华贸易政策中的言据性从三方面反映了意识形态和权力之间的关系。首先，意识形态与意识形态权力的关系通过传闻据素和归纳据素体现，它们规范人们的社会活动，为人们提供价值和行为规则。其次，意识形态与软实力的关系体现为信念据素和预期据素。这种关系可以传达个人喜好，以吸引和说服他人实现演讲者的目的。最后，意识形态与社会权力的关系体现

为传闻据素和信度据素。这种关系可以帮助读者更好地理解话语背后的社会力量。

从实践的角度看，语篇绝不是简单的词汇和句子对语义的总结性操作，本研究有助于英语学习者，特别是经济领域的学习者更好地理解语篇，因为它们背后隐藏着潜在的意识形态、权力和文化。

当然，本研究仍然存在一些局限：

首先，在数据收集方面，本章仅仅选取美国商务部网站关于美国对华贸易政策和对日贸易政策的相关文件作为研究对象。所选取的语料相对有限，有关据素的分类和统计难免出现误差，这不可避免地会影响最终的研究结果。

其次，本章的言据性分类未必完全合理，尚需要进一步验证。比如，部分言据性本章并没有进行统计和分析。

再次，本章对言据性的功能阐释似乎还远远不够到位。未来研究者可以尝试对言据性进行更深入的研究，寻找最适合言据性研究的理论。将言据性与语义、语用、句法联系起来的研究方法也是可取的。

最后，可以尝试利用标注软件对所选语料进行系统性标注，使各项数据更加准确。

第十章

国外涉华人权外交政策的情态系统研究

第一节 引言

情态体现说话主体对说话客体的主观态度，其重要性不言而喻（韩力，2019）。"情态系统似乎不可能通过简明的术语说明其语义范畴或体现这些意义的语法手段。"① 在系统功能语言学家看来，情态是表达人际意义的重要手段，可以表达个人的主观愿望、表达说话者的要求、表达说话者对事物发展趋势的判断等。迄今为止，学者们不断探究情态的人际意义。福勒认为，情态能表现作者或说话人的"评价"或"态度"。② 夸克等人发现，情态意义可以被认为是发话人对命题的真实性的判断。③ 李基安（1999）提出，情态意义就是指是非之间的度。这一学术观点给情态意义的研究者提供了重要启发。情态在不同语境中有不同的作用，比如，表达主客观态度、使命题合法化、模糊态度、推卸责任等。

韩礼德认为，情态在人际功能中扮演一个虽小但极为重要的角色。④⑤ 韩

---

① BYBEE J, PERKINS R, PAGLIUCA W. The Evolution of Grammar: Tense, Aspect and Modality in the Languages of the World [M]. Chicago: The University of Chicago Press, 1994: 176.

② FOWLER R, et al. Language and Control [M]. London: Routledge and Kegan Paul, 1979: 85.

③ QUIRK R, et al. A Comprehensive Grammar of the English Language [M]. London: Longman Group Limited, 1985: 219.

④ HALLIDAY M. A. K. Selected Works of M A K HallidayonApplied Linguistics [M]. Beijing: Foreign Language Teaching and Research Press, 2015: 178.

⑤ Halliday M. A. K. Functional Diversity in Language as Seen from a Consideration of Modality and Mood in English [J]. Foundations of Language, 1970, 6 (3): 322-361.

礼德等一些学者们认为情态一般是通过下列方式来表达：情态助动词、语气附加成分、形容词性谓语、名物化等。这些情态表达方式在我们日常生活中经常被使用。说话者通常使用合适的情态表达方式来表明自己的某些看法或观点。鉴于情态会反映说话人的态度这一特点，且同说话者的语气有密切的关系，汤普森提出，情态助动词、情态附加成分和人际语法隐语都应归于"语气块"。① 李杰等（2002）据此将情态动词分为情态助动词、情态附加成分及人际语法隐语。②

除了对情态词的分类持不同意见，学者们对情态语的分类方式也各有不同。波特纳发现一个重要的传统方式是将情态的种类分为认识情态和道义情态两大类。③ 另一种传统分类方法是认为情态包括三个基本的语义维度：动态、道义及认识。④⑤ 徐中意将情态主要分为四类：认识情态、道义情态、动力情态以及意志情态。她指出，在情态语使用中，认识情态、道义情态、意志情态经常被大家使用。据此，她把认识情态、道义情态、意志情态这三种情态分别看作"肯定性""必要性""意愿性"三种层级现象的体现，根据三个层次的情态值（高值、中值、低值）进行表达与定位。⑥ 此外，李战子、曹进、姜安以及林登等国内外学者也对话语的情态系统进行了较深入的探讨，为我们开展美国涉华人权外交话语的情态系统研究提供了重要基础和理论铺垫。

外交政策主要是为了维护国家主权、维护国家利益而制定的。如今，世界各国之间联系密切。在与他国的外交过程中，各国均从自身利益出发制定对外战略。改革开放以来，我国与美国的外交日益密切，双方也签订了不少外交合约。近年来，我国学者从语言学、国际关系学、传播学、政治经济学等视角对美国对华外交政策进行了深入研究，如岳圣淞（2019），叶海强（2019），左希迎（2018），朱媛媛（2018），徐惊奇、牛佳（2015），高舒锐（2015），李侃（2013），宋静（2009），张清敏、罗斌辉（2006），姜安、王

---

① THOMPSON G. Introducing Functional Grammar［M］. New York：St. Martin's Press Inc.，1996：54-55.

② 李杰，钟永平. 论英语的情态系统及其功能［J］. 外语教学，2002（1）：9-15.

③ PORTNER P. Modality［M］. London：Oxford University Press，2009：2.

④ HUDDLESTON R. & PULLUM G K. The Cambridge grammar of the English language［M］. Cambridge：Cambridge University Press，2002：52.

⑤ NUYTS J. Modality：Overview and Linguistic Issues［M］. Berlin：Mounton de Gruyter，2005：24.

⑥ 徐中意. 政治话语中的情态与言据性研究［M］. 杭州：浙江大学出版社，2016：6.

亚范（2006）。他们分析阐释了各种因素在美国对华外交政策中发挥的作用。

　　然而，根据现有文献，很少有从情态系统视角研究美国对华人权外交政策话语的专题成果。这给本研究留下了一定空间。鉴于此，本研究以美国对华人权外交政策话语为研究对象，以"中国""人权外交"为关键词创建两个小型语料库。其中，奥巴马时期的语料共102832字符，特朗普时期的语料共97129字符。

第二节　研究方法

一、研究对象

　　笔者在美国白宫网站中搜集奥巴马和特朗普政府的"年度国别人权报告"，将其中涉及"中国人权"的语料作为研究对象，并分别建立语料库（奥巴马政府的涉华语料共102832字符，特朗普政府的涉华语料共97129字符），供对比分析。

二、研究工具

　　本研究的主要工具有两种，第一种为AntConc，用于统计奥巴马政府对华人权外交政策语料库以及特朗普政府对华人权外交政策语料库中的三类情态词；第二种为卡方检验工具，用于对比两个语料库中存在的三类情态词的频率是否具有统计学意义上的显著性差异，从而比较奥巴马和特朗普政府涉华人权外交话语之间存在的共性及差异。

三、研究问题

　　本研究以奥巴马及特朗普政府发布的中国人权报告为研究对象，将话语的情态类型主要分为认识情态、道义情态及意志情态三类，这三类情态语存在三个层次的情态值，即高值、中值、低值。本研究试图回答以下三个问题：
　　①美国对华人权外交政策中情态语的使用有哪些特点和规律？
　　②奥巴马和特朗普政府使用情态语的频率与偏好有何不同，他们对中国

的态度如何？

③这些情态语建构了怎样的中国人权形象，体现了美国政府的何种交际目的？

四、研究过程

第一步，把下载好的语料全部保存为 TXT 纯文本文件格式。

第二步，利用 AntConc 软件分别导入语料，将表 10.1 中的情态语依次输入"Search Term"中，然后点击"Start"开始进行词频统计。

第三步，在统计结果中，结合语境排除不符合要求的结果。

第四步，利用 excel 绘制表格。

本研究将奥巴马和特朗普政府的对华人权外交政策话语中所使用的情态语进行对比和分析，借助 AntConc3.5.7 统计软件和卡方检验计算器对两个语料库进行量化分析。为了观察奥巴马及特朗普政府对华人权外交政策话语中情态语的使用特点，我们对情态语在两届美国政府对华人权外交政策中的使用频率进行了卡方检验。通常认为，如果 P 值大于 0.05（$P>0.05$），则表示两类数据没有统计学意义上的显著性差异；如果 $0.01 \leqslant P \leqslant 0.05$ 表示差异性显著；如果 $P<0.01$ 表示差异性极显著。

第三节　国外涉华外交话语的情态系统分析

情态是说话人对事态表达立场、态度及观点的一种手段。在奥巴马与特朗普政府对华人权外交政策话语中，情态标记词经常出现。

例（1）A July report by Human Rights Watch found that Tibetans and other minorities must provide far more extensive documentation than other Chinese citizens when applying for a Chinese passport. For Tibetans the passport application process can take years and frequently ends in rejection.

例（2）The courts may rule on matters that are the responsibility of the PRC government or concern the relationship between central authorities and the SAR, but before making their final judgment, which is not subject to appeal, the courts must seek an interpretation of the relevant provisions from the National People's Congress Standing Committee（NPCSC）.

从例（1）和例（2）可以看出，像"must""can""may"等情态标记词经常会被使用。根据徐中意（2018）对情态系统标记词的分类及对不同情态标记词量值的分类，我们通过 Antconc 对两个语料库中的情态语进行统计（见图 10.1），尝试比较两届美国政府涉华人权外交话语的情态语使用频率（见表 10.1）。

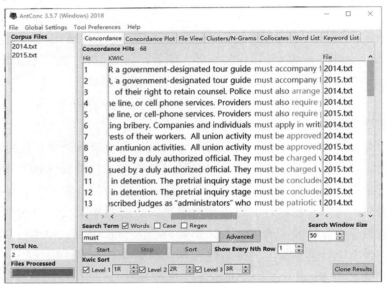

图 10.1 情态语检索示意图

表 10.1 奥巴马与特朗普政府对华人权外交政策中的情态语频率

情态类型	奥巴马		特朗普	
	数量	百分比	数量	百分比
道义情态	470	37%	435	39%
认识情态	567	44%	477	42%
意志情态	240	19%	215	19%
总体	1277	100%	1127	100%

通过卡方检验，我们可以了解两个语料库中的三类情态词是否具有统计学意义上的显著性差异。

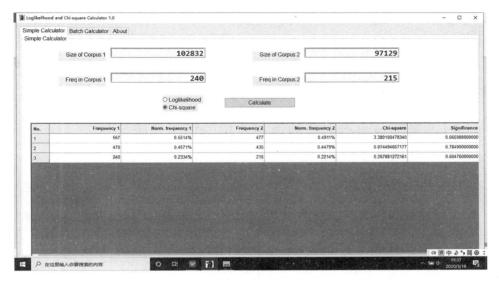

图 10.2 奥巴马与特朗普政府对华人权外交话语中的三类情态词对比分析

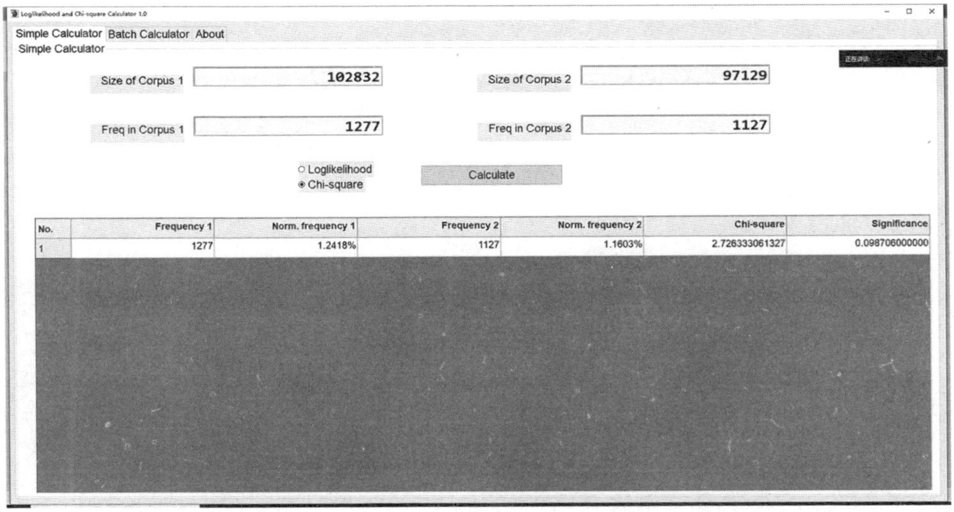

图 10.3 奥巴马与特朗普政府对华人权外交话语的情态词总数对比分析

　　通过表 10.1，我们可以清晰地了解奥巴马和特朗普政府对华人权外交政策话语中情态语的总体使用频率。奥巴马对华人权外交政策语料库总字数为102832 字符，其中，情态语总数为 1277 个，比例为 1.24%；特朗普对华人权外交政策语料库总字数为 97129 字符，其中，情态语总数为 1127 个，比例为1.16%。通过图 10.3 可知，经过卡方检验，发现 $P = 0.0987060000 > 0.05$。可见，奥巴马和特朗普政府对华人权外交政策话语中三类情态语的总体使用频率并无统计学意义上的显著差异。通过图 10.2 可知，在三类具体的情态词语使用方面，两届政府也没有显著性差异，说明两届政府都惯于使用相似的情态系统来表达政治观点，以实现既定的政治目的。

一、奥巴马政府对华政策话语中的情态系统分析

（一）奥巴马政府对华政策语料中不同情态量值的认识情态分析

表 10.2 奥巴马政府对华人权外交政策话语中不同情态量值的认识情态的卡方检验结果

类型	数量	类型	数量	X^2	P 值
中	247	高	172	15.634	0.0000
高	172	低	148	1.8899	0.1692
中	247	低	148	28.7622	0.0000

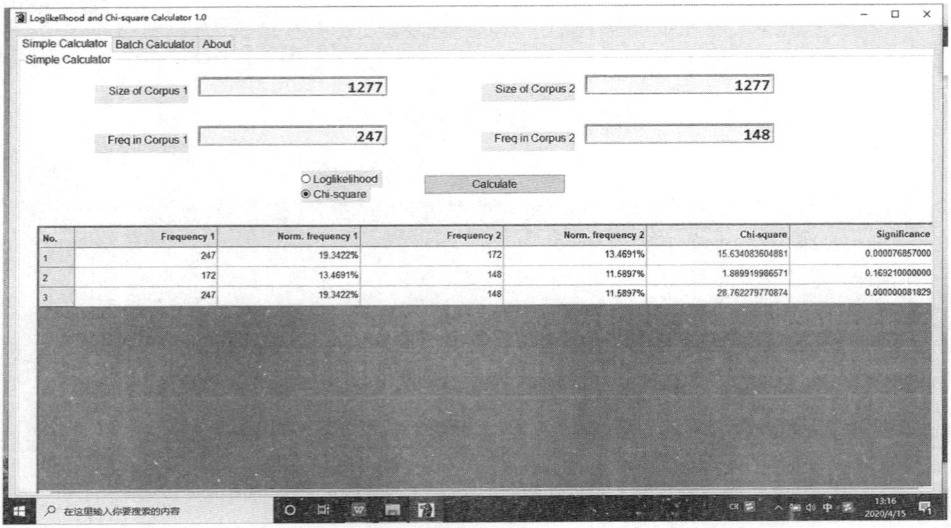

图 10.4 奥巴马政府对华人权外交话语中不同量值的认识情态的卡方检验

表 10.2 是对奥巴马政府对华人权外交政策话语中不同量值的认识情态的卡方检验结果。一方面，从认识情态的使用频率对比来看，奥巴马政府在使用认识情态时，偏向于使用中值认识情态标记词，其次是高值认识情态标记

词，对低值认识情态标记词的使用相对较少。另一方面，从不同情态量值的认识情态的卡方检验结果来看，三种不同情态值的 P 值检验结果分别是：中值 VS 高值 $P=0.0000$，高值 VS 低值 $P=0.1692$，中值 VS 低值 $P=0.0000$。从卡方检验结果来看，中值 VS 高值与中值 VS 低值的数据结果都小于 0.01（$P<0.01$），说明有统计学意义上的显著差异；而高值 VS 低值的数据结果大于 0.01（$P>0.01$），说明无统计学意义上的显著差异。从上述数据结果我们可以看出，奥巴马政府偏向使用中值认识情态标记词来表明自己的言外之意。

（二）奥巴马政府语料中不同情态量值的道义情态分析

表 10.3　奥巴马政府对华人权外交政策话语中不同情态量值的道义情态的卡方检验结果

类型	数量	类型	数量	X^2	P 值
中	119	高	119	0.0046	0.9457
低	232	高	119	41.4319	0
低	232	中	119	41.4319	0

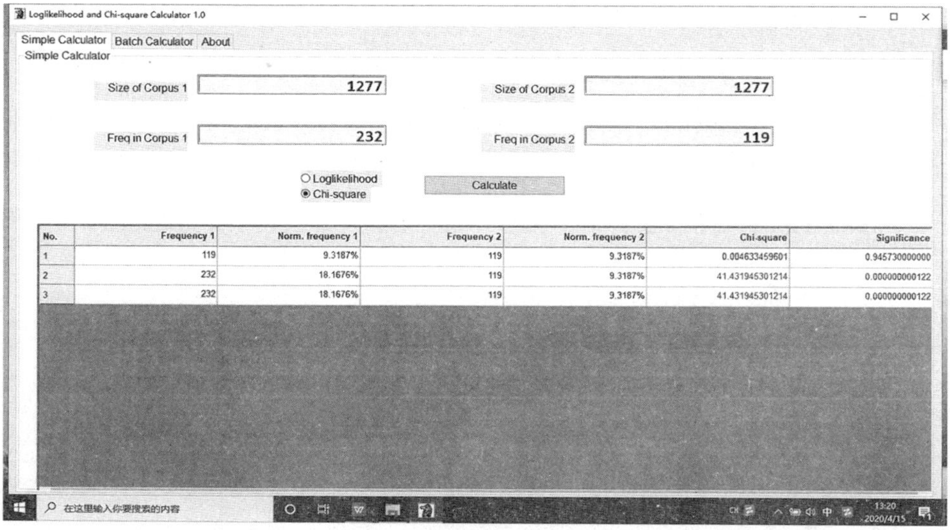

图 10.5　奥巴马政府对华人权外交政策话语中不同情态量值的道义情态的卡方检验

表 10.3 是对奥巴马对华人权外交政策话语中不同情态量值的道义情态的卡方检验结果。一方面，从道义情态使用频率对比来看，奥巴马在使用道义情态时，偏向于使用低值道义情态标记词，对高值道义情态标记词和中值道

义情态词的使用情况没有明显差异。另一方面，从不同情态量值的道义情态的卡方检验结果来看，三种不同情态值的 P 值检验结果分别是中值 VS 高值 $P=0.9457$，低值 VS 高值 $P=0.0000$ 及低值 VS 中值 $P=0.0000$。从卡方检验结果来看，低值 VS 高值与低值 VS 中值的数据结果都小于 0.01（$P<0.01$），说明有统计学意义上的显著差异；而中值 VS 高值的数据结果大于 0.05（$P>0.05$），说明无统计学上的显著差异。从上述数据结果我们可以看出，在使用道义情态标记词时，奥巴马政府喜欢使用低值道义情态标记词来表明言外之意。

（三）奥巴马政府语料中不同情态量值的意志情态分析

表 10.4 奥巴马政府对华人权外交政策话语中不同量值的意志情态的卡方检验结果

类型	数量	类型	数量	X^2	P 值
中	192	高	41	106.2606	0.000
高	41	低	7	23.122	0.000
中	192	低	7	184.5068	0.000

表 10.4 是对奥巴马政府对华人权外交政策话语中意志情态的使用分析。首先，从不同情态量值的意志情态的卡方检验结果来看（图 10.6），三种不同情态值的 P 值检验结果分别是中值 VS 高值 $P=0.0000$，高值 VS 低值 $P=$

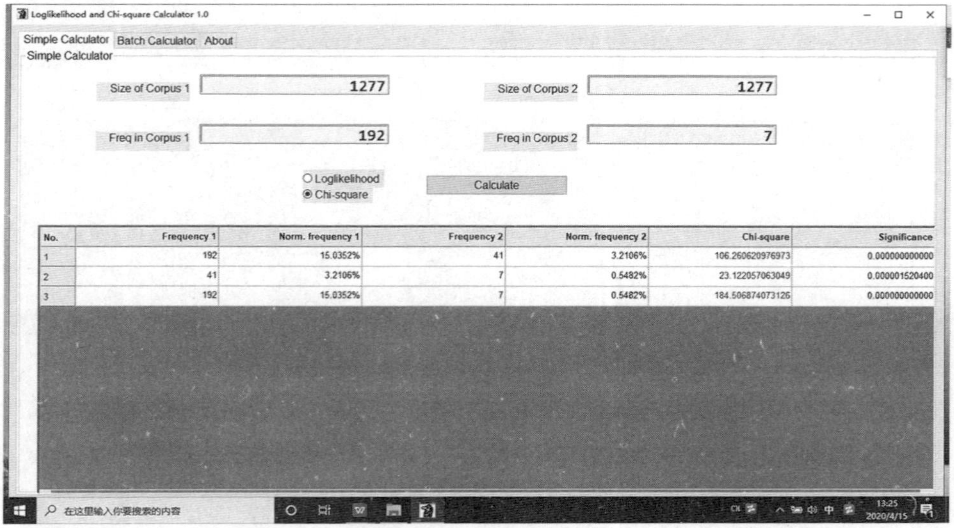

图 10.6 奥巴马政府对华人权外交政策话语中不同情态量值的意志情态的卡方检验

0.000 及中值 VS 低值 $P=0.0000$。从卡方检验结果来看，P 值都小于 0.01（$P<0.01$），说明三组数据有统计学意义上的显著性差异。其次，根据表10.4，可以发现，中值意志情态标记词达到 192 次，高值意志情态标记词 41 次，低值意志情态标记词只有 7 次。显然，奥巴马政府偏向使用中值意志情态标记词来表达意识形态，其次是高值意志情态词，对低值意志情态词的使用较少。

（四）奥巴马政府对华人权外交政策话语中情态系统的总体对比

表 10.5　奥巴马政府对华政策中的三类情态语纵向对比数据

情态形式		情态形式		X^2	P 值
类别	数量	类别	数量		
认识情态	567	道义情态	470	8.932	0.0028
道义情态	470	意志情态	240	74.11	0.0000
认识情态	567	意志情态	240	132.2	0.0000

表 10.6　奥巴马政府对华政策中频率最高的十个情态词

序号 形式	认识情态		道义情态		意志情态	
	情态词	数量	情态词	数量	情态词	数量
1	could	102	could	102	may	82
2	may	82	may	82	would	59
3	must	66	must	66	should	42
4	certain	61	should	42	shall	23
5	would	59	can	38	will	8
6	should	42	responsible	36	might/would not	7/7
7	can	38	shall	23	not want to	2
8	shall	23	could not	18		
9	could not	18	be allowed to	12		
10	possible	17	necessary	11		

1. 认识情态 VS 道义情态

从表 10.5 及表 10.6 中的数据结果可以看出：

第一，在奥巴马政府对华人权外交政策话语的语料中，奥巴马政府使用认识情态共 567 次，而使用道义情态只有 470 次。从二者的卡方检验结果来看，二者 P 值为 0.0028，$P=0.0028<0.01$，说明奥巴马在使用认识情态与道义情态的数据有统计学意义上的显著性差异。充分说明，在使用认识情态和道义情态时，奥巴马偏向于喜欢使用认识情态。

第二，在这两种情态标记词中，奥巴马政府惯于使用"could""may""must""can""should""shall""could not"。除了这几个词之外，奥巴马政府在使用认识情态标记词时，经常使用"certain""would""possible"；而在使用道义情态标记词时，奥巴马政府更惯于使用"responsible""be allowed to""necessary"等词语表达其对中国人权的偏见和傲慢，盛气凌人、自以为是。

2. 道义情态 VS 意志情态

从表 10.5 的卡方检验结果和表 10.6 中的数据呈现可以看出：

第一，$P=0.0000<0.01$，说明奥巴马政府在使用道义情态与意志情态时差异显著。

第二，在本研究的奥巴马政府对华人权外交政策话语中，道义情态标记词总共出现 470 次，而意志情态标记词只有 240 次。从绝对数据和卡方检验结果看，奥巴马政府更偏向使用道义情态。

第三，在这两种情态标记词中，奥巴马政府更多使用"may""should""shall"。此外，奥巴马政府在使用道义情态标记词时，经常使用"could""must""can""responsible""could not""be allowed to""necessary"；而在使用意志情态标记词时，奥巴马政府更多使用"would""will""might""would not""not want to"等词来表达对华的偏见、歧视等意识形态。

3. 认识情态 VS 意志情态

从表 10.5 及表 10.6 中得到的数据结果可以看出：

第一，$P=0.0000<0.01$，说明奥巴马政府在选择认识情态与意志情态时差异性显著。在奥巴马政府的对华人权外交政策话语中，认识情态共出现 567 次，而意志情态只有 240 次。从二类情态词的总体数据和卡方检验结果来看，在选择认识情态和意志情态时，奥巴马政府更偏向使用认识情态。

第二，在这两种情态标记词中，奥巴马政府都惯于使用"may""would""should""shall"。此外，在使用认识情态标记词时，经常使用"could""must""certain""can""could not""possible"；而在使用意志情态标记词时，奥巴马政府更倾向使用"will""might""would not""not want to"等词语表达对话的主观性态度。

二、特朗普政府对华人权外交政策话语的情态系统分析

（一）特朗普政府语料库中不同情态量值的认识情态分析

表 10.7　特朗普对华人权外交政策话语中不同量值的认识情态的卡方检验结果

类型	数量	类型	数量	X^2	P 值
中	223	高	129	29.1183	0.0000
高	129	低	125	0.0399	0.8416
中	223	低	125	31.9738	0.0000

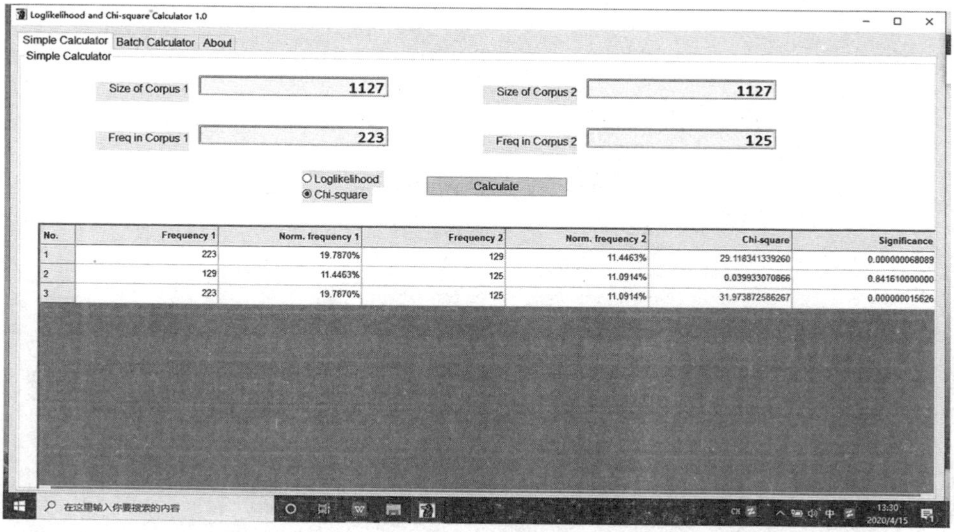

图 10.7　特朗普政府对华人权外交政策话语中不同量值的认识情态的卡方检验

表 10.7 是对特朗普政府对华人权外交政策话语中认识情态的卡方检验和对比分析。从不同量值的认识情态的卡方检验结果来看，三种不同情态量值的卡方检验结果分别为，中值 VS 高值 $P=0.0000<0.01$，高值 VS 低值 $P=0.8416>0.05$ 及中值 VS 低值 $P=0.0000<0.01$。根据中值 VS 高值与中值 VS 低值的对比结果得知，它们具有统计学意义上的显著差异；而高值 VS 低值之

间无统计学意义上的显著差异。结合表10.7的绝对数据，我们发现，在使用认识情态标记词时，特朗普政府惯于使用中值认识情态标记词来表达对华主观性态度，对高值和低值认识情态标记词的使用没有明显倾向性。一定意义上说明美国政府在涉华人权外交话语中并非无意识地使用认识情态。毕竟，在对中国人权指手画脚、发表主观性评价时，美国政府仍然需要精心措辞。毕竟，在外交场合，使用中值情态量值表达思想显得更加隐蔽、更具欺骗性。

（二）特朗普政府语料中不同情态量值的道义情态分析

表10.8　特朗普政府对华人权外交政策中不同量值的道义情态卡方检验结果

类型	数量	类型	数量	X^2	P 值
高	130	中	104	2.9803	0.0842
低	201	高	130	17.3517	0.0000
低	201	中	104	34.9449	0.0000

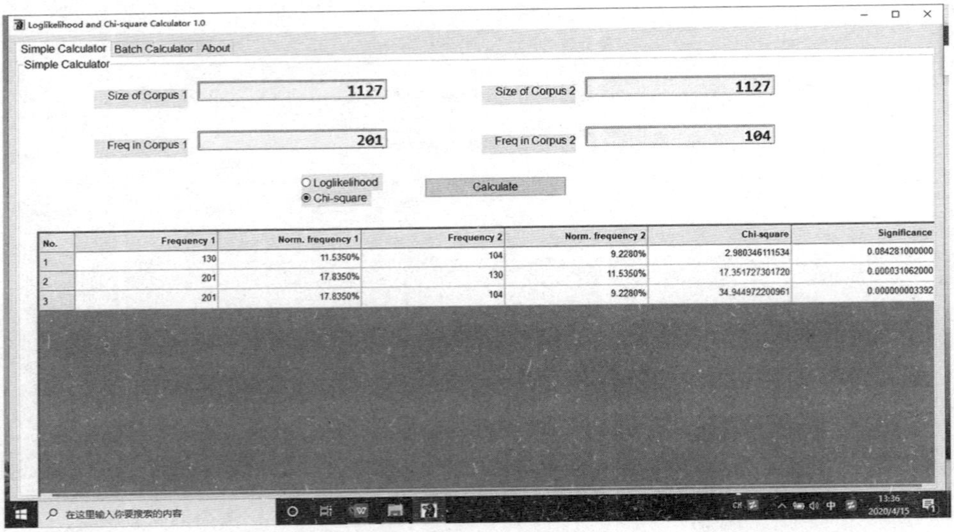

图10.8　特朗普政府对华人权外交政策话语中不同情态量值的道义情态的卡方检验

　　表10.8是对特朗普政府涉华人权外交话语中道义情态的使用频率对比分析。

　　从不同量值的道义情态的卡方检验来看，三种不同情态值的 P 值检验结果分别是高值 VS 中值 $P=0.0842>0.05$，低值 VS 高值 $P=0.0000<0.01$ 及低

值 VS 中值 $P=0.0000<0.01$。可见，低值 VS 高值与低值 VS 中值的使用频率具有统计学意义上的显著性差异；而高值 VS 中值的对比结果 $P=0.0842>0.05$，说明两者无统计学意义上的显著差异。据此，我们认为，在使用道义情态标记词时，特朗普政府更倾向使用低值道义情态标记词来表明对中国人权问题的主观性和片面性评价。

（三）特朗普政府语料中不同情态量值的意志情态分析

表 10.9 特朗普政府对华人权外交政策话语中不同量值的意志情态的卡方检验

类型	数量	类型	数量	X^2	P 值
中	165	高	38	85.9475	0.0000
高	38	低	12	12.7835	0.0003
中	165	低	12	141.6548	0.0000

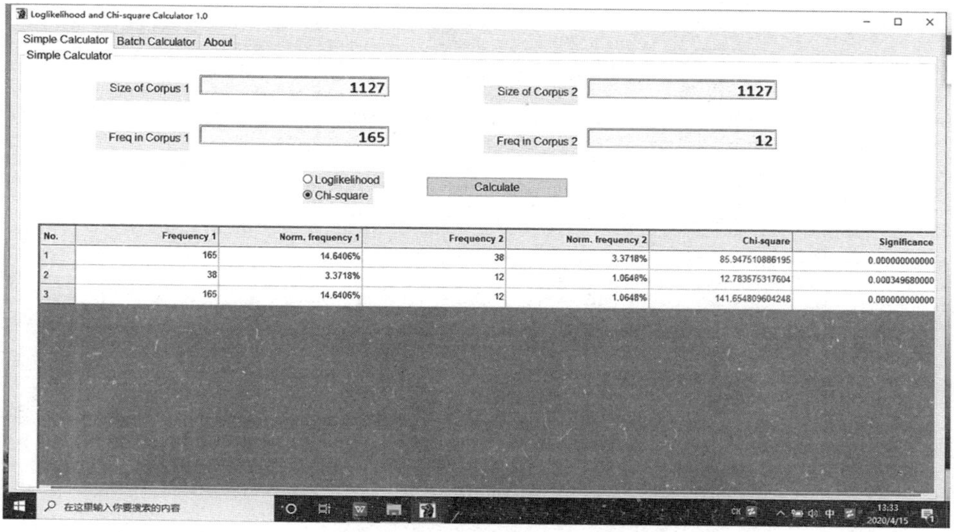

图 10.9 特朗普对华人权外交政策话语中不同情态量值的意志情态的卡方检验

表 10.9 是对特朗普政府涉华人权外交话语中意志情态的使用频率对比分析。从不同情态量值的意志情态的卡方检验结果来看，三种不同情态值的 P 值检验结果分别是中值 VS 高值 $P=0.0000<0.01$，高值 VS 低值 $P=0.0003<0.01$，中值 VS 低值 $P=0.0000<0.01$。从卡方检验结果看来，三种数据检验结果 P 值均小于 0.01，说明它们之间具有统计学意义上的显著差异。从表

10.9 的数据来看，在使用意志情态标记词时，特朗普政府似乎更偏向使用中值意志情态标记词来表明言外之意和主观性态度，其次是高值意志情态标记词，最后是低值意志情态标记词。

（四）特朗普政府对华人权外交政策话语中情态系统的总体对比

表 10.10　特朗普政府对华人权外交政策话语中的三类情态标记词纵向对比结果

情态形式		情态形式		X^2	P 值
类别	数量	类别	数量		
认识情态	477	道义情态	435	1.8518	0.1735
道义情态	435	意志情态	215	74.03	0.0000
认识情态	477	意志情态	215	98.79	0.0000

表 10.11　特朗普政府对华政策话语中三类情态词使用频率排名前十的情态量词

序号 \\ 类型	认识情态		道义情态		意志情态	
	情态词	数量	情态词	数量	情态词	数量
1	could	87	could ★ ①	87	may ★	68
2	may	68	may ★	68	would ★	47
3	must	52	must ★	52	should ★	46
4	should/would	48/48	should ★	48	shall ★	22
5	certain	39	be required to	35	be determined to	7
6	can	28	can ★	28	be willing to/be to	6
7	shall	22	responsible	28	might/be willing to	3/3
8	likely/could not	15/15	shall ★	22	likely ★/could not ★	15/15
9	possible/may not	12/12	could not	15	will	2
10	impossible	7	be allowed to	14	be going to	1

注释：带星号★的情态词见脚注说明。

1. 认识情态 VS 道义情态

从表 10.10 及表 10.11 中的数据结果可以看出：

---

① 同一个情态在不同语境下含义不尽相同。也就是说，同一个情态词可能是道义情态，也可能是认识情态和意志情态，需要结合语境加以识别。因此，数据统计过程中笔者需要结合语境进行手工排除，难度较大。

第一，在特朗普政府的对华人权外交政策话语的语料中，认识情态出现477次，而使用道义情态出现435次，P值为0.1735，$P = 0.1735 > 0.05$，从数据绝对值和卡方检验结果来看，这两类情态的使用频率不存在统计学意义上的显著差异。说明特朗普政府在选择这两类情态时，倾向性不是那么明显，只是根据表达需要，合理选择而已，两类情态都有助于美国政府表达主观性评价和意识形态偏见。

第二，在这两种情态标记词中，特朗普政府都惯于使用"could""may""must""should""can""shall""could not"。除了这几个词之外，特朗普在使用认识情态标记词时，还会经常使用"certain""would""likely""possible""may not""impossible"；而在使用道义情态标记词时，特朗普政府惯于使用"be required to""responsible""be allowed to"等词表达观点。

2. 道义情态 VS 意志情态

从表10.10及表10.11的数据结果可以看出：

第一，在特朗普政府对华人权外交政策话语中，道义情态共出现435次，而意志情态只有215次，从两种情态的数据绝对值和卡方检验结果$P = 0.0000 < 0.01$来看，两者存在显著差异。可以认为，在选择道义情态或意志情态时，特朗普政府似乎更偏向使用道义情态。

第二，在这两种情态标记词中，特朗普政府都惯于使用"may""should""shall""could not"。除了这几个词之外，特朗普政府在使用道义情态标记词时，还经常使用"could""must""be required to""can""responsible""be allowed to"表达思想；而在使用意志情态标记词时，特朗普政府更喜欢使用"would""be determined to""be willing to""be to""might""likely""will""be going to"等情态标记词表达观点。

3. 认识情态 VS 意志情态

从表10.10及表10.11的数据结果可以看出：

第一，$P = 0.0000 < 0.01$，说明特朗普政府在使用认识情态与意志情态的频率上具有统计学意义上的显著性差异。在特朗普政府对华人权外交政策话语的语料中，特朗普政府使用认识情态共477次，而使用意志情态只有215次。据此，可以认为，在选择认识情态或意志情态时，特朗普政府似乎更偏向于使用认识情态。

第二，在这两种情态标记词中，特朗普政府都喜欢使用"may""should""would""shall""likely""could not"。除了这几个词之外，特朗普政府在使用认识情态标记词时，还会经常使用的是"could""must""certain""can""possible""may not""impossible"等情态词；而在使用道义情态标记词时，特朗普政府还惯于使用"be determined to""be willing to""be to""might""will""be going to"等情态标记词表达其主观性态度和意识形态偏见。

三、奥巴马和特朗普政府对华政策话语的情态系统对比分析

（一）奥巴马与特朗普政府对华外交政策话语的认识情态对比分析

首先，从不同情态量值的认识情态的卡方检验结果来看（见表 10.12），三种不同情态值的 P 值检验结果分别是 0.0538、0.6575 及 0.3891。三个检验结果 P 值均大于 0.05（$P>0.05$），说明它们至今均无统计学意义上的显著性差异。

表 10.12　奥巴马与特朗普政府对华人权外交政策话语中三类情态的对比分析

情态类型	价值观	Obama		Trump		X^2	P 值
		No.	百分比	数量	百分比		
认识情态	High	172	30.34%	129	27.04%	3.7181	0.0538
	Intermediate	247	43.56%	223	46.75%	0.1965	0.6575
	Low	148	26%	125	26%	0.7416	0.3891
	总数	567	100%	477	100%	3.3801	0.0659
道义情态	High	119	25.32%	130	29.89%	-1.1769	0.2779
	Intermediate	119	25.32%	104	23.91%	0.2622	0.6085
	Low	232	49.36%	201	46.20%	0.7216	0.3956
	总数	470	100%	435	100%	3.3801	0.0659
意志情态	High	41	17.08%	38	17.67%	0.0008	0.9772
	Intermediate	192	80.00%	165	76.74%	0.7027	0.4018
	Low	7	2.92%	12	5.59%	-1.0867	0.2972
	总数	240	100%	215	100%	0.2678	0.6047

从认识情态的使用频率对比来看，奥巴马政府在使用认识情态时，偏向使用中值认识情态标记词，其次是高值认识情态标记词，对低值认识情态标记词的使用相对较少。同样，特朗普政府也偏向于使用中值认识情态标记词，

对高值和低值认识情态标记词的使用次数虽有不同，但两者数据之间的差异很小。从数据上可以看出，奥巴马与特朗普都偏爱使用中值认识情态标记词来表示一定的言外之意。

（二）奥巴马与特朗普政府对华外交政策话语的道义情态对比分析

从道义情态的使用数据对比来看，奥巴马政府偏向使用低值道义情态词，使用比例达到 49.36%，奥巴马对高值道义情态词和中值道义情态词的使用频率是相同的，没有区别。与此类似，特朗普政府也偏向使用低值道义情态标记词，使用比例达到 46.20%，其次是高值道义情态标记词，对中值道义情态词的使用明显偏少。

从不同情态量值的道义情态的卡方检验结果来看，三种不同情态值的 P 值检验结果分别是 0.2779、0.6085 及 0.3956。三个检验结果都大于 0.05（$P>0.05$），说明两个语料库中高、中、低值道义情态标记词没有统计学意义上的显著性差异。

（三）奥巴马与特朗普政府对华外交政策话语的意志情态对比分析

从意志情态的使用频率来看，特朗普政府和奥巴马政府一样，都偏向使用中值意志情态标记词，其次是高值意志情态标记词，最后是低值意志情态标记词。

从不同情态量值的意志情态的卡方检验结果来看，三种不同情态值的 P 值检验结果分别是 0.9772、0.4018 及 0.2972。三个检验结果都大于 0.05（$P>0.05$），说明两届政府在使用高、中、低值意志情态标记词表达观点时没有显著性差异。

（四）奥巴马与特朗普政府对华政策话语中三类情态的总体频率对比分析

根据图 10.2，我们可以发现：

从绝对数据来看，奥巴马政府对华人权外交政策话语中情态标记词的数量比特朗普政府多。

在使用认识情态标记词时，奥巴马与特朗普政府的使用数据的数量对比为 567：477，$P=0.0659>0.05$；在使用道义情态时，奥巴马政府使用了 470 个道义情态标记词，而特朗普政府仅仅使用了 435 个道义情态标记词，$P=0.7849>0.05$；在使用意志情态时，奥巴马政府使用了 240 个意志情态标记词，而特朗普政府使用了 215 个意志情态标记词，$P = 0.6048 > 0.05$。可见，奥巴马与特朗普政府在使用三种情态标记词时，没有显著性差异，并且两届政府使用三类情态标记词的顺序也很类似，均优先选择道义情态标记词，其次是意志情态标记词，对认识情态标记词的使用偏少。

（五）归因分析

首先，从数据横向对比的共性结果来看，我们可以发现，毕竟奥巴马与特朗普都是美国总统，在对华人权外交政策中，他们都以自己的国家利益为出发点，争取实现本国利益最大化。美国一直以来称霸世界、行为大胆。近年来，中国的政治、军事、经济实力不断提高。美国将中国视为劲敌，企图打压中国，宣扬本国优越性。鉴于此，奥巴马和特朗普政府在不同情态标记词的横向对比中差别不大。二者在使用不同情态量值的情态标记词时，都惯于使用高值、中值情态标记词，对低值情态标记词的使用较少。

其次，从数据横向对比的差异结果来看，我们可以得出如下结论：奥巴马与特朗普虽然都身为国家总统，但属于不同党派——奥巴马是美国民主党，特朗普是美国共和党。与特朗普相比，奥巴马对华的态度相对友好一点。在奥巴马担任美国总统期间，中美关系也相对和谐。从各类情态值数据结果看来，我们可以发现，奥巴马在各类情态词语的使用频率上略高于特朗普，并且奥巴马使用高值情态标记词的频率也略高于特朗普。从数据对比可以看出，相较于特朗普，奥巴马政府对华人权外交政策话语更加委婉一些。

再次，众所周知，美国制定人权外交政策的中心思想是以人权作为美国外交政策的基石，将对别国人权状况的判断作为是否与其维持良好关系的重要标准。与此同时，美国极力向别国推行自己的意识形态和社会政治制度。其人权外交的实质是以人权问题为借口干涉别国内政。从数据纵向对比的共性结果来看，我们可以得出如下结论：在三种情态标记词中，奥巴马与特朗普政府都倾向使用认识情态与道义情态，来表明"肯定性""必要性"。从二者的数据结果可以发现，无论是民主党政府还是共和党政府，无论他们对华态度缓和或激进，他们对华人权外交的出发点主要都是贬损中国形象，争夺国际话语权，并追求本国利益最大化。

最后，两个语料库中某些数据存在差异的主要原因在于，奥巴马政府和特朗普政府的执政理念与对华政策稍有不同。相比特朗普政府，奥巴马在对华人权外交政策话语中使用更多的情态标记词来表明自己对华人权外交政策的态度、立场及看法，他的语言更加委婉，留有一定的协商余地。特别是，与奥巴马政府相比，特朗普政府惯常使用高值道义情态词，对华人权外交政策也更为直接和激进，协商空间很小，显得较为霸道和武断。

实际上，"长期以来，美国及其盟国一直把它们在文化、经济和政治上所信奉的意识形态视为唯一正确的东西。随着东欧剧变和苏联解体，这些国家欢呼西方意识形态的'胜利'和'优越性'，美国更是利用冷战结束不久所享有的'单极时刻'，致力于向全世界推广西方'民主''自由'和'自由市场'观念及价值的'历史使命'，因为全球霸权不仅体现在经济领域，而且表现在政治文化和意识形态方面"①。美国政府的对华人权外交政策也是美国政府的一种对华舆论战，值得我们高度警惕和重视。"这种把自己诠释和信仰的挂念和价值（像'自由''民主''市场经济''人权'等）视为'权威'和'真理'，并在全世界范围内加以推广的做法，旨在从全球政治、经济和文化上确立起西方意识形态的主导地位。美国谋求维持世界'领导地位'的一个主要方面，乃是确保它在全球范围的话语支配权。"②

第四节　情态系统的语篇语用功能批评性分析

情态不仅可以表达说话者对某一事物的主观判断，还可以表达主观意愿或义务。说话者一般使用情态动词、情态附加语等成分表达自己的意见。情态取向主要分为明确主观型和明确客观型两类，说话者经常要依靠语篇类型来选择"情态取向标记语"。情态隐喻和情态的一致式均能反映语篇类型的使用特点，情态同时服务于语篇的衔接与连贯（李战子，2000；苗兴伟，2004）。系统功能语言学研究者发现，情态是人际功能的重要语义载体和实现手段，而"评价"是语篇意义分析的核心，是说话者对事物特征的判别。"好"和"坏"或"是"与"非"是最简单，也是最基本的评判标准。把这一标准运用于情态系统中，我们可以发现两者之间存在不同层级的情态系统。说话者的态度，意识形态，以及受话人对语篇意义的理解和个人反应都会影响双方对情态系统的选择。因此，对情态系统的语篇语用功能进行批评性分析具有重大的意义。

---

① 刘永涛. 话语政治：符号权力与美国对华政策［M］. 上海：复旦大学出版社，2014：196.

② 刘永涛. 话语政治：符号权力与美国对华政策［M］. 上海：复旦大学出版社，2014：198.

一、为了实现表达的精确性

杨信彰指出，在交际实践中，系统功能语言学研究者通常将语言视作意义系统。① 情态系统的概念功能往往通过"及物性""语态""作格性"与交际主体的语言世界图景直接相连。它们通常用于揭示说话者的内心世界或其对外部世界各事物间逻辑关系的认知与理解，所以此功能通常被称作"经验"功能或"逻辑"功能。② 不管是在日常交际活动中，还是在正式场合中，不同的说话者会运用不同的情态标记语表明自己的观点或意见，在不同场合中使用不同的情态标记词，可以使自己的表达更为精确。

例（3）Under the revised criminal procedure law, with the approval of the next higher-level authorities, officials can enforce "residential surveillance" on a suspect at a designated place of residence (i. e. , a place other than the suspect's home) for up to six months when they suspect crimes of endangering state security, terrorism, or serious bribery and believe that surveillance at the suspect's residence would impede the investigation. When possible, authorities must notify relatives of individuals placed under formal arrest or residential surveillance in a designated abode within 24 hours. They are not required to specify the grounds for or location of the detention. Authorities can also prevent defense lawyers from meeting with suspects in these categories of cases.

例（3）是 2014 年奥巴马政府人权报告中的一段话。奥巴马对中国刑事诉讼法的相关规定进行描述，在其描绘过程中，使用大量情态标记词，如"can""would""must"等。奥巴马大量使用情态标记词，可以看出他对修订后的中国刑事诉讼法的看法和评价。在"They are not required to specify the grounds for or location of the detention. Authorities can also prevent defense lawyers from meeting with suspects in these categories of cases"中，美国旨在影射我国政府在处理相关刑事案件时，不尊重人权，对某些行为进行阻碍，如子虚乌有的所谓"不允许嫌疑人会见辩护律师"。这些所谓的"干预行为"在美国刑法案件中恰恰会经常发生。在中国，我们不但不会如此，需要时还会主动给

① 杨信彰. 元话语与语言功能 [J]. 外语与外语学，2007（12）：1-3.
② 王冬梅. 批评性语篇分析的理论来源及主要方法 [J]. 重庆科技学院学报（社会科学版），2008（8）：174-175.

犯罪嫌疑人提供必要的法律援助，给他们提供充分的申诉机会和辩护权利。

二、模糊态度，推卸责任

情态标记词具有一定的人际功能。胡壮麟（2005）等学者发现，作为语言的三个纯理功能之一，人际功能是说话者作为参与者的"意义潜势"，是语言的参与功能。语言的人际功能常常体现在说话双方为达到一定的交际目的而进行的话语交流中。人际意义系统是韩礼德（1994）基于语言的人际功能建立提出的，其中包含语气系统和情态系统。情态在政治语篇中具有丰富的人际意义。许多说话者利用情态标记词，模糊自己的态度，推卸责任。奥巴马与特朗普总统在发表有关涉华人权外交政策的相关言论时，会向听话者输出自己的意愿及看法的相关信息。在对华人权外交政策中，两位总统在表明自己意愿及看法时，充分地展示了自己的措辞技巧。他们都不局限于使用同一种情态类型，而是不断地交替使用三种不同的情态标记词。

例（4）The revised criminal procedure law makes clear that criminal suspects may retain a lawyer on the same day of an initial police interrogation or after a "compulsory measure" has been taken to limit their freedom. Investigators are required to inform suspects of their right to retain counsel.

例（4）是 2014 年奥巴马对华人权外交政策话语中的一段话。奥巴马对修订后的中国刑事诉讼法内容简述。在简述中，他使用了"may""be required to"这种中值的情态标记词，且这两种情态标记词都归属于上述提及的三种情态词。从奥巴马对修订后的中国刑事诉讼法的解读来看，奥巴马在向其听众传播一种错误信息（在中国，犯罪嫌疑人聘请律师为自己辩解前会受到某些强制措施的限制）。从奥巴马的简述中，我们看到了奥巴马对中国刑法条款表示怀疑。其实，综观各个国家的法律，包括美国本身，他们的法律也存在类似的规定，但是他们避而不谈自己的不足，而是使用"委婉"的话语来模糊自己的态度，故意给听众造成一种错觉，似乎"中国的法律条款不尊重人权"。美国经常发生警察对黑人开枪的事件，暴力执法反复出现。试问，美国政府的所谓"人权""民主""平等"和"自由"究竟体现在何处？

例（5）The "grid system"（also known as the "double-linked household system"）continued. The grid system involves grouping households and establishments so that they can watch each other for societal issues and report transgressions to the government.

例（5）是 2017 年特朗普对华人权外交政策相关话语中的一段话。特朗普在对中国网格系统的评述中使用了"can"这个情态标记词。我们可以看出，特朗普政府旨在暗示，中国的网格系统给人权带来了侵害。网格系统"可以"使人们相互观察，这会给他人带来不好的影响，有损于其他人的人权利益。特朗普运用情态标记词做助攻来含蓄地表达自己对中国人权的无端指责。情态标记词在此时起到了模糊态度的作用。

三、表达否定的政治立场、引导国际舆论

在美国对华人权外交政策中，奥巴马与特朗普政府的所作所为都是为了呼吁其国民及其盟友对中国进行抵制，彰显美国人权制度的优越性，向世界宣扬美国的"民主"和"人权"观念。这是一种典型的"对华舆论战"，具有极大的欺骗性和误导性，旨在错误引导国际舆论，故意损害中国人权形象，从而削弱中国的国家话语权。

根据徐中意（2018）对情态标记词的分类，情态标记词都有"positive"和"negative"两个类别。在不同场合中，说话人为了表明不同态度或立场会使用不同的情态标记词。为了表达否定的立场，他们会偏向使用类属于"negative"的情态标记词。

例（6）The law also prohibits health – care providers from providing illegal surgeries, ultrasounds to determine the sex of the fetus that are not medically necessary, sex – selective abortions, fake medical identification, and fake birth certificates.

例（6）是 2017 年特朗普涉华人权报告中的一段话。这是特朗普对中国法律的错误解读。在他看来，中国的有关法律规定损害了中国公民的人权，显然，他对中国的此项人权制度持有否定的态度。事实上，这恰恰是中国政府为女性和胎儿提供的法律保护，严禁非法的胎儿性别鉴定、严禁性别歧视。

四、委婉表达观点

利奇（1983）在讨论礼貌原则时提出了语用层级的概念。在他看来，在话语交流中，话语越间接，供听话者选择的余地就越大，话语也就越礼貌。话语的礼貌程度受多种因素的影响，比如，谈话双方之间的关系亲疏程度、权势大小及地位高低等。情态标记词具有丰富的意义。在一定的语境中，话

语情态意义的强弱在很大程度上影响话语的礼貌程度。在人际交往中，说话者常常会利用情态标记词的特性来委婉表达自己的观点。奥巴马与特朗普在对华人权外交政策的相关讲话中，运用了大量不同形式、不同情态量值的情态标记词。他们在不同话语中针对不同对象使用不同的情态标记词，隐蔽地表达了对华人权外交政策及对华的主观态度。从他们的言论中，我们可以发现，他们以为美国的人权制度比其他国家更优越，为了彰显其本国人权制度的所谓"优越性"，美国向他国输出美国价值观。他们无端干涉中国的人权问题。

例（7）Although there is no legislative prohibition against strikes and the right and freedom to strike are enshrined in the Basic Law, most workers had to sign employment contracts, which typically stated that walking off the job was a breach of contract and could lead to summary dismissal.

例（7）是 2014 年奥巴马涉华人权报告中的一段话。从奥巴马对中国《基本法》的评论中，我们可以发现，奥巴马对此项法律有某种质疑。但实际上，中国此项法律并不是如奥巴马所评判的这样。奥巴马故意使用"could"情态标记词来表达一种不太肯定的判断，看似表达了委婉的评价，实际上是没有办法表达非常肯定的态度。毕竟，中国的《基本法》并非像他所说的那样缺乏对公民人权的尊重。相反，中国法律反对"擅离职守"，鼓励遵纪守法。

例（8）Those who exhibited behaviors the government considered to be signs of "extremism," such as praying, possessing religious texts, or abstaining from alcohol or tobacco, could be detained in reeducation camps.

例（8）是 2018 年特朗普对华人权外交政策中的一段话，是特朗普对中国人权制度的一种讥讽。显然，特朗普不认同中国的这项法律规定，认为中国公民的人权不受法律保障。"could"一词看似表达了说话人态度的委婉，实则体现了一种不确定性。事实上，说话人也无法做出肯定的判断。毕竟，"依法治国""执政为民"的执政理念是习近平新时代中国特色社会主义建设思想的核心要素之一。美国政府也无法无端怀疑。

五、表达强硬的态度

在对华人权外交政策话语中，奥巴马和特朗普政府都运用大量高值情态标记词，表达一种强硬的态度、立场及评价。他们认为中国的人权制度不如美国的人权制度，这一点在对华人权外交政策话语中明显地体现了出来。他们这样贬低中国的人权制度，一方面，旨在彰显美国人权制度的优越性，表明自己的外交立场；另一方面，是向自己的盟友表明对华态度，呼吁盟友对华采取相关的外交政策。可谓居心叵测。

例（9）The courts may rule on matters that are the responsibility of the PRC government or concern the relationship between central authorities and the SAR, but before making their final judgment, which is not subject to appeal, the courts must seek an interpretation of the relevant provisions from the National People's Congress (NPC) Standing Committee. When the standing committee makes an interpretation of the provisions concerned, the courts, in applying those provisions, "shall follow the interpretation of the standing committee."

例（9）是 2014 年奥巴马对华人权外交政策相关话语中的一段话。奥巴马政府对中国法院行为的叙述过程中，使用了"may""must"等词，从这些情态词背后，我们发现，奥巴马认为中国法院的许多行为都需要依照常务委员会的解释而定。奥巴马实际是暗讽中国法院的行为，故意诋毁中国的法律制度。此时运用高值情态标记词"must"，表面上是评价中国政府的权威和法院的遵从，实际上是隐蔽地批评中国政府的"强硬"态度和法院的所谓"无可奈何"。事实上，在中国，层层审批有效地保障了法制的逐步完善和法律条款的滥用，保障了人权，避免了很多"冤假错案"的发生。"疑罪从无"或"发回重审"是对法律和生命的尊重，极大地提升了中国人权形象和中国法制形象。

例（10）The law maintains "citizens have an obligation to practice birth planning in accordance with the law" and also states "couples of child-bearing age shall voluntarily choose birth planning contraceptive and birth control measures to prevent and reduce unwanted pregnancies."

例（10）是 2018 年特朗普对华人权外交政策话语中的一段话。显然，特朗普政府不太认同中国的计划生育政策，认为此项规定极其不尊重人权。对中国的批判跃然纸上。其实，这是对中国内部事务的无理干预。中国政府的计划生育政策深受好评。

六、使命题合法化

在对华人权外交政策中，美国政府使用大量的情态标记词。在不知不觉中，他们给自己的话语披上一层"合法化"外衣，就如糖衣炮弹一般，说话者持有很大的主动权。表面上看，话语还存在很大的让步空间。但深入分析，我们可以发现，说话人态度强硬，有关话语极其站不住脚。在不同时期，美国政府使用不同的情态标记词委婉表达其观点，使命题合法化，但欺骗性极强。

例（11）The law criminalizes treason, secession, subversion of the PRC government, and theft of "state secrets", as well as "acts in preparation" to commit these offenses. The crimes of treason, secession, and subversion specifically require the use of violence, and the government stated it would not use the law to infringe on peaceful political activism or media freedom.

例（11）是 2014 年奥巴马对华人权外交政策相关话语中的一段话。奥巴马政府对中国法律进行评判时，故意使用情态标记词"would"和否定型复杂小句，暗含自己对说话主体的怀疑态度，同时也使自己的话语留有回旋余地。在其话语背后，实际上在怀疑中国政府未必会按照法律来办事，暗示"和平的政治活动和媒体自由"在中国可能会成为空谈。

第五节　本章小结

通过研究，我们发现：

在美国对华外交政策话语中，尤其是美国对华人权外交政策话语中，奥巴马和特朗普这两位总统都使用不同情态量值的认识情态、道义情态、意志情态。从横向比较来看，两位总统对情态标记词的使用并不存在统计学意义上的显著性差异；从纵向比较来看，两位总统对不同情态标记词的使用，具有统计学意义上的显著差异。

在纵向对比分析中我们发现，身为美国民主党籍的奥巴马，在对华人权外交政策中稍温和些；而美国共和党籍的特朗普，在对华人权外交政策中更具攻击性。从数据差异来看，相较特朗普，奥巴马在对华人权外交政策话语中更多地使用情态标记词来表明自己对华人权外交政策的态度、立场及看法。有些话语会稍显委婉、留有协商的空间。

在美国对华人权外交政策话语中，两位总统都使用大量情态标记词。究其本源，他们都是出于各自的政治目的，以"人权"为幌子向世界推广其所谓的"民主""自由"观念。他们以人权作为美国外交政策的基石，对别国人权状况指手画脚，将其判断结果作为美国是否与其他国家维持良好关系的重要标准。与此同时，在美国对华人权外交政策话语中，极力推行美国的意识形态和社会政治制度。美国对华人权外交的本质是借人权问题干涉中国内政，也是在对华发动舆论战，试图破坏中国的国际形象，并错误引导国家舆论，从而帮助美国掌握国际话语权。

本研究通过对美国对华人权外交政策话语的情态系统研究，充分揭示了美国对华外交政策话语背后隐藏的歧视、偏见和话语隐性控制等意识形态，从而帮助读者进一步理解和审视美国对华政策背后的政治动因和利益诉求。

当然，本研究也存在一些局限。

第一，限于篇幅，本章仅仅聚焦对两任美国总统对华人权外交政策的情态系统分析，并没有考察美国对他国的人权外交政策。在未来的研究中我们可以比较分析美国政府对中国与其他国家的人权外交政策话语的异同。

第二，本章的语料搜集似乎不够充分。因此，目前的情态系统研究似乎需要进一步深化。

此外，本研究根据需要参考了徐中意关于情态的分类，但没有对情态系统的所有类型分别进行统计和分析。因此，有关的数据分析未必完全合理。在未来的研究中我们可以进一步完善情态分类系统，以更加深刻地解读美国对华政策的语篇语用策略及其深层次动因。

第十一章

国外涉华科技话语的名物化分析

第一节 引言

随着经济全球化的进一步发展，国家间高科技的竞争愈演愈烈。美国等资本主义国家的科学技术起步早，这些国家利用其在发展程度上占有的优势，持续发展高新科技并不断设置科技类产品的贸易壁垒。出于历史和现实原因，中华人民共和国成立之初受到美国极为有针对性的科技壁垒政策，而美国的对华科技政策在不同历史阶段，有不同的特点。

学者们对于美国科技政策的研究成果颇多，主要涉及以下四个领域：语言学视角（朱永生、董宏乐，2001；穆占劳，2004；张俊，2007）。这些研究者在研究科技语篇修辞手法的基础上，增强公众对科技政策的接受和理解。国际政治关系视角（盖红波，2009；James Wilsdon，2012；乔健，2014；成文清，2015；冯昭奎，2018）。这些研究基于经济全球化和区域集团化的背景，研究美国科技壁垒政策，深刻剖析了美国科技政策对国际关系的影响，进一步分析美国科技政策的利与弊。传播学视角（Fiona Clark，2006；张俊，2007；张晋芳，2014；柴建华，2019）。这些研究通过对美国媒体涉华报道的分析和解读，反映其科技政策话语深受美国意识形态的影响。政治学视角（罗晖，2008；Pielke，2009；揣莉坤，2014；严剑峰，2016；樊春良，2017；孙海泳，2019；等）。这些研究通过分析美国科技政策背后的政治立场及其变化走向，揭示了美国试图对中国的产业与科技政策施压以维护其全球主导地位的意识形态。

这些研究通过语言学视角、国际政治关系视角、传播学视角与政治学视角对美国对华科技政策进行有针对性的分析。但稍微遗憾的是，从语料库和名词化视角对美国对华科技政策话语进行深入分析和对比研究的专题成果较少。

鉴于此，本章自建小布什政府语料库，共计 51454 字，奥巴马政府语料库，共计 63046 字以及特朗普政府语料库，共计 80261 字符，通过名词化语用预设的视角，开展基于自建语料库的美国对华科技政策话语批评性分析，以剖析近年来美国政府有关中国科技政策的话语建构，分析其对华政策话语的倾向性和指向性，帮助人们更为客观地理解美国对华科技政策。与此同时，拓宽涉华政策的话语研究范围，丰富研究形式，从而揭示政治话语背后蕴含的意识形态和国家利益诉求，为中国外交话语研究，中国外交战略制定和国际话语体系建构提供启迪和参考。

第二节　研究方法

一、研究对象

本研究的信息来源为 2001 年至今以下美国机构出台的研究报告、科技政策，以及政府发言人的言论记录等资料，创建了共计 194761 字符的语料库。信息源包括：美国白宫、白宫科技政策办公室（OSTP）、美国国家科学技术理事会（NSTC）、美国政府新闻办公室（GPO）、美中经济与安全审查委员会（USCC）等。并将该语料分为三个阶段：2001—2009 年乔治·沃克·布什政府（以下简称小布什政府）、2009—2017 年贝拉克·奥巴马政府（以下简称奥巴马政府）和 2017—2020 年唐纳德·特朗普政府（以下简称特朗普政府）。

本研究共收集小布什政府时期（2001—2009 年）的文章 13 篇，共计 51454 词；奥巴马政府时期（2009—2017 年）的文章 13 篇，共计 63046 词；特朗普政府时期（2017—2020 年）的文章 25 篇，共计 80261 词。

二、研究问题

本研究主要研究对象为小布什政府、奥巴马政府和特朗普政府时期美国对华科技政策话语。拟通过大量的数据统计与文本分析回答以下几个问题：

①不同时期的美国政府对华科技政策名词化预设的使用特征有何异同？

②美国政府对华科技政策的名词化预设实现了何种语篇语用功能？

③美国对华科技政策话语的名词化预设建构了怎样的中国形象？

三、研究工具

本研究借助的工具为 WordSmith 6.0 统计软件和卡方检验软件，主要使用 WordSmith 6.0 的两个功能。"Concord" 可以用于关键词的检索来提供共现语境。"WordList" 可以用于创建词频列表。本研究将对三位总统涉华科技话语的词频进行统计，以了解其使用频率最高的词缀。

四、研究过程

本研究包括以下几个主要步骤：

步骤一：从相关网站上下载关于美国三任总统涉华科技话语的语料，并全部保存为 TXT 纯文本格式。运行 WordSmith 6.0，点击"Concord"，点击"File"，新建一个任务点击"New"。（软件工作界面见图 11.1）

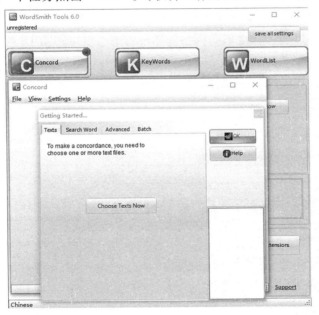

图 11.1　WordSmith 6.0 软件工作界面

步骤二：点击"Choose Texts Now"将要处理的语料拖进右侧方框中。点击"OK"完成语料导入，以小布什政府语料为例（如图 11.2 所示）。

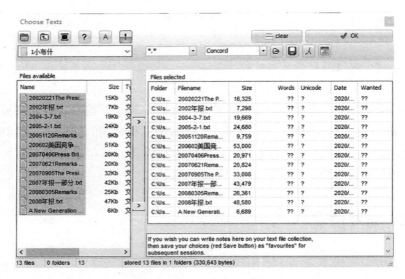

图 11.2 WordSmith 6.0 软件语料导入工作界面

在 "Getting Started" 的 "Search Word" 中输入要处理的词、词缀或词组，点击 "OK" 开始进行语料的处理分析（如图 11.3 界面）。以查找 "-tion（s）/-sion（s）" 为词尾的名词出现频率为例，可得到图 11.4。

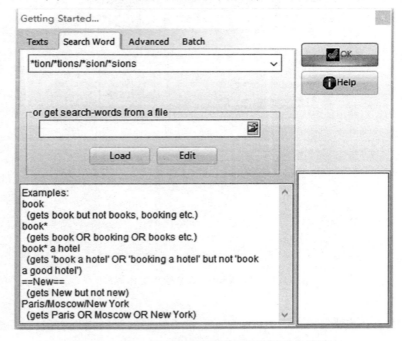

图 11.3 WordSmith 6.0 软件词频检索工作界面

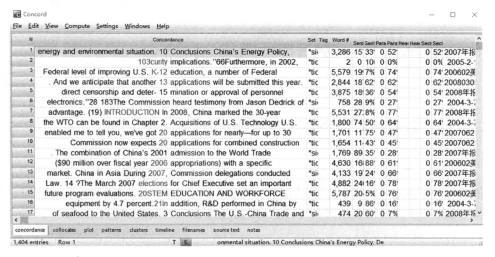

图 11.4　"-tion（s）/-sion（s）"检索界面

步骤三：将在 WordSmith 6.0 中得到的数据输入卡方检验工具中进行检验。输入四个相应的值，可得到卡方值和类似对数的可能性。通过 P 值对比三任美国总统对华科技政策话语的相同性和差异性。以小布什语料和奥巴马语料对比为例（如图 11.5），当出现 Chi-square 值为负时，即 X^2 为负无意义，此时将两个语料库的位置调换即可。

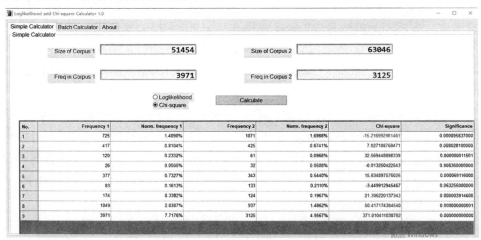

图 11.5　卡方检验工具 LLX2 操作界面

267

第三节　结果与讨论

一、名词化语用预设触发词的选择

后缀是实现名词化的主要途径。本文参照一些国内学者（支永碧，2010）的做法，通过选取一些常用的名词化词缀对语料中的名词化语用预设进行统计分析。如-tion（s），-sion（s），-ment（s），-ure（s），-ness（es），-ity（ies），-ance（s），-ancy（ies），-ence（s），-ency（ies），以及特殊后缀-ing。

-ing 有两种语法含义即现在进行时和动名词，由于动名词可以做主语、宾语或介词宾语导致了动名词体现形式的多样化，造成了统计数量方面的困难。本研究借鉴国内学者的做法①，按照以下方法来统计动名词-ing 的频率：

①V-ing +of

②my／me／our／us／your／you／his／him／her／their／them／+ing

③after／at／by／of／on／through／to／with／+ing

为了防止对研究结果产生干扰，需要对干扰性词语进行排除。在三个语料库中，有些词语虽然是以-ment、-ure、-tion、-ance 等结尾，但并非由名词化而来，遇到这类词语需要加以排除。例如，experiment、moment、environment、sure、future、secure、question、conception、section、substance、balance、chance 等。②

需要注意的是，按照动名词的统计公式进行检索时，最终数据需要将 to bring，to everything，for nothing，with nothing，by anything 等短语排除。而统计 my-ing 这类语境时，一旦人称代词和-ing 之间有标点符号，则不符合条件。此外，统计以-ing 为结尾的第三类 after-ing 这类语境时，出现了不少 of Beijing 的例子，也须进行排除。

由于语料库较大，人工排除具有一定难度且不易操作，耗费不必要的时

---

① 张高远. 认知语法理论关照下的 V-ing 三构式［J］. 外国语言文学，2006（3）：150-157，185.

② 唐伟，支永碧. 美国智库关于中国改革与创新的话语建构研究［J］. 东北师范大学学报（哲学社会科学版），2018（2）：127-133.

间和精力，准确率较低。对此本研究采取下述操作方案。

以小布什政府这一语料库中的"-ment（s）"为例，整个语料库中共有741条，通过快速扫描和翻阅字典等手段，尽量找出所有需要排除的"干扰词"，① 然后按照研究过程一一统计，生成干扰词列表（见表11.1），

表 11.1　干扰词列表

无效词语	数量
Moment（s）	3
Environment（s）	26
Government（s）	146
Department（s）	46
experiment（s）	77
Document（s）	19
Implement（s）	7
总数	324

二、名词化语用预设使用频率

本研究共搜集小布什政府语料51454字，奥巴马政府语料63046字以及特朗普政府语料80261字。通过WordSmith 6.0对这三届政府涉华科技政策的名词化使用频率进行统计，按上文第一节中所述步骤，初始数据减去干扰词数据便可以得到最终数据（如表11.2–表11.5）。

表 11.2　小布什政府语料中的名词化使用频率统计

小布什政府			
词级	初始数据	无效数据	最终数据
-tion（s）/-sion（s）	1404	679	725
-ment（s）	741	324	417
-ure（s）	202	82	120

---

① 支永碧. 政治话语语用预设的批评性分析［D］. 南京：南京师范大学，2010. 万方数据库

小布什政府			
词缀	初始数据	无效数据	最终数据
-ness（es）	66	40	26
-ity（ies）	498	121	377
-ance（s）/-ancy（ies）	139	56	83
-ence（s）/-ency（ies）	323	149	174
-ing	1666	617	1049
总数	5039	1068	3971

表 11.3 奥巴马政府语料中的名词化使用频率统计

奥巴马政府			
词缀	初始数据	无效数据	最终数据
-tion（s）/-sion（s）	1379	308	1071
-ment（s）	577	153	424
-ure（s）	316	255	61
-ness（es）	127	95	32
-ity（ies）	464	121	343
-ance（s）/-ancy（ies）	190	57	133
-ence（s）/-ency（ies）	200	76	124
-ing	2038	1101	937
总数	5291	2166	3125

表 11.4 特朗普政府语料中的名词化使用频率统计

特朗普政府			
词缀	初始数据	无效数据	最终数据
-tion（s）/-sion（s）	3470	923	2547
-ment（s）	1144	360	784
-ure（s）	355	189	166
-ness（es）	179	125	54

续表

特朗普政府		
-ity（ies）	1000	479	521
-ance（s）/-ancy（ies）	304	144	160
-ence（s）/-ency（ies）	489	207	282
-ing	3109	1394	1715
总数	10050	3821	6229

三、美国涉华科技政策话语中的名词化预设对比分析

本研究通过对比小布什时期、奥巴马时期和特朗普时期对华科技政策话语中名词化预设词的使用频率，借助卡方检验计算器对三组数据进行量化分析。在检验结果中，当 $P<0.01$ 时，则所对比的数据具有统计学意义上的差异且差异显著；当 $0.01 \leq P \leq 0.05$ 时，则对比数据具有差异但并不显著；当 $P>0.05$ 时，则对比数据不具有统计学意义上的显著差异。

为了更为直观地认识这三类语料中名词化语用预设的使用频率是否具有统计学上的显著性差异，我们将得出的数据汇总如下（见表11.5）：

表11.5　名词化语用预设频率汇总

词缀	小布什政府	奥巴马政府	特朗普政府
-tion（s）/-sion（s）	725	1071	2547
-ment（s）	417	424	784
-ure（s）	120	61	166
-ness（es）	26	32	54
-ity（ies）	377	343	521
-ance（s）/-ancy（ies）	83	133	160
-ence（s）/-ency（ies）	174	124	282
-ing	1049	937	1715
总数	3971	3125	6229

（一）小布什政府和奥巴马政府名词化使用频率对比

表 11.6 名词化预设的使用频率卡方检验

小布什政府			奥巴马政府			Chi-square	P
词缀	频率	百分比	词缀	频率	百分比		
-tion（s） -sion（s）	725	1.409%	-tion（s） -sion（s）	1071	1.699%	15.217	0.000
-ment（s）	417	0.810%	-ment（s）	424	0.673%	7.202	0.007
-ure（s）	120	0.233%	-ure（s）	61	0.097%	32.569	0.000
-ness（es）	26	0.051%	-ness（es）	32	0.051%	0.013	0.908
-ity（ies）	377	0.733%	-ity（ies）	343	0.544%	15.835	0.000
-ance（s） -ancy（ies）	83	0.161%	-ance（s） -ancy（ies）	133	0.211%	3.450	0.063
-ence（s） -ency（ies）	174	0.338%	-ence（s） -ency（ies）	124	0.197%	21.306	0.000
-ing	1049	2.038%	-ing	937	1.486%	50.417	0.000
总数	3971	7.718%	总数	3125	4.957%	371.010	0.000

根据表 11.6 的卡方检验结果可以得出结论：以上 8 类词缀的名词化预设使用频率，共有 6 组 $P=0.000$ 或 $P<0.01$，说明在这两个语料库中，以-tion（s）/-sion（s）、-ment（s）、-ure（s）、-ity（ies）、-ence（s）/-ency（ies）和-ing 这 6 组为词缀的对比词之间具有显著性差异。另外 2 组 $P>0.05$，也就是说以-ness（es）和-ance（s）/-ancy（ies）为词缀的两组对比词无显著性差异。总体 $P=0.000<0.01$，所以总体而言，小布什政府和奥巴马政府这两个语料库具有统计学上的显著性差异。

（二）小布什政府和特朗普政府名词化使用频率对比

表 11.7　名词化预设的使用频率卡方检验

小布什政府			特朗普政府			Chi-square	P
词缀	频率	百分比	词缀	频率	百分比		
-tion（s） -sion（s）	725	1.409%	-tion（s） -sion（s）	2547	3.173%	402.189	0.000
-ment（s）	417	0.810%	-ment（s）	784	0.977%	9.423	0.002
-ure（s）	120	0.233%	-ure（s）	166	0.207%	0.890	0.345
-ness（es）	26	0.051%	-ness（es）	54	0.067%	1.186	0.276
-ity（ies）	377	0.733%	-ity（ies）	521	0.679%	3.111	0.078
-ance（s） -ancy（ies）	83	0.163%	-ance（s） -ancy（ies）	160	0.199%	2.262	0.133
-ence（s） -eny（ies）	174	0.338%	-ence（s） -ency（ies）	282	0.351%	0.122	0.727
-ing	1049	2.039%	-ing	1715	2.137%	1.420	0.233
总数	3971	7.718%	总数	6229	7.761%	0.077	0.782

　　根据表 11.7 的卡方检验结果可以得出结论：以上 8 类词缀的名词化预设使用频率，共有 2 组 $P=0.000$ 或 $P<0.01$，说明在这两个语料库中，以 -tion（s）/-sion（s）和 -ment（s）为词缀的对比词具有显著性差异。另有 6 组 $P>0.05$，说明在这两个语料库中，以 -ure（s）、-ness（es）、-ity（ies）、-ance（s）/-ancy（ies）、-ence（s）/-ency（ies）和 -ing 为词缀的对比词并无显著性差异。总体 $P=0.782>0.05$，所以小布什政府和特朗普政府这两个语料库不具有统计学意义上的显著性差异。

（三）奥巴马政府和特朗普政府名词化使用频率对比

表 11.8　名词化预设的使用频率卡方检验

奥巴马政府			特朗普政府			Chi-square	P
词缀	频率	百分比	词缀	频率	百分比		
-tion（s）-sion（s）	1071	1.699%	-tion（s）-sion（s）	2547	3.173%	311.411	0.000
-ment（s）	424	0.673%	-ment（s）	784	0.977%	38.752	0.000
-ure（s）	61	0.097%	-ure（s）	166	0.207%	26.358	0.000
-ness（es）	32	0.051%	-ness（es）	54	0.067%	1.344	0.246
-ity（ies）	343	0.544%	-ity（ies）	521	0.679%	6.332	0.011
-ance（s）-ancy（ies）	133	0.211%	-ance（s）-ancy（ies）	160	0.199%	0.180	0.672
-ence（s）-ency（ies）	124	0.197%	-ence（s）-ency（ies）	282	0.351%	29.356	0.000
-ing	937	1.486%	-ing	1715	2.137%	81.919	0.000
总数	3125	4.957%	总数	6229	7.761%	454.641	0.000

　　根据表 11.8 的卡方检验结果可以得出结论：以上 8 类词缀的名词化预设使用频率，共有 5 组 $P=0.0000<0.01$，即以-tion（s）/-sion（s）、-ment（s）、-ure（s）、-ence（s）/-ence（ies）和-ing 这 5 组为词缀的对比词存在统计学意义上的显著性差异；有 1 组 $0.01 \leqslant P \leqslant 0.05$，这说明以-ity（ies）为词缀的对比词之间存在差异，但差异不显著；另有 2 组 $P>0.05$，这意味着这两个语料库中，以-ness（es）和-ance（s）/-ancy（ies）为词缀的对比词之间无显著性差异。总体 $P=0.000<0.01$，所以奥巴马政府和特朗普政府语料库之间存在统计学上的显著性差异。

（四）三个语料库中的名词化预设频率横向对比

表 11.9　小布什政府和奥巴马政府语料中的名词化总数对比

	小布什政府	奥巴马政府	P
频率	3971	3125	0.0000
百分比	7.718%	4.957%	

从表 11.9 中的数据可知，小布什政府和奥巴马政府均在其涉华科技政策话语中使用了一定数量的名词化词语，使用频率均在 5%左右。存在的差异显而易见，奥巴马政府的名词化使用频率稍低于小布什政府。P 值小于 0.01，即小布什政府和奥巴马政府这两个语料的名词化预设存在统计学意义上的显著差异。

原因为所选奥巴马政府语料有一定篇幅的新闻采访，而所选小布什政府语料多为政府年报，所以后者在名词化数量使用上多于前者。

表 11.10　小布什政府和特朗普政府语料中名词化总数对比

	小布什政府	特朗普政府	P
频率	3971	6229	0.782
百分比	7.718%	7.761%	

从表 11.10 中的数据可知，小布什政府和奥巴马政府均在其涉华科技政策话语中使用了一定数量的名词化词语，使用频率均在 7%以上。其中，特朗普政府的名词化使用频率较高，小布什政府的名词化使用频率较低。$P=0.782>0.05$，即小布什政府和特朗普政府的名词使用不存在统计学意义上的显著差异。

究其原因，小布什政府和特朗普政府语料所隔时间较远，对华科技政策的侧重点不同，因此在名词化词语使用频率上不存在显著差异。

表 11.11　奥巴马政府和特朗普政府语料中的名词化总数对比

	奥巴马政府	特朗普政府	P
频率	3125	6229	0.0000
百分比	4.957%	7.761%	

　　从表 11.11 中的数据可知，奥巴马政府和特朗普政府均在其涉华科技政策话语中使用了一定数量的名词化词语，使用频率均在 5% 左右。其中，特朗普政府的名词化使用频率远高于奥巴马政府。P 值小于 0.01，即奥巴马政府和特朗普政府这两个语料的名词使用存在统计学意义上的显著差异。

　　分析其原因，我们可以发现，特朗普时期加大了对中国科技政策的限制力度和限制范围，相关文件出台频率高、数量多，所以其名词化使用频率要远高于奥巴马政府。

　　共同点：小布什政府、奥巴马政府和特朗普政府在对中国的科技政策中均使用一定比例的名词化词语，使用频率均在 4% 之上。小布什政府和奥巴马政府、奥巴马政府和特朗普政府的名词使用具有统计学意义上的显著差异。

　　不同点：小布什政府和奥巴马政府的名词化使用频率较高，均在 7% 左右，均高于奥巴马政府。小布什政府和特朗普政府不具有统计学意义上的显著差异。

（五）三个语料库中的名词化使用频率纵向对比

表 11.12　小布什政府语料中各类名词化使用频率纵向对比

小布什政府		
词缀	频率	百分比
–tion（s） –sion（s）	725	1.409%
–ment（s）	417	0.810%
–ure（s）	120	0.233%
–ness（es）	26	0.051%
–ity（ies）	377	0.733%
–ance（s） –ancy（ies）	83	0.163%
–ence（s） –ency（ies）	174	0.338%
–ing	1049	2.039%

　　从表 11.12 的数据可知，在小布什政府语料中，以 –ing 为词缀的名词使用数量最多，使用频率为 2.039%；以 –ness（es）结尾的名词使用频率最少，

为 0.051%。

简单分析原因，小布什政府语料中字符占比最高的是 2006 年出台的《美国竞争力计划》，这是一份旨在通过促进创新、研发和教育来提高国家竞争力的计划。training、funding 和 engineering 等以-ing 为词缀的名词或动名词出现频率较高。因此，小布什政府语料中以-ing 为词缀的名词使用数量比其他词缀多。

表 11.13　奥巴马政府语料中各类名词化使用频率纵向对比

奥巴马政府		
词缀	频率	百分比
-tion（s） -sion（s）	1071	1.699%
-ment（s）	424	0.673%
-ure（s）	61	0.097%
-ness（es）	32	0.051%
-ity（ies）	343	0.544%
-ance（s） -ancy（ies）	133	0.211%
-ence（s） -ency（ies）	124	0.197%
-ing	937	1.486%

从表 11.13 的数据可知，在奥巴马政府语料中，以-tion（s）/-sion（s）结尾的名词出现频率最高，为 1.699%；以-ness（es）为词缀的名词出现频率最低，为 0.051%。

这是因为以-tion（s）/-sion（s）结尾的词更能满足官方书面文件的要求，而以-ness（es）结尾的词更偏向口语化，达不到官方书面文件的要求。

表 11.14　特朗普政府语料中各类名词化使用频率纵向对比

特朗普政府		
词缀	频率	百分比
-tion（s） -sion（s）	2547	3.173%

续表

特朗普政府		
词缀	频率	百分比
-ment（s）	784	0.977%
-ure（s）	166	0.207%
-ness（es）	54	0.067%
-ity（ies）	521	0.679%
-ance（s） -ancy（ies）	160	0.199%
-ence（s） -ency（ies）	282	0.351%
-ing	1715	2.137%

从表 11.14 的数据可知，在特朗普政府语料中，以-tion（s）/-sion（s）结尾的名词使用频率最高，高达 3.173%；以-ness（es）结尾的名词使用频率最低，低至 0.067%。

其原因与奥巴马政府语料相似，特朗普政府语料总数高于奥巴马政府语料，其所占比例均高于奥巴马政府语料。

（六）三个语料库中各类名词化使用频率横向对比

根据图 11.6 的数据，我们可以找出下述异同点。

1. 共同点

三个语料库中-tion（s）/-sion（s），-ment（s），-ing 这三类词缀的使用频率最高，所占比例均在 0.6% 以上，-ness（es）的使用频率最低，均低于 0.07%。这是因为-tion（s）/-sion（s），-ment（s），-ing 为词缀的三类词会使相关文件的表达更客观，所筛选的语料均以政府官方文件为主，相关文件为辅，所以使用频率更高，更能满足需求；以-ness 结尾的词偏口语化，不够客观且无法满足官方书面文件的要求，所以使用频率最低。

2. 差异性

在以-ing 结尾的名词中，奥巴马政府使用该组的名词最少，特朗普政府使用该组词缀最多；在以-ence（s）/-ency（ies）结尾的名词中，奥巴马政府

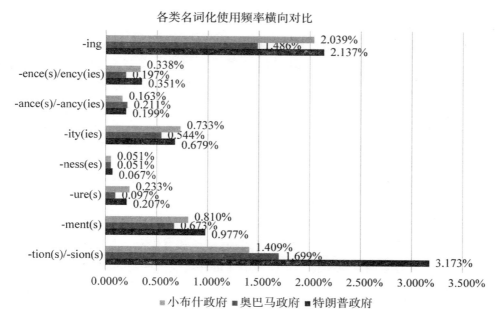

图 11.6　各类名词词缀使用频率对比

语料使用这组的名词最少，特朗普政府使用该组的名词最多；在-ance（s）/
-ancy（ies）这类名词化词缀中，小布什政府使用这组的名词最少，奥巴马政
府使用这组的名词最多；在-ity（ies）这类名词化词缀中，奥巴马政府使用
该组的名词最少，小布什政府使用该组的名词最多；在以-ness（es）结尾的
名词中，小布什和奥巴马政府使用该组的名词少于特朗普政府；在以-ure（s）
为词缀的名词中，奥巴马政府使用该组的名词最少，小布什政府使用该组的
名词最多；在以-ment（s）结尾的名词中，奥巴马政府使用该组的名词最少，
特朗普政府使用该组的名词最多；在以-tion（s）/-sion（s）为词缀的名词
中，小布什政府使用该组的名词最少，特朗普政府使用该组的名词最多。

（七）归因分析

1. 共同点分析

按照上文对所创立的三个语料库进行两两对比、卡方检验，得出的数据
存在三个共同点：

第一，在三个语料库中，-tion（s）/-sion（s），-ment（s），-ing 这三
类词缀的使用频率最高，所占比例均在 0.6% 以上，-ness（es）的使用频率

最低，均低于 0.07%。

这是因为所搜寻的涉华科技政策语料多以官方书面文件为主，以-tion（s）/-sion（s），-ment（s），-ing 为词缀的三类词会使相关文件的话语在隐蔽地传递意识形态的基础上，更加严谨规范、更能使人信服，因此使用频率更高；而以-ness 结尾的词偏口语化，不够客观且无法满足官方书面文件的要求，所以使用频率最低。

第二，从卡方检验的 Chi-square 值来看，三个对比语料库都不同程度地出现了大于 0 小于 1 的情况。一方面证明了这些对比数据具有研究价值，另一方面意味着所创建的三个语料库存在搜集资料不全、语料不完整的情况。

第三，小布什政府语料和奥巴马政府语料，奥巴马政府语料和特朗普政府语料的 P 值均小于 0.01。说明小布什政府语料和奥巴马政府语料存在显著性差异，奥巴马政府语料和特朗普政府语料也存在显著性差异。

小布什政府语料和奥巴马政府语料之所以存在差异，是因为小布什时期美国政府对中国高科技产品的出口管制政策严格，通过将美国对中国的出口审批程序复杂化遏制中国的技术进步；而奥巴马政府时期在此基础上加强了对技术转让和科技合作的限制，将中国排除在特定产品交易之外，通过一系列举措完善了小布什时期出口管制体系的具体措施，因此相关科技政策文件较小布什时期更丰富。

奥巴马政府语料和特朗普政府语料存在差异的原因是，特朗普时期延续美国的出口管制政策，并进一步以贸易制裁、投资管控、进出口控制等手段限制中国科技的发展，加强对中美科技人员交流的监控，增加中国留学生学习高科技领域专业的难度。扩大了奥巴马政府时期对华科技限制的范围，加强了出口管制的力度。因此，特朗普时期的相关文件较之以往更全面、数量更多。

2. 差异性分析

特朗普时期的涉华科技政策中名词化预设使用频率要明显高于其他两个时期。其主要原因是特朗普上台后对中国科技的施压日趋显著，其颁布一系列限制投资、贸易制裁、出口管控、限制高科技人才交流的政策法规（孙海泳，2019）。扩大了对华科技限制的范围，加大了对华科技限制的力度。政府官方话语文件的用词要求客观简洁规范，更多限制中国科技政策的出台意味着更多名词化程式的使用。

小布什政府语料库和奥巴马政府语料库，奥巴马政府语料库和特朗普政

府语料库的 P 值均小于 0.01。而小布什政府语料库和特朗普政府语料库的 P 值大于 C.05。说明前两组对比语料库分别存在统计学意义上的显著性差异，小布什政府语料库和特朗普政府语料库之间不存在显著性差异。结合小布什政府语料库和特朗普政府语料库这一组的 Chi-square 值介于 0-1 之间，其原因一方面极有可能是语料搜集得不够全面，数量偏少，两个语料库篇幅和字数存在一定差距。另一方面，这两组语料时间跨度大，美国对华的态度和相关涉华科技政策都有不同程度的变化，有相关性的可能性较小。

第四节　名词化语用预设的语篇语用功能分析

不同体裁中名词化的元功能包括了概念功能、人际功能和语篇功能（范文芳，1999）。想要准确理解语篇隐蔽传达的意识形态，结合相关语境来分析名词化是不可或缺的一步。从语篇功能来看，名词化语用预设通过改变原来小句的主位和述位位置，从而获得四种独特的功能，即模糊时间概念；表达非人格化策略；转移信息焦点；掩藏动因（支永碧，2013）。

模糊时间概念，即名词化脱离时间限定与说话人的主观意愿，从而使得一项本依赖于特定时间条件的观点或行为具有客观普遍性。要素间的关联信息可能因此丢失，介入者被隐藏。通过使过程小句失去动作者，使过程转化为状态，行为变为客观存在，从而达到使语篇客观化的目的。

表达非人格化策略，即通过将施动者隐藏的方式在语篇中隐晦地传递意识形态。其方式通常将物质过程名词化，将原本由动词表示的"过程"变为由名词短语表示的"事物"，从而达到隐藏施动者、掩饰事件动因的目的。

转移信息焦点，即小句名词化后充当主位使读者产生已知晓背景信息的错觉，注意力因此得到转移。通过这种方式，名词化可以削弱动作的存在感，从而掩饰行动者和因果关系，达到隐蔽地传达特定信息的目的。

掩藏动因，顾名思义就是在将表过程和表特征的形容词或动词隐喻化后形成名程式掩盖了施动者发起事件的原因。

一、模糊时间概念

例（1）We held substantial discussions on the priorities of advancing regional economic integration, promoting innovative development, economic reform and growth, and <u>strengthening</u> comprehensive connectivity and infrastructure development with a view to expanding and <u>deepening</u> Asia-Pacific regional economic cooperation, and <u>attaining</u> peace, stability, development and common prosperity of the Asia-Pacific. (2014 Joint Statement - Asia - Pacific Economic Cooperation Leaders' Declaration:Beijing Agenda for an Integrated, Innovative, and Interconnected Asia-Pacific)

此例选自《亚太经合组织领导人宣言：北京纲领》。例（1）中出现了五个名词化表达，如画线部分所示，"advance""promote""strengthen""deepen""attain"名词化后，省去了各自的限定成分。"推进区域经济一体化""促进发展""扩大联系""加深亚太地区经济合作"以及"实现亚太地区的和平、稳定、发展和共同繁荣"五个名词化使过程变成状态，行为变为客观存在。与此同时，名词化使时间意义模糊化，提高了语言表达的客观性。

例（2）Protect American ingenuity and investment by <u>forcing</u> China to uphold intellectual property laws and stop their unfair and unlawful practice of <u>forcing</u> U. S. companies to share proprietary technology with Chinese competitors as a condition of entry to China's market. (2015 Press Release-Reforming the U. S. - China Trade Relationship to Make American Great Again)

例（2）通过将两个动词"force"（迫使）名词化，预设"中国已经破坏了美国的知识产权""中国强迫美国公司若要进入中国市场必须与中国分享专利技术"。这是美国政府的一贯伎俩，也是美国政府的一家之言。美国政府通过名词化模糊时间概念和施动者，使语言表达更具欺骗性和说服力，从而说服读者相信中国在发展技术中存在不公平做法。此外，美国政府使用了一些虚假语用预设，模糊了事件概念欺骗了大众，如"stop their unfair and unlawful practice"，如"forcing China to uphold intellectual property laws"（迫使中国维护知识产权法），"stop their unfair and unlawful practice"（停止他们的不公平、不合法行为），"forcing US companies to share proprietary technology with Chinese competition as a condition of entry to China's market"（中国强迫美国公司为了进入中国市场不得不与中国分享专利技术）等。给人一种错觉，中国一直在做不公平、不合法的事情，误导和欺骗世界人民，破坏中国科技发展形象，实现美国不可告人的政治目的，并为制裁中国找到其合法化外衣。

二、非人格化策略

例（3）**Violations** of intellectual property rights and other unfair technology transfers potentially threaten United States firms by undermining their ability to compete fairly in the global market. China has implemented laws, policies, and practices and has taken actions related to intellectual property, innovation, and technology that may encourage or require the transfer of American technology and intellectual property to enterprises in China or that may otherwise negatively affect American economic interests. (2017 Memorandum on Addressing China's Laws, Policies, Practices, and Actions Related to Intellectual Property, Innovation, and Technology)

例（3）中"Violations of intellectual property rights" 即 "Chinahas violated intellectual property rights" 的变形。此处，通过将动词"violate"名词化，把原先由动词"violate"表示的物质过程变成一个隐喻性名词"violation"，虚假的语用预设由此产生。名词化程式使得主语被省略，模糊了"侵犯知识产权这一行为"的施动者。联系这句话的上下文，前一句提到了美国是世界高科技产品的领导者，后一句提到中国实行的一些措施"迫使"相关美国技术产权转让给中国企业，这一虚假语用预设的意图就非常明显，即"中国已经侵犯美国的知识产权并威胁到了美国公司，中国应当承担相应的责任"。

例（4）Strengthen our negotiating position by lowering our corporate tax rate to keep American companies and jobs here at home, **attacking** our debt and deficit so China cannot use financial blackmail against us, and bolstering the U. S. military presence in the East and South China Seas to discourage Chinese adventurism. (2015 Reforming the U. S. – China Trade Relationship to Make American Great Again)

例（4）将动词"attack"转化成"attacking"，省略了主语"美国政府"，使整个句子更加简洁客观。将重点放在攻击债务和赤字以防止中国进行金融勒索，使读者能够快速地接受中国对美国构成威胁这一虚假信息，隐蔽地传递了美国对中国的敌对意识，从而实现了话语隐性控制的意识形态目的。

例（5）The impact of the **implementation** of this part on such leadership and competitiveness must be evaluated on an ongoing basis and applied in imposing controls under sections 1753 and 1754 to avoid negatively affecting such leadership.

（2018 Export Control Reform Act）

例（5）出自 2018 美国出口管制法案。此处，通过将动词"implement"名词化后变为"implementation"，使句子呈现非人格化，隐藏了执行该条例的主体，符合法律文本对客观性和简洁性的要求。

例（6）**Outsourcing** of Manufacturing China's 12th Five-Year Plan is the latest example of China's efforts to upgrade its technological capabilities and encourage production in China. （2011 Report to Congress of the U. S. -China Economic and Security Review Commission）

例（6）选自《美中经济与安全审查委员会 2011 年报》，这类文章对话语的客观性有一定要求。本句中"outsourcing"是由"China outsources manufacture"转化而来，"outsource"的名词化省去了原本的限定成分，使文本显得更加直接客观，增加了句子的可信度。

三、转移信息焦点

例（7）And what we've seen over the last year is not only did the financial sector, with the Republican Party in Congress, fight us every inch of the way, but now you've got these same folks **suggesting** that we should roll back all those reforms and go back to the way it was before the crisis. （2011 The President's News Conference）

例（7）中的"suggest"经过名词化后变为"suggesting"，将话语的重点从美国政府所做出的斗争转移到建议上，转移了读者的注意力，弱化了美国政府所做的斗争。

例（8）Since China joined the WTO, Americans have witnessed the **closure** of more than 50,000 factories and the loss of tens of millions of jobs. （2015 Reforming the U. S. -China Trade Relationship to Make American Great Again）

例（8）中的"closure"（关闭）和"loss"（损失）在名词化之前为动词"close""lose"，原本的形式为"America has closed 50000 factories""American people have lost tens of millions of jobs"。这两个名词化预设帮助美国政府转移了信息焦点、掩藏了动因，将"关闭"和"失去"变为事实来表达，旨在表达美国工厂因中国加入世贸组织而纷纷关闭，而美国民众也因此失去大量工作岗位。这是两个典型的虚假语用预设，美国政府蓄意将"工厂关闭"和"岗位丢失"的祸因强加给中国，指责中国应该为此负责，潜移默化地渲染了所谓的"中国威胁"，并将其隐蔽地传达给读者，达到破坏中国国际形象的目的。

四、隐藏动因

例（9）First, China uses foreign ownership restrictions, including joint venture requirements, equity limitations, and other investment restrictions, to require or pressure technology transfer from U. S. companies to Chinese entities. (Memorandum on Actions by the United States Related to the Section 301 Investigation of China's Laws, Policies, Practices, or Actions Related to Technology Transfer, Intellectual Property and Innovation March 22, 2018)

例（9）中，美国政府荒谬地认为，中国利用外国所有权限制（包括合资要求、股权限制、其他投资限制），要求或迫使美国公司向中国实体转让技术。例（9）选自美国关于科学技术等领域对中国进行301项调查的备忘录，美方企图污蔑中方在经贸往来中实行的不公平做法。其本来的含义为"China has been restricting foreign ownership"。"restrict"名词化后使过程转化为状态，省去了限定成分，含蓄地暗示了中国消极对待中美经贸分歧的客观化和事实化。美国故意寻找借口，企图挑起贸易战并迫使中国妥协。与此同时，弱化和隐藏中国采取"限制"措施的原因，将特朗普政府单方面发动贸易战的责任隐藏起来。众所周知，中国很多时候也是被动或被迫采取反制措施，以应对美国的不公平政策。所谓的"限制"大多适用美国自身。

例（10）Chinese policies promote "leapfroggin", whereby the development of Chinese technologies improves on established foreign technologies and bypasses intermediate domestic R&D steps. (2007 Report to Congress of the U. S. – China Economic and Security Review Commission)

例（10）通过将"leapfrog"转化成名词，表明中国鼓励"跨越式发展"。"Leapfrogging"修饰"Chinese policies"，省略了限定成分，模糊了中国政府这样做的原因，为下文抹黑中国做了铺垫，即所谓的中国科技政策侵犯了他人利益。正所谓"欲加之罪，何患无辞"。

例（11）The United States will continue to pursue litigation at the World Trade Organization for violations of the Agreement on Trade-Related Aspects of Intellectual Property Rights based on China's discriminatory practices for licensing intellectual property. (White House Statement on Steps to Protect Domestic Technology and Intellectual Property from China's Discriminatory and Burdensome Trade Practices. May 29, 2018)

例（11）中，"violation"是由句子"China violates the Agreement"转变过来，美国政府通过名词化手段将一个虚假语用预设变为一种事实来表达，似乎中国真的违反了有关协定，这是在误导读者。美国政府将一个未知的或至少有争议的信息当成已知信息来说，就是在欺骗世界大众、引导国际舆论，最终为美国政府的对华决策和其他丑陋行为辩护。其实，"China's discriminatory practices"也是一个虚假的存在预设，不容易被一般读者察觉。美国政府隐蔽地表达"中国违反协定""中国存在歧视性行为"等错误信息，目的就是要将"过错""责任"强加给中国，让读者想当然地认为中国需要承担应有的责任、付出应有的代价。这里的名词化预设帮助美国实现了欺骗、歧视和话语隐性操控的意识形态的目的。

第五节　本章小结

根据上文的数据处理和对比分析，我们可以发现：词缀类别共 8 类，三个语料库经过卡方检验总共产生 3 张表格，共导出 27 组 P 值。小布什政府和奥巴马政府、奥巴马政府和特朗普政府的 P 值均小于 0.01，说明这两组对比语料库分别存在统计学意义上的显著性差异。其中，-tion（s）/-sion（s）和-ment（s）为差异性最大的两组，3 组对比中的 P 值均小于 0.01；-ness（es）和-ance（s）/-ancy（ies）这两组的差异性最小，3 组对比中的 P 值均大于 0.01。

据此，我们可以回答前文提出的三个问题：

①小布什政府、奥巴马政府和特朗普政府的对华科技政策中名词化使用频率总体上存在差异且较为显著。

相同点：三个时期的美国政府都旨在通过限制性、歧视性政策对中国科技发展进行干预、管控和遏制。理由都比较牵强，目的却基本一致，即为了维护美国的经济利益，巩固美国的霸主地位。

不同点：小布什政府通过将美国对中国的出口审批程序复杂化以遏制中国的技术进步；奥巴马政府在此基础上加强了对技术转让和科技合作的限制，将中国排除在特定产品交易之外，丰富了小布什政府出口管制体系的具体措施；特朗普政府延续美国的出口管制政策，并进一步以贸易制裁、投资管控、进出口控制等手段限制中国科技的发展，加强对中美科技人员交流的监控，增加中国留学生学习高科技领域专业的难度。总体来说，美国受到冷战思维支配，特朗普政府的单边主义、贸易保护主义政策更为直接、更加有害。中美贸易关系变得日益恶化，中美经济发展都受到了严重打击。

②美国政府对华科技政策话语的名词化实现了四种语篇语用功能：隐藏时间概念；表达非人格化策略；转移信息焦点；隐藏动因。模糊时间概念即名词化脱离时间限定与说话人的主观意愿，从而使得一项本依赖于特定时间条件的观点或行为具有客观普遍性。表达非人格化策略通过将施动者隐藏的方式在语篇中隐晦地传递意识形态。美国政府通过在语篇中将自己作为责任者的部分摘除，暗示中国为挑起争端的一方，旨在隐性操控读者意识，达到打击中国科技进步的目的。

③在美国对华科技政策话语中，不论是美国政府官员还是美国智库，都认为中国是过错方。这是由于中国的国际地位和科技实力逐渐上升，美国试图通过错误的舆论引导来实现打压中国科技发展、稳固其世界霸主地位的不良目的。对中国的启示是，在越来越复杂的国际环境下，我们要主动出击，既不能被动挨打，也不能单纯地依靠技术进口，而应加强自身的科研创新能力，力争在国家科技竞争中拥有自己的一席之地及话语权。

本章对美国对华科技政策话语的名词化进行较为深入的批评性分析。从自建的三个语料库中筛选具有代表性的例子来分析名词化预设的语篇语用功能，以深刻剖析三届美国政府关于中国科技的话语建构，分析其涉华科技政策话语的倾向性、指向性和欺骗性，从而帮助读者更为客观地理解美国对华科技政策话语的意识形态本质及其国家利益诉求，进一步丰富了政策话语研究的内容、手段和方法，为中国科技战略制定和国际话语体系建构提供启迪和参考。

但本研究也存在些许不足。

首先，本研究搜寻的美国涉华科技政策语料不如对华外交、经济政策那样丰富全面，美国政府直接针对中国科技的语料较少，大多都是以实施一定的经济或贸易政策限制中国高科技产品的进出口。所以，本章搜集资料不够全面。语料的不完整，可能对最终的统计数据造成一定影响。

其次，进行数据统计时，反向排除的准确性肯定不如手工排除那么准确，这需要在今后的研究中进一步检验和完善。

最后，本研究主要聚焦美国三任总统对华科技政策话语的名词化对比分析，反映出来的差异可能不是很明显。在未来研究中，我们可以尝试将美国对华科技政策与美国对他国的科技政策话语进行对比，可能会有不一样的收获。

　　国内，朱永生、程晓堂等一些学者已经对名词化语用预设进行了较深入的探讨或专项研究，为我们开展美国对华科技政策话语的名词化语用预设分析提供了重要基础和理论铺垫。相信在不久的将来，名词化预设将作为分析工具广泛应用于其他政策话语的批评性分析中。另外，可以尝试对其他美国对华政策话语的名词化预设开展批评性话语分析，以更全面地了解美国外交话语的意识形态。

第十二章

国外涉华贸易话语的情态系统分析

第一节　引言

改革开放以来，中国的经济发展突飞猛进，中国成为世界第二大经济体。与此同时，中美双边贸易摩擦日益增多，美国干预中国对外贸易政策的需求和迫切日益增强。美国在对华贸易政策话语中故意预设陷阱，使用隐喻、模糊修辞等语篇语用策略，引导国际舆论，为美国对华贸易政策辩护，争夺并掌控国际话语权。目前，美国对华贸易政策话语不仅受到企业界的高度关注，还成为学术界的研究焦点。

综观国内外的现有研究，关于美国对华贸易政策话语的研究一般仅局限于几个传统学科，如历史学视角（崔文法，2014；彭建程，2019；龙晓柏，2019）；国际关系视角（王璐，2018；王海楠，2018；李杨、孙俊成，2019；吴其胜，2019；孙天昊、王妍，2019）；政治经济学视角（侯坤，2014；梅冠群，2019；王浩，2019；程永林、蒋基路，2019）等。虽然，近年来出现了一些基于语料库的美国对华政策批评分析研究（支永碧等，2016；王梦晓、支永碧，2017；曾亚敏，2018；Sowinska，2013；Vaara，2014）。然而，从情态视角出发，研究美国对华贸易政策话语的语言学成果还比较欠缺；将评价理论和情态系统理论相结合，研究美国对华贸易政策的成果更是少见。

鉴于此，本研究以徐中意对情态系统的分类为基础，结合评价理论，深入研究情态系统的语篇语用功能，对美国对华贸易政策话语开展基于语料库的批评性分析。

第二节　研究设计

一、研究对象

本研究分别从美国贸易代表办公室官网、中国商务部官网、美国贸易执法部官网搜集语料，自建三个小型语料库作为研究对象，分别是奥巴马与特朗普执政时期《301 法案》及其他相关贸易政策文件中针对中国的语料 51918 字符、美国针对欧盟的贸易政策语料 57762 字符、中美贸易协定话语 51585 字符。

二、研究问题

本研究试图回答以下三个问题：

①在美国对华贸易政策话语中，情态系统的使用有何特点？

②在三个语料库中，评价理论与情态系统之间的联系有何特点？

③美国对华贸易政策和美国对欧盟贸易政策、中美贸易协定中认识情态、道义情态与意志情态使用的频率的不同，体现了美国对中国的何种态度？

三、研究工具

本研究的主要研究工具为 AntConc 3.2.0 与卡方检验计算器 LLX2。AntConc 3.2.0 主要用于对搜集的语料文字进行归类汇编；卡方检验计算器 LLX2 将三个语料库中得出的情态系统中三类情态语的统计结果进行计算对比。

四、操作流程

将搜集好的语料导入 AntConc 3.2.0 软件，进行语料汇编。具体操作流程如图 12.1 所示：

图 12.2 以 "will" 为例，将美国对欧盟的贸易政策语料库导入 AntConc

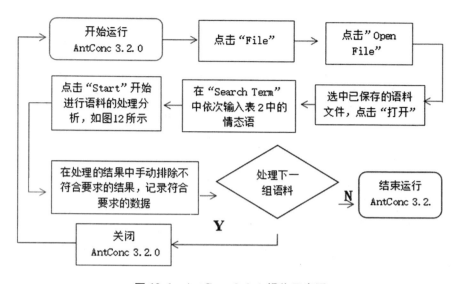

图 12.1　AntConc 3.2.0 操作示意图

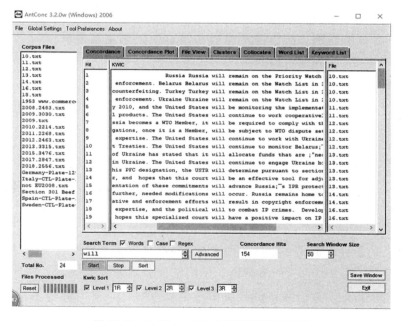

图 12.2　AntConc 3.2.0 语料处理示意图

3.2.0 后，在 Search Term 中输入 "will" 并点击 "Start" 即可显示如上界面。该界面表示，在美国对欧盟的贸易政策话语语料库中，共有 154 个 "will"。情态词所处的语境不同，意义也不同。"will" 既是高值认识情态词，表示某事在未来很有可能发生；也是高值意志情态词，表达强烈的意愿。因此，笔者阅读了检索的每一条结果，进行判断与分类排除，即检索出的 154 个"will"中，属于认识情态的有多少，属于意志情态的有多少。随后将记录的数据按要求输入卡方检验计算器 LLX2 中进行计算、对比，以分析认识情态、道义情态和意志情态之间是否具有统计学意义上的显著性差异，并进而阐释其归因。

五、研究方法

　　本研究采用定量研究与定性分析相结合、纵向对比与横向对比相结合的研究方法。首先纵向对比美国对华贸易政策、美国对欧盟贸易政策和中美贸易协定中，三类情态语的使用频率，随后横向对比——将美国对华贸易政策话语先与美国对欧盟贸易政策话语中三类情态系统的量值的使用情况进行对比，探究美国对华与对欧盟在贸易政策上的态度有何区别，再与中美贸易协定话语进行对比，考察美国在与中国协商时的态度与制定针对中国的贸易政策时的态度有何区别。从而揭示美国在针对中国制定贸易政策时的态度及原因。

第三节　结果与讨论

一、美国对华贸易政策与美国对欧盟贸易政策中情态语使用分析

　　笔者通过 AntConc3.2.0 对美国对华贸易政策话语语料库和美国对欧盟贸易政策话语语料库中的三种情态语的使用情况分别做数据统计，并且在检索结果中进行手动分类排除，将其使用频率进行对比，得出的结果如表 12.1 所示：

表 12.1　美国对华与美国对欧盟贸易政策话语中情态语的使用频率对比

情态类型	中美贸易政策		美欧贸易政策	
	数量	百分比	数量	百分比
道义情态	338	0.65%	331	0.57%
认识情态	502	0.97%	673	1.17%
意志情态	319	0.61%	569	0.99%
总数	1159	2.23%	1573	2.72%

从总量上看，本研究共搜集美国对华贸易政策话语 51918 字，其中，情态语使用总量为 1159 字，占比约为 2.23%；美国对欧盟贸易政策话语 57762 字，其中，情态语使用总量为 1573 字，占比约 2.27%。从三种情态语的使用情况对比来看，美国在针对中国的贸易政策话语中，使用最多的是认识情态，其次是道义情态；而在针对欧盟的贸易政策话语中，认识情态使用最多，其次是意志情态。结果显示，美国对欧盟贸易政策话语中情态语的使用略高于美国对华贸易政策，通过使用情态系统，表达变得模棱两可。

二、美国对华贸易政策与中美贸易协定中情态语的使用分析

为进一步判断美国对华贸易政策态度，笔者又将中美贸易协定话语语料库用同样的方法做数据统计，并将美国对华贸易政策话语语料库与中美贸易协定话语语料库中的情态语的使用频率进行对比，结果如表 12.2 所示：

表 12.2　美国对华贸易政策与中美贸易协定中情态语的使用频率

情态类型	美国对华政策		美中贸易协定	
	数量	百分比	数量	百分比
道义情态	338	0.65%	491	0.95%
认识情态	502	0.97%	343	0.66%
意志情态	319	0.61%	289	0.56%
总数	1159	2.23%	1123	2.17%

本研究搜集中美贸易协定话语 51585 字，其中，情态语使用总量为 1123 字，占比约 2.17%。其中，道义情态在中美贸易协定中使用得最多，意志情

态使用得最少。结果显示，美国在对中国制定贸易政策时，使用的情态语明显比贸易协定中的多，美国以此来模糊表达，有"霸王硬上弓"之嫌。

三、美国对华贸易政策中三种情态的纵向对比分析

大量研究表明，情态系统用于表达说话人对事物或现象的态度和看法，介于肯定与否定之间。在本研究自建的三个语料库中，美国经常使用情态系统。

例（1）Until the Department publishes the final results of a CCR reaching a different successor – ship conclusion, the Department must follow its preliminary finding in the Preliminary 129 Results of this proceeding. (Anti–dumping Measures on Certain Frozen and Canned Warmwater Shrimp from the People's Republic of China, Section 129 Proceedings, March 4, 2013, www. enforcement. trade. gov)

例（2）For example, China could benefit from further clarification that certain Internet deep linking and other services that effectively encourage or induce infringement are unlawful. (2008 Special 301 Report, www. ustr. gov)

例（3）Additionally, because of ambiguity regarding who can conduct computer searches under the new Criminal Procedure Code, the United States encourages the Government of Romania to clarify that police certified as experts can conduct such searches. (2015 Special 301 Report, www. ustr. gov)

在例（1）、例（2）和例（3）中，"must""can""may"这样的情态动词在本研究自建的三个语料库中经常出现，像这样的情态词还有"would""will""need"等。

上文已经对美国对华贸易政策话语语料库、美国对欧盟贸易政策话语语料库和中美贸易协定话语语料库中三种情态的总体使用频率分别进行了统计，结果显示：美国对华贸易政策话语中，使用最多的是认识情态，其次是道义情态；美国对欧盟贸易政策话语中，认识情态使用最多，其次是意志情态。道义情态在中美贸易协定中使用得最多，意志情态则使用得最少。本节将根据表12.1和表12.2，通过卡方检验，分别对这三个语料库的统计数据进行纵向对比，研究这三个语料库中三类情态的使用频率在统计学意义是否存在差异。

（一）美国对华贸易政策话语中三类情态使用情况的纵向对比

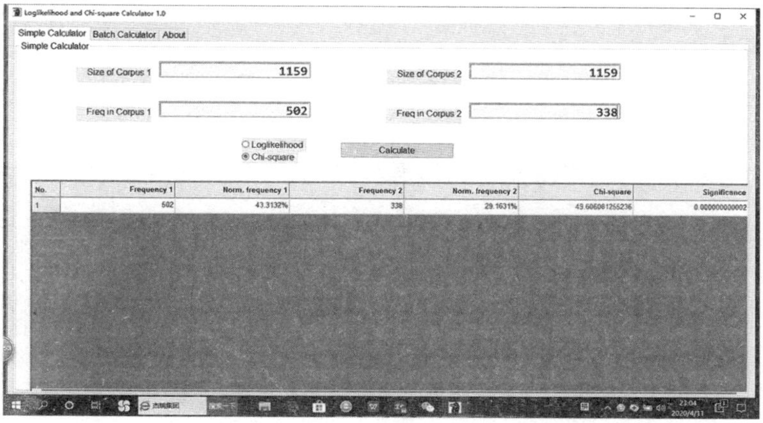

图 12.3　认识情态 vs 道义情态卡方检验

根据图 12.3，我们可以看到，在美国对华贸易政策话语中，情态词的使用总量为 1159 字，其中，认识情态的使用率为 43.3132%，道义情态的使用率为 29.1631%。认识情态与道义情态使用率的卡方检验结果，即 P 值约为 0.0000，小于 0.01，说明美国对华贸易政策话语中认识情态与道义情态的使用频率具有统计学意义上的显著差异。

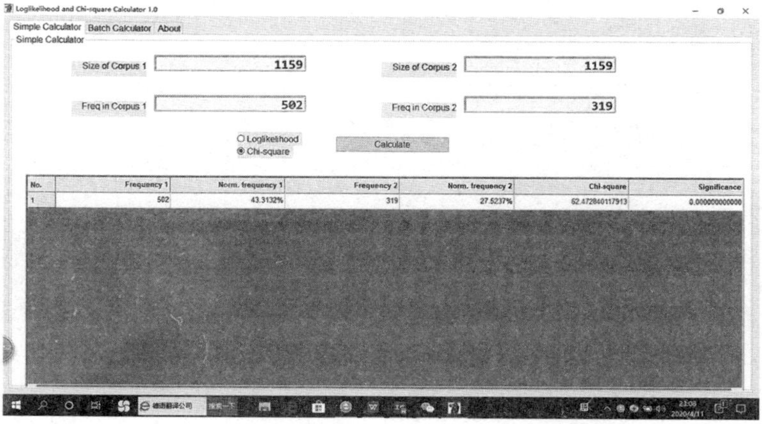

图 12.4　认识情态 vs 意志情态卡方检验

据图 12.4 所示，在美国对华贸易政策话语中，意志情态的使用率为 27.5237%，$P=0.0000$，说明美国对华贸易政策话语中认识情态与意志情态的使用率具有统计学意义上的显著差异。

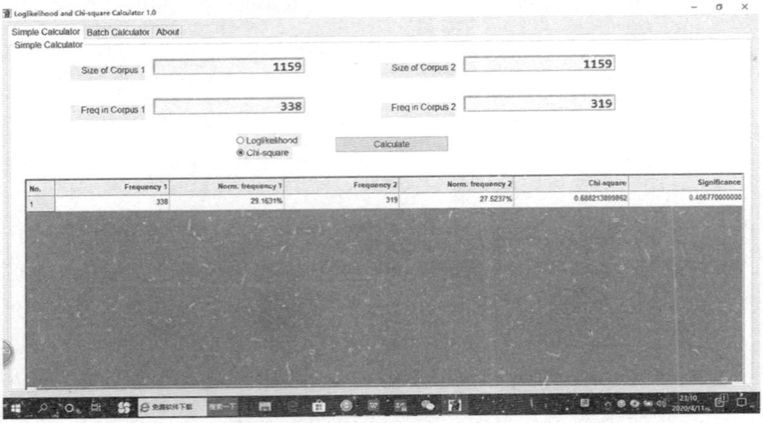

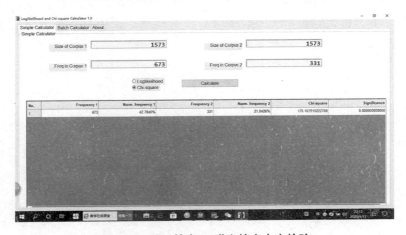

图 12.5　道义情态 vs 意志情态卡方检验

据图 12.5 所示，$P = 0.4068 > 0.05$，说明美国对华贸易政策话语在道义情态与意志情态的使用率上无统计学意义上的显著差异。

（二）美国对欧盟贸易政策话语中三类情态使用情况的纵向对比分析

图 12.6　认识情态 vs 道义情态卡方检验

据图 12.6 所示，在美国对欧盟贸易政策话语中，认识情态的使用频率为 42.7845%，道义情态使用率为 21.0426%，$P = 0.0000 < 0.01$，说明美国对欧盟贸易政策话语中认识情态与道义情态的使用频率具有统计学意义上的显著差异。

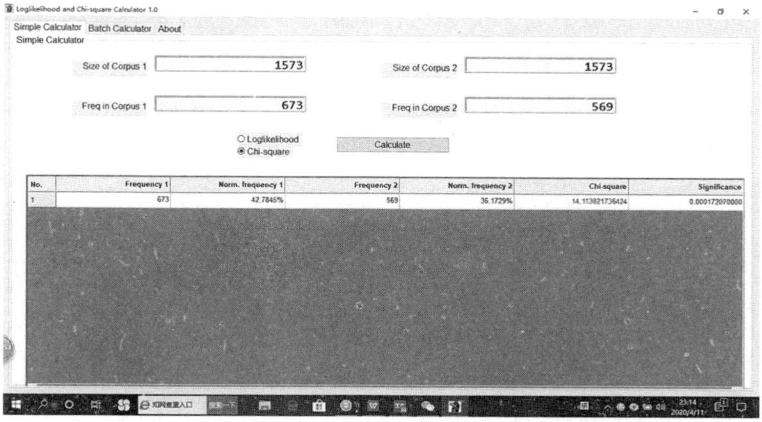

图 12.7 认识情态 vs 意志情态卡方检验

据图 12.7 所示，美国对欧盟贸易政策话语中意志情态的使用率为 36.1729%，P 值约为 0.002，P 值小于 0.01。说明美国对欧盟贸易政策话语中认识情态与意志情态的使用频率具有统计学意义上的显著差异。

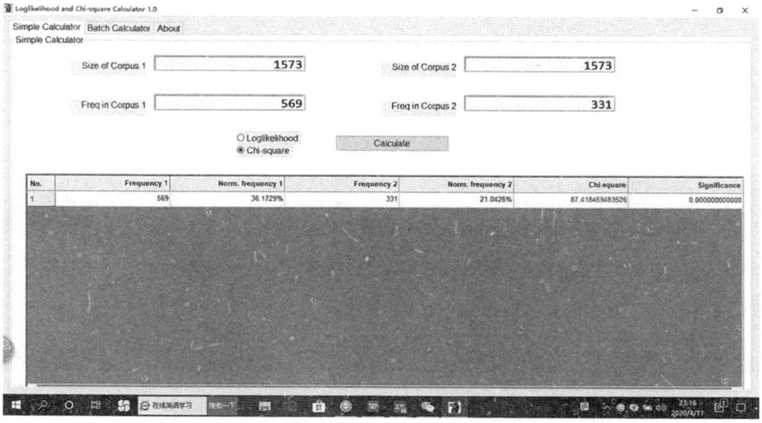

图 12.8 意志情态 vs 道义情态卡方检验

据图 12.8 所示，P=0.0000<0.01，说明美国对欧盟贸易政策话语中意志情态与道义情态的使用频率具有统计学意义上的显著差异。

（三）中美贸易协定话语中三类情态使用情况的纵向对比分析

据图 12.9 所示，在中美贸易协定话语中，道义情态的使用频率为 43.7222%，认识情态的使用频率是 30.5432%，P 值约为 0.0000，P<0.01，

说明中美贸易协定话语中道义情态与认识情态的使用频率具有统计学意义上的显著差异。

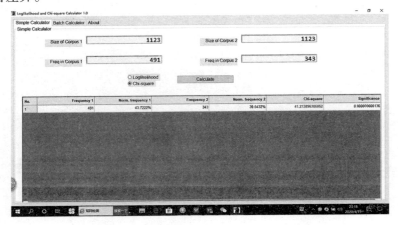

图 12.9　道义情态 vs 认识情态卡方检验

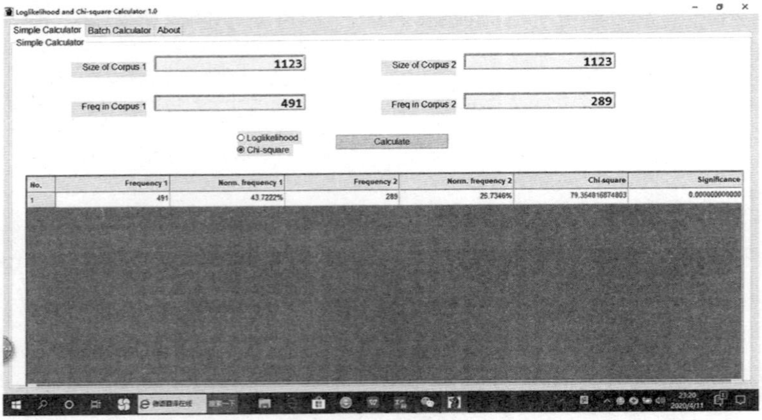

图 12.10　道义情态 vs 意志情态卡方检验

据图 12.10 所示，在中美贸易协定中，意志情态的使用频率为 25.7346%，与道义情态的卡方检验结果为 0.0000，小于 0.01，说明中美贸易协定中的道义情态与意志情态具有统计学意义上的显著差异。

据图 12.11 所示，在中美贸易协定中，认识情态与意志情态的卡方检验的结果约为 0.013，所以 0.01<P<0.05，说明中美贸易协定中认识情态与意志情态的使用率有统计学意义上的差异，但不具有极显著差异。

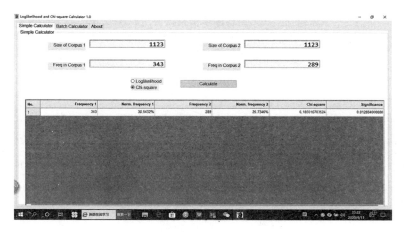

图 12.11 认识情态 vs 意志情态卡方检验

(四) 三个语料库中的三类情态使用情况的纵向对比

为使分析结果更加直观，本节根据上文的分析结果，做出下列柱形图，如图 12.12 所示：

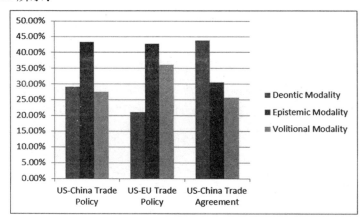

图 12.12 三个语料库中三类情态的使用频率

分别对三个语料库中使用频率最高的前十个情态语整理，得到表 12.3：

表 12.3　三个语料库中情态语使用率 TOP 10

美国对华贸易政策		美国对欧盟贸易政策		美中贸易协定	
数量	情态词	数量	情态词	数量	情态词
82	will①（认识情态）	99	will（认识情态）	170	shall（deontic modality）
55	may（认识情态）	87	would（意志情态）	80	may（认识情态
40	would（意志情态）	59	should（道义情态）	37	would（认识情态）
38	should（道义情态）	38	may（认识情态）	35	will（认识情态）
35	must（道义情态）	32	must（认识情态）	31	should（deontic modality）
31	can（认识情态）	29	could（认识情态）	18	can（认识情态）
27	need to	22	likely	15	might（认识情态）
23	could（认识情态）	21	necessary	14	necessary
20	necessary	19	possible	12	could（认识情态）
13	shall（道义情态）	10	would not（认识情态）	11	possible

四、三个语料库中的三类情态使用情况的横向对比

仅从纵向对比还很难判断美国对华贸易政策的态度，因此本节将对这三个语料库进行两两之间的横向对比，研究三个语料库中三类情态的量值的使用情况。需要提及的是，鉴于本研究的主题是"美国对华贸易政策话语态度"，本节便不再进行中美贸易协定话语与美国对欧盟贸易政策话语中三类情态的量值的使用情况的对比分析。

（一）美国对华与对欧盟贸易政策中的三类情态及其量值使用情况的对比分析

根据徐中意（2018）对情态系统的种类与量值的分类（见本书第三章、表 12.2 和表 12.4），笔者利用卡方检验计算器 LLX2 对本研究的美国对华贸易政策话语语料库与美国对欧盟贸易政策话语语料库中的道义情态、认识情态、意志情态及其量值的使用频率分别进行了计算与数据对比，并将结果做

---

① 注释：前文已经对情态词的统计进行了说明。不同语境下，同一个情态词可能是道义情态，也可能是认识情态或意志情态。手动排除时需要结合语境认真斟酌。

成如下表格，如表 12.4 所示：

表 12.4 美国对华贸易政策与美国对欧盟贸易政策的情态词语对比分析

情态类型	值（高、中、低）	美国对华贸易政策		美国对欧盟贸易政策		X^2	P 值
		数量	百分比	数量	百分比		
道义情态	高值	115	34.0237%	112	33.8369%	0.0009	0.9756
	中值	94	27.8107%	108	32.6284%	1.6200	0.2031
	低值	129	38.1657%	114	34.4411%	0.8485	0.3570
认识情态	高值	223	44.4223%	252	37.4443%	5.5273	0.0187
	中值	237	47.2112%	302	44.8737%	0.5421	0.4616
	低值	42	8.3665%	119	17.6820%	20.3206	0.0000
意志情态	高值	117	36.6771%	233	40.9490%	1.3883	0.2387
	中值	196	61.4420%	288	50.6151%	9.2310	0.0023
	低值	6	1.8809%	48	8.4359%	14.2516	0.0002

根据表 12.4 中的数据，我们分别对道义情态、认识情态和意志情态的三种量值的使用情况进行分析，可以得出以下结论：

1. 道义情态

第一，美国在对华贸易政策话语和对欧盟贸易政策话语中，对道义情态的三个量值的使用频率均无太大差异，使用频率最高的都是低值道义情态词，其次是高量值，而中量值使用得则最少。第二，从道义情态三个量值的卡方检验的结果来看，P 值都大于 0.05，说明美国对华贸易政策和美国对欧盟贸易政策在道义情态的高、中、低三个量值的使用频率上无统计学意义上的显著差异。

2. 认识情态

美国虽然在对华贸易政策话语和对欧盟贸易政策话语中，使用最少的是低量值的认识情态，但美国对华贸易政策话语中低值认识情态的使用频率（8.3665%）明显低于美国对欧盟贸易政策话语中低值认识情态的使用频率（17.6820%）。且从低值认识情态的卡方检验结果来看，$P<0.01$，说明美国对华贸易政策和美国对欧盟贸易政策在低值认识情态的使用频率上具有统计学意义上的显著差异。在这两个语料库中，高值认识情态与中值认识情态的使用频率均无太大差异，且其卡方检验的结果均大于 0.01 或 0.05，说明美国对

华贸易政策和美国对欧盟贸易政策在高值认识情态和中值认识情态的使用频率上无统计学意义上的极显著差异。

3. 意志情态

一方面，在美国对华贸易政策话语和美国对欧盟贸易政策话语中，意志情态的取值均偏向中值与高值，其中，中值使用率最高，分别是 61.4420% 和 50.6151%；另一方面，在美国对华贸易政策话语中，对低值情态的使用频率最低，仅占 1.8809%。同样，在美国对欧盟贸易政策话语中，低值意志情态的使用率仅占 8.4359%。从卡方检验的结果看，在这两个语料库中，中值意志情态与低值意志情态的 P 值都小于 0.01，说明美国对华贸易政策和美国对欧盟贸易政策在中值意志情态和低值意志情态的使用频率上都具有统计学意义上的显著差异，而高值意志情态的 P 值为 0.2387，大于 0.05，说明美国对华贸易政策和美国对欧盟贸易政策在高值意志情态的使用频率上不具有统计学意义上的显著差异。

（二）美国对华政策与中美贸易协定中三类情态及其不同量值使用情况的对比分析

为考察美国对华贸易政策话语与中美贸易协定话语中情态系统的三个分类及其量值的使用情况，本研究又进一步将美国对华贸易政策话语语料库与中美贸易协定语料库通过卡方检验进行对比，得出的数据如下表 12.5 所示：

表 12.5　US-China Trade Policy VS US-China Trade Agreement 卡方检验

情态类型	值（高、中、低）	美国对华贸易政策		美中贸易协定		X^2	P 值
		数量	百分比	数量	百分比		
道义情态	高值	115	34.0237%	309	62.9328%	65.8059	0.0000
	中值	94	27.8107%	55	11.2016%	36.3410	0.0000
	低值	129	38.1657%	127	25.8656%	13.6194	0.0002
认识情态	高值	223	44.4223%	48	13.9942%	85.2102	0.0000
	中值	237	47.2112%	174	50.7289%	0.8735	0.3500
	低值	42	8.3665%	121	35.2770%	93.0610	0.0000
意志情态	高值	117	36.6771%	42	14.5329%	37.3628	0.0000
	中值	196	61.4420%	177	61.2457%	0.0011	0.9731
	低值	6	1.8809%	70	24.2215%	67.1645	0.0000

同样，我们分别对表 12.5 中道义情态、认识情态和意志情态的三种量值的使用情况进行分析，可以得出以下结论：

1. 道义情态

在美国对华贸易政策话语中，低值道义情态使用率最高，其次是高值，而中值道义情态使用得最少。相比之下，在中美贸易协定话语中，道义情态的量值使用频率最高的是高值，其次是低值，最低的也是中值。从卡方检验的结果来看，在这两个语料库中，道义情态的三个量值的对比结果都小于 0.01，说明美国对华贸易政策和中美贸易协定在道义情态的高、中、低三个量值的使用频率上都具有统计学上的显著差异。

2. 认识情态

第一，在美国对华贸易政策话语语料库与中美贸易协定语料库认识情态的取值中，使用频率最高的都是中值认识情态。同时，它们的 P 值约为 0.3500，大于 0.01，说明美国对华贸易政策和中美贸易协定中的认识情态的使用频率在统计学意义上没有显著差异。第二，在美国对华贸易政策话语中，使用频率最低的是低值认识情态，仅占 8.3665%，而在中美贸易协定话语中，低值认识情态占比约 35.2270%。因此，其卡方检验的 P 值小于 0.01（$P = 0.0000 < 0.01$），说明美国对华贸易政策和中美贸易协定在低值认识情态的使用频率上具有统计学意义上的显著差异。在中美贸易协定话语中，使用频最低的量值是高值，约占 13.9942%。相比之下，美国对华贸易政策话语中高值认识情态约占 44.4223%。同时，高值情态系统在这两个语料库中的 P 值为 0.0000，小于 0.01。由此说明美国对华贸易政策和中美贸易协定在高值认识情态的使用频率上具有统计学意义上的显著差异。

3. 意志情态

在美国对华贸易政策话语和中美贸易协定话语中，意志情态的取值的使用情况与认识情态的取值的使用情况颇有相似之处。第一，意志情态在这两个语料库中使用最多的量值也都是中值，且它们的 P 值也大于 0.01，说明美国对华贸易政策和中美贸易协定在中值意志情态的使用频率上无统计学意义上的显著差异。第二，低值意志情态在美国对华贸易政策话语中使用得最少，仅占 1.8809%，而低值意志情态在中美贸易协定话语中占 24.2215%。同时，它们的卡方检验结果为 0.0000，小于 0.01，说明美国对华贸易政策和中美贸易协定在低值意志情态的使用频率上在统计学意义上具有显著差异。第三，在中美贸易协定话语中，使用频率最低的量值是高值，而高值意志情态在美国对华贸易政策话语中的使用频率高达 36.6771%，仅次于中值意志情态。高值意志情态在这两个语料库中的使用频率的 P 值为 0.0000，小于 0.01，说明美国对华贸易政策和中美贸易协定在高值意志情态的使用频率上具有统计学意义上的显著差异。

五、归因分析

（一）纵向共同点分析

从情态语的使用总量看，美国对华贸易政策话语、美国对欧盟贸易政策话语和中美贸易协定话语中，情态语的总使用率都超过了 2%。其中，美国对欧盟贸易政策话语中情态语的使用频率最高，为 2.72%。

从三个语料库中三类情态语的使用频率对比来看，卡方检验结果显示他们之间均具有统计学意义上的显著差异。也就是说，三个语料库各自的三类情态语的使用频率存在较大差别。

据表 12.3 所示，三个语料库中使用率最高的前 10 个情态词中都包含"will""may""would""should""could""necessary"，且大部分都是高值情态词和中值情态词。

我们简单分析其原因：

韩礼德认为情态系统表达的意义有：①发话人对自己所讲命题的成功性和有效性的判断；②要求受话者承担的义务；③在提议中想表达的个人意愿。① 每类情态的量值的高低对应情感程度的高低，情态系统的取值越高，其所表达的情感程度越高。在本研究的三个语料库中，情态系统经常出现，用以表达美国对华贸易政策、美国对欧盟贸易政策以及在中美贸易协定中的情感与态度。三个语料库中使用频率最高的 10 个情态词大都属于高值情态和中值情态，这是因为美国长久以来都以本国利益为中心，对贸易始终保持赢家心态。

（二）纵向差异性分析

在美国对华贸易政策中，认识情态的使用频率最高，约占 43.31%，意志

---

① HALLIDAY M. A. K. An Introduction to Functional Grammar [M]. London：Edward Arnold, 1994：203.

情态的使用频率最低，约占 27.52%。在美国对欧盟贸易政策中，使用频率最高的也是认识情态，约占 42.78%；而使用频率最低的是道义情态，约占 21.04%。在中美贸易协定中，道义情态使用率最高，占 43.72%，意志情态使用率最低，占 25.73%。

在美国对华贸易政策话语语料库和美国对欧盟贸易政策话语语料库中，使用频率最高的 10 个情态词中都包含了"must"，而"must"在中美贸易协定话语语料库中只出现了 9 次。

究其原因，我们可以从以下两个方面进行分析：

一方面，徐中意将道义情态、认识情态和意志情态分别看作"必要性""肯定性"和"意愿性"这三种层级现象的体现。意志情态主要表达讲话者的个人意愿、理想及意向；认识情态主要表达对事物判断的肯定性以及对事物发生的可能性的推测；道义情态则主要表示要求受话者承担义务。《301 法案》实质是美国霸权主义与单边主义思想在贸易领域的体现，是美国贸易法的立法授权条款，旨在对损害美国贸易利益的外国政府的行为、政策等进行调查、报复和制裁。所以，在美国对华贸易政策和美国对欧盟贸易政策中，认识情态的使用率最高，这表示《301 法案》涉及的条款，一旦被触及，就很有可能实行。

另一方面，道义情态表示说话人要求受话人履行的义务。中国虽然是发展中国家，但自改革开放后，中国的经济与贸易持续快速发展，取得了世界瞩目的成就，这立刻引起了美国的警觉和担忧。这也是为什么在美国对华贸易政策和中美贸易协定中道义情态的使用率都比较高的原因。在中美贸易协定中，道义情态的使用频率最高，强调中美双方在贸易往来中的义务。

（三）横向共同点分析

美国对华贸易政策与美国对欧盟贸易政策相比，道义情态与高值认识情态、低值认识情态的使用情况无统计学意义上的显著差异。也就是说，美国在对华贸易政策和对欧盟的贸易政策中，道义情态与高值认识情态、中值认识情态的使用率大致相同。

究其原因，这是因为奥巴马上台后，美国贸易保护主义就有了政治基础，维护"经济正义"是奥巴马政府管理宏观经济的一个基本理念。因此，无论是对华贸易政策还是对欧盟的贸易政策，美国都强调其本国利益的最大化，更多地要求其他国家履行其义务。美国对华贸易政策与中美贸易协定相比，在其两个语料库中，中值认识情态与中值意志情态在使用频率上无显著差异。

这说明，尽管美国在中美贸易协定中的话语与其在针对中国的贸易政策中的话语有较大出入，但其始终强调其自身利益，强调美国的意愿。

（四）横向差异性分析

从表 12.4 中的数据来看，美国在对华贸易政策话语中使用的低值认识情态和低值意志情态，明显少于其在针对欧盟的贸易政策话语中的使用。这是因为欧盟是美国第一大贸易合作伙伴，双方共识较多、分歧较少。

从总量上看，在美国对华贸易政策中，认识情态与道义情态的使用率都高于美国对欧盟贸易政策中认识情态与道义情态的使用率。这表明，美国按照《301 法案》对中国进行制裁的可能性比其对欧盟的可能性要大。且美国要求中国履行的义务也比其要求欧盟履行的义务多。这明显是政策上的歧视与区别对待。

从表 12.5 的数据来看，美国在针对中国的贸易政策性文件中使用的情态系统，与其在中美贸易协定中使用的明显不同。中美贸易协定中的认识情态比美国对华贸易政策中的少，而道义情态却多得多。这种差异与两类文件的语篇类型有关。第一，中美贸易协定是中美双方经过磋商后的产物，体现双方的共同意志，强调中美双方履行各自义务，实现互惠共赢。因此，中美贸易协定中的道义情态要比美国对华贸易协定中的多得多。第二，美国对华贸易政策是美国单方面对中国的制裁，更多体现美方的意愿和利益。因此，其使用的认识情态比中美贸易协定中的多。

第四节　国外涉华贸易话语中情态系统的语篇功能分析

一、情态系统与评价理论的联系

语篇人际意义的研究必然离不开评价。系统功能语言学认为，情态系统是人际功能的重要语义载体或实现手段。发话人对情态系统的选择不仅在一定意义上体现主观性态度和语篇的意识形态，也不同程度地影响受话人对语篇的理解和个人反应，因而情态系统必然具有评价意义。① 韩礼德认为，考察语篇的情态系统主要有两个目的。② 其一，明确说话者对话语命题真实性所承担的责任的程度和对未来行动做出的承诺或承担的义务；其二，了解说话者与听话者之间的社会距离和权力关系等。③

但是，情态系统在体现语篇中的人际意义时并未考虑到词汇资源，而评价理论在讨论态度和磋商过程中，重点考察词汇语义在语篇中的态度、介入和极差资源。④ 因此，情态系统与评价理论的结合更有利于读者理解话语背后的深层含义，达到"通过表面现象看本质"的效果。

二、情态系统与态度系统

我们首先讨论情态系统与态度系统的联系。根据上文关于评价理论的介绍，我们可以总结出情态系统与态度系统的联系主要体现在判断子系统（如图 12.13）。

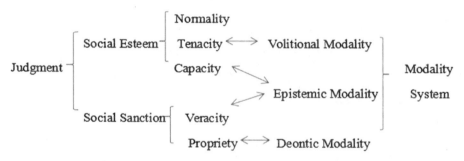

图 12.13　情态系统与判断的联系

意志情态体现发话者的个人意愿、决心等，对应判断中的"韧性"；认识情态表示发话者对自己所讲命题的可能性与成功性的预测与判断，因此，其对应"做事能力"和"真实可靠性"；道义情态表达发话人要求受话人承担的义务，因此，其对应"正当性"。此外，根据社会道德和法律规范对人的行

① 李杰，钟永平. 论英语的情态系统及其功能［J］. 外语教学，2002（1）：9-15.
② HALLIDAY M. A. K. An Introduction to Functional Grammar［M］. London：Edward Arnold，1985：100.
③ 顾韵. 从韩礼德系统功能语法看 CNN 新闻语篇［J］. 齐齐哈尔大学学报（哲学社会科学版），2006（1）：119-121.
④ 王振华，马玉蕾. 评价理论：魅力与困惑［J］. 外语教学，2007（6）：19-23.

为的判断包括肯定判断和否定判断，因而，对应情态系统的肯定性与否定性。

三、情态系统与极差系统

接着，我们讨论情态系统与极差之间的联系。极差的子系统"语势"贯穿整个评价系统，语势的升降表示态度的程度高低。对应地，情态系统的高、中、低三个量值也表示发话者情感程度的高低。

四、情态系统与介入系统

上文提到，借言是介入系统的一个子系统。借言允许不同观点的存在，实现对话的扩张与收缩。而语篇中发话人使用情态系统，即使受话人反驳了发话人的提议，也仍有磋商的空间，从而实现对话的扩张。此外，情态系统的另一个功能是使个人观点"客观化"，转移压力来源，即发话人使用情态系统，尤其是情态名物化等结构使受话人认为发话人的命题是理所当然的，并接受听话人的观点，从而实现对话的收缩。

需要提及的是，评价理论判断系统的"行为规范"（normality）对应情态系统的"频率"（usuality）。但本研究以徐中意对情态系统的分类为基础，而徐中意的分类中未涉及情态系统中的"频率"。所以，本研究在这方面未有涉及。

根据以上讨论，我们可以得出情态系统可以从评价理论视角来研究这一结论。下面我们将结合本研究的三个语料库的具体实例，运用相关理论来分析情态系统的语篇功能。

五、表达发话者的个人意愿

前文述及，情态主要阐述发话人的个人意愿，而情态意义主要由情态动词来表达。表达情态意义的动词不外乎"will""shall""may""can"等十多个。① 因而，情态助动词自然就具有表达发话人意愿的情态意义。例如：

例（1）The most efficient and therefore preferred manner of dispute resolution is through informal consultation and settlement, but where this is unsuccessful, the

---

① 李杰，钟永平. 论英语的情态系统及其功能 [J]. 外语教学，2002（1）：9-15.

United States will consider fully utilizing the dispute settlement process. (2008 Special 301 Report)

例（2）Accordingly, if USTR directs us to implement this section 129 determination, the Department will instruct U. S. Customs and Border Protection ("CBP") to liquidate without regard to anti-dumping duties... (Final Results of the Proceeding under Section 129 of the Uruguay Round Agreements Act: Anti-dumping Measures on Certain Frozen and Canned Warmwater Shrimp from the People's Republic of China, March 4, 2013.)

例（1）是关于针对中国侵犯美国知识产权的解决措施。例（1）中的"will"表示美国考虑使用争端解决程序的意愿与决心。例（2）中的"will"表示美国商务部将不考虑反倾销税，直接指示美国海关与边境保护局（CBP）进行清算。"will"是高量值意志情态。这表示，虽然美方的意愿和决定都是在一定条件下的，但美方的决心其实很坚定。这一方面反映了美国"以我为主"的霸权主义思想，另一方面体现了美国对国家知识产权的维护，似乎也在间接地批评中国存在所谓的侵犯美国知识产权的问题。在马丁看来，"韧性"是关乎某人是否可靠、决心是否鉴定的判断。因此，情态系统表达发话者个人意愿的这一功能可以从"韧性"视角进行分析。

六、表达发话人对自己所讲命题的成功性和有效性的判断

根据李杰、钟永平的研究（同上），英语中几乎所有的情态动词都是多义词，能够表达不止一种情态意义。在语篇和日常对话等语言交流中，我们还经常用"will"来表示事情发生的概率。

例（3）The United States will continue pursuing the resolution of WTO-related disputes announced in previous Special 301 reviews and determinations. (2009 Special 301 Report)

例（4）In spite of significant attention and resources from brand owners, ... counterfeiting remains pervasive in many retail and wholesale markets. It appears that additional measures, including criminal sanctions, will be necessary to bring this problem under control. (2009 Special 301 Report)

显然例（3）和例（4）中的"will"都表示事情发生的概率，但例（3）中的"will"表示美方将持续追进《特殊 301 法案》中对 WTO 相关的争端的解决措施；例（4）中的"will"表示更多政策和措施将用于解决中国市场中

盗版畅行的现象。"真实性"是社会约束的一个方面，不仅是对人的行为的评价，也是对某事发生的可能性的判断。而"will"作为肯定形式的高值认识情态词表示发话者所讲命题成功性极大，即发生的可能性极大。因此，认识情态可从评价理论判断系统的角度研究。

实际上，美国经常无端地指责中国对知识产权保护不力，旨在以知识产权保护为突破口，改变美国对华贸易逆差问题，以进一步打开中国市场，扩大美国在中国市场的占有份额。正如有学者所言，一直以来，美国经常以此为伎俩对待韩国、泰国、日本、巴西和欧盟国家，帮助不少美国产品夺回了一些已经失去的国际市场，取得了相应的经济效益。[①]

七、要求对方承担义务

情态动词的另一功能是在命令中要求受话人承担义务。

例（5）China shall not require certification for low risk food products from the United States, including all U. S. products considered by the United States to be highly processed, shelf – stable food products. (Economic and Trade Agreement between the Government of the People's Republic of China and the Government of THE United State of America, January 15, 2020, www. mofcom. gov. cn)

例（6）The Parties shall work constructively to provide fair, effective, and non-discriminatory market access for each other's services and services suppliers. To that end, the Parties shall take specific actions beginning with the actions set forth in this Chapter with respect to the financial services sector. (Economic and Trade Agreement between the Government of the People's Republic of China and the Government of the United State of America, January 15, 2020.)

例（5）和例（6）出自 2020 年 1 月 15 日中美签订的中美贸易协定。例（5）中的"shall not"表示对中国权利进行限制，禁止中国向美国索要低风险食品的认证。这一规定带有强烈的霸权主义色彩，显然带有不平等性和歧视性。例（6）中的"shall"规定中美双方的应履行的义务，要求双方努力为彼此提供公平、有效和非歧视性的市场准入原则，并采取具体行动。这体现了美国对既得利益的保护与贸易保护主义思想回流的现象。

综上所述，在中美贸易协定中，"shall/ shall not"主要用来规定中美双方

---

① 苗迎春. 中美贸易摩擦及其影响 [J]. 当代亚太，2004（3）：34-42.

应有的权利和义务，对中美双方在贸易上做出规约。此外，"shall"是高值道义情态词，由其表述的法律条文具有权威性与明确性。而"正当性"回答"某人的行为是否正当、合法"的问题。因此，道义情态可以从评价理论判断系统的"正当性"方面研究。

八、语篇的衔接与连贯功能

韩礼德把语篇描述为具有"功能"的语言，即可以在一定的语境范围内做事，或者说在特定的语境中表达完整的意义。语篇分析是研究和理解语篇的必要手段。[①]

情态意义的省略大多发生在会话情景中，能够从结构和形式上实现语篇的衔接。当上文中已经出现某种情态成分时，下文便可以省略该情态，从而表达与上文几乎相同的情态立场，促使语篇在态度明确的情况下顺利推进。[②]"替代"是指同一情态意义可以有两种以上的情态表达方式，但形式上并不重复，只是在情态意义上实现了替代。可以实现情态替代的有名物化、情态动词和情态附加语等几种方式。本研究的三个语料库中常见的名物化情态词有"possibility""certainty"等。

例（7）Emerging Developments：Apart from longstanding concerns over 1PR enforcement, the United States is alert to U. S. industry concerns about the possibility that laws or policies in a variety of fields might be used or misused to favor domestic over foreign IPR. (2008 Special 301 Report)

例（7）中的"possibility"和"might"都意味着对未来事件的可能性进行主观的推测和判断，是情态意义上的"替代"，表现了美国对其工业界的关注，提醒美国工业界预防各领域的法律或政策滥用，支持本国而不是外国知识产权的可能性，反映其典型的贸易保护主义思想。美国一直处于世界经济体系的核心地位，对不同意识形态国家的经济发展能力及其对美国经济可能产生的影响极为敏感。[③]

（8）U. S. Steel, the LWS Committee and Wheatland Tube conclude that this lack of evidence is the responsibility of the GOC for failing to provide such evidence in

①　李杰，钟永平. 论英语的情态系统及其功能 ［J］. 外语教学，2002（1）：9–15.
②　曹进，杨明托. 情态系统及其语篇功能 ［J］. 甘肃高师学报，2019，24（1）：40–45.
③　马嫣. 从态度系统看美国主流媒体对中国经济形象的构建——一项基于语料库的批评话语研究 ［J］. 浙江师范大学学报（社会科学版），2015，40（3）：101–107.

response to the Department's numerous and specific requests. (Final Determinations: Section 129 Proceedings Pursuant to the WTO Appellate Body's Findings in WTO DS 379 Regarding the Antidumping and Cmmtervailing Duty Investigations of Certain New Pneumatic Off – the – Road Tires from the People's Republic of China, www. enforcement. trade. gov)

例（8）中的"responsibility"表示责任、义务，与"should"的情态意义相同，实现情态意义上的替代，从而实现语篇的连贯。这句话的大意是美国钢铁公司，LWS 委员会和惠特气管道公司得出了结论，GOC 应提供此类证据以供应商务部的教学具体要求。

九、使主观意识"客观化"，转移压力来源

在语篇语用中，作者或发话人可以使用情态名物化结构、谓语的扩展形式等结构使自己的观点"客观化"，从而达到转移压力来源，让受话人感觉其观点客观自然。

例（9）Thus, Titan and the USW argue that the Department has no obligation to examine the extent of a subsidy's effect on export prices in market–economy cases. (Final Determinations: Section 129 Proceedings Pursuant to the WTO Appellate Body's Findings in WTO DS 379 Regarding the Anti–dumping and Countervailing Duty Investigations of Certain New Pneumatic Off–the–Road Tires from the People's Republic of China, www. enforcement. trade. gov)

例（9）中的"obligation"是名物化情态词，"no obligation"表示美国商务部没有义务去审查补贴对出口价格的影响程度。李杰、钟永平强调，名词化隐喻消弭了发话人明显的"介入性"，使可能性独立于发话人之外，使受话人觉得发话人是依赖客观事实的可能性，而不是发话人自己的主观想象。[①] 美国在此处使用"no obligation"这一名物化结构，旨在掩盖其推卸责任的主观意识形态。然而，美国加大对华反倾销调查力度等一系列行为，其实是美国在对中国实行歧视性、霸权性贸易政策，这才是中美贸易摩擦不断的主要原因。

例（10）The 2017 draft addresses a number of concerns raised in bilateral engagement, but other critical changes are still required to date. However, China has

---

① 李杰，钟永平. 论英语的情态系统及其功能［J］. 外语教学，2002（1）：9-15.

not signaled an intention to develop the standalone legislation that would best remedy concerns. (2017 Special 301 Report, www. ustr. gov)

例（10）中的"are required to"是"谓语的扩展形式"，表达发话人对命题评价的客观性情态意义。① "are required to"是高值道义情态词，表示义务，即对保护商业秘密仍需要其他有力措施，反映了美国对中国侵犯美国知识产权的行为的指责，认为中国在此方面有怠慢、放任的意思。美方使用"are required to"这一谓语的扩展形式来推卸责任，容易使人产生错觉，即压力并非来自美方，而是其他客观因素，从而实现主观意识"客观化"的欺骗性效果。

其实，美方对中国的无端指责完全背离了客观事实。美国本应该意识到，目前中国是一个发展中国家，法治建设正在进一步完善，中国不可能立刻落实好美国所期望的那种所谓的知识产权保护，但中国一直力求参照国际上大多数国家的规范和做法对有关知识产权加以保护。令人气愤的是，美国在中美贸易谈判中得寸进尺、无理取闹，不断提出一些让中国政府无法接受的，超出中国经济承受能力的不合理要求，甚至提出与知识产权保护根本无关的苛刻条件，毫无根据地将知识产权争议与贸易制裁相联系。这本质上就是美国对中国的胁迫和霸凌，并妄图以保护知识产权为借口对中国施加报复。这不仅严重损害中美经贸关系，也会严重损害美国自身的经济利益，甚至为世界经济带来不良后果。

第五节　本章小结

本章基于语料库，从评价理论角度出发，对美国对华贸易政策话语的态度系统展开研究，深刻揭示了美国对华贸易政策话语背后隐藏的意识形态及其国家利益诉求。

美国在制定对华贸易政策时，经常使用情态系统以模糊态度，如认识情态、意志情态、道义情态等，这些情态语有助于美方实现主观意识的"客观化"效果，指涉中国的某些行为与贸易活动将给美国，乃至世界经济带来严重危害。

本研究将美国对欧盟的贸易政策和中美贸易协定作为参照语料库，分别

---

① 李杰，钟永平. 论英语的情态系统及其功能 [J]. 外语教学，2002（1）：9-15.

与美国对华贸易政策进行对比研究，发现美国对华贸易政策、美国对欧盟的贸易政策与中美贸易协定中，情态系统的使用有很大差别。在美国对华贸易政策和中美贸易协定中，表示发话人要求受话人履行义务的道义情态的使用率都比美国对欧盟的贸易政策中道义情态的使用率高得多。而中美贸易协定中，表示对未来某事发生的可能性的判断的认识情态的使用却比贸易政策中少得多，这反映了美国在中美贸易过程中的霸权主义思想。中美贸易关系以合作为主，且美国早已将中国列入十大新兴市场，打开中国市场是多国，尤其是美国的既定战略。但美国常常忽略中国仍是一个发展中国家，他们提出的很多霸王条款远远超出了中国的承受能力，这必然加剧中美贸易摩擦。

评价理论与情态系统间存在着某些特定联系。发话者使用不同种类、不同量值及不同取向的情态系统可以表达其对某种现象、行为或其命题的成功性与有效性的不同程度的判断与介入。因此，我们可以从评价理论视角来进一步研究情态系统。首先，根据徐中意对情态系统的分类，道义情态可以从社会约束的"正当性"方面研究；认识情态对应着"做事能力"与"真实可靠性"；意志情态可以从社会评判的"韧性"方面研究。其次，情态系统不同的取值对应极差系统不同的语势。此外，情态系统在语篇和对话中提供了一定的磋商空间，体现了情态系统的"介入性"。最后，肯定评价与否定评价也对应了情态系统"肯定"与"否定"的归一性。

美国对华贸易政策话语中情态语的使用，一方面肯定并赞扬了中国经济贸易发展之迅速；另一方面，一些美国利益集团固守冷战思维，片面地看待中国，错误地认为中国经济的高速发展，必将对如今的世界格局构成挑战，将对美国在亚太，乃至全世界的经济和安全利益构成所谓的"威胁"。① 这说明美国无端地将中国当作假想敌，甚至企图拉拢其他国家一起遏制中国，以保住其所谓的"世界霸主"地位。

总而言之，情态系统是一个特别复杂的系统。综观现有研究，对各类情态的分类仍未达到一致。情态的使用受到不同类型的语篇的限制，同一个情态词在不同类型的语篇中表达着不同的情态意义。此外，情态系统与评价理论的结合，为我们进行语篇分析提供了更多的角度与理论框架，增强了我们对语言的敏感性与操控能力，从而有助于我们对语篇的批评性分析更加透彻，有助于展现话语中的意识形态意义。

综观现有研究，虽然关于美国对华贸易政策的研究已很丰富，但从情态

---

①　苗迎春. 中美贸易摩擦及其影响［J］. 当代亚太，2004（3）：34-42.

系统视角进行研究的仍不多见；而从评价理论出发，并结合语料库的研究更是屈指可数。本研究结合语料库，从评价理论视角研究美国对华贸易政策话语中情态系统的使用，从而对美国对华贸易政策的态度进行批评分析。首先，利用 AntConc3.2.0 和卡方检验计算器 LLX2 对三个自建语料库中三类情态系统的使用进行反复分类、排除，以达数据准确；其次，横向对比与纵向对比相结合，对数据进行定量分析；最后，结合定性分析，结合评价理论对美国对华贸易政策话语中情态系统的功能进行深入研究。

本研究不仅为语言学与美国对华贸易政策提供了又一研究视角和研究方法，而且揭示了美国对华贸易政策话语背后隐藏的政策霸权、话语偏见等意识形态，有利于启发读者以批评分析的方式解读美国涉华的政治、经济等语篇。系统功能语言学理论所构建的情态系统，把情态的词汇—语法描述上升到语义学—语用学界面，为社会符号和社会语篇分析提供了非常有解释力的理论框架，为批评语言学、批评性话语分析、文体学、翻译研究等相关学科提供了非常重要的分析方法。① 了解评价理论与情态系统理论，有助于使读者养成批评性阅读习惯，有助于提高读者的跨文化语篇鉴赏和批判性阅读能力。

当然，本研究也存在些许不足：第一，本研究搜集的语料主要来自《301 法案》《129 协定》和中美贸易协定，其数量与内容的多样性还有待丰富。第二，对情态系统的研究，不仅要掌握不同情态的分类、不同情态词，甚至同一个情态词在不同语篇中所表达的情态意义，还必须结合社会背景以及发话人和受话人的身份、地位、关系等，如"will""would""may"等众多情态动词在不同的语篇语境中，代表不同的意义。但限于笔者的能力，笔者在手动分类排除时不免有些判断的主观性致使数据不是特别精准。第三，情态系统除了本研究提及的功能外，还有很多其他功能，但限于篇幅，本研究有关情态系统的功能分析还远不能令人满意。第四，长久以来，情态系统始终没有统一的分类，对情态意义的研究也十分复杂。本研究是在徐中意对情态系统的分类的基础上展开的，学者们仍需对情态系统做出更专业、更深入的研究。

---

① 苗迎春. 中美贸易摩擦及其影响［J］. 当代亚太，2004（3）：34-42.

第十三章

结语

第一节 主要发现

本研究从多个不同视角对美国智库和美国政府的对华政治、经济、外交、军事与安全政策话语进行研究，获得了很多有价值的发现：

（1）国内外学者对美国对华政策的研究热情不减，虽然呈现了回落交替的发展特点，但发文量不断攀升。当然，在其发展中亦存在许多问题，如美国对华政策的跨学科综合研究较为欠缺，目前的美国对华政策研究大多属于定性分析，基于语料库的批评性话语分析研究需要进一步深化和拓展。

（2）美国对华政策研究的理论基础发展迅速，研究成果丰硕，研究热点主要聚焦于"经济""贸易""政治""历史"等方面。研究涉及领域较广，包含了政治学、外交学、传播学、历史学、语言学等学科知识。虽然如此，美国对华政策的研究体系尚不完善，各领域间的相互合作较为薄弱，在逻辑上亟须进一步加强。此外，国外的美国对华政策研究大多与经济、历史相关，这对中美关系的研究具有一定的借鉴意义。

（3）国内外的美国对华政策研究热点已从军事外交领域悄然转变为经济贸易领域。近年来，中美贸易关系发生了重大变化，对美国对华经济政策的研究将越发重要。国内外的美国对华政策研究基本并驾齐驱，这与我国综合国力的不断提升以及学者对美国对华政策的高度重视密切相关。

（4）与英国智库相比，美国智库彼得森国际经济研究所主要分析了"一带一路"倡议的前景与挑战，以及"一带一路"倡议背后中国的真实目标和动机。美国智库对"一带一路"倡议的负面评价明显大于正面评价，而英国智库①对"一带一路"倡议则呈现从偏消极到偏积极接纳的趋势。归根结底，欧美智库对"一带一路"倡议的评价，都出自自身的国家利益，都是为了促进本国的发展，维护本国的国际地位、安全和社会秩序。

具体来说，美国智库惯常使用大量的空间趋近化策略，以"一带一路"为 ODC 构建 ODC 向 IDC 趋近，产生威胁的话语空间，构建了"一带一路"倡议对美国的所谓负面影响，构建了"一带一路"倡议的威胁态势。其次，美国智库在时间趋近化策略中主要通过情态动词短语以及各种实体并用，构建 ODC 对现在和将来会产生无限延伸，凸显"一带一路"倡议可能产生的负面影响，及其紧迫性、威胁性，以强调其自身言行的合法化。第三，虽然美国也强调"一带一路"倡议所带来的便利，但更多的是在蓄意营造"中国威胁论""中国扩张论""中国破坏论"，以维护美国自身的利益。

（5）布鲁金斯学会在话语构建上，对中国反战争的言论少之又少。比较而言，英国和德国智库的立场似乎较为中庸，虽然他们也十分担心中国的军事发展，但是总体来说对中国的军事分析比较中肯和全面，对于中国的援外贡献也有所认可，在反战争架构隐喻中其概念隐喻的使用比例也远远超过布鲁金斯学会。

总体来说，虽然欧美智库对于中国的军事发展均表示了一定的担忧，但美国智库一直在国际社会渲染所谓的"中国威胁论"。当然，他们也不断展示自己的军事震慑和盲目自信。这充分体现了美国社会的矛盾与纠结。

（6）美国政府在不同时期的对华经济政策分别呈现不同的特点。但是小布什时期中美是一种合作者的关系，奥巴马政府时期中美构建了战略型合作伙伴关系，特朗普时期则呈现了一种充满争议的"新常态"关系。特别是到了 2020 年，由于疫情和选举等众多因素，特朗普政府的所作所为导致中美关系明显恶化，中美双方经过长期艰苦地谈判达成的第一阶段经贸协议难以得到进一步落实。对于中美经贸关系，美国政府总体呈现出一种遏制与合作共存的矛盾态度。

（7）美国对华经济政策变迁的主要根源在于：无论双方的关系是合作还是对抗，美国对华经济政策的核心始终是"国家利益至上"。一旦美国觉得其利益受损，就会改变对华政策，并不顾一切寻找借口、制造国际舆论，试图为其无理的行为和政策披上合法化外衣。建国 240 多年，美国始终奉行这样的霸权主义思想。此外，不同时期的美国对华经济政策都旨在维护其国家利

---

① 注释：虽然英国刚刚脱欧，我们仍习惯于将其看作传统的欧洲国家。

益，并且试图通过歪曲中国形象来维护美国的霸权地位。

（8）美国的这些霸权政策也给中国提供了一定的启示。我们必须清醒地意识到：中美经贸关系固然存在很多不稳定性和不确定性因素，但问题与发展并存。中国要时刻提高警惕，做好应对、应急准备，不能对美国的对华政策怀抱幻想，也不必过分担心害怕和彷徨。近年的人民币汇率、知识产权、市场准入问题等都是美国遏制中国经济发展所采取的遏制措施。我们应该保持清醒的头脑，主动寻找对策、提前做好有关准备。害怕和退让、妥协和彷徨解决不了任何问题。对于美国，我们必须采取及时、有力、合理的反制措施，并通过多种手段与不同国家开展经贸合作，为中国经济发展寻找出路。

无论如何，贸易战没有赢家。对待美国的霸权主义、保守主义、单边主义思想，中国必须予以理性而充分的揭示和批判，并积极与国际合作，寻找对策、寻找出路，谋求经济发展多元化，及时应对美国的挑战。

（9）美国政府为了自身的经济发展频繁使用大量不同的概念隐喻来表达同一个主题或话语偏见，即中国的经济发展劣于美国的经济发展，美国的经济发展模式才是世界上最好的。当然，不同时期的隐喻词汇呈现了不同的特点。例如，小布什时期前期主要是强硬的态度，奥巴马政府时期体现了话语控制，特朗普时期利用情感隐喻，表达其对中国经济政策的无端指责。

美国历届政府采取不尽相同的对华政策，本质上都源自对中国崛起的担忧，担心美国的霸权地位受到挑战。美国对华军事战略的选择是以美国的国家利益为根本依据的，美国的目的是保存自身的实力，为未来做好充足的准备。美国政府和智库虽然偶尔把中国塑造成一个偏向和平与友善的中立国形象，但遏制中国发展始终是美国对华军事战略的主要基调。

（10）美国政府对华贸易保护政策中语义韵的使用情况比较复杂。在美国对华贸易保护政策中存在大量消极语义韵，这反映了美国对中国贸易飞速发展的担忧，担心中国的发展会损害美国的国家利益。国家利益至上是美国贸易保护政策的根本出发点。美国政府制定贸易保护政策的前提就是维护本国的国家利益，并且在执行政策的过程中尽可能地实现美国利益最大化。

从批评话语分析的角度研究意识形态对语义韵的影响，不仅需要我们了解社会历史环境因素，也要结合认知和语用视角来解读其政策背后想要表达的真正含义，从而更好地揭示美国对华贸易话语背后隐藏的话语霸权、政治操纵、话语偏见等意识形态，提高自身的跨文化语篇鉴赏和批判性阅读能力。

（11）美国对华贸易政策中的言据性从三个方面反映了意识形态和权力之间的关系。首先，意识形态与意识形态权力的关系通过传闻据素和归纳据素体现在它们规范人们的社会活动，为人们提供价值和行为规则。其次，意识形态与软实力的关系体现为信念据素预期据素。这种关系可以传达个人喜好，以吸引和说服他人实现演讲者的目的。第三，意识形态与社会权力的关系体现为传闻据素和信度据素。这种关系可以帮助读者更好地理解话语背后的社会力量。

（12）在美国对华人权外交政策话语中，奥巴马和特朗普政府都使用不同情态量值的认识情态、道义情态或意志情态。相较于特朗普，奥巴马在对华人权外交政策话语中更多地使用情态标记词来表明自己对华人权外交政策的态度、立场及看法。有些话语会稍显委婉、留有协商的空间。在美国对华人权外交政策话语中，两位总统都使用大量情态标记词。究其本源，他们都是出于各自的政治目的，以"人权"为幌子向世界推广其所谓的"民主"和"自由"观念。他们动辄以"人权"作为美国外交政策的基石，对别国的人权状况指手画脚，粗暴地干涉他国内政外交，并将其判断结果作为美国是否与其维持良好关系的重要标准。

美国对华人权外交的本质是借人权问题粗暴干涉中国内政，也是在对华发动舆论战，试图错误引导国家舆论，破坏中国的国际形象，从而帮助美国掌控国际话语权。

（13）小布什、奥巴马和特朗普政府的对华科技政策话语中名词化预设的使用频率总体上存在差异且较为显著。美国政府对华科技政策话语的名词化预设实现了四种语篇语用功能：隐藏时间概念；表达非人格化策略；转移信息焦点；隐藏动因。

值得关注的是，三个时期的美国政府都旨在通过限制性、歧视性政策对中国科技发展进行干预、管控和遏制。理由都比较牵强，目的却基本一致，即为了维护美国的经济利益，为了巩固美国的霸主地位。此外，小布什政府通过将美国对中国的出口审批程序复杂化以遏制中国的技术进步。奥巴马政府在此基础上加强了对技术转让和科技合作的限制，将中国排除在特定产品交易之外，丰富了小布什政府出口管制体系的具体措施。特朗普政府延续美国的出口管制政策，并进一步以贸易制裁、投资管控、进出口控制等手段限制中国科技的发展，加强对中美科技人员交流的监控，增加中国留学生学习高科技领域专业的难度。

总体来说，受冷战思维支配，特朗普政府的单边主义、贸易保护主义政策更为直接、更加有害。中美贸易关系变得日益恶化，中美经济发展均受到严重打击。

（14）美国在制定对华贸易政策时，经常使用情态系统以模糊态度，如认识情态、意志情态、道义情态等。这些情态词主要起到使美方的主观意识"客观化"的效果，帮助美国影射和批评中国。这些赤裸裸的偏见和歧视不易被一般读者察觉，需要我们开展深入的批评性话语分析，从而提高读者的跨文化语篇鉴赏和批评性阅读能力。

值得重视的是，美国对华科技政策话语中，不论是美国政府还是美国智库，他们均试图通过错误的舆论引导来实现打压中国科技发展、稳固其世界霸主地位的不良目的。对中国的启示是，在越来越复杂的国际环境下，我们要主动出击，不能被动挨打；我们不能单纯地依靠技术进口，而应加强自身的科研创新，力争在国家科技竞争中拥有自己的一席之地、拥有自己的话语权。

（15）美国对华贸易政策、美国对欧盟贸易政策与中美贸易协定中，情态系统的使用有很大差别。美国对华贸易政策和中美贸易协定中，表示发话人要求受话人履行义务的道义情态的使用率都比美国对欧盟贸易政策中道义情态的使用率高得多，而中美贸易协定中，认识情态的使用却比贸易政策中少得多，这充分反映了美国对华贸易政策的霸权主义思想。

（16）情态系统是一个特别复杂的系统。综观现有研究，对各类情态词的分类仍未达成一致。情态的使用受到不同类型语篇的制约，同一个情态在不同的语篇中可能具有不同的情态意义。无论如何，评价理论与情态系统之间存在着某些特定联系。发话者使用不同种类、不同量值及不同取向的情态系统可以表达其对某种现象、行为或其命题的成功性与有效性的不同程度的判断与介入。因此我们可以从评价理论角度来研究情态系统。情态系统在语篇和对话中提供了一定的磋商空间，体现了情态系统的"介入性"。此外，肯定评价与否定评价也对应了情态系统"肯定"与"否定"的归一性。

总之，情态系统与评价理论的结合，为我们进行批评话语分析提供了更多的角度与理论框架，增强了我们对语言的敏感性与操控能力，从而有助于我们对语篇的批评分析更加透彻，有助于展现话语中的意识形态意义。

第二节　主要贡献

首先，运用可视化分析方法较为系统地梳理了美国对华政策研究学术史，并对批评话语分析领域的国内外研究热点和动向进行了深度剖析和总结，为本研究和相关研究者提供了一定的启迪和参考。

其次，创建了多个美国对华政治、经济、外交、军事与安全政策语料库，并从趋近化理论、概念隐喻、语义韵、言据性、态度系统、情态系统和名词化语用预设等不同视角对美国对华政策话语开展批评性分析，既增强了研究的信度和效度，也获得了很多有价值的发现。

再次，深刻阐释了美国对华政策变迁的社会、历史和文化根源，进一步揭示了美国对华经济、政治、外交、军事与安全政策话语背后隐藏的偏见、歧视等意识形态及利益诉求。

最后，进一步丰富了国际关系和对外政策研究的已有成果和研究方法。本研究的跨学科研究方法具有一定的创新之处和参考价值。

当然，本研究也进一步丰富了批评性话语分析的研究视野和研究方法，并进一步验证了该理论的实践价值。

第三节　不足之处

第一，本研究搜集的美国智库涉华研究语料主要来自《外交事务》《外交政策》《华盛顿季刊》等美国智库期刊和美国智库网页，而美国对华政策语料主要来自美国总统演说、美国政府网站及美国官方发布的各种涉华文件，其数量与内容的多样性尚待进一步丰富。

第二，对情态系统的研究，不仅要掌握不同情态的分类、不同情态词，甚至同一个情态词在不同语篇中所表达的情态意义，还必须结合社会背景以及发话人和受话人的身份、地位、关系等，如"will""would""may"等很多情态动词在不同的语篇语境中有不同的意义。但由于时间限制、笔者能力有限，在自动和手动分类排除三类具有不同意义的情态动词时难免会存在认知偏误和统计误差。因此，认知情态、道义情态和意志情态的统计分析和对比研究可能需要进一步完善，对有关情态词语的功能阐释尚需进一步加强。

第三，本书第十一章分别从名词化语用预设视角研究了美国政府的涉华政治话语，但名词化的统计过程可能需要进一步完善，例如，统计"ment"或"tion"结尾的名词时未必很精准。如何进一步抽样排除干扰词以增强名物化统计的精确度需要我们在未来的研究中进行进一步的探索。此外，关于名词化语用预设的语篇功能分析似乎需要进一步拓展和深化。

第四，有关美国对华军事政策话语的态度系统的标注和统计似乎还需要进一步验证和完善，如何进一步识别和标注态度系统的三个子系统还有很多工作要做。此外，第三章的例词列句似乎还远远不够，对于是否会影响态度子系统的准确标注这一点还需要进一步斟酌。

第五，由于时间和篇幅限制，本书没有对美国对华舆论战话语开展进一步的研究，也没有对冷战以前的美国对华政策话语予以充分关注，更没有对冷战前、冷战后的美国对华政策话语进行比较考察，此乃一大遗憾。

第四节　未来研究展望

鉴于本书存在的上述不足，在未来研究中，我们需要进一步完善以下几个方面的工作，以进一步提高美国对华政策研究的深度、力度和广度。

第一，进一步丰富各类研究语料，以进一步提高研究的准确性和严谨性。

第二，加大语料标注的人手、扩充语料库容、进一步加大研究的力度和深度，以进一步提高数据统计的准确性、研究结果的信度和效度。

第三，进一步深化美国智库话语和美国官方话语的比较研究。美国拥有1800多家传统智库和新智库，在未来研究中需要进一步审视和阐释美国不同智库的涉华政治话语，深入剖析美国智库的"旋转门"机制及其对美国对华决策的影响，深入阐释其社会、文化和历史根源，为中国智库、中国政府和相关研究者提供启迪和参考。

第四，进一步加强美国对华舆论战话语的批评性分析。如对疫情时期的美国涉华舆情话语开展批评性分析，包括对涉及中美贸易纠纷的美国官方话语、智库话语和媒体话语开展批评性分析；对涉及中国科技发展、中国军力发展、中国人权发展和中国内政外交的美国涉华舆情话语开展批评性分析，以进一步揭示美国对华政策话语的欺骗性、虚伪性、霸权性及国家利益诉求。

最后，限于篇幅，本书只重点考察了冷战后的美国对华政策话语。而冷战以前的美国历届政府对华政策话语也值得深入研究和比较分析。冷战前、冷战后的美国对华政策话语具有哪些异同也值得进一步挖掘。在未来研究中，我们可以进一步扩大研究范围、丰富研究语料、创新研究方法，进一步增强美国对华政策研究的力度、深度和广度。

附　录

附录（一）国外涉华贸易保护政策关键词列表

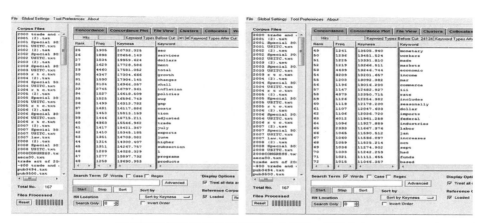

对华贸易保护政策关键词列表（1989—2000 年）

对华贸易保护政策关键词列表（2001—2008 年）

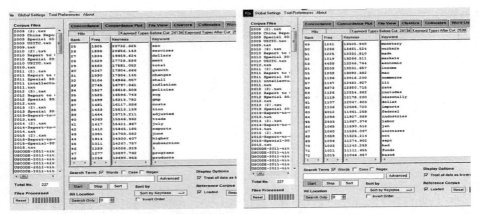

对华贸易保护政策关键词列表（2009—2015 年）

附录（二）国外涉华贸易保护政策搭配词列表

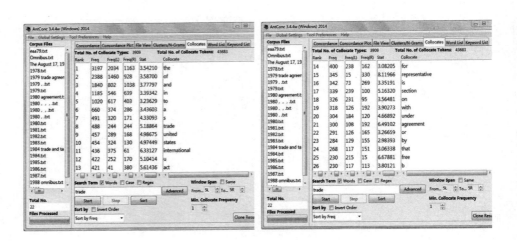

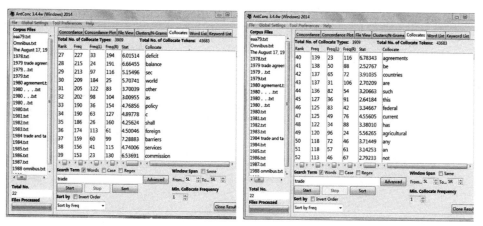

对华贸易保护政策搭配词（1978—1988 年）

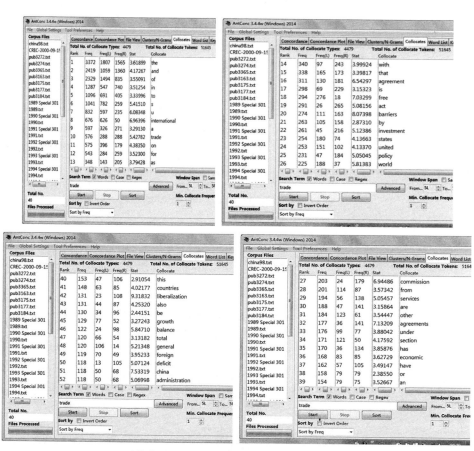

对华贸易保护政策搭配词（1989—2000 年）

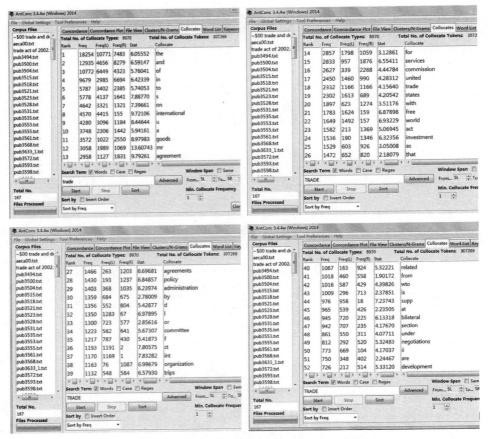

对华贸易保护政策搭配词（2000—2008 年）

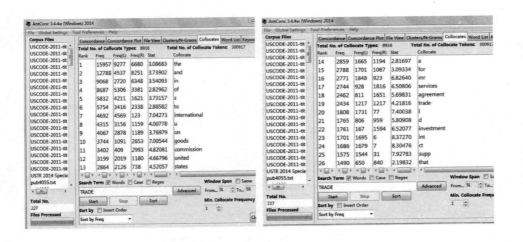

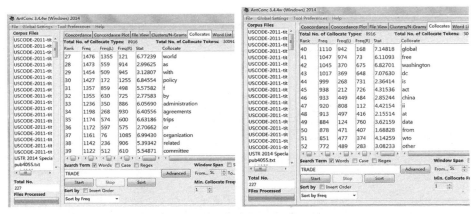

对华贸易保护政策搭配词（2009—2015 年）

附录（三）国外涉华经济政策话语的概念隐喻

Key words of social actions，states and processes，The result of "people"、Summary information

Summary information:

Number of types shown: 691
Total frequency of types shown: 5959
(5.93%)
Total frequency overall: 100512

Number of items shown with a given frequency:

Frequency	Types	Tokens
1	174(25.18%)	174 (2.92%)
2	176(25.47%)	352 (5.91%)
3	54 (7.81%)	162 (2.72%)
4	45 (6.51%)	180 (3.02%)
5	37 (5.35%)	185 (3.10%)
6	25 (3.62%)	150 (2.52%)
7	19 (2.75%)	133 (2.23%)
8	16 (2.32%)	128 (2.15%)
9	16 (2.32%)	144 (2.42%)
10	16 (2.32%)	160 (2.69%)
> 10	113(16.35%)	4191 (70.33%)

Word	Semtag	Frequency	Relative Frequency	
people	S2	292	0.29	Concordance
肥	S2.2	254	0.25	Concordance
need	S6+	180	0.18	Concordance
must	S6+	138	0.14	Concordance
ms	S2.1	131	0.13	Concordance
help	S8+	123	0.12	Concordance
have_to	S6+	98	0.10	Concordance
should	S6+	97	0.10	Concordance
chairman	S7.1+	85	0.08	Concordance
administration	S7.4+	83	0.08	Concordance
let	S7.4+	72	0.07	Concordance
support	S8+	70	0.07	Concordance
allies	S5+	69	0.07	Concordance
leaders	S7.1+	68	0.07	Concordance
most	S2.1	65	0.06	Concordance
power	S7.1+	63	0.06	Concordance
commitment	S6+	58	0.06	Concordance
strong	S1.2.5+	51	0.05	Concordance
assistance	S8+	49	0.05	Concordance
institutions	S5+	49	0.05	Concordance
aid	S8+	49	0.05	Concordance
meeting	S1.1.3+	49	0.05	Concordance
cooperation	S2.1	46	0.05	Concordance
free	S6-	44	0.04	Concordance
needs	S6+	44	0.04	Concordance
defense	S8+	43	0.04	Concordance
promote	S8+	42	0.04	Concordance

292 occurrences | | Extend context

Under the Bush government

Word	Semtag	Frequency	Relative Frequency	
MR	S2.2	520	0.54	Concordance
people	S2	297	0.31	Concordance
should	S6+	160	0.16	Concordance
administration	S7.1+	134	0.14	Concordance
senate	S7.1+	105	0.11	Concordance
have_to	S6+	99	0.10	Concordance
need	S6+	87	0.09	Concordance
support	S8+	77	0.08	Concordance
meeting	S1.1.3+	66	0.07	Concordance
members	S5+	62	0.06	Concordance
team	S5+	50	0.05	Concordance
commitment	S6+	50	0.05	Concordance
community	S5+	49	0.05	Concordance
sanctions	S7.4	49	0.05	Concordance
leadership	S7.1+	47	0.05	Concordance
leaders	S7.1+	45	0.05	Concordance
public	S5+	41	0.04	Concordance
thanks	S1.2.4+	41	0.04	Concordance
executive	S6+	39	0.04	Concordance
person	S2	36	0.04	Concordance
responsibility	S6+	35	0.04	Concordance
committee	S7.1+	35	0.04	Concordance
executive	S7.1+	35	0.04	Concordance
defense	S8+	34	0.04	Concordance
allies	S5+	33	0.03	Concordance
strong	S1.2.5+	33	0.03	Concordance
hostilities	S1.2.1-	33	0.03	Concordance
necessary	S6+	31	0.03	Concordance
share	S1.1.2+	30	0.03	Concordance
partners	S3.1	30	0.03	Concordance
families	S4	30	0.03	Concordance
federal	S5+	29	0.03	Concordance
prevent	S8-	28	0.03	Concordance
groups	S5+	28	0.03	Concordance

297 occurrences.

Summary information:

Number of types shown: 701
Total frequency of types shown: 5252 (5.41%)
Total frequency overall: 97054

Number of items shown with a given frequency:

Frequency	Types	Tokens
1	273(38.94%)	273 (5.20%)
2	130(18.54%)	260 (4.95%)
3	51 (7.28%)	153 (2.91%)
4	49 (6.99%)	196 (3.73%)
5	29 (4.14%)	145 (2.76%)
6	16 (2.28%)	96 (1.83%)
7	17 (2.43%)	119 (2.27%)
8	13 (1.85%)	104 (1.98%)
9	11 (1.57%)	99 (1.88%)
10	7 (1.00%)	70 (1.33%)
> 10	105(14.98%)	3737(71.15%)

Under the Obama government

Word	Semtag	Frequency	Relative Frequency	
MR	S2.2	591	0.56	Concordance
people	S2	503	0.47	Concordance
administration	S7.1+	153	0.14	Concordance
have_to	S7.1+	135	0.13	Concordance
senate	S7.1+	123	0.12	Concordance
need	S6+	117	0.11	Concordance
should	S6+	98	0.09	Concordance
let	S7.4+	93	0.09	Concordance
members	S5+	84	0.08	Concordance
order	S7.1+	84	0.08	Concordance
individuals	S2	70	0.07	Concordance
executive	S7.1+	62	0.06	Concordance
help	S8+	60	0.06	Concordance
support	S8+	52	0.05	Concordance
folks	S2	52	0.05	Concordance
meeting	S1.1.3+	51	0.05	Concordance
federal	S5+	48	0.05	Concordance
person	S2	45	0.04	Concordance
team	S5+	43	0.04	Concordance
women	S2.1	43	0.04	Concordance
vice_president	S7.1+	43	0.04	Concordance
governor	S7.1+	42	0.04	Concordance
care	S8+	42	0.04	Concordance
sir	S7.1+	29	0.04	Concordance

500 occurrences.

Summary information:

Number of types shown: 656
Total frequency of types shown: 5521 (5.20%)
Total frequency overall: 106244

Number of items shown with a given frequency:

Frequency	Types	Tokens
1	263(40.09%)	263 (4.76%)
2	94(14.33%)	188 (3.41%)
3	66(10.06%)	198 (3.59%)
4	43 (6.55%)	172 (3.12%)
5	40 (6.10%)	200 (3.62%)
6	20 (3.05%)	120 (2.17%)
7	8 (1.22%)	56 (1.01%)
8	10 (1.52%)	80 (1.45%)
9	13 (1.98%)	117 (2.12%)
10	5 (0.76%)	50 (0.91%)
> 10	94(14.33%)	4077(73.85%)

Under the Trump government

Key words of G government and public, The result of "security"、Summary information

Word	Semtag	Frequency	Relative Frequency	
President	G1.1	529	0.53	Concordance
government	G1.1	161	0.16	Concordance
security	G2.1	147	0.15	Concordance
country	G1.1	104	0.10	Concordance
nations	G1.1	92	0.09	Concordance
terrorists	G2.1~	28	0.09	Concordance
terrorism	G2.1~	74	0.07	Concordance
war	G3	70	0.07	Concordance
state	G1.1	69	0.07	Concordance
states	G1.1	68	0.07	Concordance
military	G3	66	0.07	Concordance
political	G1.2	62	0.06	Concordance
forces	G3	59	0.06	Concordance
law	G2.1	54	0.05	Concordance
weapons	G3	53	0.05	Concordance
democracy	G1.2	48	0.05	Concordance
nation	G1.1	48	0.05	Concordance
prime_minister	G1.1	46	0.05	Concordance
authority	G1.1	42	0.04	Concordance
principles	G2.2	39	0.04	Concordance
democratic	G1.2	37	0.04	Concordance
council	G1.1	37	0.04	Concordance
terrorist	G2.1~	36	0.04	Concordance
rule	G2.1	33	0.03	Concordance
officials	G1.1	29	0.03	Concordance
governments	G1.1	27	0.03	Concordance
rogue	G2.2~	23	0.02	Concordance
private_sector	G1.1~	22	0.02	Concordance
tax_relief	G1.1	22	0.02	Concordance
fair	G2.2+	21	0.02	Concordance
p.m.	G1.1	19	0.02	Concordance
justice	G2.1+	17	0.02	Concordance
laws	G2.1	16	0.02	Concordance

Summary information:

Number of types shown: 294
Total frequency of types shown: 3181 (3.16%)
Total frequency overall: 100512

Number of items shown with a given frequency:

Frequency	Types	Tokens
1	71 (24.15%)	71 (2.23%)
2	80 (27.21%)	160 (5.03%)
3	23 (7.82%)	69 (2.17%)
4	25 (8.50%)	100 (3.14%)
5	10 (3.40%)	50 (1.57%)
6	11 (3.74%)	66 (2.07%)
7	6 (2.04%)	42 (1.32%)
8	7 (2.38%)	56 (1.76%)
9	9 (3.06%)	81 (2.55%)
10	6 (2.04%)	60 (1.89%)
> 10	46 (15.65%)	2426 (76.27%)

Under the Bush government

Word	Semtag	Frequency	Relative Frequency	
president	G1.1	872	0.90	Concordance
republicans	G1.2	203	0.21	Concordance
country	G1.1	161	0.17	Concordance
security	G2.1	123	0.13	Concordance
government	G1.1	114	0.12	Concordance
military	G3	89	0.09	Concordance
presidents	G1.1	88	0.09	Concordance
political	G1.2	75	0.08	Concordance
republican	G1.2	75	0.08	Concordance
Senator	G1.2	72	0.07	Concordance
court	G2.1	66	0.07	Concordance
election	G1.2	51	0.05	Concordance
law	G2.1	46	0.05	Concordance
vote	G1.2	38	0.04	Concordance
bipartisan	G1.2	38	0.04	Concordance
legislation	G2.1	38	0.04	Concordance
democratic	G1.2	36	0.04	Concordance
regime	G3	34	0.04	Concordance
politics	G1.2	30	0.03	Concordance
President-elect	G1.1	29	0.03	Concordance
officials	G1.1	28	0.03	Concordance
constitutional	G1.1	28	0.03	Concordance
presidential	G1.1	25	0.03	Concordance
gun	G3	24	0.02	Concordance
state	G1.1	23	0.02	Concordance
judiciary	G2.1	22	0.02	Concordance
legal	G2.1	21	0.02	Concordance

Summary information:

Number of types shown: 318
Total frequency of types shown: 3576 (3.68%)
Total frequency overall: 97054

Number of items shown with a given frequency:

Frequency	Types	Tokens
1	133 (41.82%)	133 (3.72%)
2	50 (15.72%)	100 (2.80%)
3	17 (5.35%)	51 (1.43%)
4	18 (5.66%)	72 (2.01%)
5	9 (2.83%)	45 (1.26%)
6	8 (2.52%)	48 (1.34%)
7	7 (2.20%)	49 (1.37%)
8	9 (2.83%)	72 (2.01%)
9	1 (0.31%)	9 (0.25%)
10	9 (2.83%)	90 (2.52%)
> 10	57 (17.92%)	2907 (81.29%)

Under the Obama government

Word	Semtag	Frequency	Relative Frequency	
president	G1.1	964	0.91	Concordance
country	G1.1	200	0.19	Concordance
security	G2.1	135	0.13	Concordance
government	G1.1	100	0.09	Concordance
presidents	G1.1	91	0.09	Concordance
state	G1.1	83	0.08	Concordance
military	G3	54	0.05	Concordance
vote	G1.2	51	0.05	Concordance
election	G1.2	46	0.04	Concordance
legislation	G2.1	45	0.04	Concordance
justice	G2.1+	36	0.03	Concordance
Senator	G1.2	34	0.03	Concordance
counsel	G1.1	33	0.03	Concordance
prime_minister	G1.1	30	0.03	Concordance
votes	G1.2	29	0.03	Concordance
court	G2.1	28	0.03	Concordance
republican	G1.2	28	0.03	Concordance
states	G1.1	28	0.03	Concordance
congressman	G1.2	26	0.02	Concordance
nation	G1.1	25	0.02	Concordance
regulations	G2.1	24	0.02	Concordance
senators	G1.2	23	0.02	Concordance
authority	G1.1	23	0.02	Concordance
legal	G2.1	22	0.02	Concordance
ambassador	G1.1	22	0.02	Concordance

Summary information:

Number of types shown: 296
Total frequency of types shown: 3144 (2.96%)
Total frequency overall: 106244

Number of items shown with a given frequency:

Frequency	Types	Tokens
1	120 (40.54%)	120 (3.82%)
2	43 (14.53%)	86 (2.74%)
3	29 (9.80%)	87 (2.77%)
4	20 (6.76%)	80 (2.54%)
5	8 (2.70%)	40 (1.27%)
6	6 (2.03%)	36 (1.15%)
7	10 (3.38%)	70 (2.23%)
8	6 (2.03%)	48 (1.53%)
9	4 (1.35%)	36 (1.15%)
10	5 (1.69%)	50 (1.59%)
> 10	45 (15.20%)	2491 (79.23%)

Under the Trump government

Key words of Q language and communication, The result of "say"、Summary information

Under the Bush government

Word	Semtag	Frequency	Relative Frequency	
said	Q2.1	106	0.11	Concordance
question	Q2.2	97	0.10	Concordance
say	Q2.1	83	0.08	Concordance
report	Q2.2	74	0.07	Concordance
talk	Q2.1	70	0.07	Concordance
questions	Q2.2	60	0.06	Concordance
talked	Q2.1	55	0.05	Concordance
saying	Q2.1	49	0.05	Concordance
address	Q1.2	49	0.05	Concordance
talks	Q2.1	48	0.05	Concordance
talking	Q2.1	41	0.04	Concordance
discussions	Q2.1	41	0.04	Concordance
discuss	Q2.1	37	0.04	Concordance
discussion	Q2.1	37	0.04	Concordance
tell	Q2.2	37	0.04	Concordance
asked	Q2.2	32	0.03	Concordance
answer	Q2.2	27	0.03	Concordance
conversation	Q2.1	27	0.03	Concordance
speak	Q2.1	26	0.03	Concordance
mentioned	Q2.1	26	0.03	Concordance
told	Q2.1	25	0.03	Concordance
point	Q1.1	24	0.02	Concordance
message	Q1.1	24	0.02	Concordance
talk	Q2.1	24	0.02	Concordance
speech	Q2.1	23	0.02	Concordance
announced	Q2.2	23	0.02	Concordance
called	Q2.2	22	0.02	Concordance

Summary information:

Number of types shown: 398
Total frequency of types shown: 2628 (2.61%)
Total frequency overall: 100512

Number of items shown with a given frequency:

Frequency	Types	Tokens
1	148(37.19%)	148 (5.63%)
2	62(15.58%)	124 (4.72%)
3	42(10.55%)	126 (4.79%)
4	23 (5.78%)	92 (3.50%)
5	12 (3.02%)	60 (2.28%)
6	13 (3.27%)	78 (2.97%)
7	12 (3.02%)	84 (3.20%)
8	11 (2.76%)	88 (3.35%)
9	7 (1.76%)	63 (2.40%)
10	8 (2.01%)	80 (3.04%)
> 10	60(15.08%)	1685(64.12%)

Under the Obama government

Word	Semtag	Frequency	Relative Frequency	
say	Q2.1	150	0.15	Concordance
said	Q2.1	129	0.13	Concordance
question	Q2.2	104	0.11	Concordance
questions	Q2.2	58	0.06	Concordance
talking	Q2.1	55	0.06	Concordance
talk	Q2.2	54	0.06	Concordance
tell	Q2.2	47	0.05	Concordance
asked	Q2.2	46	0.05	Concordance
conversations	Q2.1	42	0.04	Concordance
ask	Q2.2	42	0.04	Concordance
discussion	Q2.1	41	0.04	Concordance
point	Q2.1	39	0.04	Concordance
response	Q2.2	38	0.04	Concordance
proposal	Q2.2	38	0.04	Concordance
speech	Q2.1	37	0.04	Concordance
saying	Q2.1	37	0.04	Concordance
debate	Q2.2	37	0.04	Concordance
report	Q2.2	35	0.04	Concordance
message	Q1.1	31	0.03	Concordance
means	Q1.1	28	0.03	Concordance
talked	Q2.1	30	0.03	Concordance
answer	Q2.2	26	0.03	Concordance
comments	Q2.1	26	0.03	Concordance
negotiations	Q2.2	25	0.03	Concordance
put_forward	Q2.2	25	0.03	Concordance
conversation	Q2.1	25	0.03	Concordance
mentioned	Q2.1	25	0.03	Concordance

Summary information:

Number of types shown: 485
Total frequency of types shown: 3099 (3.19%)
Total frequency overall: 97054

Number of items shown with a given frequency:

Frequency	Types	Tokens
1	186(38.35%)	186 (6.00%)
2	79(16.29%)	158 (5.10%)
3	53(10.93%)	159 (5.13%)
4	30 (6.19%)	120 (3.87%)
5	15 (3.09%)	75 (2.42%)
6	12 (2.47%)	72 (2.32%)
7	10 (2.06%)	70 (2.26%)
8	5 (1.03%)	40 (1.29%)
9	11 (2.27%)	99 (3.19%)
10	11 (2.27%)	110 (3.55%)
> 10	73(15.05%)	2010(64.86%)

Under the Trump government

Word	Semtag	Frequency	Relative Frequency	
said	Q2.1	313	0.29	Concordance
question	Q2.2	205	0.19	Concordance
say	Q2.1	178	0.17	Concordance
talking	Q2.1	98	0.09	Concordance
talk	Q2.1	96	0.09	Concordance
mentioned	Q2.1	85	0.08	Concordance
cant		85	0.08	Concordance
saying	Q2.1	85	0.08	Concordance
talked	Q2.1	80	0.08	Concordance
asked	Q2.2	76	0.07	Concordance
ask	Q2.2	73	0.07	Concordance
tell	Q2.1	71	0.07	Concordance
coverage	Q4	71	0.07	Concordance
questions	Q2.2	62	0.06	Concordance
story	Q2.1	44	0.04	Concordance
point	Q2.1	42	0.04	Concordance
told	Q2.1	41	0.04	Concordance
press	Q4.2	40	0.04	Concordance
called	Q2.2	40	0.04	Concordance
asking	Q2.2	38	0.04	Concordance
call	Q2.2	36	0.03	Concordance
comments	Q2.1	33	0.03	Concordance
answer	Q2.2	33	0.03	Concordance
media	Q4	32	0.03	Concordance
mean	Q1.1	32	0.03	Concordance
conversation	Q2.1	29	0.03	Concordance
speak	Q2.1	29	0.03	Concordance
statement	Q2.2	28	0.03	Concordance
discussed	—	28	0.03	Concordance
report	Q2.2	29	0.02	Concordance
discussion	Q2.1	29	0.02	Concordance
reports	Q2.2	27	0.02	Concordance
says	Q2.1	27	0.02	Concordance
comment	Q2.1	26	0.02	Concordance

Summary information:

Number of types shown: 477
Total frequency of types shown: 3842 (3.62%)
Total frequency overall: 106244

Number of items shown with a given frequency:

Frequency	Types	Tokens
1	196(41.09%)	196 (5.10%)
2	73(15.30%)	146 (3.80%)
3	43 (9.01%)	129 (3.36%)
4	27 (5.66%)	108 (2.81%)
5	17 (3.56%)	85 (2.21%)
6	22 (4.61%)	132 (3.44%)
7	9 (1.89%)	63 (1.64%)
8	10 (2.10%)	80 (2.08%)
9	9 (1.89%)	82 (2.11%)
10	3 (0.63%)	30 (0.78%)
> 10	68(14.26%)	2792(72.67%)

Key words of I money and commerce in industry, The result of "economy", Summary information

Word	Semtag	Frequency	Relative Frequency	
work	I3.1	173	0.17	Concordance
economic	I1.3-	142	0.14	Concordance
trade	I2.2	106	0.11	Concordance
working	I3.1	94	0.09	Concordance
economy	I2.1	85	0.08	Concordance
economies	I2.1	80	0.08	Concordance
markets	I2.2	64	0.06	Concordance
secretary	I3.2	51	0.05	Concordance
investment	I1.1	41	0.04	Concordance
tax	I1.1	41	0.04	Concordance
money	I1	39	0.04	Concordance
free_trade	I2.2	35	0.03	Concordance
budget	I1	35	0.03	Concordance
financial	I1	31	0.03	Concordance
business	I2.1	31	0.03	Concordance
poverty	I1.1-	30	0.03	Concordance
consumers	I2.2	28	0.03	Concordance
prosperity	I1.1+	26	0.03	Concordance
workers	I3.1	26	0.03	Concordance
role	I3.1	25	0.02	Concordance
cost	I1.3	25	0.02	Concordance
job	I3.1	25	0.02	Concordance
price	I1.3	25	0.02	Concordance
jobs	I3.1	24	0.02	Concordance
market	I2.2	24	0.02	Concordance
funding	I1.1	23	0.02	Concordance
import	I2.2	21	0.02	Concordance
agencies	I2.2	21	0.02	Concordance
businesses	I2.1	20	0.02	Concordance
company	I2.1	20	0.02	Concordance
worked	I3.1	19	0.02	Concordance
capital	I1.1	19	0.02	Concordance
bill	I1.3	19	0.02	Concordance

Summary information:

Number of types shown: 305
Total frequency of types shown: 2537 (2.52%)
Total frequency overall: 100512

Number of items shown with a given frequency:

Frequency	Types	Tokens
1	84(27.54%)	84 (3.31%)
2	64(20.98%)	128 (5.05%)
3	22 (7.21%)	66 (2.60%)
4	26 (8.52%)	104 (4.10%)
5	15 (4.92%)	75 (2.96%)
6	10 (3.28%)	60 (2.36%)
7	9 (2.95%)	63 (2.48%)
8	6 (1.97%)	48 (1.89%)
9	7 (2.30%)	63 (2.48%)
10	7 (2.30%)	70 (2.76%)
> 10	55(18.03%)	1776(70.00%)

Under the Bush government

Word	Semtag	Frequency	Relative Frequency	
work	I3.1	98	0.10	Concordance
economy	I2.1	65	0.07	Concordance
office	I2.1	63	0.06	Concordance
job	I3.1	61	0.06	Concordance
working	I3.1	53	0.05	Concordance
financial	I1	47	0.05	Concordance
economic	I1.3-	44	0.05	Concordance
tax	I1.1	43	0.04	Concordance
role	I3.1	33	0.03	Concordance
budget	I1	33	0.03	Concordance
funding	I1.1	29	0.03	Concordance
credit	I1.1	22	0.02	Concordance
secretary	I3.2	21	0.02	Concordance
money	I1	21	0.02	Concordance
taxes	I1.1	20	0.02	Concordance
funds	I1.1	20	0.02	Concordance
spent	I1.2	19	0.02	Concordance
affordable	I1.3-	19	0.02	Concordance
infrastructure	I2.1	17	0.02	Concordance
financing	I1	17	0.02	Concordance
jobs	I3.1	16	0.02	Concordance
vacancy	I3.1	16	0.02	Concordance
worked	I3.1	15	0.02	Concordance
investment	I1.1	14	0.01	Concordance
fund	I1.1	14	0.01	Concordance
unemployment	I3.1-	14	0.01	Concordance
professionals	I3.2+	13	0.01	Concordance
business	I2.1	13	0.01	Concordance
investments	I1.1	12	0.01	Concordance
bill	I1.3	12	0.01	Concordance
market	I2.2	11	0.01	Concordance
wage	I1.1	11	0.01	Concordance
works	I3.1	10	0.01	Concordance

Summary information:

Number of types shown: 246
Total frequency of types shown: 1487 (1.53%)
Total frequency overall: 97054

Number of items shown with a given frequency:

Frequency	Types	Tokens
1	108(43.90%)	108 (7.26%)
2	25(10.16%)	50 (3.36%)
3	26(10.57%)	78 (5.25%)
4	9 (3.66%)	36 (2.42%)
5	17 (6.91%)	85 (5.72%)
6	9 (3.66%)	54 (3.63%)
7	6 (2.44%)	42 (2.82%)
8	4 (1.63%)	32 (2.15%)
9	4 (1.63%)	36 (2.42%)
10	6 (2.44%)	60 (4.03%)
> 10	32(13.01%)	906(60.93%)

Under the Obama government

Word	Semtag	Frequency	Relative Frequency	
tax	I1.1	109	0.10	Concordance
work	I3.1	102	0.10	Concordance
job	I3.1	78	0.07	Concordance
bill	I1.3	73	0.07	Concordance
working	I3.1	73	0.07	Concordance
secretary	I3.2	66	0.06	Concordance
money	I1	61	0.06	Concordance
cost	I1.3	58	0.05	Concordance
jobs	I3.1	54	0.05	Concordance
business	I2.1	52	0.05	Concordance
costs	I1.3	47	0.04	Concordance
budget	I1	45	0.04	Concordance
infrastructure	I2.1	40	0.04	Concordance
insurance	I1	39	0.04	Concordance
businesses	I2.1	35	0.03	Concordance
pay	I1.2	29	0.03	Concordance
staff	I3.1	28	0.03	Concordance
economy	I2.1	25	0.02	Concordance
premiums	I1.1	24	0.02	Concordance
companies	I2.1	24	0.02	Concordance
market	I2.2	22	0.02	Concordance
funding	I1.1	21	0.02	Concordance
dollars	I1	19	0.02	Concordance
economic	I1.3-	19	0.02	Concordance
investment	I1.1	18	0.02	Concordance
price	I1.3	17	0.02	Concordance
affordable	I1.3-	16	0.02	Concordance
role	I3.1	16	0.02	Concordance
taxes	I1.1	16	0.02	Concordance
trade	I2.2	16	0.02	Concordance
sell	I2.2	15	0.01	Concordance
buy	I2.2	15	0.01	Concordance

Summary information:

Number of types shown: 313
Total frequency of types shown: 2096 (1.97%)
Total frequency overall: 106244

Number of items shown with a given frequency:

Frequency	Types	Tokens
1	143 (45.69%)	143 (6.82%)
2	40 (12.78%)	80 (3.82%)
3	21 (6.71%)	63 (3.01%)
4	24 (7.67%)	96 (4.58%)
5	16 (5.11%)	80 (3.82%)
6	10 (3.19%)	60 (2.86%)
7	4 (1.28%)	28 (1.34%)
8	5 (1.60%)	40 (1.91%)
9	5 (1.60%)	45 (2.15%)
10	1 (0.32%)	10 (0.48%)
>10	44 (14.06%)	1451 (69.23%)

Under the Trump government

参考文献

一、中文文献

（一）著作类

［1］韩礼德. 功能语法导论［M］. 北京：外语教学与研究出版社，2000.

［2］胡壮麟，朱永生，张德禄，等. 系统功能语言学概论［M］. 北京：北京大学出版社，2005.

［3］李江胜. 美国对华军事战略［M］. 北京：时事出版社，2013.

［4］李杰，陈超美. CiteSpace：科技文本挖掘及可视化［M］. 北京：首都经济贸易大学出版社，2016.

［5］刘惠华. 美国对华政策的制定：一种建构主义的分析［M］. 北京：世界知识出版社，2016.

［6］刘永涛. 话语政治：符号权力和美国对外政策［M］. 上海：复旦大学出版社，2014.

［7］潘锐. 冷战后的美国外交政策［M］. 北京：时事出版社，2004.

［8］孙哲，等. 美国国会与中美关系案例与分析［M］. 北京：时事出版社，2004.

［9］陶文钊. 美国思想库与冷战后美国对华政策［M］. 北京：中国社会科学出版社，2014.

［10］陶文钊. 冷战后的美国对华政策［M］. 重庆：重庆出版社，2006.

［11］汪少华，梁婧玉. 基于语料库的当代美国政治语篇的架构隐喻模式分析——以布什与奥巴马的演讲为例［M］. 北京：北京大学出版社，2017.

［12］王公龙. 保守主义与冷战后美国的对华政策［M］. 上海：上海辞书出版社，2006.

［13］王晓德. 美国文化与外交［M］. 北京：世界知识出版社，2000.

［14］王钰. 国际贸易壁垒的经济分析与对策研究［M］. 北京：中国财政经济出版社，2008.

［15］卫乃兴. 词语搭配的界定与研究体系［M］. 上海：上海交通大学出版社，2002.

［16］辛斌. 批评语言学：理论与应用［M］. 上海：上海外语教育出版社，2005.

［17］徐中意. 政治话语的情态与言据性研究［M］. 杭州：浙江大学出版社，2018.

［18］张宇燕，高程. 美国行为的根源［M］. 北京：中国社会科学出版社，2016.

［19］支冉，王永祥，支永碧. 基于语料库的西方媒体中国教育形象建构研究［M］. 长春：吉林大学出版社，2019.

［20］支永碧. 基于语料库的政治话语语用预设研究［M］. 苏州：苏州大学出版社，2010.

［21］周琪. 美国外交决策过程［M］. 北京：中国社会科学出版社，2011.

［22］朱钟棣. "合规性"：贸易壁垒的应对和应用研究［M］. 北京：人民出版社，2007.

［23］资中筠. 美国对华政策的缘起和发展（1945—1950）［M］. 重庆：重庆出版社，1987.

［24］保罗·R-克鲁格曼，茅瑞斯·奥伯斯法尔德. 国际经济学：第六版［M］. 海闻，译. 北京：中国人民大学出版社，2006.

［25］彼得·卡赞斯坦，罗伯特·基欧汉，斯蒂芬·克拉斯纳. 世界政治理论的探索与争鸣［M］. 秦亚青，苏长和，门洪华，等译. 上海：上海人民出版社，2006.

［26］威廉·鲍莫尔. 资本主义的增长奇迹：自由市场创新机器［M］. 郭梅军，唐宇，彭敬，等译. 北京：中信出版社，2004.

［27］夏尔-菲利普·戴维，路易·巴尔塔扎，于斯丹·瓦伊斯. 美国对外政策（第2版修订增补本）［M］. 钟震宇，译. 北京：社会科学文献出版社，2011.

（二）期刊类

［1］曹进，杨明托. 情态系统及其语篇功能［J］. 甘肃高师学报，2019，24（1）.

［2］曹曼，吴虹. 趋近化视域下《另两个》的话语研究［J］. 乐山师范学院学报，2020，35（1）.

［3］曹伟. 从兰德智库研究报告看美国政治战［J］. 中国信息安全，2019（10）.

［4］曾亚敏. 对外政策话语建构的语料库驱动分析方法——以美国奥巴马政府的对外政策话语为例［J］. 社会主义研究，2018（2）.

［5］陈积敏. 美国防部《2009 中国军力报告》评析［J］. 和平与发展，2009（3）.

［6］陈积敏. 美国防部 2010 年有关中国军力的《报告》评析［J］. 现代国际关系，2010（9）.

［7］陈仕吉. 科学研究前沿探测方法综述［J］. 现代图书情报技术，2009（9）.

［8］陈中竺. 批评语言学述评［J］. 外语教学与研究，1995（1）.

［9］陈中竺. 语篇与意识形态：批评性语将分析——对两条罢工新闻的分析［J］. 外国语（上海外国语大学学报），1995（3）.

［10］程晓堂. 名词化与语用预设［J］. 外语研究，2003（3）.

［11］程永林，蒋基路. 贸易冲突、利益集团与美国对华贸易政策［J］. 美国问题研究，2019（2）.

［12］仇华飞. 美国智库对当代中国外交战略和中美关系的研究［J］. 国外社会科学，2013（4）.

［13］仇华飞. 中美新型大国关系：美国智库和政治精英的观点与视角［J］. 美国问题研究，2016（2）.

［14］崔艳辉，吴修磊. 浅析言语交际中的模糊限制语［J］. 长春工业大学学报（社会科学版），2014，26（6）.

［15］戴炜华，高军. 批评语篇分析：理论评述和实例分析［J］. 外国语（上海外国语大学学报），2002（6）.

［16］丁建新，廖益清. 批评话语分析述评［J］. 当代语言学，2001（4）.

［17］段爱龙. 美国智库产生的时代背景及传播路径研究［J］. 现代交际，2017（6）.

［18］樊春良. 科技政策学的知识构成和体系［J］. 科学学研究，2017，35（2）.

［19］范文芳. 名词化隐喻的语篇衔接功能［J］. 外语研究，1999（1）.

［20］房红梅，马玉蕾. 言据性·主观性·主观化［J］. 外语学刊，2008

（4）．

　　[21] 房红梅. 言据性研究述评 [J]. 现代外语，2006（2）．

　　[22] 房乐宪. 欧洲智库对华认知的近期倾向：以欧洲对外关系委员会为例 [J]. 世界经济与政治论坛，2012（1）．

　　[23] 封宗信. 系统功能语言学中的情态系统：逻辑、语义、语用 [J]. 外语教学，2011，32（6）．

　　[24] 冯静. 传播学视角下发展战略新闻报道研究——以中俄两国对"一带一路"建设的报道为例 [J]. 新闻传播，2018（24）．

　　[25] 冯昭奎. 科技革命与世界 [J]. 当代世界，2018，443（10）．

　　[26] 盖红波. 2008 年全球科技投入态势分析 [J]. 科技管理研究，2009，29（10）．

　　[27] 甘琳. 美国军事战略学的颠覆创新——评《兰德公司（1989—2009）美国战略学知识的重构》[J]. 智库理论与实践，2019，4（4）．

　　[28] 顾韵. 从韩礼德系统功能语法看 CNN 新闻语篇 [J]. 齐齐哈尔大学学报（哲学社会科学版），2006（1）．

　　[29] 韩力，张德禄. 语言情态系统探索 [J]. 外语学刊，2019（1）．

　　[30] 郝亚堃. 美国兰德公司的苏联研究（1946—1965）[J]. 冷战国际史研究，2011（1）．

　　[31] 何维保. 美国两党党纲中的对华政策论析 [J]. 美国研究，2019，33（6）．

　　[32] 何自然. 模糊限制语与言语交际 [J]. 外国语（上海外国语学院学报），1985（5）．

　　[33] 洪亚星，董小玉. 被仰视的中国：从文本建构到形象塑造——基于纪录片《超级中国》的批评话语分析 [J]. 新闻界，2015（13）．

　　[34] 胡江. 意义单位与批评话语分析——基于语料库的西方媒体涉华军事报道意识形态分析 [J]. 解放军外国语学院学报，2016，39（5）．

　　[35] 胡静寅. 中美贸易摩擦的政治经济学分析 [J]. 经济论坛，2006（21）．

　　[36] 胡壮麟. 汉语的可证性和语篇分析 [J]. 湖北大学学报（哲学社会科学版），1995（2）．

　　[37] 胡壮麟. 可证性，新闻报道和论辩语体 [J]. 外语研究，1994（2）．

　　[38] 胡壮麟. 语言的可证性 [J]. 外语教学与研究，1994（1）．

　　[39] 黄凤志，魏永艳. "一带一路"倡议与建设对传统地缘政治学的超

越［J］.吉林大学社会科学学报，2019，59（2）.

［40］黄强.国际贸易纠纷的重商主义视角分析——以中美贸易顺差为例［J］.经济师，2009（5）.

［41］黄日涵，刘秋实.从国际经验看中国社会智库的发展路径［J］.决策探索（上），2019（9）.

［42］纪玉华，吴建平.语义韵研究：对象、方法及应用［J］.厦门大学学报：哲学社会科学版，2000（3）.

［43］纪玉华.批评性话语分析：理论与方法［J］.厦门大学学报（哲学社会科学版），2001（3）.

［44］王亚范，姜安.意识形态的时代性制造——国际政治学视角分析［J］.吉林师范大学学报（人文社会科学版），2006（5）.

［45］李丙午.中美两国对中国军事文化建设的态度差异分析——基于《中国军力报告》和《中国国防白皮书》语料对比分析［J］.河南师范大学学报（哲学社会科学版），2014，41（2）.

［46］李洪峰.法国国际关系智库的中国研究：视角与立场［J］.社会科学文摘，2018（8）.

［47］李基安.情态意义与情态助动词意义［J］.外国语（上海外国语大学学报），1999（4）.

［48］李健雪.论实据性策略对英语学术书评动态建构的制约作用［J］.山东外语教学.2007（5）.

［49］李杰，钟永平.论英语的情态系统及其功能［J］.外语教学，2002（1）.

［50］李莎莎.德国主流媒体对中国"一带一路"倡议认知——一项语料库批评话语分析［J］.德国研究，2019，34（2）.

［51］李仕燕.美国"亚太遏制"战略与中国"和谐世界"外交的博弈——评2008年美国《中国军力报告》［J］.东南亚研究，2008（4）.

［52］李杨，孙俊成.特朗普政府的贸易保护主义政策——基于政党政治的研究视角［J］.美国研究，2019，33（3）.

［53］李战子.建设军事外交话语权：内涵和路径——从话语分析的视角［J］.外语研究，2017，34（1）.

［54］李战子.中国军事公共外交建设的话语分析视角［J］.外语研究，2018，35（4）.

［55］李战子.情态——从句子到语篇的推广［J］.外语学刊，2000（4）.

［56］李佐文. 模糊限制语的人际功能［J］. 天津外国语学院学报, 2001（3）.

［57］梁碧波, 李永杰. 美国对华贸易政策的政治逻辑［J］. 华南师范大学学报（社会科学版）, 2006（1）.

［58］梁婧玉. 中国国家形象的架构隐喻分析——以 2016 年《经济学人》中国专栏为例［J］. 外语研究, 2018, 35（6）.

［59］梁晓波, 谭桔玲. 国外军事语言研究现状［J］. 解放军外国语学院学报, 2011, 34（6）.

［60］梁晓波. 国家形象的概念隐喻塑造研究［J］. 湖北大学学报（哲学社会科学版）, 2013, 40（2）.

［61］梁晓波, 曾广, 谭桔玲. 军事话语国内外研究概述［J］. 解放军外国语学院学报, 2016, 39（6）.

［62］廖益清. 批评话语分析综述［J］. 集美大学学报（哲学社会科学版）, 2000（1）.

［63］林晶. 多模态批评话语分析: 理论探索、方法思考与前景展望［J］. 解放军外国语学院学报, 2019, 42（5）.

［64］林玲, 刘恒. 美国对华贸易政策的政治经济分析［J］. 世界经济与政治论坛, 2003（5）.

［65］琳娜·汉森, 李佳, 余潇枫. 非传统安全研究的概念和方法: 话语分析的启示［J］. 世界经济与政治, 2010（3）.

［66］刘建飞. 新时代中国外交战略中的中美关系［J］. 美国研究, 2018, 32（2）.

［67］刘立华. 批评话语分析概览［J］. 外语学刊, 2008（3）.

［68］刘文宇, 李珂. 国外批评性话语分析研究趋势的可视化分析［J］. 外语研究, 2016, 33（2）.

［69］刘文宇, 徐博书. 从 "伙伴" 到 "对手": 《美国国家安全战略报告》的话语空间分析［J］. 外语研究, 2018, 35（6）.

［70］刘勇, 姜彦杨. 海外 "一带一路" 研究述评［J］. 江苏大学学报（社会科学版）, 2019, 21（3）.

［71］龙晓柏. 中美贸易关系演化回溯与展望——兼议特朗普政府的新重商主义［J］. 江西社会科学, 2019, 39（9）.

［72］鹿音. 中美战略稳定关系的演进［J］. 当代美国评论, 2017, 1（2）.

[73] 罗昶，丁文慧，赵威. 事实框架与情感话语：《环球时报》社评和胡锡进微博的新闻框架与话语分析 [J]. 国际新闻界，2014，36（8）.

[74] 马光明，赵峰. 美国对华贸易保护主义加速的政策原因分析 [J]. 对外经贸实务，2010（2）.

[75] 马嫣. 从态度系统看美国主流媒体对中国经济形象的构建——一项基于语料库的批评话语研究 [J]. 浙江师范大学学报（社会科学版），2015，40（3）.

[76] 梅冠群. 关于美国对中国产业政策质疑的几点分析 [J]. 国际经济合作，2019（6）.

[77] 苗兴伟，赵云. 批评话语分析的议程设置与路径演进 [J]. 解放军外国语学院学报，2019，42（5）.

[78] 苗兴伟. 《语篇衔接与连贯理论的发展及应用》评介 [J]. 外语与外语教学，2004（2）.

[79] 苗兴伟. 人际意义与语篇的建构 [J]. 山东外语教学，2004（1）.

[80] 苗迎春. 中美贸易摩擦及其影响 [J]. 当代亚太，2004（3）.

[81] 穆军芳，马美茹. 国际批评话语分析研究进展的科学知识图谱分析（2006-2015 年）[J]. 河北大学学报（哲学社会科学版），2016，41（6）.

[82] 穆军芳. 国内批评话语分析研究进展的科学知识图谱分析（1995-2015）[J]. 山东外语教学，2016，37（6）.

[83] 倪世雄. 中美关系 70 年：理论与实践 [J]. 国际观察，2019（5）.

[84] 倪世雄. 中美关系再出发：新的思考与展望 [J]. 人民论坛·学术前沿，2019（4）.

[85] 牛保义. 国外实据性理论研究 [J]. 当代语言学，2005（1）.

[86] 潘冬. 批评话语分析的新方法——趋近化分析 [J]. 山东外语教学，2017，38（4）.

[87] 潘艳艳，郑志恒. 国防话语的多模态认知批评视角——以中美征兵宣传片的对比分析为例 [J]. 外语研究，2017，34（6）.

[88] 潘艳艳. 多模态话语分析到多模态认知批评分析的发展综述 [J]. 外国语文，2020，36（1）.

[89] 潘艳艳. 多模态认知批评视角的军事新闻报道分析 [J]. 解放军外国语学院学报，2019，42（5）.

[90] 潘艳艳. 美国媒体话语霸权下的中国海上力量构建——基于 2013—2014 年美国"战略之页"网站有关中国海军新闻报道的批评话语分析 [J].

外语研究, 2015 (2).

[91] 潘忠岐. 欧洲智库的最新发展及其对华研究 [J]. 现代国际关系, 2010 (10).

[92] 庞娅莉. 全球超级智库之一——美国兰德公司 [J]. 国际太空, 2016 (11).

[93] 彭灵芝, 谢雨蒙. 基于语料库的中美政治演讲语篇的对比分析 [J]. 长江大学学报 (社会科学版), 2015 (1).

[94] 彭乔. 美国智库和智库外交 [J]. 中国人大, 2010 (21).

[95] 钱皓. 兰德公司与美国对华军事政策研究 [J]. 国际观察, 2005 (6).

[96] 钱毓芳, 田海龙. 话语与中国社会变迁: 以政府工作报告为例 [J]. 外语与外语教学, 2011 (3).

[97] 钱毓芳. 语料库与批判话语分析 [J]. 外语教学与研究, 2010, 42 (3).

[98] 秦小燕. 英国国际战略研究所的运行机制与发展态势 [J]. 智库理论与实践, 2017, 2 (5).

[99] 璩超奕, 任培红. 基于语料库的中美新闻报道的批评性话语分析 [J]. 黄冈师范学院学报, 2013, 33 (4).

[100] 任绍曾. 概念隐喻及其语篇体现——对体现概念隐喻的语篇的多维分析 [J]. 外语与外语教学, 2006 (10).

[101] 沈剑平. 谁在主导全球化时代的美国贸易政策 [J]. 世界经济与政治论坛, 2003 (6).

[102] 沈君, 王续琨, 高继平, 等. 基于文献计量指标的关键技术的探寻——以第三代移动通信技术为例 [J]. 情报杂志, 2011, 30 (9).

[103] 施光, 辛斌. 试析美国宪法中的情态系统 [J]. 外语学刊, 2008 (2).

[104] 施光. 法庭审判话语的态度系统研究 [J]. 现代外语, 2016, 39 (1).

[105] 施光. 批评话语分析研究综述 [J]. 学术论坛, 2007 (4).

[106] 施卫华. 社会的话语　动态的视角——《批评话语研究》创刊述评 [J]. 外语研究, 2005 (1).

[107] 束定芳, 汤本庆. 隐喻研究中的若干问题与研究课题 [J]. 外语研究, 2002 (2).

［108］宋改荣，刘艺伟. 批评话语分析的趋近化研究——以 2017 年美国国家安全战略报告为例［J］. 华北理工大学学报（社会科学版），2019，19（1）.

［109］宋瑞琛. 美国对"一带一路"倡议的认知及中国的策略选择——基于对美国布鲁金斯学会和外交关系委员会学者观点的分析［J］. 国际展望，2017，9（6）.

［110］苏江丽. 新媒体时代美国智库的融合传播［J］. 编辑之友，2017（7）.

［111］孙海泳. 美国对华科技施压战略：发展态势、战略逻辑与影响因素［J］. 现代国际关系，2019（1）.

［112］孙海泳. 特朗普政府对华科技战略及其影响与应对［J］. 国际展望，2019，11（3）.

［113］孙敬鑫. 西方智库制造"中国观"的主要做法及启示［J］. 对外传播，2012（7）.

［114］孙频捷. 美国对华安全认知及其驱动力——以《年度中国军力报告》为分析样本［J］. 中共浙江省委党校学报，2011，27（5）.

［115］孙素茶. 趋近化理论视角下英语课堂话语体系构建研究［J］. 吕梁教育学院学报，2018，35（4）.

［116］孙天昊，王妍. 中美贸易政策博弈与中国的占优策略研究［J］. 西南大学学报（社会科学版），2019，45（6）.

［117］孙亚. 基于 Wmatrix 语义赋码的概念隐喻评价意义分析［J］. 外语与外语教学，2014（5）.

［118］孙亚. 基于语料库工具 Wmatrix 的隐喻研究［J］. 外语教学，2012，33（3）.

［119］孙毅. 基于语义域的隐喻甄别技术初探——以 Wmatrix 语料库工具为例［J］. 解放军外国语学院学报，2013，36（4）.

［120］谭玉，张涛，朱思慧. 英国外交智库建设及其对中国的启示［J］. 情报杂志，2018，37（1）.

［121］唐丽萍. 语料库语言学在批评话语分析中的作为空间［J］. 外国语（上海外国语大学学报），2011，34（4）.

［122］唐伟，支永碧. 美国智库关于中国改革与创新的话语建构研究［J］. 东北师大学报（哲学社会科学版），2018（2）.

［123］陶文钊. 美国对华政策大辩论［J］. 现代国际关系，2016（1）.

［124］陶文钊. 美国对华政策真的形成共识了吗？——基于当前对华政策辩论的分析［J］. 国际关系研究，2019（3）.

［125］陶郁，马岩. 英国顶尖智库的特点及其扩散涉华观点的途径［J］. 社会科学文摘，2016（8）.

［126］田海龙，张迈曾. 话语权力的不平等关系：语用学与社会学研究［J］. 外语学刊，2006（2）.

［127］田海龙.《后现代社会中的话语：批评话语分析再思考》评介［J］. 外语教学与研究，2003（4）.

［128］田海龙. 语篇研究的批评视角：从批评语言学到批评话语分析［J］. 山东外语教学，2006（2）.

［129］田海龙. 知识的交汇与融合——批评话语分析、社会符号学以及新修辞学发展轨迹引发的思考［J］. 当代修辞学，2019（1）.

［130］汪徽，辛斌. 美国媒体对中国形象的隐喻建构研究——以"美国退出 TPP"相关报道为例［J］. 外语教学，2019，40（3）.

［131］汪少华. 美国政府赖以生存的架构与隐喻［J］. 山东外语教学，2014（4）.

［132］王栋，李侃. 美国中国外交研究的流变：方法、议题与趋势［J］. 美国研究，2013，27（3）.

［133］王俊生. 美国智库视角下的特朗普政府对华政策［J］. 社会科学文摘，2019（5）.

［134］王灵桂，高子华. 境外主要战略智库关于"一带一路"倡议研究评析［J］. 文献与数据学报，2019，1（1）.

［135］王珺，赵雪爱. 政治新闻中名词化语用预设的形成理据［J］. 西南农业大学学报（社会科学版），2011，9（12）.

［136］王梦晓，支永碧. 基于语料库的美国智库涉华话语的隐喻建构研究［J］. 吉林省教育学院学报，2017，33（10）.

［137］王秀丽，韩纲. "中国制造"与国家形象传播——美国主流媒体报道 30 年内容分析［J］. 国际新闻界，2010，32（9）.

［138］王勇辉，余珍艳. 英国智库的多元思想与政治影响［J］. 重庆社会科学，2015（7）.

［139］王振华，马玉蕾. 评价理论：魅力与困惑［J］. 外语教学，2007（6）.

［140］韦磊，芦跃威. 美国智库有关当代中国研究的特点［J］. 现代国际

关系，2010（5）.

［141］卫乃兴. 语义韵研究的一般方法［J］. 外语教学与研究，2002（4）.

［142］魏在江. 语篇连贯的元语用探析［J］. 外语教学，2005（6）.

［143］吴其胜. 安全战略与美国对华贸易政策的演变［J］. 美国问题研究，2019（2）.

［144］吴田. 美国主流智库关注"中国新时代"的视角及观点探析［J］. 国外社会科学，2018（5）.

［145］吴心伯. 竞争导向的美国对华政策与中美关系转型［J］. 国际问题研究，2019（3）.

［146］吴心伯. 特朗普执政与美国对华政策的新阶段（英文）［J］. China International Studies，2018（4）.

［147］吴心伯. 中美经贸关系的新格局及其对双边关系的影响［J］. 复旦学报（社会科学版），2007（1）.

［148］吴心伯. 未来四十年，中美关系会是一个真正的世界大国之间的关系［J］. 企业观察家，2019（7）.

［149］武建国，陈聪颖. 2015 年批评性话语分析研究综述［J］. 天津外国语大学学报，2016，23（3）.

［150］武建国，牛振俊. 趋近化理论视域下的政治话语合法化分析——以特朗普的移民政策为例［J］. 中国外语，2018，15（6）.

［151］武建国，林金容，栗艺. 批评性话语分析的新方法——趋近化理论［J］. 外国语（上海外国语大学学报），2016，39（5）.

［152］肖河，徐奇渊. 国际秩序互动视角下的中美关系［J］. 美国研究，2019，33（2）.

［153］谢丽君. 理解国际冲突：理论与历史——中美两国关系发展的分析［J］. 产业与科技论坛，2020，19（10）.

［154］辛斌，陈腾澜. 语篇的对话性分析初探［J］. 外国语（上海外国语大学学报），1999（5）.

［155］辛斌，刘辰. van Dijk 的社会——认知话语分析［J］. 外语学刊，2017（5）.

［156］辛斌，苗兴伟. 话语分析的两种方法论略［J］. 四川外国语大学学报，1998（4）.

［157］辛斌. 福柯的权力论与批评性语篇分析［J］. 外语学刊，2006

（2）．

[158] 辛斌. 批评性语篇分析：问题与讨论 [J]. 外国语（上海外国语大学学报），2004（5）．

[159] 辛斌. 批评语篇分析的社会和认知取向 [J]. 外语研究，2007（6）．

[160] 辛斌. 批评性语篇分析：问题与讨论 [J]. 外国语（上海外国语大学学报），2002（6）．

[161] 辛斌. 体裁互文性与主体位置的语用分析 [J]. 外语教学与研究，2001（5）．

[162] 辛斌. 新闻语篇转述引语的批评性分析 [J]. 外语教学与研究，1998（2）．

[163] 辛斌. 语言、权力与意识形态：批评语言学 [J]. 现代外语，1996（1）．

[164] 忻华，杨海峰. 英国智库对英国对华决策的影响机制：以皇家国际事务学会为例 [J]. 外交评论（外交学院学报），2014，31（4）．

[165] 徐惊奇，牛佳. 抗战时期美国对华政策与国民政府媒体外交 [J]. 学理论，2015（32）．

[166] 徐中意. 认识情态在政治话语中的认知—功能研究 [J]. 外语研究，2017，34（6）．

[167] 许林玉. 兰德创新 70 年 [J]. 世界科学，2018（12）．

[168] 许雨燕. 中国国家形象的国际认知差异及其原因——基于英国智库BBCGlobalScan 的数据分析 [J]. 社会科学文摘，2016（2）．

[169] 闫俊，郭正玉. 美国兰德公司 70 年发展启示 [J]. 航空兵器，2017（6）．

[170] 颜冰，张辉. 基于中美贸易战话语的批评认知语言学研究——趋近化理论的视角 [J]. 外语研究，2018，35（6）．

[171] 杨方琦，杨改学. 近十年我国移动学习学术期刊论文的内容分析研究 [J]. 远程教育杂志，2010，28（6）．

[172] 杨力，王璐. 关于美国智库中美贸易关系研究的分析 [J]. 社会科学文摘，2018（7）．

[173] 杨卫娜，郑可欣. 中外智库新媒体国际化传播现状对比研究——从新媒体传播的维度 [J]. 对外传播，2019（12）．

[174] 杨信彰. 元话语与语言功能 [J]. 外语与外语教学，2007（12）．

［175］杨修，项俊华．"一带一路"倡议背景下高校创业教育研究文献述评［J］．创新创业理论研究与实践，2018，1（17）．

［176］叶海强．跨越鸿沟——论 1945—1979 年中美外交关系［J］．湖北经济学院学报（人文社会科学版），2019，16（11）．

［177］叶惠珍，金琼兰．中美人权报告评价性话语特征对比研究（2010—2016）［J］．北京第二外国语学院学报，2018，40（6）．

［178］张弛，相德宝．美国智库推特账号涉华议题研究［J］．国际传播，2018（5）．

［179］张高远．认知语法理论关照下的 V-ing 三构式［J］．外国语言文学，2006（3）．

［180］张辉，颜冰．政治冲突话语的批评认知语言学研究——基于叙利亚战争话语的个案研究［J］．外语与外语教学，2019（4）．

［181］张继民．战后美国对外贸易政策的演变［J］．特区经济，2007（5）．

［182］张继业．美国对华军事政策的变化趋势——美《2008 年中国军力报告》评析［J］．现代国际关系，2008（3）．

［183］张建新．奥巴马政府对华贸易政策与中美经贸关系［J］．国际论坛，2009，11（4）．

［184］张金泉，甘莹．商务英语新闻导语中名词化语用预设类别研究［J］．华中科技大学学报（社会科学版），2008（6）．

［185］张敬源，刘潇．语法隐喻与语用预设［J］．北京科技大学学报（社会科学版），2011，27（3）．

［186］张林宏．评析美国防部《中国军力报告》［J］．和平与发展，2005（4）．

［187］张清敏，罗斌辉．外交决策模式与美国对台军售政策决定因素分析［J］．美国研究，2006（3）．

［188］张庆萍．1980 年以来美国的对外贸易政策及对我国的启示［J］．北京大学学报（哲学社会科学版），2006（S1）．

［189］张天伟．政治领导人演讲的话语体系构建研究——基于近体化理论的案例分析［J］．中国外语，2016，13（5）．

［190］张颖，次仁白珍．美国智库视域下的中美新型大国关系［J］．国际观察，2015（5）．

［191］赵恒煜．美国智库的"中国观"研究——以布鲁金斯学会中国问

题研报的综合分析为例［J］.情报杂志，2020，39（2）.

［192］赵建保.CiteSpace 可视化流程与分析范式研究［J］.知识经济，2014（16）.

［193］支永碧，王永祥，李梦洁.基于语料库的美国对华经济政策话语批评性研究［J］.上海对外经贸大学学报，2016，23（4）.

［194］支永碧，张慧敏，支冉.基于语料库的《年度中国军力报告》语义韵分析［J］.苏州科技学院学报（社会科学版），2015，32（6）.

［195］支永碧.批评话语分析研究新动态［J］.外语与外语教学，2007（3）.

［196］支永碧.政治话语名词化语用预设的批评性分析［J］.社会科学家，2013（9）.

［197］支永碧.政治话语虚假语用预设的批评性分析［J］.社会科学家，2011（9）.

［198］周红红，刘淑萍.美国国防语言中的文化霸权——基于批评性话语分析的视角［J］.南京政治学院学报，2013，29（5）.

［199］周茜.语料库语言学在话语分析研究中的作用探讨［J］.课程教育研究，2018（40）.

［200］朱永生，董宏乐.科技语篇中的词汇隐喻、语法隐喻及其互补性［J］.山东外语教学，2001（4）.

［201］朱永生，苗兴伟.语用预设的语篇功能［J］.外国语（上海外国语大学学报），2000（3）.

［202］朱永生.名词化、动词化与语法隐喻［J］.外语教学与研究，2006（2）.

［203］朱永生.试论现代汉语的言据性［J］.现代外语，2006（4）.

［204］左希迎.威胁评估与美国大战略的转变［J］.当代亚太，2018（4）.

［205］左言娜.美国主流媒体关于"一带一路"倡议的话语建构研究——基于语料库的批评话语分析［J］.河南工程学院学报（社会科学版），2017，32（4）.

（三）其他类

［1］蔡驰成.一种观念：作为交往的报纸［D］.四川：四川外国语大学，2019.

［2］崔文法. 冷战初期美国对华政策研究［D］. 北京：首都师范大学，2014.

［3］高舒锐. 种族主义对美国涉华外交政策的影响［D］. 秦皇岛：燕山大学，2015.

［4］关敬之（GEORGE K. C. KWAN）. 第107-112届美国国会涉华议案研究（2001-2012）［D］. 武汉：武汉大学，2016.

［5］侯坤. 美国对华贸易政策的政治经济学研究［D］. 沈阳：辽宁大学，2014.

［6］侯文娟. 基于预设角度的新闻语篇中名词化的研究［D］郑州：郑州大学，2011.

［7］金海媚. 中美贸易战新闻语篇的批评话语对比分析［D］. 广州：广东外语外贸大学，2020.

［8］梁婧玉. 美国两党国情咨文（1946-2014）的隐喻架构分析［D］. 南京：南京师范大学，2015.

［9］刘泽源. "史迪威事件"前后美国对华政策的调整及中国共产党的因应［D］. 无锡：江南大学，2019.

［10］彭建程. 美国对华贸易政策演变研究（2008—2018）［D］. 沈阳：辽宁大学，2019.

［11］宋达. 冷战后美国对华政策决策层的认知分析［D］. 北京：中共中央党校，2013.

［12］宋静. 冷战后美国思想库在影响对华决策中的角色评析［D］. 上海：华东师范大学，2009.

［13］苏晓敏. 富兰克林·罗斯福政府对华政策的变化与公众舆论的关系（1933-1942）［D］. 呼和浩特：内蒙古大学，2017.

［14］苏醒. 对《纽约时报》关于中国能源政策相关新闻报道的批评性话语分析［D］. 北京：外交学院，2017.

［15］汤斌. 英语疫情新闻中言据性语篇特征的系统功能研究［D］. 上海：复旦大学，2007.

［16］王丽. 中文娱乐新闻中实据性词的语用分析［D］. 广州：广东外语外贸大学，2005.

［17］王璐. 美国智库影响美国对华贸易的机制研究（1990-2016）［D］. 上海：上海外国语大学，2018.

［18］王胜男. 中美在全球治理中的角色研究［D］. 长春：吉林大

学，2020.

[19] 许静. 中美外交新闻发布会话语中模糊限制语的对比研究—批评性话语分析路径 [D]. 南京：南京师范大学，2017.

[20] 颜冰. 中西媒体反腐话语的对比分析 [D]. 南京：南京师范大学，2019.

[21] 杨林秀. 英语科研论文中的言据性 [D]. 厦门：厦门大学，2009.

[22] 余伟伟. 斯坦利·亨培克与美国对华政策（1931–1941）研究 [D]. 金华：浙江师范大学，2017.

[23] 岳圣淞. 政治修辞与美国对华政策的调整（1993–2018）：决策视角下的话语研究 [D]. 北京：外交学院，2019.

[24] 张诉诉. 基于语料库的美国主流媒体"一带一路"报道语篇的批评话语分析 [D]. 徐州：中国矿业大学，2019.

[25] 张雪梅. 1949 年前后美国主流媒体涉华报道的意识形态性研究 [D]. 杭州：浙江大学，2020.

[26] 张莹. 虚假语用预设研究 [D]. 曲阜：曲阜师范大学，2006.

[27] 赵中续. 观念与政策：美国智库对华问题研究的分析 [D]. 北京：外交学院，2016.

[28] 支永碧. 政治话语语用预设的批评性分析 [D] 南京：南京师范大学，2010.

[29] 朱媛媛. "门户开放"政策的实践 [D]. 武汉：武汉大学，2018.

[30] 周蕾. 英美主流媒体"一带一路"倡议英文语篇的批评话语分析 [D]. 乌鲁木齐：新疆财经大学，2017.

[31] 潘海英. 美国文化与外交政策关系研究——兼论美国对华政策的文化因素 [D]. 长春：吉林大学，2010.

[32] 张康之. 美国智库建设与智库人才培养 [N]. 广东外事，2017–11–24（2）.

二、英文文献

（一）著作类

[1] ARISTOTLE. The Rhetoric and Poetics by Aristotle [M]. New York：The Modern Library，1977.

[2] BROWN P, LEVINSON S. Politeness: some Universals in Language Usage [M]. Cambridge: Cambridge University Press, 1975.

[3] BYBEE J, PERKINS R, PAGLIUCA W. The Evolution of Grammar: Tense, Aspect and Modality in the Languages of the World [M]. Chicago: The University of Chicago Press, 1994.

[4] CAP P. Legitimization in Political Discourse: A Cross – disciplinary Perspective on the Modern US War Rhetoric [M]. Newcastle: Cambridge Scholars Press, 2006.

[5] CAP P. Proximization: The Pragmatics of Symbolic Distance Crossing [M]. Amsterdam: John Benjamins, 2013.

[6] CAP P. Legitimization in Political Discourse: A Cross – disciplinary Perspective on the Modern US War Rhetoric [M]. Newcastle: Cambridge Scholars Press, 2006.

[7] CHARTERIS-BLACK J. Corpus Approaches to Critical Metaphor Analysis [M] Palgrave Macmillan, 2004.

[8] CHILTON P. Analysing Political Discourse: Theory and Practice [M]. London: Routledge, 2004.

[9] FAIRCLOUGH N. Analyzing Discourse: Textual Analysis for Social Research [M]. London: Routledge, 2003.

[10] FAIRCLOUGH N. Critical Discourse Analysis: The Critical Study of Language [M]. New York: Longman, 1995.

[11] FAIRCLOUGH N. Discourse and Social Change [M]. Cambridge: Policy Press, 1992.

[12] FAIRCLOUGH N. Media Discourse [M]. London: Edward Arnold, 1995.

[13] FAIRCLOUGH N. Language and Power [M]. London: Longman, 1989.

[14] FAIRCLOUGH N. Critical Language Awareness [M]. New York: Longman Publishing, 1992.

[15] FIRTH J. Papers in Linguistics 1934 – 1951 [M]. London: Oxford University Press, 1957.

[16] FOWLER R, et al. Language and Control [M]. London: Routledge and Kegan Paul, 1979.

[17] GOATLY A. Critical Reading and Writing: An introductory course book [M]. London: Routledge, 2000.

[18] GOFFMAN E. Frame Analysis: An Essay on the Organization of Experience [M]. Cambridge: Cambridge University Press, 1974.

[19] HALLIDAY M. A. K. An Introduction to Functional Grammar [M]. London: Edward Arnold, 1985.

[20] HALLIDAY M. A. K. An Introduction to Functional Grammar [M]. London: Edward, 1994.

[21] HALLIDAY M. A. K. Corpus Studies and Probabilistic Grammar [M]. London: Longman, 1991.

[22] HUNSTON S. Corpora in Applied Linguistics [M]. Cambridge: CUP, 2002.

[23] HART C. Critical Discourse Analysis and Cognitive Science: New Perspectives on Immigration Discourse [M]. New York: Palgrave Macmillan, 2010.

[24] LAKOFF G, JOHNSON M. We Live By [M]. Chicago: The University of Chicago Press, 1980.

[25] LAKOFF G, JOHNSON M. Philosophy in the Flesh: The Embodied Mind and Its Challenge to Western Thought [M]. New York: Basic books, 1999.

[26] LEECH G. Principle of Pragmatics [M]. London: Longman, 1983.

[27] LYONS J. Semantics [M]. Cambridge: Cambridge University Press, 1977.

[28] NUYTS J. Modality: Overview and Linguistic Issues [M]. Berlin: Mounton de Gruyter, 2005.

[29] PALMER F R. Modality and the English Modals [M]. London and New York: Longman, 1990.

[30] PORTNER P. Modality [M]. London: Oxford University Press, 2009.

[31] QUIRK R, GREENBAUM S, LEECHG, et al. A Comprehensive Grammar of the English Language [M]. London: Longman Group Limited, 1985.

[32] QUIRK R, GREENBAUM S, LEECHG, et al. A grammar of contemporary English [M]. London: Longman, 1972.

[33] SINCLAIR J. Trust the Text: Language, Corpus and Discourse [M]. London: Routledge, 2004.

[34] KOSIAK S M. MILITARY COMPENSATION: REQUIREMENTS,

TRENDS AND OPTIONS，2005.

[35] STUBBS M. Text and Corpus Analysis [M]. Oxford：Blackwell，1996.

[36] THOMPSON G. Introducing Functional Grammar [M]. New York：St Martin's Press Inc，1996.

[37] VAN DIJK T A，KINTSCH W. Strategies of Discourse Comprehension [M]. New York：Academic Press，1983.

[38] VAN DIJK T A. Ideology：A Multidisciplinary Approach [M]. London：Sage Publication，1998.

[39] VAN DIJK T A. Society and Discourse：How Society Contexts Influence Text and Talk [M]. New York：Cambridge University Press，2008.

[40] VAN DIJK T A. The Discourse-Knowledge Interface：Critical Discourse Analysis [M]. Basingstroke：Palgrave Macmillan UK，2003.

[41] WODAK R，CHILTON P. A New Agenda in（Critical）Discourse Analysis：Theory，Methodology and Interdisciplinary [M]. Beijing：Peking University Press，2016.

[42] PARTINGTON A. The Linguistics of Political Argument [M]. London：Routledge，2003.

（二）期刊类

[1] Aaron L. Friedberg，U. S. Post Cold-War Grand Strategy in the Asia-Pacific Region：A Policy of Containment or a Policy of Hedging toward Mainland China? [J]. Political Behavior，2010（2）.

[2] SOWINSKA A. A critical discourse approach to the analysis of values in political discourse：The example of freedom in President Bush's State of the Union addresses（2001—2008）[J]. DISCOURSE & SOCIETY，2013，24（6）.

[3] ANDREW J T，JOHN T R. Historical analogies in the congressional foreign policy process [J]. Journal of Politics，1995，57（2）.

[4] BIRD J，LEBRAND M，VENABLES A J. The Belt and Road Initiative：Reshaping economic geography in Central Asia？ [J]. Journal of development economics（Print），2020，144.

[5] BRSNSFORD J D. Contextual Prerequisites for Understanding：Some Investigations of Comprehension and Recall [J]. Cognitive psychology：Key readings，2004.

［6］CAP P. Applying cognitive pragmatics to Critical Discourse Studies：A proximization analysis of three public space discourses ［J］. Journal of Pragmatics, 2014, 70.

［7］CAP P. Axiological aspects of proximization ［J］. Journal of Pragmatics, 2010, 42 （2）.

［8］Cap P. Follow－ups in the US anti－terrorist discourse：Proposal for a macro－discursive approach to monologic follow－up sequences ［J］. Discourse & Society, 2015, 26 （5）.

［9］CAP P. Studying ideological worldviews in political discourse space：Critical－cognitive advances in the analysis of conflict and coercion ［J］. Journal of Pragmatics, 2017, 108.

［10］CAP P. Towards the proximization model of the analysis of legitimization in political discourse ［J］. Journal of Pragmatics, 2008, 40 （1）.

［11］CHEN C M. Searching for intellectual turning points：progressive knowledge domain visualization ［J］. Proceedings of the National Academy of Sciences of the United States of America, 2004.

［12］CHEN C M. CiteSpace II：Detecting and visualizing emerging trends and transient patterns in scientific literature ［J］. Journal of the American Society for Information Science and Technology, 2006, 57 （3）.

［13］Chilton P. Discourse space theory：Geometry, brain and shifting viewpoints ［J］. Annual Review of Cognitive Linguistics, 2005 （3）.

［16］HALLIDAY M. A. K. Functional Diversity in Language as Seen from a Consideration of Modality and Mood in English ［J］. Foundations of Language, 1970, 6 （3）.

［17］KATZ J S, MARTIN B R. What is research collaboration?　［J］. Research Policy, 1997, 26 （1）.

［18］KOLLER V. Using a semantic annotation tool for the analysis of metaphor in discourse ［J］. Metaphorik de, 2008, 15 （1）.

［19］LAKOFF G. Hedges：A study in meaning criteria and the logic of fuzzy concepts ［J］. Philosophical Logic, 1972, 2 （4）.

［20］LAMB E C. Power and resistance：New methods for analysis across genres in critical discourse analysis ［J］. DISCOURSE & SOCIETY, 2013, 24 （3）.

［21］LIU W D, MICHAEL D, GAO B Y. A discursive construction of the Belt and Road Initiative: From neo-liberal to inclusive globalization ［J］. Journal of Geographical Sciences, 2018（28）.

［22］GORDON M R. Secret U. S. Study Concludes Taiwan Needs New Arms. (cover story)［J］. New York Times, 2001, 150（51710）.

［23］NUYTS J. Language, Conceptualization and TAM Marking: A Cognitive-functional Perspective ［J］. 外国语（上海外国语大学学报）, 2009, 32（1）.

［24］PIPER A. Some have Credit Cards and others have Giro Cheques: 'Individuals' and 'People' as Lifelong Learners in Late Modernity ［J］. Discourse and Society, 2000, 11（4）.

［25］RAYSON P. From key words to key semantic domains ［J］. International Journal of Corpus Linguistics, 2008, 13（4）.

［26］RICHARD C B. United States Policy toward Taiwan ［J］. American Foreign Policy Interests: The Journal of the National Committee on American Foreign Policy, 2000, 22（3）.

［27］RAVICH S F. Policy toward the Taiwan Strait: A Historical Perspective ［J］. American Foreign Policy Interests: The Journal of the National Committee on American Foreign Policy, 1999, 21（2）.

［28］SINCLAIR J. The Search for Units of Meaning ［J］. Textus: English Studies in Italy（TextusESI）, 1996, 9（1）.

［29］AGNIESZKA S. A critical discourse approach to the analysis of values in political discourse: The example of freedom in President Bush's State of the Union addresses（2001—2008）［J］. DISCOURSE & SOCIETY, 2013, 24（6）.

［30］STUBBS M. Collocations and semantic profiles: On the cause of the trouble with quantitative studies ［J］. Functions of Language, 1995, 2（1）.

［31］TAKALA T, HUJALA T, TANSKANEN M, et al. The order of forest owners' discourses: Hegemonic and marginalised truths about the forest and forest ownership ［J］. Journal of Rural Studies, 2017, 55.

［32］VAARA E. Struggles over legitimacy in the Eurozone crisis : Discursive legitimation strategies and their ideological underpinnings ［J］. Discourse & Society, 2014（25）.

［33］VAN DIJK T A. Communicating racism: Ethnic prejudice in thought and talk. ［J］. Contemporary Sociology, 1987, 17（2）.

［34］VAN DIJK T A. Discourse, context and cognition ［J］. Discourse Studies, 2006, 8 (1).

［35］VAN DIJK T A. Knowledge in Parliamentary Debates ［J］. Journal of Language and Politics, 2003, 2 (1).

［36］VAN DIJK T A. Multidisciplinary CDA: a plea for diversity ［J］. Journal of Asian Economics, 2001.

［37］VAN DIJK T A. Discourse and manipulation ［J］. Discourse and Society, 2006, 17 (3).

［38］VAN DIJK T A. Ideology and discourse analysis ［J］. Journal of Political Ideologies, 2006a (2).

［39］VAN LEEWEN T, WODAK R. Legitimizing Immigration Control: A discourse-historical analysis ［J］. Discourse Studies, 1999, 1 (1).

（三）其他类

［1］CHEUNG, CKG. Beyond containment: Market derivation of United States foreign policy toward China ［D］. Troy: Troy State University, 1997.

［2］CHILTON P. From mind to grammar: Coordinate systems, prepositions, constructions ［C］//EVANS V, CHILTON P. Language Cognition and Space: The State of the Art and New Directions. London: Equi-nox, 2010.

［3］FANG X. Anti-China rhetoric, presidential elections and U. S. foreign policy towards China ［D］. Washington: Georgetown University, 2016.

［4］FOWLER R, KRESS G. Critical Linguistics ［C］. London, Boston & Henley: Routledge & KeganPaul, 1979.

［5］Kim D K. Sino - Soviet relations, 1972 - 1988: American elites´ perceptions and policies toward China ［D］. Maryland: University of Maryland, College Park, 1989.

［7］LAKOFF G. The Contemporary Theory of Metaphor ［A］//A. ORTONY. Metaphor and Thought. Cambridge: Cambridge University Press, 1993.

［8］LIU Z G. Sino-American relations, 1945-1950, with emphasis on the outcome of China's entry to the Korean War ［D］. Boston: Boston University, 1996.

［9］LOUW W E. Irony in the Text or Insincerity in the Writer? The Diagnostic Potential of Semantic Prosodies ［C］// BAKER M, et al. Text and Technology. Amsterdam: John Benjamins, 1993.

[11] MANFRED K. Modality in Contemporary English [C]. Berlin: Mouton de Gruyter, 2003.

[12] SILVER L R. China in the media: Effects on American opinion [D]. Kent: Kent State University, 2016.

[13] STALNAKER R C. Pragmatic presupposition [A] //HEZIRANETAL. Oxford: OUP, 1991.

[14] STEPHENS W J. China and the United States: A balance of power [D]. University of Southern Mississippi, 2009.

[15] WEISS R, WODAK R. Critical Discourse Analysis: Theory and Interdisciplinarity [C]. London: MacMillan, 2003.

[16] WODAK R, MEYER M. Methods of Critical Discourse Analysis [C]. London: SAGE, 2001.

后　记

光阴荏苒，自"美国对华政策语料库建设与批评性研究"（16YYA002）获得江苏省社科基金重点项目立项以来，一晃五年，笔者直到今日才完成书稿，非常惭愧，质量如何，尚待学界专家批评指正。

众所周知，冷战结束以后，利益至上的美国历届政府对华采取了不尽相同的政治、经济、外交、军事与安全政策，"接触"和"遏制"交替并存、反复无常。美国政府的"新孤立主义""选择性参与战略""合作安全战略""优势主导战略"以及"选择性干预战略"等外交政策不同程度地影响中美关系的健康与稳定发展。特别是特朗普总统上任以来，美国固守冷战思维，对华采取非常强硬、非常激进的贸易保护主义政策，甚至叫嚣所谓的中美经济"脱钩论"，中美关系变得越发复杂而微妙。如何较好地把握尺度，对美国对华政策进行理性而审慎的批判是一个非常棘手的难题。

本课题属于跨学科研究，需要研究者掌握较好的跨学科知识和批判性思维能力。为此，笔者虚心请教、虚心学习，并大量阅读国际关系、外交政策方面的书籍和杂志，积极学习语料库语言学和批评性话语分析研究方法，将其应用于特定的语篇分析，力争获得最大的成效。由于伤病原因、能力有限，笔者虽然长期坚持学习，某些研究任务也不得不留待以后进一步落实。好在近几年来，各位领导、各位师友不断地给予笔者支持、鼓励和关心，经过四年的不懈努力，书稿终于完成。但错误之处在所难免，敬请各位专家批评指正。出版过程中，笔者必将仔细斟酌、认真推敲，进一步完善书稿质量，以飨读者。

书稿完成之际，特别要感谢我的博士生导师南京师范大学辛斌教授一直以来的关心、指导和帮助，感谢南京师范大学张辉教授、汪少华教授、王永祥教授、李曙光教授、施光教授、南通大学王丽教授以及南京财经大学许静博士等同门师兄妹的关心、支持和鼓励。他们在本人的课题申报、论文撰写和修改过程中提供了很多宝贵的意见和帮助。

衷心感谢苏州科技大学田晓明副校长，感谢苏州科技大学国外智库涉华舆情分析研究中心的所有同事，感谢郭富强院长、祝平教授、刘新芳教授、顾坚书记、綦亮副院长的鼓励与关心，感谢人文社科处各位领导和老师的关心和支持，感谢我的家人。没有他们的支持和鼓励，本书无法顺利完成。

特别感谢苏州科技大学计算机专业的李鹤文同学，感谢我的研究生和本科生田美菊、伍佩佩、沈苗苗、钱雅、梁滢心、王湉、吴悦、李清、周甜、陈少青、张雪彦、杨洪武等众多同学对本书的贡献。没有他们的支持与帮助，本书难以顺利完成。

特别感谢光明日报出版社领导和编辑的支持和帮助，没有他们的努力，本书难以顺利出版。